《家事法研究》学术顾问

巫昌祯（中国政法大学教授）

杨大文（中国人民大学教授）

刘素萍（中国人民大学教授）

张贤钰（华东政法大学教授）

陈明侠（中国社会科学院法学研究所研究员）

夏　珍（山西大学教授）

《家事法研究》编委会

主　　编　夏吟兰　龙翼飞

执 行 主编　曹诗权

编委会委员　（以姓氏笔画为序）：

马忆南　王歌雅　龙翼飞　李明舜

陈　苇　张学军　林建军　夏吟兰

郭　兵　扈纪华　程新文　蒋　月

蒋月娥　曹诗权　雷明光　薛宁兰

穆红玉

中国法学会婚姻家庭法学研究会会刊

2014年卷

家事法研究

Researches on Family Law

VOL.2014

主　编　夏吟兰　龙翼飞
执行主编　曹诗权

社会科学文献出版社
SOCIAL SCIENCES ACADEMIC PRESS (CHINA)

湖北省法学会、湖北警官学院资助出版

卷首语

《家事法研究》2014年卷以学会2013年年会论文为主体、后续投稿为补充，选编组稿，交付出版，如期与读者见面。在此，特别感谢会长和常务理事的关心与督导，特别感谢理论界、实务界同人的积极支持与投稿，特别感谢孟令志教授的前期工作与全程帮助，特别感谢《湖北警官学院学报》王欢编辑的艰辛编辑与技术把关，特别感谢湖北省法学会、中南财经政法大学法学院和湖北警官学院对年会的周密承办与协同资助，特别感谢参与其中的各位同学、同事和朋友的热情服务与辛勤奉献！

20年前，笔者曾发表《论婚姻家庭法学研究方法的更新》。拙文指出，"当今中国，各部门法学的研究方兴未艾，如火如荼，而婚姻家庭法学却似乎一片沉静，步入低谷，表现出明显的幼稚和落后。究其原因，研究方法的单调、陈旧和僵化则为归咎至此的要害。长期以来，中国婚姻家庭法学只是囿于单一的法律规范注释评介以及对一定社会现象进行平面重复分析总结的归纳演绎。这是法学研究最基本的方法，但不是唯一模式。婚姻家庭法学长期固步于此，形成封闭、偏狭、呆板的研究惰性，致使自身发展到一定程度即难再有新的进步。因此，要改变现状，走出低谷，婚姻家庭法学必须迎纳新兴科学理论和方法，突破平面僵化、孤立单调的陈旧模式，拔高和演化理论基点，开阔研究视野，更新研究方法。而另一方面，现代科学为适应社会需要和科学自身发展的规律,在传统学科基础上不断分离、综合,横断性、边缘性、综合性学科和方法相继兴起,并展示出强劲的活力和有效的社会应用价值;社会科学、自然科学的研究方法打破传统的分界线,相互渗透、借鉴和引用,并孕育出新的理论方法。这是科学发展中的竞争与融合,是婚姻家庭法学摆脱困境的科学契机和不可逃避的现实挑战。抓住机遇,迎接挑战,更新研究方法,是婚姻家庭法学界的时代责任和科学使命。"

今天,我们欣慰地看到,20多年来,在前辈师长的奠基、带领、引导、扶持、鼓励和鞭策下,在新一届学会感召、引领、带动下,婚姻家庭法学研究立足前沿与中国特色社会主义法治建设和法学研究同步趋进,理论与实践交融、宏观与微观互映、基础与应用共生、立法与司法并举、创新与务实同构、人才与成果聚集、思维与方法拓展、学科与门类融通,取得了丰厚的显著成效。2013年年会及《家事法研究》2014年卷是这一成绩的浓缩反映和现实写照。

但是,切入法治中国、平安中国建设的时代脉搏,秉持实现中华民族伟大复兴"中国梦"的使命担当,融入国家治理现代化和社会治理创新的改革步伐,婚姻家庭法学研究要占据制高点、把握方向标、掌控话语权、彰显正能量,还应该继续在研究视域和研究方法上不断推进。

一 进一步运用系统论的科学研究方法,拓展婚姻家庭法学理论的宏观视野,拔高婚姻家庭法学研究的理论基点

每个婚姻关系、家庭关系及亲属关系都是一个复杂、动态的系统,这种分散化的系统在社会中全面辐射、铺开,形成一个庞大的社会网络结构。同时,它又是整个社会系统的分系统,以社会整体系统为背景和存在条件,并和社会系统中的政治、经济、文化、民生等分系统交互作用和影响。因此,婚姻家庭绝不是独立于社会的封闭体,从没有超历史、超社会的婚姻家庭。历史唯物主义告诉我们,在生产、交换和消费发展的一定阶段上,就会有一定的社会制度,一定的婚姻和家庭。婚姻家庭的根本属性是其社会性,取决于社会生产力的发展水平,依存于一定的社会结构,服从于社

会的经济基础，受控于政治、法律、宗教、道德、风俗习惯、文化观念等上层建筑。婚姻家庭的性质、形式、内容、功能、发展、变迁，在根本上取决于社会各系统的力量和作用。人类社会的每一次变革，每向前迈进一步，都不可避免地给婚姻家庭提出新的要求，灌注新的内容，赋予新的形式，强化新的功能，更换新的观念。同时，婚姻家庭作为社会的分系统，也是能动的、积极的，时刻对社会各系统给予强大的反作用。

据此，婚姻家庭法学不能将婚姻家庭作为孤立的现象，而应以系统论的科学方法，将视野投入复杂、变动而宏大的社会系统中，透过错综复杂的历史条件和社会背景，把握婚姻家庭与社会各能动要素之间的辩证关系和作用规律，为婚姻家庭在社会系统中定质、定位、定量，从而为婚姻家庭法治建设和法律控制提供宏观的、高层次的理论指导。

将婚姻家庭置于社会大系统中研究，剖析这一社会因子与各个社会分系统之间交互联系和作用的整体效应及功能耦合与冲突，揭示婚姻家庭发展、变异、演化所依托的社会机制及其相对独立的运行规律，而这并非是仅仅停留在历史哲学的层面上，更重要、更有意义的是将婚姻家庭置于现实社会系统中，对各种作用于婚姻家庭的现实社会力量进行全面透视，确定婚姻家庭在国家治理现代化和社会治理创新进程中的方位，把握处于变革、流动中的各种社会机制在婚姻家庭领域所引起的正负效应及婚姻家庭的能动反应。这是一个博大精深、游离不定的研究视角，也是婚姻家庭法学突破狭隘思路，跨上新台阶，走向现代科学之林基本而关键的理论命题。这一研究的价值目标有两个：一是不能简单徘徊于确认和记录具体社会现象的水平上，而应从现象中揭示婚姻家庭与各社会系统间的深层联系和作用规律，透过外在的偶然性找出内在的必然性，达到从记载社会现象进而科学地分析社会现象的目的。二是不仅要科学解释、分析社会现实，而且要运用掌握的规律，探索实施社会控制的最佳对策，以期通过对策施控，保证婚姻家庭与各社会因素相互联系、交互作用的功能耦合和正常运行，从而促进和达到社会整体系统的包容、衡平与和谐。这是婚姻家庭法学的出发点和归宿点，也是其价值意义的实质所在。

二 进一步接地气贯底气，深入微观领域，运用行为法学和价值法学理论方法，研究婚姻家庭的内在机理，构建婚姻家庭法学的微观理论模式，为法律控制确立本位选择方向

婚姻家庭法的调整对象是人类的两性关系和血缘关系，这是一种特殊的社会关系。其特殊性就是自然属性与社会属性、人的个体需要与人类社会需要的矛盾统一、兼容一体。可以说，婚姻家庭是人类的原始动物性与社会性、个体利益与社会利益的一种不可调和而又必须调和的产物。调和的结果，是社会为两性关系和血缘关系确立一种范式，引导或强制人们在这个范式中满足其自然需要和社会需要，超越范式，则应遭受否定评价、承担责任后果。这个范式的普遍、集中、明确、严格表现形式就是婚姻家庭法。由此，婚姻家庭法的价值重心选择有三种可能：一是以人的自然需要和个体利益为确认和保护重心的个体本位；二是以社会需要和社会利益为中心的社会本位；三是将个体需要与社会需要融合一体，包容衡平，协调兼顾。

社会主义社会的本质决定了婚姻家庭法价值选择的双重性：一方面，创造良好的社会环境和条件，极大地满足社会成员个体需要的追求与满足，保障个体利益，实现人的全面发展；另一方面，又要求个体服从社会，建立稳定和谐的社会秩序，保障社会整体利益，促进社会进步与发展。这两方面决定了婚姻家庭法确认和保护的本位主体有两个，一是社会，二是个人。从而，婚姻家庭法学在微观层次上的研究应把握两大支点：一是研究在婚姻家庭中自然的人和社会的人，弄清个体需要或利益的构成要素及运行变化规律，为法律诱导、保护和限制个体利益提供优化模式；二是研究婚姻家庭中的社会利益机制，为保证最大限度地实现婚姻家庭所承受的社会利益提供优化模式。为此，我们应在马克思主义基本方法论的指导下，容纳新思潮，开放方法论，运用行为科学和价值论的原理、方法，将婚姻家庭法学引入行为法学和价值法学的新视野。

婚姻家庭法学的行为法学重在研究婚姻家庭关系中的行为机制，揭示行为的运行规律，为婚姻家庭法调控婚姻家庭关系，建立一般的、普适性

的规范化行为模式提供实证经验和构想。

法律对社会的控制，对社会关系的调整，实际上主要是对各种社会行为的规范和调控；通过法律手段，设定人们追求一定利益、满足一定需要的行为模式，建立和维护理想的社会秩序。反过来，社会秩序的建立，法律规范的社会化，又必须通过人的行为来实现。因此，对行为的研究，应作为婚姻家庭法学的重要课题。

人的行为是一个复杂、动态的系统，涵盖丰富的内容。人无论是在社会关系中，还是在法律关系中，既是被主体化的客体，又是被客体化的主体。其一切行为，一方面具有自然的、社会的、环境的、历史的、文化的等多种客体化的内容，表现为一种身不由己的必然性选择；另一方面，在其客体化过程中，又有自身生理的、心理的、价值观的等多重主体化内容。这两方面导致了社会中人行为的共同倾向性和个体差异性，从而决定了法律控制和调整的可能性与必要性。

因此，婚姻家庭法学对人们在婚姻家庭中的行为进行研究，应把握两个基本点。第一，透过婚姻家庭关系的各种表现形式，把握决定和制约人的婚姻家庭行为的客观机理，揭示自然环境、历史文化、社会生活条件等客观力量作用于人的行为的规律，理解在婚姻家庭关系中，每个人并不是单一的主体，而是被客体化了的主体，认识人们在婚姻家庭关系中各种行为选择的受动性；从而明确婚姻家庭法要有效施控，权利、义务要真正落实到人们的行为，必须首先从影响人的行为的客观力量着手，培植良好的法治环境。第二，透过婚姻家庭关系的一般模式，把握人的婚姻家庭行为的主观能动机制，揭示其主体性特质。这种主体性特质主要表现在两方面。一是主体的生理、心理、文化素质、品德修养、价值观、社会角色等特定化因素。它们既决定着人们对客观外在条件的认识，又决定着人们的行为选择、行为过程及对行为的把握和控制。二是主体行为赖以发生和追求的需要、目的、动机等动力机制，这是人们婚姻家庭行为的必备要素。其中起核心作用的是人的需要。需要是行为的内驱力，是每个人求得生理和心理诸方面平衡要求的反映。不同的人有不同的需要，同一个人在不同阶段、不同环境、不同地位、不同角色下有不同的需要，由此决定了行为的差异性和变动性。需要的产生与满足，是行为主体与外界的互动过程，这一过程可表现为刺激—需要—动机—行为—目标—满足状况。可见，人的行为总是因需要而开始，因需要的满足而告终；旧的需要实现了，又会产生新的需要，开始新的行为。所以说，需要在人的行为动力机制中，是一个中心环节，贯穿行为始终。我们研究婚姻家庭关系，分析人们的婚姻家庭行为，绝不可忽视人的需要这一内在规定性。

婚姻家庭法学要正确把握这两个基本要点，必须运用行为科学的原理和方法，以人们在婚姻家庭中的内在需要及其与社会相协调的行为选择为重点，深入研究和解决关联问题，方可为婚姻家庭法预测、激励和积极控制个体行为，调整婚姻家庭关系提供多方面的导向：一是为婚姻家庭法施控于影响人们行为的社会环境因素提供导向；二是为法律设定统一的规范化行为模式提供导向；三是为法律诱导、确认和保护人们的正常、健康、合理的需要提供导向；四是为法律强化统一的核心价值观，培养正确、积极的法治心理提供导向；五是为法律激励、诱导人们积极的行为动机、目的提供导向；六是为法律分配满足需要的对象资源，明确行为耗费提供导向。由此，即可保证婚姻家庭法有明确的着力点和控制方向，从而有效地激励人们的积极行为，约束人们的消极行为，创立积极的法律秩序，最大限度地实现法律所体现的社会利益、社会目标和社会效果。

婚姻家庭法学的价值法学取向要求运用价值论的原理和方法，深刻剖析婚姻家庭和婚姻家庭法在现实社会中的价值意义和价值取舍，揭示其功能作用，为其在社会中能最大限度地发挥显现的、潜隐的正向价值，消除负向功能提供理论指导。

首先，婚姻家庭法学应对婚姻家庭法确认和调整的对象——婚姻、家庭、亲属的价值功能给予科学的揭示。在人类发展史上，当多种历史道路摆在人们的面前时，人们往往选择与人类当时最大利益相一致、相协调的方向前进。人类的两性关系、血缘关系从原始的动物界分离出来，经过群婚制、对偶婚制，最终确立了一夫一妻制婚姻和个体家庭形式。这一历史发展的必然过程也是人类从自发到自觉的价值认识和选择过程。现代意义的婚姻家庭自从进入阶级社会以后，伴随着社会的更替、演进，其形式、结构、内容不断发生变化，价值和功能亦不断淘汰、更新、充实。不同社会、不同时代的统治者，总是运用各种社会力量，赋予婚姻家庭不同的形式和内容，强化婚姻家庭对其社会统治有利的价值功能，使婚姻家庭与之赖以存在的社会和时代保持最大限度的适应性。

婚姻家庭法学对婚姻家庭的价值研究，主要把握两个方面。其一，婚姻家庭从产生开始，至今一直沿袭固有的、自然的、基本的价值。这是婚姻家庭基于其内在性能和自然规律而普遍共存于人类社会的功能，反映了人类社会得以存在、发展的基本要求。但是，在历史上，婚姻家庭的这种基本价值并未得到科学的揭示和理性的把握，而是被宗教歧解和统治阶级的伪道德歪曲，在人们愚昧无知的状态下以不可遏制的力量自发地发生作用。今天，尽管科学的发展和社会的进步打破了宗教神话和剥削阶级的伪善，但许多人对婚姻家庭基本价值的认识还处于愚昧、偏执的状态。婚姻家庭法学应承认这种历史和现实，高举科学和理性的旗帜，引导立法、引导社会走向正确的认识，从而使婚姻家庭的基本价值在人们的自觉意识和理性把握下发挥出来。其二，婚姻家庭在现实社会中的价值。在我国现实社会中，婚姻作为两性结合的社会形式，家庭作为一定范围亲属所组成的社会共同体，一方面继续保留其自然价值和职能，以满足人类个体和社会共同的基本需要；另一方面又迎纳了新时代、新社会所要求的职能内容，以适应或促进社会的发展、变化，显示社会主义婚姻家庭的进步性、独特性。由此，婚姻家庭作为现实社会的客观实体，具有不可替代、不可或缺的价值地位，这正是婚姻家庭法、婚姻家庭制度确认、保护、调整婚姻家庭关系的必要所在，也是婚姻家庭法确立调控模式，施展控制力量应予把握、遵循的基本方向。同时，我们还应注意到，现实社会对婚姻家庭的应然性价值要求与婚姻家庭实际展现的社会功能往往存在一定的差距。这种差距，一是因为社会的婚姻家庭质量不高，不能发挥正常的、应有的价值，有的反而对社会起到了消极作用；二是由于婚姻家庭自身的历史延续性，往往将陈旧的功能潜隐到新的社会时空，附生于新的结构和形式，影响新的价值体系的建立；三是由于婚姻家庭的相对稳定性，使其价值、结构、功能不能及时转换、更新，适应不了社会发展、变化的需要；四是由于社会的原因，未能创造必要的环境、提供有效的途径、实施科学的治理以保证婚姻家庭价值的实现和功能的发挥。为此，婚姻家庭法学应深入研究婚姻家庭的价值规定性，揭示现实社会中其应然价值与实际功能发挥的差距及其根源，为婚姻家庭法有效诱导和确认婚姻家庭的正向价值，调整婚姻家庭的结构、形式，创新社会管理，加强社会建设，展开社会治理，优化社会环境，保证婚姻家庭适应并促进社会发展、进步，提供科学指导。

其次，婚姻家庭法学应对婚姻家庭法进行价值剖析，揭示婚姻家庭法应该持有的价值选择方位和多重功能，从我国现行婚姻家庭法的立法指导思想、立法技术、体系、条文内容及法律适用、运行、操作机制与效果等各个方面进行全面深刻的价值评判和检讨。验证其：（1）是否切实反映了现代婚姻家庭的内在要求和规律，符合婚姻家庭价值的发挥和功能的实际运行；（2）是否充分体现了社会大多数成员反映在婚姻家庭里的需要和利益；（3）是否符合社会走向法治化的总体目标、基本要求及技术性要求；（4）是否准确预测、适应和促进社会的改革、进步与发展。据此，即可为完善婚姻家庭立法，健全婚姻家庭法的运行、操作机制，真正加强婚姻家庭领域的法治建设，提出科学化、合理化的建议。

三 进一步运用社会学的方法，研究婚姻家庭法在社会化过程中的运行、流动、转换规律，把握婚姻家庭法与社会各方面的融通互动关系，开辟婚姻家庭法社会学的新天地

婚姻家庭法不是独立于社会的一个法规体系，它深嵌于社会母体，是社会和文化的一个组成部分。在其社会化过程中，因不同社会背景、社会力量的作用，不断发生变异、演化。此即社会因法律的影响而变化，法律也同样会因为社会的影响而变形。同时，婚姻家庭法亦不是静止的规则体系，在形式上它表现为具有明确性、稳定性的规范条文，实质上则是由活生生的制度中活生生的人所进行的多方面活动。法律走向社会，实现社会化，必须依靠一定主体的操作和全体社会成员的遵行，这是法律的运行、流动、变异、转化。其结果，便使运行中的法律制度的现实结构和其原始规范结构发生巨大差异。因此，婚姻家庭法学对婚姻家庭法的研究，不能局限于历史哲学、价值哲学和逻辑推理的静态方面，更不能囿于单纯的规范注释性分析，而应突破传统的法学研究定势，将目光投向社会中的法和"行动中的法"，在法律社会化和社会法律化的双向互动中确定研究方位，

抓住研究课题，变换研究视角，把握婚姻家庭法的社会元素和运行机理。为此，婚姻家庭法学应利用婚姻家庭问题为法学和社会学所共同重视的得天独厚条件，汲取社会学的营养，运用社会学的理论、观点、方法，充实研究范围，填补理论空白，消除关注盲区，深化婚姻家庭法社会学。

其一，应有广阔的研究视野，从广度和深度上调整和扩大视角，把握三个研究方向。一是以广阔的社会为背景，将视角投入作为法律基础的社会土壤上，研究婚姻家庭法的社会环境，把握社会诸因素对婚姻家庭法的影响，揭示婚姻家庭法与社会变革、发展之间的互动辩证关系，实现法社会学通过法研究社会，通过社会研究法的基本逻辑。二是以"行动中的法"为重点，解析说明婚姻家庭法在现实社会的各种正式的与非正式的、理想的与现实的、合理的与不合理的操作、运行、流动、变异状态，研究其运行规律，寻找法律运行中潜存的因果链条和复杂的相关变数，弄清其规范结构与运行的现实结构的差距，把握法治建设的薄弱环节及改进方向。三是从抽象地概括法的作用转向从现实生活中研究婚姻家庭法的实际功能，把握婚姻家庭法的社会实效。

其二，应运用多学科的研究方法，进行综合性研究：从哲学那里获得理性原则和逻辑推理的方法，从社会学那里获得广阔的视角和社会实证调查研究的方法，从统计学那里获得统计与定量研究的方法，从文化人类学那里获得对社会观念和文化价值的研究方法，从伦理学中获得行为价值取向和非强制性规范的内涵，从心理学那里获得人们的行为心理规律，等等。所有这些再加法学所内含的特有原则和规律，即可为婚姻家庭法学构建新的理论模型，充实丰富的概念和命题，提供灵活多样的研究方法和技术性方法。

其三，走出理论殿堂，发展应用性研究。抓住现实社会婚姻家庭法治现象中的主要问题，进行微观化、实用化、多元化科学分析，使婚姻家庭法学由静态研究转向动态研究，由定性研究转向定量研究，由平面研究转向立体分层研究，由逻辑思辨转向经验实证，由主观臆想转向社会调查，由封闭式法律正面解释转向法律-社会的开放式研究，并在宏观上进行全面深刻的目标-效果分析、结构-功能分析、均衡-变动分析、系统-环境分析。这样，既能显示婚姻家庭法学的理论广度、深度和高度，又能保证其与社会现实紧密联系，来之于社会，用之于社会，指导婚姻家庭领域的社会变革和法治建设，展现其社会应用价值。

十多年来，笔者因工作关系与学会、学界、学术渐行远离，深感惜念；蒙幸执行主编《家事法研究》2014年卷，备觉惶恐；才疏学浅，老话重说，旧语再表，以作共勉，更期待婚姻家庭法学研究青春之树常新！

本卷执行主编
曹诗权
2014 年 7 月 18 日

监护制度专题

未成年人监护的制度关联和功能 ·················· 曹诗权 / 003
论儿童、家庭和国家之关系 ························ 蒋 月 / 031
我国成年人监护法律之缺失与完善
　　——以民事审判实践为依据 ················· 林建军 / 052
"常回家看看"若干法律问题探究
　　——以《中华人民共和国老年人权益保障法》的修改为背景 ··· 浦纯钰 / 063

夫妻财产法专题

夫妻财产关系法的基本原则研究 ·········· 张华贵　伍鉴萍 / 075
论夫妻财产制的功能
　　——以我国法定共同财产制为视角 ·········· 赵江红 / 092
两岸夫妻财产制度的传统继承与现代变革
　　——从夫权专制到男女平权 ············ 夏吟兰　刘征峰 / 103
婚姻关系适用合理信赖保护之思考 ················ 何丽新 / 122
财产权视野下,夫妻一方婚前财产在婚后的收益归属问题探析
　　——兼评《婚姻法解释(三)》第5条 ············ 杨晋玲 / 137

理论前沿

论社会转型期婚姻法的二元性 …………………………… 王 姣 / 155
离婚财产清算的制度选择与价值追求 ……………………… 王歌雅 / 170
家庭暴力主体关系理论的再思考
　　——兼评反家庭暴力领域的乐观主义倾向 ……… 李琼宇 贺栩溪 / 190
论亲子关系的确定 ……………………………………… 孟令志 / 200

司法实务

婚姻家事审判程序存在的问题与对策 ……………………… 王礼仁 / 213
家事诉讼程序中的职权探知主义 …………………………… 卓冬青 / 235
关于夫妻财产状况调查及对司法解释的反思
　　——以福建 L 市为视角 ……………………… 胡宝珍 黄怡霏 / 250
对于完善夫妻共同债务案件裁判规则的思考
　　——以《婚姻法》第 41 条和《婚姻法解释二》第 24 条为
　　　　分析对象 ………………………………………… 陈泳滨 / 262
夫妻共同债务的认定（以举证责任分配为视角）
　　——陈某娟诉金某芳、刘某清民间借贷纠纷案 … 林 晨 陈泳滨 / 276
《婚姻法》第 40 条的实证研究 …………………………… 梁洁艳 / 290
论家庭暴力防治法中的民事保护令制度 …………… 薛宁兰 胥 丽 / 304

域外专论

古罗马儿童监护制度的当代启示 …………………………… 邓 丽 / 319
过去和现在
　　——英国家庭法的轨迹及走向
　　…………………………………〔英〕约翰·伊克拉 著 石 雷 译 / 333

Guardianship System

Institution Linkage and Function of Minor Custody

Cao Shiquan/ 003

On Relationships among a Child, Family and State

Jiang Yue/ 031

Deficiency and Improvement of Chinese Adult Guardianship Laws
——Based on Civil Trial Practice

Lin Jianjun / 052

On Legal Problems of "Come Back Home Often"
——On the Background of Amendment of *the Law on Protection of Rights and Interests of Seniors*

Pu Chunyu / 063

Marital Property Laws

Research on Basic Principles of Marital Property Relations Law

Zhang Huagui, Wu Jianping / 075

Discussion on the Function of Marital Property System
——From the Perspective of Chinese Legal Common Property System

Zhao Jianghong / 092

Classical Inheritance and Modern Revolution of Cross-strait
  Marital Property System
    ——From Despotism of Husband Authority to Equality of Men and Women
                                        Xia Yinlan, Liu Zhengfeng / 103
Thinking on the Application of Reasonable Trust Protection on
  Marital Relations
                                                      He Lixin / 122
On Pre-marital Property Ownership of Marriage Earnings among
  Couples within the Scope of Property Right
    ——Commentary on Article 5 of *Judicial Interpretation III of Marriage Law*
                                                   Yang Jinling / 137

Advanced Theory

Discussion on Duality of Marriage Law in the Course of
  Social Transition Period
                                                     Wang Jiao / 155
Institutional Choice and Value Orientations of Divorce
  Property Liquidation
                                                    Wang Geya / 170
Rethinking on Relationship Theory among the Actors of
  Domestic Violence
    ——Commentary on Optimistic Tendency in Anti-domestic Violence Field
                                          Li Qiongyu, He Xuxi / 190
Discussion on Determination of Parentage
                                                  Meng Lingzhi / 200

Judicial Practice

Problems and Countermeasures of Marital Family Trail Procedure
                                                    Wang Liren / 213

Judge's Authority of Inquiry in Family Proceedings

              Zhuo Dongqing / 235

Survey on State of Matrimonial Property and Reflection on
 Judicial Interpretation
  ——In the Perspective of L City in Fujian

             Hu Baozhen, Huang Yifei / 250

Thinking of Improving Judicial Rules of Matrimonial Common Debt
  ——Analysis on Article 41 of *Marriage Law* and Article 24 of
  Judicial Interpretation II of Marriage Law

               Chen Yongbin / 262

Identification of Matrimonial Common Debt in the Perspective of
 Distribution of Evidential Burden
  ——Disputes over Personal Obligation Case of Chen v. Jin and Liu

             Lin Chen, Chen Yongbin / 276

Empirical Research on Article 40 of *Marriage Law*

               Liang Jieyan / 290

Discussion On Civil Protection Order System in Domestic
 Violence Prevention Law

              Xue Ninglan, Xu Li / 304

Extra-territorial Monographes

Contemporary Inspiration of the Child Custody System in Roman Law

                Deng Li / 319

Then and Now
  ——Family Law's Direction of Travel

          John Eekelaar, translated by Shi Lei / 333

2014年卷 总第10卷
家事法研究
RESEARCHES ON FAMILY LAW

监护制度专题

未成年人监护的制度关联和功能

曹诗权[*]

【内容摘要】 在民法体系中,与未成年人监护制度相互联系、相互作用、交织影响较明显的制度有主体能力制度、婚姻家庭制度、代理制度和民事责任制度。其中,最直接、最突出的关联制度则是主体能力制度和婚姻家庭制度。自然人的权利能力是未成年人监护制度的先决前提,自然人行为能力是未成年人监护的制度基础,自然人的民事责任能力是未成年人监护的制度同构;婚姻、家庭乃至亲属是人类普遍的承担未成年人监护的社会形式,家庭一直承担着未成年人监护的重要职能,在法律上未成年人监护的规范内容和婚姻家庭法规范内容必须相互交织、体现和援引。作为一项社会建设内涵丰富、价值独特的法律制度,未成年人监护具有主体能力制度配套补充功能、亲属身份伦理固化功能、民事权益调整功能、维护交易安全的功能和社会保障功能。

【关 键 词】 未成年人监护 主体能力 婚姻家庭 制度功能

基于现实社会生活关系和民事活动的客观规律,本着民法制度规范体

---

[*] 曹诗权,湖北警官学院院长,中南财经政法大学教授,中国法学会婚姻法学研究会副会长。

系的内在逻辑,未成年人监护是自然人民事生活系统的重要内容之一,未成年人监护制度是民法制度系统的重要组成部分。即民法是一个整体、一个系统、一个体系,而未成年人监护制度和其他具体民事制度一样,是民法整体系统的子系统和基本元素。"系统是由相互制约的各部分组成的具有一定功能的整体,是相互联系、相互作用的诸元素的综合体。同一系统的不同元素之间按照一定方式相互联系、相互作用,不存在与其他元素无任何联系的孤立元,不可能把系统划分为若干彼此孤立的部分。"[1] 未成年人监护制度既反映着民法系统的整体属性和功能要求,与民法整体不可分割,同时又和民法中的其他制度相互联系和相互作用,一方面介入到其他民法制度元素中释放其系统角色,另一方面又吸纳其他民法制度元素进行系统渗透,形成相互交织融入、互相照应援引的周密规范结构,在民法体系的系统整合中凸显其不可缺少、不可替代的制度效用。

通观民法的制度体系,就未成年人监护法律规范所涉及的内容分析,可明显看出它与多个民事法律关系相关联,在民法总分编的各个方位、各个领域和各个层面都有程度不同的牵扯和反映:诸项民法制度或者以监护制度为基础,或者为监护制度提供制度前提;或者是监护制度的效力依据,或者是监护制度的效力延伸表现;或者与监护制度直接相连,或者与监护制度间接沟通;或者受监护得丧变更之法律事实的影响,或者成为影响监护得丧变更之法律事实的因素,或者构成监护主体权利义务的制度本源,或者奠定监护主体民事责任的规范支撑。但综合概括起来,与未成年人监护制度相互联系、相互作用、交织影响较明显的民法制度有四个,即主体能力制度、婚姻家庭制度、代理制度和民事责任制度。其中,最直接、最突出的关联制度则是主体能力制度和婚姻家庭制度。

一 主体能力制度与未成年人监护的关联

无论是未成年人监护制度的体位安排,还是其所涉内容的法律属性,都应归属于民法主体制度范畴;如把民法简分为人法和物法两大部分,则

---

[1] 苗东升:《系统科学精要》,中国人民大学出版社,1998,第26~28页。

未成年人监护制度当属人法无疑。因此，分析未成年人监护制度与主体能力制度的关联，应从民法上的权利主体展开。

民法作为实体法和权利法，其所确认和保护的权利，是为预定的归属者而设置，这种归属者我们称为民法规范的权利主体或民事法律关系主体。"法律关系表现的民法所追求的法律效果内容，不是赋予任意的现实实体的，而是基于立法目的考虑赋予特定实体的，这种特定实体，经民法承认，才具有了法律效力载体的资格，得享有民法上的规范权利或承受法律关系。这种资格，我们称为主体资格。权利主体或者说法律关系主体，在民法上，以具有主体资格为前提和维持。任何生活中的实体，要成为权利主体，必须在民法上被赋予承受法律关系的资格。唯具有主体资格者，才可以成为权利主体或法律关系的主体。"[1] 所以，主体资格问题，是民法的首要问题，也是民法的核心问题，直接关系到民法规定的利益归属于谁、落实于谁。现实世界中始终存在着多种多样的主体形式，有自然意义的，如人、动物等各种实体物，也有社会意义的，如由人所组成的家庭、团体乃至国家。这些主体形式相互之间总在发生这样那样的自然或社会秩序关系。但民法作为对现实生活关系的撷取，并不把现实世界的一切实体都确立为法律关系主体，而是在立法选择的作用下，基于特定社会背景的要求，选择一定的主体形式，来充当权利主体，赋予民事主体的资格，确认其承受民事法律关系、享有权利、承担义务的能力。由此，经过漫长的历史梳理和演变，逐步形成了现代民法高度抽象整合的民事主体制度。其重要内容之一，即民法上的主体能力制度。

"法律上所谓能力，是指在法的世界中作为法律主体进行活动，所应具备的地位或资格。当然，该地位或资格是由法律所赋予的。民法上有三种能力：民事权利能力、民事行为能力及民事责任能力。民事权利能力，是作为民事主体'人'所具有的'静的'能力；民事行为能力及民事责任能力，是关于'人'的活动的'动的'能力。一切私法上之法律关系，均以此三种能力为基础。"[2]

---

[1] 龙卫球：《民法总论》，中国法制出版社，2001，第187页。
[2] 梁慧星：《民法总论》，法律出版社，2001，第70页。

（一）自然人的权利能力是未成年人监护制度的先决前提

民事权利能力作为法律确认或赋予的资格，是自然人人格独立从而充当独立民事主体的充分必要条件，也是一个人享受权利和承担义务的前提基础。就其与未成年人监护制度的关系来看，可概括为四点。

1. 在制度逻辑上，只有存在民事权利能力制度，才有严格意义上的未成年人监护制度；没有自然人权利能力这一制度前提，就无从发生未成年人监护这一制度结果

虽然从客观机理上可以得出，未成年人监护应为人类社会的普遍必然现象，但这只属于社会意义和生活意义的监护驱动和客观现实，而不是特定民法视角中的严格意义上的监护。因为在法的发生意义上，有生命而需要监护的人与民法上受监护制度确认和规范的自然人并不是一开始就获得了一致和吻合。亦即有生命的人与民法之自然人不是自始至终在民法上统一的；只有被民法赋予权利能力取得民事主体资格的生命人，才是民法上的自然人；纳入未成年人监护制度范畴的生命人，首先必须成为民法上的自然人。诚如龙卫球先生所言："民法上的自然人概念，专指有自然生命的人具有权利主体的这一身份而言。自然人和生物意义上的人（human being）是两个不同的概念，可被认为是实证法学有意造成的。自然人原也是生物学概念，指生物意义的人，但是作为法律概念，包含了三层含义。其一，它是一个法学构造的独特概念，它指向特定的法学含义，指称个人得在法律上作为权利主体的那一存在范畴。这一部分，是生物意义上的人处于自然状态所不具有的存在形式。生物意义上的人获得自然人形式，因此是立法承认的结果。其二，生物意义上的人，具有权利主体的当然资格。近代以来法律根据生物人存在这一事实就当然承认其为主体，体现了一种人文伦理精神或者说天赋权利思想。其三，自然人是一个抽象的概念，平等无差别的意义概指每个具体人的主体形式，而不是特定人的主体形式。因此，这个概念包含了平等原则，每一个人在法律上都具有同样的主体身份，无差别地都称为自然人。"[①] 但必须把握，民法上自然人这一概念的全面形成，

---

① 龙卫球：《民法总论》，中国法制出版社，2011，第220页。

或者说生物意义上的人得以被全面承认为权利主体，在历史上并非一蹴而就，而是经历了一个逐渐形成的过程。因此，在制度逻辑联系上，可得出三个结论：（1）未成年人只有被赋予权利能力，取得民事主体的资格，才能取得被监护人的资格，才享有得到民法上的监护的权利；（2）正因为未成年人被民法赋予了权利能力而成为民法上的"人"，所以才需要民法上的监护，从而使其权利能力不致落空；（3）如果未成年人没有被民法确认为具有权利能力的民事主体，则不能受民法上监护制度的规范和调整。一句话，在民法上，权利能力制度是监护制度的先决前提，未成年人监护是权利能力的制度结果。

2. 在历史规律上，有什么样的权利能力制度，就必然有与之相适应的未成年人监护制度

在奴隶制社会，只有奴隶主才享有民事权利能力，才能充当民事法律关系的主体，奴隶不具有民事权利能力，只能成为民事法律关系的客体；在封建社会，人们享有的民事权利能力大小不等，其取决于他们在封建社会等级制度中所处的地位，与此相对应，法律制度形态的未成年人监护被严格限定在阶级或等级的范围内，只有具备特定先在身份的未成年人才能得到监护制度的规范和保护。特别是在奴隶制家庭或封建制家庭，都只有家长才具有民事权利能力，才可以参加民事法律关系，才能够享有民事权利和承担民事义务，因而其监护制度多为未成年家长或家长权继承人而设。[①] 如古罗马法，一个生物意义的人（homo）并不是权利主体，他不当然适用罗马法，只有当他具备足够的条件，被看作家父时，才可以是法律上的人（persona，或译"人格者"，也可译"面具"），即有权利能力的权利主体。其条件集中为三项：必须是自由的（status libertatis），即自由权；必须是罗马市民（status civitatis），即市民权；必须在家族中具有一定的地位（status familiae），即家长权。这些条件，就是权利能力条件。罗马学理将由符合这些条件之后取得的承受法律关系的能力或资格称"caput"（人格），后来发展为 personalita 一词，就是我们今天的权利能力一语的最早渊源。[②]

[①] 参见梁慧星《民法总论》，法律出版社，2001，第 70~71 页。
[②] 参见彼德罗·彭梵得《罗马法教科书》，第 29 页；周枏：《罗马法原论》，商务印书馆，1994，第 98 页。

正是在这种主体资格条件下，罗马法对自权人中不足自我保护的人，设置了监护和保佐制度，其被监护人主要限于两类自权人：一类是未适婚自权人，另一类是自权妇女，这表明其监护制度对权利能力制度的严格附随性。近现代民法上，生物人原则上均得平等取得权利能力，成为权利主体，享有平等权利能力。如《法国民法典》第 8 条规定："一切法国人均享有民事权利。"德国民法和瑞士民法完全放弃包括国籍在内的一切限制，《瑞士民法典》第 11 条明确宣示："（一）人都有权利能力。（二）在法律范围内，人都有平等的权利能力及义务能力。"我国《民法通则》第 10 条规定："公民的民事权利能力一律平等。"以此为前提，近现代民法上的未成年人监护制度走出了因应于身份、等级和特权的历史偏狭，逐步实现了未成年人监护之生物意义、社会意义和法学意义的内涵一致和外延统一。

3. 在现代民法上，权利能力制度是对未成年人权利的抽象肯定，未成年人监护制度则是对未成年人权利的具体确认和维护

详言之，权利能力作为民事主体资格，是人格权的最高界定，即一个人享有法律上的人格的权利，是具体人格权的源泉。如换一种表述，权利能力就是取得法律人格、充当民事主体、能够享有权利承担义务的权利；未成年人具有权利能力，即未成年人是法律上的独立人格者，享有作为民事主体的权利。但这种主体属性的权利是静态的、抽象的、高度概括的，在现代民法上对所有自然人都适用，并不意味着一切权利、法益或法律关系会对权利主体自动地发生；即使有些权利如生命权、健康权、肖像权、名誉权、隐私权等因主体的存在而直接享有，却并不是所有的自然人都能去有效行使和维护，还有诸多权利必须通过特定的发生或变动事实尤其是法律行为才能形成实际的效果。这种资格与权利、抽象的权利能力与具体的现实利益分离的现象在未成年人主体身上表现得最集中、最典型。因此，要实现抽象向具体的转化，实现可能性与现实性的统一，避免权利能力在法律上的虚置，必须配设相应的具体制度。未成年人监护制度在很大程度上就是这种具体制度之一，借此使未成年人的民事主体资格过渡为具体权利的法律确认和维护。在此意义上，监护制度走出了民事主体制度那种空旷、抽象的静态化殿堂，进入实在的民事法律关系领域和具体的操作化制度层面。

4. 权利能力制度是对自然人人格的价值关怀，监护制度则是对这一价值的功能性体现与补救

没有未成年人监护制度，权利能力的制度价值则具有残缺性或不圆满性，所以，在表层上，监护是为了维护未成年人的权利；在深层上，则是反映权利能力的价值要求，为未成年人的主体性人格即权利能力服务。现代各国民法共同确立了自然人权利能力的四大原则：一是权利能力平等；二是权利能力始于出生；三是权利能力终于死亡；四是权利能力终身享有，不得放弃、转让和剥夺。显然，对于一出生即享有平等性、人身专属性权利能力的未成年人来说，依靠自身的条件并不能实际实现这种人格价值，释放主体能量，充其量只是消极的、被动的预置主体，犹如"聋子的耳朵形同虚设"。因此，要使这种消极变成积极，被动变成主动，预置变成实在，真正体现权利能力制度赋予未成年人人格的普遍性、平等性价值，必须借助制度安排，假他人之力，显未成年人权利之实。未成年人监护制度正好担负了这一制度角色，完成了这一功能；权利能力制度也正好凭借监护模式而获得圆满和实效。

（二）自然人行为能力[①]是未成年人监护的制度基础

主体具有民事权利能力，可以享受民事权利和承担民事义务，就是民法中的"人"。但是一个人要能够积极地参与民事法律关系，去取得权利和设定义务，还需要进行一定的民事活动，因此就需要有另一种主体能力——民事行为能力，即民事主体据以独立参加民事法律关系、以自己的民事法律行为取得民事权利和承担民事义务的法律资格。行为能力制度与未成年人监护制度的关联性至少有三个方面。

1. 未成年人是行为能力制度与监护制度共同关注和规范的对象

传统民法在立法技术上，采取一般人在恒常情形具有判断能力的生理和精神条件，设定类型化的抽象标准，界定对自然人具有普适性的行为能力；符合法律认可的足够生理或精神条件的，即被赋予完全行为能力。自

---

① 在民法理论上，关于民事行为能力概念，有广义与狭义之分。广义包括实施民事法律行为的能力和实施违法行为的能力；狭义仅指实施民事法律行为能力，本文取狭义。

罗马法以来，民法均以一般人发育成长年龄为主要衡量指标，并以精神具体发育情况作为补充，建立了主要依年龄和精神健全双重标准的行为能力判断模式。凡符合年龄标准的自然人，如果没有精神疾病等不正常情况，均为完全民事行为能力人。其中，按年龄界定自然人的行为能力，分为二种模式：一是单级制，即成年人有行为能力，未成年人无行为能力；二是复级制，即成年人有行为能力，未成年人则进一步分为限制行为能力和无行为能力。由此，在法律上几乎无一例外地将自然人按年龄分为二大类，一为成年人，二为未成年人，从而赋予了未成年人特殊的法律地位和法律意义。

各国民法的行为能力制度在抽象把握成年人行为能力的普遍性赋予的基础上，主要针对未成年人的能力样态及其在民法规范体系中的基础作用和民事活动中的复杂运行效果做出尽可能全面科学的规定，所以未成年人的行为能力是民法关注和调整的重心，民法中自然人的行为能力制度在很大程度上就是未成年人的能力和法律地位制度。与此相近似，民法上的监护制度实际上一直主要置重于未成年人的监护；无论是罗马法上的未适婚人监护，还是现代英美法系和大陆法系的监护，都无不将法律规范的对象范围集中在未成年人这一普遍性群体上。可以说，在监护法规范中，未成年人监护构成"普通法""基本法"，而其他特殊自然人主体——成年精神病人的监护只不过属于"特别法"。因此，未成年人构成民法行为能力制度和监护制度的共同的主体范围，从而决定了两大制度在规范设计和适用上必然要相互关联、援引、衔接和交织，应该彼此照应，统一协调。

2. 行为能力制度是未成年人监护制度的基础，未成年人监护制度则是行为能力制度的必要补充和进一步延伸、扩展

从制度内容可以看出，行为能力制度只不过是对未成年人因年龄、生理、智力的原因而存在的意识能力、判断能力不足的一种客观确认和法律反映，是立法消极、被动地发现问题、认识问题而做出的规范提升，在法律上抽象地解决了未成年人行为能力的有和无、完全和限制的问题。其逻辑结论和法律效果就是未成年人因为无行为能力或限制行为能力而不能独立为意思表示和法律行为，不能独自创设法律关系，更不能自己有效地行使权利，履行义务。由此，行为能力制度在赋予成年人普遍性、平等性行为能力、引导和鼓励成年人积极独立为民事活动的同时，实际上也在通过否定未成年人的行为能力而阻止、限制乃至否定未成年人独立的民事活动。这是民法行为能力制度的基本态度，也是其基础性价值。其积极意义诚如王利明先生所言："所以，法律有必要规定一个标准，使一些具有意识能力的人得以自由行为，通过自己的积极活动，去设定权利义务关系，行使权利，履行义务；不允许不具备这种认识能力的人去独立地进行民事活动，同时又可使他人明确何人具备独立行为的资格。唯有如此，才能保障每个人的合法权益，保障社会经济秩序的稳定。因此，可以说法律正是根据公民的个人利益和社会利益的需要来规定公民的民事行为能力的。"[1] 但是，笔者认为，民法行为能力制度如仅仅停留在这一基础层面，无疑显得消极、呆板和狭隘。因为未成年人作为民事主体，无时不在、无处不在民事活动之中，抽象的静态化的行为能力制度片面追求对其行为的限制和阻却难以达到理想效果，更难于彰显其维护个人利益和社会利益、增进市场交易活动安全的制度价值。为此，在未成年人行为能力制度设计的基础上，必须有未成年人监护制度与之配套，作为行为能力制度的必要补充，从而完成民法制度及其价值体系的精巧和细密。在此意义上，未成年人监护制度不仅反映了行为能力制度的内在要求，也是行为能力制度运作机制的重要组成部分，更是行为能力制度的必要延伸和扩展。没有行为能力制度的奠基，就没有未成年人监护制度的后续；没有未成年人监护制度，行为能力制度也会残缺不全。

3. 行为能力制度使未成年人的民事权利能力受到限制，未成年人监护制度则使这种限制得到补救和解脱，未成年人监护制度构成权利能力与行为能力之间的媒介和桥梁

民事权利能力和民事行为能力，均为民法上重要的主体能力和法律资格。其中，民事权利能力，是充当民事法律关系主体所必须具备的法律资格，凡具有民事权利能力，均可成为民事法律关系主体，可以享有民事权利和承担民事义务；民事行为能力，是民事主体独立实施民事法律行为的法律资格，凡具有民事行为能力，即可不依赖于他人而独立进行民事活动，

---

[1] 王利明等：《民法新论》，中国政法大学出版社，1988，第155页。

参加民事法律关系，为自己取得民事权利或设定民事义务。对于自然人来说，人人都有民事权利能力，即自然人民事权利能力平等。自然人的民事权利能力，以生存为条件，一经出生即当然具有民事权利能力。但自然人的民事行为能力，并不是从一出生就当然享有，也不是一切自然人都具有民事行为能力。法律只对有一定判断力的人赋予民事行为能力。所以，自然人虽然一经出生就具有民事权利能力，可以成为民事法律关系主体，但要独立从事民事活动，实施民事法律行为，为自己取得权利和设定义务，除有民事权利能力外，还必须具备民事行为能力。由此可见，"自然人的行为能力与其权利能力有所联系，但也有所区别。所谓联系，表现为行为能力是实现权利能力的基本条件，而具备权利能力是具备行为能力的前提：如无主体资格，以自己的行为独立参与民事法律关系的资格（行为能力）即成为无本之木，毫无意义。而如果法律仅仅赋予主体以权利能力而概不承认其独立行为的资格，则自然人的人格则同样成为空中楼阁，无从落实。但是，行为能力与权利能力在法律上的意义和价值不能等同，更不能混淆：自然人权利能力的有无表现在其法律人格的有无，而行为能力的有无与法律人格之有无毫无关系。"① 按此联系，未成年人从一出生即被赋予权利能力，已经是法律关系的主体，但在成年之前的漫长岁月中，却因为行为能力制度而使之处于无行为能力或限制行为能力状态，不能独立行使主体权利，承担主体义务，其权利能力在法律上受到行为能力的限制或滞碍，由权利能力走向权利的通道被行为能力阻隔。为解决未成年人主体能力的这一矛盾和错位，补救行为能力对权利能力的限制，打开权利能力变为现实权利的通道，使未成年人的权利能力从行为能力的束缚中解脱出来，民法在权利能力与行为能力的制度中间，介入了未成年人监护制度，通过赋予监护人在未成年人民事活动中的法定代理权、追认权、否定权，辅助未成年人的行为，弥补未成年人行为能力的缺失，保证未成年人权利能力和权利的实现。在此意义上，行为能力制度和监护制度从不同角度和方位对未成年人的权利能力和民事活动施加影响，达到功能互补的契合效果。

---

① 尹田：《自然人的行为能力、意思能力、责任能力辨析》，《河南省政法管理干部学院学报》2001年第6期。

（三）自然人的民事责任能力是未成年人监护的制度同构

自然人的民事责任能力问题，不仅有关民法基本理论和规范体系，而且直接反映着行为人的自己责任、监护人的替代责任和连带责任及受害人赔偿请求权的实现，同时也涉及民事责任的归责原则和诉讼法中当事人的确定等一系列问题，因而在民事立法和民法理论中应有其重要地位。

关于民事责任能力的理解，最大的难点在于它与民事行为能力的关系。对此，中国民法学界大致有三种态度。一是无视民事责任能力的态度。认为自然人的民事行为能力，就是自然人能够通过自己的行为取得民事权利、承担民事义务的能力或资格，它既包括自然人进行合法行为而取得权利和承担义务的能力，又包括自然人对自己的违法行为承担法律后果的能力，所以完全可以无视民事责任能力的存在。[①] 二是广义民事行为能力的态度。认为民事行为能力本身有广义狭义之分，狭义的民事行为能力仅指自然人独立进行民事法律行为的资格，广义的民事行为能力还包括自然人对其实施的违法行为承担民事责任的能力，从而承认了民事责任能力的客观存在。[②] 三是独立民事能力的态度。认为民事责任能力是与民事权利能力、民事行为能力并列的一种独立的民事主体能力；民事责任能力与民事行为能力，虽然相互联系，有其一必有其二，但毕竟是两种不同的资格，不应混淆。[③]

应该看到，上述三种态度标表出一种中国民法理论认识的渐进性。即随着民法理论的蓬勃发展和民事立法的不断完善，自然人民事责任能力制度逐步由被无视、被包容而走向独立。不可否认，"民事责任能力与民事行为能力无疑有着密切的联系：法律上所规定的责任能力与行为能力均以意思能力这种自然能力为基础，故二者之间有一定的重合关系，具有意思能力者，一般也具有民事行为能力及对其行为负相应的民事责任之能力，无

[①] 参见马原主编《中国民法教程》，人民法院出版社，1989；佟柔主编《中国民法》，法律出版社，1990；郑立、王作堂主编《民法学》，北京大学出版社，1994。

[②] 参见杨振山主编《中国民法教程》，中国政法大学出版社，1995；佟柔主编《中国民法学·民法总则》，中国人民公安大学出版社，1990。

[③] 参见梁慧星《民法总论》，法律出版社，2001；张俊浩主编《民法学原理》，中国政法大学出版社，1997；马俊驹、余延满：《民法原论》上册，法律出版社，1999。

意思能力者，则无进行以意思表示为要素的法律行为之能力，原则上也无民事责任能力。由于民事行为能力和民事责任能力均与自然人之意思能力有一定的对应关系，且'皆系因人之行为，而设定、变更或消灭权利与义务之能力'，故而有二者皆属于广义民事行为能力之说。"[1] "在某种程度上，大陆法系国家，责任能力是作为类比于行为能力的一种能力而设计的。行为能力是'自行以法律行为取得权利、负担义务的能力或资格'，作为与行为能力类比的概念，责任能力是对自行以不法行为承担责任（法律效果类）的能力。在大陆法学理论思维中，之所以让符合特定条件的人对他的法律行为取得预期归效，在于他是有思考的动物，并依据他的条件能够有足够的意思能力为自己计划积极的法律生活；同样，之所以让符合一定条件的人对他的责任行为负责，也在于他是有认识判断的动物，依其条件有足够的辨别能力去避免不当的消极法律活动。从本质上说，两种能力涉向的行为都以意思为要素，具有同根性。目前，德国学理上有'广义行为能力'概念，正是对行为能力与责任能力以意思能力作为共同设计基础这个事实的概括，解释为以自身行为产生法律效果（合法与违法）的能力，强调行为能力与责任能力都以自然人具有意思能力为基础，不是随人之出生而产生，而是法规对于'可资认定其具有最低限度的判断能力者，所赋予的能力。'"[2] 但是，不能因为两者的这种联系性、同根性而否定民事责任能力的独立性。要充分把握到，由于民事行为能力与民事责任的设立目的及所针对的事项不同，两种能力的决定因素也显有差异，它们之间及其与意思能力之间，不可能是完全吻合的一一对应关系，在诸多情况下还有着根本的不同，因此，在逻辑上、法律观念上、规范反映和法律适用上均不能将民事行为能力与民事责任能力混为一体，而应区别对待。其中，尤其要注意以下几方面的区别。[3]

其一，能力的范围和性能不同。民事行为能力总是具体的，有一定的范围，不同民事主体的民事行为能力范围也不尽相同；而民事责任能力则

---

[1] 刘保玉、秦伟：《论自然人的民事责任能力》，《法学研究》2001年第2期。
[2] 龙卫球：《民法总论》，中国法制出版社，2001，第174页。
[3] 参见梁慧星《民法总论》，法律出版社，2001，第74~75页；刘保玉、秦伟：《论自然人的民事责任能力》，《法学研究》2001年第2期。

是抽象的,并无一定的范围,更不受民事行为能力范围的限制。民事主体的行为超出其民事行为能力范围将不生效,但其违法行为无论是否超出民事行为能力范围,在引起民事责任的产生上均为"有效",应受法律追究。

其二,能力设立的目的不同。法律规定民事行为能力,目的主要在于使主体可以按照自己的意志为法律行为,以追求、实现和保护自身利益;而设民事责任能力的目的,在于使主体对其违法行为所造成的损害后果承担民事责任,以保护他人和社会利益。

其三,效力作用不同。民事行为能力针对行为人实施的法律行为而设,是决定民事行为是否有效的根据;而民事责任能力针对行为人实施违法行为所产生的法律后果而设,是决定行为人是否要对自己的行为承担民事责任的依据。

其四,能力的标准要求不同。"在民法上,行为能力是以更高的意思——法效生活意思要求为准,并为操作方便,多设计为抽象人标准。这与责任能力设计正好不同,后者以避害意思要求为准,并为精确起见,多立于具体衡量。"之所以要区别标准,理由有二:一是"法律行为是追求一种法效生活,需要有交往关系中平衡和合理计算利益的智慧,所以应该有较高的意思能力,才能使行为人取得预期效果;而责任行为却是对一种正常法律生活的破坏,是对不害他人的基本生活准则的违背,这仅仅需要起码的常识就可以避免,因此只需要很低的辨别能力即可。"二是"法律行为是一种正面行为,具有普遍性,为数众多,因此以具体行为时行为人有无意思能力为取得预期效果标准,在操作上会有很大麻烦,法律上有必要采抽象标准,设定一抽象的'一般人'标准,适用于每一个人。对于'责任能力',鉴于其作为人类生活的反面行为,在一个正常的以社会道德为基础的社会里,理应具有稀少性,且一经认定,在法律后果上导致对行为人责任制裁,具有消极不利益性,所以,法律宜注重精确性,尽可能采取具体标准。"①

关于自然人民事责任能力的判断标准,② 就未成年人而言,从世界各国

---

① 龙卫球:《民法总论》,中国法制出版社,2001,第274~275页。
② 有关各国民法的具体规定和我国的立法选构,在我国民法典制定中值得深入认真地研究。

或地区有关民事立法的规定来看,主要可以分为以下三种立法例:"(1) 抽象标准——以辨识能力或识别能力为标准。该标准确定自然人民事责任能力的国家或地区,在法国法系中,如比利时、厄瓜多尔、危地马拉、摩洛哥、埃及、利比亚、黎巴嫩、美国路易斯安那州和加拿大的魁北克省;在德国法系和社会主义国家法系中,如瑞士、土耳其、澳大利亚、日本、中国台湾地区、前捷克斯洛伐克和匈牙利等。(2) 具体标准——以一个固定的最低年龄为标准。以该标准确定自然人民事责任能力的国家或地区主要有:智利(规定为7岁)、阿根廷(规定为10岁)、哥伦比亚(规定为10岁)、波兰(规定为13岁)、苏联(规定为15岁)。(3) 混合标准——以该标准确定自然人民事责任能力的国家或地区主要是一些德国法系的国家。一方面,这些国家的法律规定在确定的年龄界限以下的儿童可以完全免责。如德国规定为7岁、希腊规定为10岁、俄罗斯规定为14岁。另一方面,未成年人至成年(德国民法规定为18岁、希腊民法规定为14岁、俄罗斯民法规定为18岁)一般要承担责任,除非他们不能辨别其行为的危害性质。"①

无论立法例上采用何种模式,也不论民法理论持何学说,自然人民事责任能力总归离不开未成年人这一主体范围,或者说未成年人是民事责任能力制度的主要规范对象。很大程度上,正是未成年人这类民事主体的存在及其人身属性的内在要求,在民法上才有了民事责任能力制度存在的意义和价值;即使说民事责任能力制度是专门为未成年人特设的主体能力制度也并不过分。综观各国法律规范,其关于民事责任能力的规定必须有两项不可缺少的重要内容。一是处于一定年龄或识别能力状态的未成年人,因其侵权行为致人损害时,其本人虽由于无民事责任能力而免责,但其监护人在常态下要承担替代责任。二是处于一定年龄或识别能力状态的未成年人,法律确认其有民事责任能力,当其侵权行为致人损害时,不仅未成年人本人应承担民事责任,而且其监护人还要承担连带责任。由此可见,民事责任能力的两项核心内容既是未成年人侵权民事责任的制度依归,又是对未成年人监护关系的直接规范和调整,是监护人、被监护人基于监护

---

① 余延满、吴德桥:《自然人民事责任能力的若干问题》,《法学研究》2001年第6期;除此之外,龙卫球:《民法总论》,刘保玉、秦伟文:《论自然人的民事责任能力》等,对自然人民事责任能力标准的立法例也有独具见解的分类和分析。

关系而发生的责任机制；这两项内容既从未成年人民事责任能力制度中出发，又以未成年人监护制度为归属。没有这两项内容，未成年人民事责任能力制度即失其内核；同样，没有这两项内容，未成年人监护制度也在极为重要的责任机制上丧失效能。所以，在民法上，未成年人民事责任能力制度离不开监护制度，而未成年人监护制度也离不开责任能力制度，两者在制度安排、规范设计及操作适用上，应为一个相互内联的同构整体。中国正在制定的民法典，一定要把握这一规律性，注意两个制度的合理安排和衔接统一。

二 未成年人监护制度与婚姻家庭制度的关联

透过未成年人监护的自然和社会发生机理，可以看到：无论在历史意义上，还是在现实意义上，无论是从社会学、伦理学、文化学角度观察，还是从法学层面把握，抑或从生物学、心理学分析，未成年人监护和婚姻家庭无不存在内在的联系，婚姻—家庭—生育—亲属—监护一直是人类亲属模式中的一个相扣连环的链条整体；在一定意义上，人类家庭的历史，实际上也是未成年人之亲属监护的历史。① 因此，未成年人监护制度与婚姻家庭制度的关联性，应有丰富的内涵和实在的表现。

（一）婚姻、家庭乃至亲属是人类普遍的承担未成年人监护之功能的社会形式

婚姻是男女两性结合的社会形式，家庭是血缘联系的社会形式，这一表述无疑是正确的。但是，人类为什么如此普遍地选择婚姻、家庭这种社会形式，需要做进一步的回答。对此，费孝通先生通过研究生育制度切入"双系抚育"和"两性分工与合作"而道破真谛："以现在为止，人类还没有造出过一个社会结构不是把男女的性别作为社会分工的基础的。""像这样的分工体系确立之后，健全的生活非由一男一女合作不成。""在男女分

---

① 可详见〔法〕安德烈·比尔基埃等主编《家庭史》，袁树红等译，生活·读书·新知三联书店，1998；〔美〕马克·赫特尔：《变动中的家庭——跨文化的透视》，宋践、李茹等译，浙江人民出版社，1988。

工体系中，一个完整的抚育团体必须包括两性的合作。两性分工和抚育作用加起来才发生长期性的男女结合，配成夫妇，组成家庭。""抚育作用所以能使男女长期结合成夫妇是出于人类抚育作用的两个特性：一是孩子需要全盘的生活教育；二是这教育过程相当的长。孩子所倚赖于父母的，并不是生活的一部分，而是全部。""在这些社会中，抚育作用必须是双系的，但是这双系性既然没有生物本性作保障，于是，我们在任何现有的社区中，都能看见确立双系抚育的文化手段，这就是我们普通所谓婚姻。婚姻是人为的仪式，用以结合男女为夫妇，在社会公认之下，约定以永久共处的方式来共同担负抚育子女的责任。""社会分工利用了两性区别作基础后，一个能担负抚育作用的最小单位是一男一女所组成的生活团体。为了社会新陈代谢作用的需要，社会上必须预备下这负责抚育的基本团体来完成这任务。每个社会所容许出生的孩子必须能得到有人抚育他的保证。所以在孩子出生之前，抚育团体必须先已组成。男女相约共同担负抚育他们所生孩子的责任就是婚姻。""婚姻在人类生活上既是这样重要，而同时又不常和个人的生理和心理倾向相符合，于是社会得立下法律来防止轶出规范的行为。单靠法律的制裁犹嫌不足，于是把其他经济关系等渗入婚姻关系中，并扩大向婚姻关系负责的团体，这样使夫妇间的联系加强，即使夫妇间一时感情失和，每会因牵涉太多，不致离异。可是这还不能使这种人造的办法根深蒂固，不易撼动，于是进一步，婚姻关系获得了宗教的意义而神圣化了。婚姻有关的法律、社会，以及宗教的制裁，在它们功能上说是相同的，都是在维持人类社会生活中必需的抚育作用。"①"人类创制这家庭的基本结构，目的是在解决孩子的抚育问题，使每个孩子能靠着这个社会结构长大，成为可以在社会中生活的分子。一个人要在社会中生活，他得有一番很长的训练，因为我们并不能像蜜蜂一般可以单以生理上的天赋机能来组成一个生活的集团。我们所要应付的环境已经充分被人类所修改过，其中最重要的是人为的文化，以致我们不能任性举动，必得遵守一套人为的规则。……正因为人生下来并不是一个完全适合于集体生活的动物，所以我们的集体生活不能全由本能来完成，而得求之于习惯，社会习惯的养成

---

① 费孝通：《生育制度》，天津人民出版社，1981，第 19~37 页。

是抚育作用的主要事务。我们要把一个生物的人转变成一个社会的分子，这个转变的初步工作就在家庭里。"① 由婚姻而至家庭，又由家庭而至亲属，在抚育未成年人方面，实际上有着同样的功能。费孝通先生进一步指出："亲属的基础，在我看来，是抚育作用，而不是生育事实所引起的生物关系。从抚育作用来看，家庭并不常能包办这任务，家庭不过是完成这任务的基本单位，生活内容的增加，文化水准的提高，使抚育作用推出了家庭的范围。所以抚育作用固然常以家庭为中心，但并不限于家庭。抚育作用推到家庭之外，而依生育及婚姻关系路线时，就形成了亲属。亲属也就从家庭这三角结构中扩展了出去。""把父母的任务分散一部分给家庭之外的人去担负是事实所必要的。在普通情形中，做父母的可能有时候外出或疾病，不能担任这任务，那时就需要有代替的人了。更严重的情形是父母可能死亡。社会上固然有续弦、再嫁等办法来应付这危机，但是在一个破裂的家庭中，孩子的抚育不能中断，所以社会也得预备下随时可以接替，至少部分地接替这项任务的人，使一个社会中的孩子不致因为父母的丧失能力或死亡而得不到抚育的保证。""亲属是给抚育任务扩展的一个可利用的原则。"因为，"抚育是件损己利人的事，要人能接受这损己利人的任务必须有一个前提，就是把自我扩大到被抚育的人。换一句话说，必须具有一个团体性的感情基础。亲属一词就是包含着亲密的感情依恋，共属一体的意思。亲属体系的亲疏也时常就指感情的密切和淡薄。人和人的亲密感情是发生于长期的接触和深刻的了解。以过去和现在的社会说，有长期接触和深刻了解的是在经营共同生活的家庭之间。家庭不但在结构上是亲属的核心，在感情的造成上也是亲属的核心。家庭之间孕育的感情，在三角结构的延伸中，散成了感情亲密的外围。譬如在一个新家庭形成时，夫妇两人都是来自另外两个家庭的，他们都有曾经共同生活过的父母和同胞。这些人既然一起生活过，虽则在结构上分裂了出来，在感情上还是维持着联系。这种感情的联系，正适合于作分担这新家庭所发生的抚育事务的基础。于是亲属关系也成了抚育作用扩展的最方便的路线了。"②

---

① 费孝通：《生育制度》，天津人民出版社，1981，第98页。
② 费孝通：《生育制度》，天津人民出版社，1981，第179~182页。

费孝通先生的上述观点，深刻说明了婚姻不是单纯的两性结合形式，家庭也不是简单的血缘群体，亲属更不是纯粹的生物关系，它们都是人类在漫长的社会进化中做出的必然的、理性的选择结果，在抚育未成年人这一社会必需的使命上扮演着同样的角色，负载着相同的功能，是人类至今为止抚育未成年人的最普遍也是最有效的社会形式。虽然费先生是从生育制度角度阐释未成年人的抚育，但笔者认为，这一规律性的认识既适用于未成年人抚育，同样普遍适用于未成年人监护。其理由有四。（1）内涵包容重合。社会学意义上的抚育在法律指向上和法学意义上的监护在社会指向上应属相同的或者至少是相互重合包容的内涵，即都有抚养、教育、监督、保护之含义，两者是同一内涵的不同概念称谓。（2）价值目标一致。无论是未成年人的抚育，还是未成年人的监护，目的都是积极有效地完成未成年人的社会化，使生物的人真正转变为社会的人，保证和增进未成年人的健康成长，维护和保障未成年人的人身和财产权益。（3）发生根据相同。未成年人抚育和未成年人监护之所以必需，源于自然人从出生到成年这一漫长过程的生物性、心理性和社会性特点，反映了人类个体生存、群体绵续和社会发展的客观要求。（4）现实运作状态吻合。自人类有史以来，在每一种社会形态的绝大多数情形下，未成年人抚育的社会结构同时就是未成年人监护的社会结构；抚育义务人、责任人、权利人同时也是监护义务人、责任人和权利人；抚育的载体或组织形式同时也是监护的载体或组织形式，两者在常态下均吻合同构于婚姻、家庭和亲属之中。这一运作状态即使在今天仍未发生根本性改变。总之，人类婚姻、家庭乃至亲属不仅是未成年人抚育的普遍社会形式，也是未成年人监护的普遍社会形式。

（二）家庭一直承担着未成年人监护的重要职能

社会学告诉我们："现代社会人们交互作用与相互关系持续不断的组合形式越来越多，但其中最基本的形式仍然是家庭。'家庭是社会的细胞'这一古老命题，包含如下一些稳定的意义：（一）它是初级社会整体，在这个整体中孕育与发生着各种社会因素与功能；（二）它是社会生活的基础，负责社会新分子的繁衍，具有社会内部充分展开了的矛盾与对立的本来性质；（三）它是个人与社会联系的桥梁。个人通过家庭走入社会，社会通过家庭得到个人支持,家庭也只有在社会的环境中才能生存下去。"① 美国著名社会学家 W. 古德认为:"除宗教外,家庭是在所有社会得到正式发展的唯一社会机构,它是统辖五花八门的社会行为和社会活动的特殊社会机构。""在所有已知的人类社会中,几乎每个人都卷入了家庭权利和义务的网络之中。经过一个相当长的儿童社会化过程,人们都学会了接受这些规则。这就是说,人们逐渐认识到,这些家庭模式既正当合法,又会人人向往。""当前,人们与过去任何时候一样领略家庭的欢乐和痛苦,也和过去一样热衷于家庭生活。在世界上大多数地区,传统家庭或许已经动摇不定,但家庭机构却可能比现有的任何一个国家都会历时更长。家庭机构不像军队、社会或国家那样强大,但它却是最难征服的,也是最难改造的。任何一个具体的家庭可能是脆弱而不稳定的,但家庭制度就其整体而论,却是坚不可摧、富有活力的。""尽管家庭常被看作是一个激起人们感情的社会单位,但它却是一个为更大的社会结构服务的一种功能性机构,许多其他机构都取决于家庭所做的贡献。""家庭对广大社会所做的贡献包括:生儿育女,休养生息,儿童的社会安置,社会化和社会控制。"②

作为社会细胞的家庭,其结构和特点决定于社会制度和社会物质生活条件,同时对于夫妻双方、子女和父母等家庭成员发生种种效用,并能动地作用于社会生产和社会生活,担负着多方面的社会职能。

家庭的社会职能即家庭的功能,乃 W. 古德所谓之家庭的贡献,是家庭在人类生活和社会发展方面所扮演的角色和发挥的作用。这些职能或贡献是婚姻家庭本质的外部表现,也是家庭与个体和社会相联系的环节。在不同的社会制度下,这些职能的社会内容和具体表现不尽相同,反映了不同的社会经济基础和上层建筑的要求。现代社会使家庭的许多职能外移,而建立起专门的机构承担这些职能;同时,家庭的另外许多功能又无法外移,没有任何机构可以完全替代家庭来实现那些职能,而且有些职能尚在进一步强化和丰富,因此,家庭仍是现代社会人们活动的一个重要单位。综合分析家庭发展史,可以看出,无论在历史上,还是在现实生活中,家庭职

---

① 宋林飞:《现代社会学》,上海人民出版社,1987,第 238 页。
② 〔美〕W. 古德:《家庭》,魏章玲译,社会科学文献出版社,1986,第 1~30 页。

能集中表现为六个：一是性爱职能；二是生育职能，即人口再生产职能；三是经济职能，即组织生产和消费职能；四是教育职能，包括文化传承、技能传授、人格塑造等社会化的全部内容；五是保障职能，包括抚养、扶养、赡养、照顾、护理等全面的"弱者"保障内容；六是精神情感交流慰藉职能。①

不难看出，在这六大职能中，未成年人居于非常突出的主体地位：人口再生产职能集中反映了对未成年人的生养抚育；教育职能重点包容着对未成年人的监督、管教和惩戒；保障职能直接指向对未成年人的照顾、保护和扶助，防范和排除任何外在的不法侵犯；经济职能不可缺少的应有对未成年人财产权益的维护和财产关系的代理；精神情感职能必然融入对未成年人的关心、关怀和体贴、抚慰；至于性爱职能，诚如上述费孝通先生所言，婚姻家庭中的功能和价值并不在两性结合的性爱本身，而在于构造两性分工和合作团体，以保证持续稳定地对未成年人抚育。因此，家庭的六项主要职能，在很大程度上可浓缩为对未成年人的抚养、照顾、教育、监管、保护，其实质在于保障和增进未成年人的健康成长，完成未成年人生理上、心理上和精神上的社会化，维护未成年人人身权益和财产权益。这一切，用民法上的制度术语概括，恰好就是未成年人监护。所以，贯穿人类家庭史的家庭职能，其重要内容之一就是未成年人监护；反映在当今社会绝大多数常态家庭之中的家庭职能，其重要内容之一仍是未成年人监护；家庭一直承担着未成年人监护这一重要职能。

针对20世纪曾经一度出现通过某种社会形式否定家庭职能、替代家庭职能的变革经验和教训，W. 古德在《家庭》一书中特别指出，摆脱家庭职能的情形时时发生，世界上已有一些地方做过一些试验，"尽管如此，我们可以得出以下三个结论：（1）在所有已知社会中，理想的方式是让家庭承担这一切职能，这方面也确实具备一定的条件。（2）当一个革命化社会或乌托邦社会把一项或多项家庭任务交给某种机构承担时，只有意识形态的狂热性和政治上的压力才会促成这种变革。（3）这些试验也有一个特点，

---

① 关于家庭的职能，社会学著述有多种分类和归纳，就其实质性内容来讲，主要反映在这六个方面。

即逐渐退回到比较传统的家庭模式。无论是以色列的集体公社还是俄国人所做的试验——解除父母照看孩子的职责,都曾提倡过公社生活这一理想。丈夫和妻子将只有个人感情上的联系,离婚也很容易。孩子们只能在规定的休息时间看望父母,而在工作时间内只能指望从幼儿园的老师和阿姨那里得到疼爱和指导。每个人都须将自己最大的才干贡献给集体,而不考虑家庭关系或性别地位(很少或没有男女分工)。为这种理想所做的试验是很有限的,但实际行为却越来越背离理想。只有中国在这方面做过大规模的试验,但中国的公社也是事与愿违,重蹈以色列的集体公社和俄国的集体农庄的覆辙。"①

(三)在法律上,未成年人监护的规范内容和婚姻家庭法(或亲属法)规范内容必须相互交织、体现和援引

法律来源于社会生活,只有准确反映社会现实生活的法律才有生命力,才有产生实效的社会基础;法律又规范社会生活,引导和调整现实生活关系。婚姻家庭和亲属作为未成年人监护的社会形式,家庭所担负的未成年人监护的职能,在人类社会中,长期以一种自然的生活逻辑存在,显示出高度的父母心甘情愿、家庭完满自治和亲属自觉协力的自然法特质。尽管这一普遍社会存在的真实动力和原因至今没有得到科学统一的释解,② 但近乎所有国家的法律无不尊重这一生活逻辑,反映和确认这一客观现实,并且总是通过法律的强行性规范使偏离这一社会常态者受到惩戒,同时为这一常态在社会中难免出现的个案残损借助相关形式予以补救。如此,生活的逻辑走进了法律的逻辑,婚姻家庭亲属与未成年人监护的社会契合关系上升为法律关系,成为监护法和婚姻家庭法(亲属法)共同规范和调整的对象,甚或直接将未成年人监护的规范内容完全散装在婚姻家庭法(亲属法)之中。

---

① 〔美〕W.古德:《家庭》,魏章玲译,社会科学文献出版社,1986,第10页。
② 关于婚姻家庭亲属与未成年人抚育、监护的内在动因,有各种各样的解释,如生物论、感情论、种族基因遗传论、公平论、文化论、父辈晚年保障论、经济效率论等。可详见〔美〕W.古德:《家庭》;费孝通:《生育制度》,商务印书馆,1999;〔美〕戴维·波普洛:《社会学》,李强等译,中国人民大学出版社,1999;〔美〕伊恩·罗伯逊:《社会学》,黄育馥译,商务印书馆,1994;苏力:《制度是如何形成的》,中山大学出版社,1999;等等。

在法制史上，未成年人监护制度的规范形式于国家立法中有两种表现，即形式意义上的监护法和实质意义上的监护法。就实质意义监护法来说，在法律上并无直接表现"未成年人监护"这一特定指称的专典专编、专章、专节乃至专目、专条等规范形式，但有关于以未成年人为主体、直接或间接反映对未成年人监管、教育、抚养、保护等内容的规范，如古代社会除罗马法以外，大多数国家和地区的法律都是如此，旧中国在《大清民律草案》出台前一直如此，即使新中国成立后至《民法通则》颁布前仍是如此。在此立法模式下，绝不是没有未成年人监护法，只不过是没有"监护"这一专用形式指称罢了。实际上，其法律体系中有不少反映未成年人监护的内容，但这些内容主要分散规定在有关婚姻家庭亲属的规范形式中，即其婚姻家庭法包容、囊括了未成年人监护法，未成年人监护关系被法律完全融入到婚姻家庭关系中，从而可以说婚姻家庭制度包括了、吞没了未成年人监护制度，而未成年人监护制度在实质上成为婚姻家庭制度的内容之一部分。

就形式意义的未成年人监护法来说，在英美法系，既有专门反映调整监护关系的单行法的表现形式，如1873年未成年人监护法（Custody of Infants Act 1873）、1886年未成年人监护法案（Guardianship of Infants Act 1886）、1925年未成年人监护法（Guardianship of Infants Act 1925）、1973年监护法（Guardianship Act 1973）等，也有将监护问题置放在相关单行法之中的，如儿童法（英国1989年儿童法，Children Act 1989）、家庭法（Family law）、收养法（Adoption Act）、婚生法（Legitimacy Act）等，但无论采取什么形式，其内容都或多或少程度不同地与婚姻家庭或父母、亲属发生联系，从而在范畴类型上，仍可归位于婚姻家庭法。在大陆法系，其形式意义的监护法有两种体例安排，一是以《法国民法典》为代表，首设人法卷，将监护独设成章，置于人法之中，一方面表现其与民事主体的内在联系，另一方面与人法中的婚姻家庭关系诸编章连贯呼应，相成一体，从而表现其与婚姻家庭制度不可分割的内在联系；二是以《德国民法典》为代表，在民法典中专设亲属一编，监护作为其中的独立一章或一部分，一方面相对完整系统地独立规定未成年人监护的基本内容，完成监护法在形式上的构造，另一方面又将有关未成年人监护的诸多内容分置在亲属法的各章节之中，或以其为适用援引的依据，或作为亲属效力的体现，或作为监护运行的效力归属，实现未成年人监护制度与婚姻家庭制度的内容衔接和适用融通。

尤值一提的是，在新中国半个多世纪的民事立法中，监护制度与婚姻家庭制度的关系经历了两个阶段，一是《民法通则》制定之前，没有形式意义的监护法规范，只用《婚姻法》中的一些条文内容来体现未成年人监护制度的实质性存在，所以未成年人监护制度在一定程度上被婚姻家庭制度吞并埋没，没有凸现出形式上相对独立的制度地位。二是《民法通则》制定后，未成年人监护制度在两种规范层面上得到反映：一方面《婚姻法》中继续保有原来的涉及未成年人监护的一些实质性内容；另一方面在《民法通则》第二章公民（自然人）中特设第二节监护，使监护制度以相对独立的规范形式纳入了民事主体制度范畴，反映出立法者认识到监护与自然人民事主体的内在联系。在中国立法上出现这一效果，虽不能完全说是科学理性的立法产物，但至少折射出中国学者和立法者伴随立法的历史进程把握住了监护制度与民事主体制度和婚姻家庭制度的双重内在联系。但须注意，中国这种形式与内容剥离的监护立法格局是民事立法在特殊历史背景下形成的，是《婚姻法》先行"独立"、民法典长期缺位、《民法通则》变通补遗形势下的权宜之计，没有从根本上和立法技术上完成未成年人监护制度和婚姻家庭制度的整合统一，必然给制度构造和法律适用带来摩擦和冲突。因此，在中国民法典的设计安排中，必须走出这一误区，打破现存定势，在总体属性上认识到未成年人监护与自然人主体能力的关联内涵，在制度运作上将监护制度完整归位于婚姻家庭法，既保留监护法相对独立的规范形式和体系，又和婚姻家庭法的有关内容保持相互对接、照应和援引配套。

三　未成年人监护制度的功能

法律上的制度关联性，其真正意义不在于技术上的结构，而在于这种关联结构的功能。系统科学告诉我们：结构与功能是一对基本范畴。任何系统都具有一定的结构，系统的结构是系统具有一定功能的内在根据。结构即系统内部各要素相互联系和作用的方式或秩序，功能是指系统与外部环境相互联系和作用过程的秩序和能力。社会学认为：功能不是事实产生的原因，而仅仅是事实得以存在的根据。社会事实之所以存在是由于它们以某种方式维持着社会的存在，或者说，它们之所以存在是因为它们具有功能。所以，社会需求是社会存在的必备条件，功能是社会制度对社会需求的贡献。法律社会学揭示：法律作为一种社会现象与社会有机体之间客观存在着相适应的地方，这种相适应的地方就是法律的功能；法律存在于社会大结构（或大系统）中，法律本身又是有结构的；法律内在结构直接决定或影响它在社会结构中所处的地位即其功能状况。①

法律层面上的未成年人监护制度，应该具有法律属性的功能。这种功能②包括两大方面。一是所有法律共同具有的功能，即法律的规范功能、形式功能，如调控功能、指引功能、预测功能、保护功能、教育功能、强制功能、评价功能等。二是各项法律制度分别显示的功能，即法律的社会功能、实质功能。虽然法律有着共同的规范符号和技术特性，在规范的形式功能上大体一致，只是侧重程度有所不同，并且基于这种功能共性，所有法律制度在社会实质功能上也有两个相近指向——行为激励功能和利益调整功能，③但每个部门法或某项单一的法律制度，由于其调整对象、调整方法、立法目的、制度价值等方面的个性化特质，决定了其社会功能的具体性、个别性。就未成年人监护制度来说，它通过自身的规范结构和与其他民事法律制度的关联结构，至少被社会预期和实际负载以下五个方面的实质性功能。

（一）主体能力制度配套补充功能

针对未成年人作为自然人民事主体的年龄规律和智力状况所必然引起的民事权利能力的平等性、普遍性与行为能力、责任能力的差异性、个别性之间的矛盾，通过未成年人监护制度补充主体能力制度，补救未成年人

---

① 参见赵震江主编《法律社会学》，北京大学出版社，1998，第199~218页。
② 法律功能指向于法律价值，但与法律价值终究是程度不同的两个范畴，从理论上讲，法律价值体现为一定的主体需要，法律功能正是要满足这种需要。
③ 详见付子堂《法律功能论》，中国政法大学出版社，1999，第14~95页。

的能力瑕疵，使其民事权利能力得到完满实现，抽象的独立民事主体资格依托监护媒介变为具体的、现实的民事主体，民事权利和利益得以真正落实归位。此乃未成年人监护制度最基本的民法功能，也可谓之为静态功能。

（二）亲属身份伦理固化功能

根据亲属之间基于血缘、姻缘、情缘而存在的亲近协力乃至共同生活的集体特性和尊爱有序、孝慈有度、相互扶助、彼此照顾的伦理道德基础，通过未成年人监护制度确认和固化法律意义上的亲属范围，明确亲属间先在性的具有强行法律效力的权利义务关系，使监护与亲子关系、祖孙关系、兄弟姐妹关系、扶养关系、收养关系乃至财产继承关系等制度内部沟通和衔接，形成完整的亲属制度模式，身份伦理关系定格为法律关系。在这一模式下，亲属之间的扶养、抚养、赡养等人身性、财产性的权利义务归位，不仅主体明确，内容清晰，而且层次分明，顺序确定。此乃未成年人监护制度在民法亲属法上的独特功能。"传统民法为此设立了监护制度，在认识上结合对人性和社会伦理的思考，无一例外考虑了亲属之间自然感情联系的独特性，建立了主要由亲属来担任监护人规则。特殊情形，监督保护人也可以由机构或其他特定关系人来承担。"① 未成年人监护制度这一功能，由于存在身份伦理的先在基础，因而主要表现为法律规范的行为激励功能，并且以内滋激励功能——一种建立在认同感、义务感基础上的激励功能——为主导，以外附激励功能和公平激励功能为辅助，② 可以预期现实生活中绝大多数人的内在驱动和自觉遵行而获得功能的有效释放。

（三）民事权益调整功能

在市民社会条件下，民事活动无时不在，无处不在，无人不在，整个社会构成一个纷繁复杂的民事活动网络。未成年人作为无民事行为能力人、限制民事行为能力人并非停留于法律虚拟的民事主体，而是实实在在的各种各样民事活动和民事法律关系的主体。这种主体性既有其自身积极参与

---

① 龙卫球：《民法总论》，中国法制出版社，2001，第 277 页。
② 参见付子堂《法律功能论》，中国政法大学出版社，1999，第 72~81 页。

的主动性一面，也有身不由己地被消极牵涉的被动性一面。但由于以其意思能力、识别能力等为基础的行为能力、责任能力的不足，其主体性活动及产生的权利义务不仅关系到本人，而且影响到民事活动秩序并涉及其他相关民事活动。鉴于此，为保障民事活动秩序的稳健运作，通过未成年人监护制度及与其存在必然联系的代理制度、民事责任制度、民事行为效力制度等，既保护未成年人的权利和利益，又激活民事活动，积极调整民事法律关系，促使每个民事活动不受主体能力的局限而都能正常运转并产生预期的法律效果。未成年人监护制度的这一功能当属于其动态功能，也是其集中表现的民法私法功能。这种私法功能直接彰显了法律之利益调整功能的三种表现：利益归属的表达功能、利益配置的平衡功能和利益格局的重整功能。①

（四）维护交易安全的功能

"法律的任务或作用，并不是创造利益，而只是承认、确定、实现和保障利益。"② 现代社会的民事活动并非孤立的简单的个体性活动，而是植根于市场经济和社会财富资源公平、高效、安全配置、流动和交易的母体中，交织着纷繁多样的市场交易关系。在法理上分析一项民事关系，看似主体相对、内容简明、客体清楚的特定微观个体，而实际上却是市场网络体系中的一个点，内扯外连地牵引着多个民事活动和多方主体利益。尤其在今天，一方面民事法律关系的客体在近乎无限的开放包容中得到空前扩张，有形财产动态变化复杂且种类形式不断丰富，无形财产及有形财产的权利化、价值化形态层出不穷，另一方面市场交易活动在自主性、竞争性、开放性和契约化、信用化规律的作用下，空间跨度增大，交易辐射面宽广，交易形式多样，交易速度迅捷，"陌生人"对象增多，社会资源配置对民事活动的交易依赖性不断增强。这一态势既促进了社会财富频繁交易的增值和效用，也加剧了市场的动态风险，从而对交易活动的安全和效率提出了更高的要求。在此背景下，民法的诸多制度不得不创新价值取向，将功能

---

① 参见赵震江主编《法律社会学》，北京大学出版社，2011，第249~259页。
② 付子堂：《法律功能论》，中国政法大学出版社，1999，第28页。

重心定位从保护财产的静态利益转向维护动态利益,从维护主体的起始归属权转向维护市场交易安全,从增进财产的使用价值转向增进财产的市场交换价值。未成年人成分复杂,人数众多,个体素质差异很大,创新能力强,冒险精神突出,他们在广阔而神秘的市场海洋中,绝不仅仅是一个消极者、被动者和单纯的消费者,而是一支庞大的、充满活力、涉足广泛的民事主体力量;在知识经济、网络经济条件下的民事领域,他们是各种有形财产关系的权利归属者,是扑朔迷离的市场交换关系的实施者、受益者或风险引发者,是知识产权等无形财产关系的创造者,是民事责任关系的制造者……以未成年人为主体的民事活动,不仅体现着未成年人的利益,也体现着活动相对人和第三人的利益;不仅涉及单一的民事活动秩序,而且关系着市场交易安全和社会经济利益;不仅是微观领域的民事关系,而且连接着整个市场秩序和社会财富的安全、高效、迅捷、公平的流动配置。因此,与现代民法的整体创新同步,未成年人监护制度也应披挂市场守护神的外衣,植入保护交易、促进交易、积极维护民事活动之市场交易安全的经济性功能。

(五) 社会保障功能

在现代工业社会、福利社会以前,家庭作为一个完整的社会单位,基本上包揽了对人的一切社会保障;每个家庭虽力不从心,也只能勉为其难,所以那个时期未成年人监护模式事实上就是社会唯一能提供的一种家庭和亲属的社会保障体系,其背负着全方位的特别厚重的社会保障功能。现代社会,尤其是中国,在社会保障体系尚不完备、健全的条件下,对未成年人以及智力残损的成年精神病人等"弱者"群体的社会化、公共化、福利化保障程度不能百分之百到位,国家公力救济和保障明显不足,有相当一部分的社会保障性工作必须依靠家庭和亲属来完成。在目前及今后相当长的时期内,中国家庭和亲属群体不仅保留着性爱、人口再生产、精神情感慰藉等职能,而且负载着经济供养、人口教育、未成年人监督保护和赡老养幼、扶助照顾病患伤残等缺乏劳动能力、没有经济来源或独立生活能力的家庭成员的社会保障性职能。未成年人监护制度的设计和安排,在一定程度上正是对家庭和亲属的这些保障职能的规范化反映和确认,是为有效释放家庭和亲属所负载的保障职能而给予的法律保障和制度定型。对于客观上不能享受到这种家庭和亲属的保障性监护的未成年人，则必须通过社会性、政府性和公共福利性的监护机构提供切实有效的保障，由此形成家庭监护为主、政府社会监护为辅，家庭监护为常态、政府社会监护为个别的监护保障格局，确保每一个未成年人受监护权、受保障权的实现和圆满到位。一个制度优越的社会，不允许也不应该存在任何一个未成年人游离在监护保障之外！未成年人监护制度的这一效用内涵，可谓其社会保障功能，也就是它的"公法"功能，直接反映了法律所应具有的公共功能的属性。

论儿童、家庭和国家之关系[*]

蒋 月[**]

【内容摘要】 儿童是独立的权利主体,是家庭、社会中的平等一员。父母、家庭、国家和社会对儿童承担的最重要任务是为他们提供能使其成长为一个具有自决自治能力的、负责任的公民所需要的各种条件。家庭是确保儿童健康成长的最普遍形式;父母权利的基础和依据就是他们是最适合照顾自己孩子的人;父母行使权利不得损害儿童利益。对于国家,儿童享有获得政府保护、要求政府履行义务的权利。国家不仅立法确认父母、家庭承担抚养教育儿童责任,监督父母履行义务,而且尽可能提高儿童福利水平,并在必要时直接承担父母责任。应当尽快制定儿童福利法,使儿童在各方面享受到优惠和优先照顾;以儿童最佳利益为原则完善监护制度;增设儿童抚养费给付垫付制;建立职业化的社会工作者队伍;开放保护儿童利益的公益诉讼。

【关 键 词】 儿童 家庭 国家 儿童权利 父母责任 国家义务

---

[*] 本文是笔者主持的国家社科基金项目"中国婚姻家庭法的传统与现代化"(项目批准号09BFX039)的部分研究成果。
[**] 蒋月,厦门大学法学院教授,博士生导师;主要学术兴趣领域:婚姻家庭法、劳动法与社会保障法、妇女问题。

儿童是谁？他们是父母的儿女，是家庭的孩子，是社会中的权利主体，是民族国家的未来！现行《中华人民共和国宪法》第 49 条第 1 款规定："婚姻、家庭、母亲和儿童受国家的保护。"这是对儿童、家庭和国家之间关系的宪法释明！《未成年人保护法》《婚姻法》《义务教育法》等多部国家法律具体规定儿童享有生存权、发展权、受教育权、受保护权、参与权等一系列的权利。在当代，无论是父母、家庭或者是政府、国家和社会，对于儿童所承担的最重要任务就是为儿童提供使他们能够健康成长为一个具有自决自治能力的负责任公民所需要的各种条件。父母、家庭、政府和国家，作为承担儿童抚养、照管责任的义务人，各责任主体应当相互扶助、相互补充，共同帮助儿童安全成长。令人痛心的是，在我国社会现实生活中，失踪儿童人数居高不下，①拐卖儿童犯罪猖獗，②严重损害儿童的健康、生命的事件屡屡发生，侵犯儿童权益的行为时常发生，漠视儿童权益的现象随处可见！其中重要原因，就是《宪法》界定的儿童、家庭和国家之关系未得到全面贯彻落实，法律对儿童保障安排不够周到、充分，家庭、国家各自的责任未做到无缝对接。本文基于我国儿童保护法律的整体架构，探讨儿童权利保护不力的法律症结，按照儿童最佳利益的原则，提出克服我国抚养、监护、照管制度中盲点的对策。

一 儿童是权利主体

儿童是一个权利群体。儿童，与生俱来拥有与成年人相同价值，是社会大家庭中平等的成员。儿童的人格尊严应该受到尊重，每个儿童均有权享有足以促进其生理、心理、精神、道德健康发展的生活。我国立法对儿童的认识有待提高，对儿童权利的保障并不充分，特别是在社会意识中、

---

① 香港凤凰卫视于 2007 年 5 月间在一期失踪儿童专题节目中称，中国内地每年有 20 万名儿童失踪。《每年有 20 万儿童失踪 中国寻人体系仍然无力》，人民网 http://society.people.com.cn/GB/6421343.html，访问日期：2013 年 1 月 11 日。
② 公安部于 2009 年 4 月开始实施"打拐"专项行动，截至 2011 年 3 月的两年间，解救被拐卖儿童 13284 人。《公安部：6 月前全国将建儿童失踪快速查找机制》，中国频道 http://news.eastday.com/c/20110412/u1a5835862.html，访问日期：2013 年 1 月 11 日。

法律落实过程中,儿童没有受到应有尊重,其权益实现有较大的改进空间。

(一) 儿童是权利拥有者:儿童权利

儿童是人,应该拥有其权利,这是法律已经认定的事实。儿童的人权与成年人的人权应该是无区别的;作为一个群体,儿童同样有权享有宪法和其他法律赋予成年人的权利。

1. 儿童享有的权利与一般人并无不同

任何儿童都有需求、有能力要求其他人尊重其独立的存在;而其他人为满足儿童需要和成长向其提供物质资料和其他条件,当是必需的、合理的。"权利就是针对其他人的请求,享有权利的人们相互之间享有权利、承担义务。进一步而言,权利将请求第三方保障之。"① 按照联合国《儿童权利公约》,每个儿童均享有固有的生命权、生存权和发展权;② "儿童享有思想、信仰和宗教自由的权利";"有自由发表言论的权利";"儿童享有结社自由及和平集会自由的权利";"儿童的隐私、家庭、住宅或通信不受任意或非法干涉,其荣誉和名誉不受非法攻击";等等。儿童是平等的社会成员,享有平等的社会参与权、经济社会权。儿童独立的人格尊严和利益应当被特别强调。自从承认儿童是独立个体以来,子女,无论成年与否,均拥有独立的人格尊严和人格权益。

2. 儿童有权利做儿童

儿童因身心尚未完全发育而有别于成年人,包括发育情况、行为、知识面、技能、对成年人特别是父母的依赖性,除享有我国《宪法》第33条至第49条所赋予的各种权利外,还享有下列儿童权利:受教育权、受抚养权、游戏权、成长权、受照顾权等。强调儿童的基本权利,旨在维护全体儿童身心健全发展。因儿童太小而认定其没有能力主张权利,是不合逻辑的。儿童年幼而不能亲自实施诸多行为,不得不依赖父母或其他监护人,

---

① Laurence D. Houlgate, *Family and State: The Philosophy of Family Law* (Rowman & Littlefield Publishers, 1988), p. 169.
② 《儿童权利公约》第6条、第13条、第14条、第15条。联合国儿童议题网 http://www.un.org/chinese/children/issue/crc.shtml,访问日期:2013年1月14日。本文所引《儿童权利公约》均出该网站,后文不再重复注释。

这只是行使权利的方式不同，而不是享有权利与否。

儿童尚未成年，其行使权利的能力需要培养和锻炼。为此，需要培养儿童的思考能力、比较和做出选择的能力、规划生活的能力，应当重视儿童表达意见的权利，为儿童提供更多的机会培养其责任意识、发展他们的自决能力，为其将来成长为合格公民做好准备。如果不给儿童练习做决定的技巧和机会，那么，他们将不能成功地转变为成年人。无论多么幼小的孩子，都有能力思考，并做出选择，有时孩子们做决定的能力甚至高于许多成年人。

3. 在家庭中生活是确保儿童健康成长的最普遍形式

儿童有权在家庭中成长。让儿童生活在家庭中，和父母在一起生活，是人类养育儿童迄今为止的成功经验。《儿童权利公约》第9条第1款要求："缔约国应确保不违背儿童父母的意愿使儿童与父母分离，除非主管当局按照适用的法律和程序，经法院审查，判定这样的分离符合儿童的最大利益而确有必要。在诸如由于父母的虐待或忽视，或父母分居而必须确定儿童居住地点的特殊情况下，这种裁决可能有必要。"

我国目前有数千万留守儿童，是近二十年间随着农村劳动力进城谋生而逐渐形成的群体。为什么儿童可以被安排跟随亲属甚至单独留守农村而远离父母照护？这个问题是儿童权利保障中的痛点，应当尽快找到治疗方案加以纠正。

当然，关于儿童享有哪些权利，此处不可能提供一个详尽列表。而且对于儿童拥有的某些权利，还可能有一定争议。但是，所有这些，都不否定儿童是权利拥有者的基本观点。

（二）如何平衡儿童权利之间的冲突？

在特定时期或者时间段内，儿童享有不同的权利，例如游戏权与受教育权，有可能在行使或实现时发生冲突。应当根据时间、地点和其他因素衡量，合理排列权利行使顺序，保障最优势权利率先行使。

儿童和少年时常可能做出一些在成年人眼中是短视的或不明智，甚至是拙劣而致使其丧失将来重要发展机遇的选择或决定，例如退学或拒绝参加高中升学考试等。此时，应当根据儿童的意愿、感受、年龄和成熟程度等因素评估其行为及结果,评估儿童的行为或决定是否符合其最大利益。如果确有合理理由对他们的行为实施一定限制或者提出一定约定要求,这种干预是合理的。反之,则应当谨慎。如果儿童的选择或决定符合其最大利益,则成年人应当尊重儿童的自我选择。

(三) 如何认识和处理儿童权利与成年人权利之间的关系?

儿童权利与成年人权利之关系,主要关乎下列两类情形。

1. 成年人以自己的眼光审视并决定同意或拒绝儿童的要求

儿童因其年幼而不能亲自提出或处理其需求,需要由成年人代理,而成年人代表儿童提出请求时将不可避免地考虑到他们自己的利益;即使儿童自己行使权利提出了请求,父母等成年人也会以成年人的眼光审视之,然后决定同意或拒绝。这两种情形本是父母或其他监护人行使监护权的常态。若是成年人以儿童最佳利益为原则来审视儿童的请求从而决定接受或拒绝,当然是最妥当的。然而,若成年人为了维护自己的利益而牺牲孩子的利益,则绝对是错的。对于父母或监护人的身份而言,只能以儿童利益为重,似乎不存在中间地带。

2. 儿童的权利与成年人自己的权利之间发生冲突

某些时候,儿童权利的实现与成年人自有权利的行使之间发生冲突,该怎么办?当然,父母自有的权利应当得到尊重。这不是说,国家对于父母与子女关系持中立立场,而是表示应当在父母权利与儿童权利之间找到一个适当的平衡点。不能容忍成年人选择牺牲孩子利益去实现自我利益,同时也不宜允许儿童权利侵害父母享有的权利。法律正是在政府与家庭之间、家庭内部的父母与孩子之间寻求平衡的结果。儿童权反映了儿童在被抚养成长过程中所处的社会地位及其特性。

二 儿童、父母和家庭的关系

将子女照料责任视为家庭特别是父母的天然义务,是人类迄今为止最普遍的实践和经验。婴儿出生后,很长一段时间需要他人照料。在任何一种文化中,抚养、保护、教育子女成长都被设定为父母的责任;围绕这一事实制定法律，调整父母子女关系。儿童虽为父母所生，却不属于父母所有。经过20世纪的根本性法律改革，父母子女之间成为平等关系，儿童在家庭中具有独立的法律地位。

（一）家庭是儿童社会化的第一学校

家庭是人社会化的第一个场所，也是绝大多数人生活、成长的最重要场所。自出生时起，儿童始终被置于家庭之中，由父母负担抚育责任；政府、法律均认可父母角色的重要性，让父母承担对未成年子女监护的权利与义务，并积极支持父母。

社会应当加强家庭功能以保护儿童。受虐儿童问题，不只是单个家庭的问题，而是社会问题。"保护儿童，并不是要惩罚父母，而是要加强家庭功能，提升父母亲权的效能，其最终目的，是要受虐儿童重返原生家庭，正常健康地成长。"[1]

社会学发展出以家庭观点为价值取向的政策概念架构，有助于使受虐儿童问题得到更深层次的解决。这就必须考虑政策介入家庭的代价和成本。

（二）父母子女关系由从属转向平等：儿童是平等的家庭成员

儿童在家庭中具有独立地位。20世纪被称为"儿童的世纪"[2]。儿童被认可的程度和被对待的立场，在不同的时代、不同的社会类型中是有区别的。古代法律中，子女从属于父母，依附于家庭，孩子被当作父母、家长的财产，受家长支配；父母子女关系法的主要内容是家长权、父权，家长、父亲在家庭中享有不可动摇的支配权、处罚权，其规定家庭生活，决定子女的重要行为。近代以来，父权结构的家庭关系被改革，父母子女关系的基础发生变化：由从属关系转向平等关系。但是，早期法律赋予父母的亲权，是父母对子女享有的最直接权利，而且行使亲权可以不基于儿童利益的考虑。直到进入20世纪之后，当代立法才承认儿童是独立个体，父母要帮助、保障子女发展他们的人格和权利。这就意味着"儿童能够独立地参

---

[1] 黄有志：《规划适合国情的家庭政策》，台北："立法院"图书馆，《妇幼安全》1999年10月，第263页。

[2] 〔德〕迪特尔·施瓦布：《德国家庭法》，王葆蒔译，法律出版社，2010，第259页。

与家庭生活,既然儿童有权享受这种地位,法院都不得侵犯儿童与其家庭之间的关系,必要时,还应帮助其实现该种独立地位。"① 故国家立法赋予父母权利,是赋予一种责任,而不是权利,是为了让父母帮助子女实现成长并独立生活。人们趋向于认为,父母与子女之间主要通过心理、感情因素维系彼此关系。20世纪70年代以后,在欧美工业化国家,父母权利转变为父母责任,享有权利者是子女。

(三) 父母的职责是为帮助子女成长为社会人而设立

现代家庭法是以子女权利为核心而构建的。父母与子女的法律关系区分为两个阶段:在子女未成年时,父母对子女承担抚养、照顾、教育和保护责任;在子女成年后,父母对子女已无监护义务,父母与子女的关系转变为一般血亲关系,尽管父母可以为子女提供意见或建议,施加合理影响。

1. 赋予父母监护权利和责任的基础:父母的角色无法被替代

父母权利的基础在于,父母是最适合照顾自己孩子的人!养育儿童的主要责任,仍然由父母承担。虽然当代社会,政府在抚育儿童事项中发挥越来越重要的作用,但是,国家责任并不能完全替代家庭责任,而是协助家庭履职,依赖家庭支持。

2. 父母权利的内容

(1) 父母供养子女的日常生活,照顾子女的身体发育和健康。(2) 父母促进子女精神和心灵的发展,以培养其独立性、社会生活能力以及经济自立。(3) 父母照顾子女的财产利益。

3. 父母抚养教育子女的权利仅仅是一种工具

父母应为儿童生存和健康成长负主要责任。父母抚养教育子女的权利,是一种工具,其目的是为了照料和教育子女,使之健康成长。

4. 父母双方对子女承担平等责任

父母任何一方均有权请求另一方提供关于子女个人状况的信息。

5. 父母有权自行决定运用何种方式实现其父母责任

抚养教育子女,是父母的义务,也是父母的权利。作为父母的权利,

---

① Laurence D. Houlgate, *Family and State: The Philosophy of Family Law* (Rowman & Littlefield Publishers, 1988), p. 169.

强调它是针对国家或其他人干涉的防御性权利,国家不能滥用职权排除父母的权利或妨碍父母履行其责任,其他人不能非法干涉父母行使权利。

6. 父母行使权利是有边界的

父母的行为与子女的安全和发展程度紧密相关,故必须明定父母行使权利的边界,即以实现子女最大利益为原则,以不损害子女利益为底线。绝不能借口"为你(子女)好",做出损害子女利益之事!

(四)父母与子女发生利益冲突时应以儿童利益优先

父母和子女是两个各自独立的利益主体,两类主体的利益并非总是一致的。有时,父母自身利益的实现与儿童利益的实现之间会发生冲突。若该儿童利益的实现,是在法定的父母责任范围之内,则父母理当履行做父母的义务,暂停行使其自身的权利或放弃其某项利益。若该儿童利益的实现已然超出了法定父母责任,父母应合理处置冲突,避免潜在地损害儿童利益。

(五)家庭责任存在合理边界

一方面,父母、家庭履行责任时,受法律约束,不得损害儿童利益。另一方面,当家庭不堪重负时,有权利寻求国家帮助。无论父亲或母亲,作为人与儿子或女儿是同等的,法律不要求父母舍己救子。同理,当父母拼尽全力不堪养育责任时,应积极寻求国家帮助、社会救助,绝无权利剥夺子女的生命或侵害其健康!

三 儿童与国家的关系

在儿童与国家关系中,儿童是权利人,享有获得政府保护、要求政府履行义务的权利;政府、国家则是照顾、保护儿童的责任人。为此,国家法律在确定父母、家庭履行抚养教育儿童义务的同时,规定政府保护儿童的责任:监督父母履行责任、必要时确保地方政府与父母一起分担父母责任,在特殊情形下直接承担父母责任。政府应当把保障和促进儿童福利及其发展,作为其追求目标之一。

（一）儿童是国家保护对象

儿童作为社会成员，有权获得国家保护。而儿童的脆弱性、依赖性和成长需求，决定了他们必须受到保护，以免受到伤害。

为了保护儿童的身心健康，避免职业劳动可能给未成年人成长造成的损害，立法禁止雇用童工，排除儿童从事有酬劳动。现代生活的复杂化和青少年接受教育时间的延长使得儿童成长为社会人所需时间延长。除此之外，还有诸多成年人从事的活动或工作，未成年人不能从事。[①]

当然，不是任何未成年人在任何时候都缺乏所有的法律能力。实施严重刑事犯罪的，年满14周岁的未成年人依法应承担法律责任。

（二）凡涉及儿童事务的须以儿童利益优先

儿童利益应当处于优先位置。当所有相关的事实，如父母的愿望、其他人的需求、相关人的利益等一系列相关情况被考虑时，儿童的利益应当占据最重要的地位。根据联合国《儿童权利公约》第3条第1款："关于儿童的一切行动，不论是由公私社会福利机构、法院、行政当局或立法机构执行，均应以儿童的最大利益为一种首要考虑。"[②] 我国《未成年人保护法》第3条第1款规定："未成年人享有生存权、发展权、受保护权、参与权等权利，国家根据未成年人身心发展特点给予特殊、优先保护，保障未成年人的合法权益不受侵犯。"

（三）国家是儿童利益的监督人

在抚养教育子女过程中，绝大多数父母不仅适格地履行义务，有些还倾其所能保护、爱护、帮助子女，直到子女成年，值得国家信赖。然而，确有少数父母或监护人滥用其权利，损害儿童利益，或者利用儿童的弱点为自己谋利，或者利用儿童谋利。为此，国家应当制定具体的监督性保护

[①] 例如，《中华人民共和国继承法》第22条第1款规定："无行为能力人或者限制行为能力人所立的遗嘱无效。"

[②] 联合国儿童议题网 http：//www.un.org/chinese/children/issue/crc.shtml，访问日期：2013年1月14日。

措施，监督父母履行抚养教育子女的义务。

1. 保护儿童不受父母等监护人和照管人的伤害

部分家庭疏于儿童照管或教育以致影响儿童良好人格的形成及发展，有些父母因观念不当或无知而无法履行良好的亲职教育，造成少年儿童人格扭曲甚至发生家庭悲剧，对此国家必须及时实施合理干预和必要矫正。根据《儿童权利公约》第19条第1款规定："缔约国应采取一切适当的立法、行政、社会和教育措施，保护儿童在受父母、法定监护人或其他任何负责照管儿童的人的照料时，不致受到任何形式的身心摧残、伤害或凌辱，忽视或照料不周，虐待或剥削，包括性侵犯。"

2. 制定实施干预措施的程序

根据《儿童权利公约》第19条第2款："这类保护性措施应酌情包括采取有效程序以建立社会方案，向儿童和负责照管儿童的人提供必要的支助，采取其他预防形式，查明、报告、查询、调查、处理和追究前述的虐待儿童事件，以及在适当时进行司法干预。"

对于可能已经发生的损害儿童权利事件，地方政府应当开展必要的调查。查明儿童处于家庭不良状态中的，政府部门应当果断采取措施实施干预，以保障这些儿童的安全。如果父母故意不配合，或者儿童被忽视或受虐待等状况没有改善，说明已实施的干预失败，政府应当采取更积极的行为防止儿童继续遭受严重伤害。对于确定处于危险中的儿童，应当通过诉讼剥夺父母的监护权，保障儿童的安全。

（四）某些情形下国家是儿童的监护人

身为国家家长的政府，必要时，应替代父母角色，直接承担父母责任。当个人或家庭无力解决自身生存时，国家应当承担起保障儿童的责任。随着家庭结构小型化，家庭人口大幅减少，家庭职能弱化，家庭能够承担的儿童责任是有限的。国家作为公法上的父母，应越来越多地介入儿童事务，承担起家庭父母承担不了或者没有履行的责任。

1. 国家履行监督职责时，必须尊重父母的优先地位

国家可以采取措施干预父母的照顾权，但以"可能"和"足够"为限。不能一发现父母不履行义务或稍有疏忽行为，就剥夺父母照料和教育自己子女的权利而直接由国家接管承担该任务。①

2. 以"重大损害"为原则标准确立儿童脱离父母的最后救助方案

哪些情形下，应当使儿童离开其家庭？让儿童离开家庭应该出于父母自愿还是可以强制呢？为使儿童脱离严重的或潜在危险境地，政府可以违背父母意愿而对家庭实施干预，帮助儿童脱离父母监护，以有效地保护儿童。这种政府干预须有法定理由，并且应经过法院授权始得进行；而实施该项干预的标准是儿童利益受到或将受到"重大损害"。②

3. 政府应当为失去父母的儿童提供适当的其他照管，以确保儿童得到应享有的生活照顾、抚养和教育

父母照顾是儿童成长过程中最重要的支持，但是，父母并非是唯一承担父母责任的人。《儿童权利公约》第3条第3款规定："缔约国应确保负责照料或保护儿童的机构、服务部门及设施符合主管当局规定的标准，尤其是安全、卫生、工作人员数目和资格以及有效监督等方面的标准。"

政府应对青少年承担更大责任，提供更多公共服务。我国现有儿童福利还不够周详，服务儿童不到位。否则，近年来，儿童被发现死在垃圾箱内、③ 私人收养孤儿场所发生火灾烧死儿童④等极端事件就不会发生。

4. 应对幼儿园、学校等机构从业人员接触儿童的行为进行规范，制定罚则

老师打骂幼儿或学生的事件时有发生，儿童在受教育过程中未受到良好教育，社会问题将绵延不断。

5. 应对商业文化侵蚀儿童利益的行为实施严厉管制

街头巷尾随处林立歌厅、舞厅、电子游戏厅、酒吧等营业场所，网络

---

① 〔德〕迪特尔·施瓦布：《德国家庭法》，王葆莳译，法律出版社，2010，第264页。
② 该标准的提出，参考了英国《1989年儿童法》。
③ 2012年11月16日，贵州省毕节市七星关区街头的垃圾箱内发现5名死亡男童。经当地公安部门初步调查，5名男童是因在垃圾箱内生火取暖导致一氧化碳中毒而死亡。他们均为毕节市七星关本地人，5名孩子可能都是亲戚，其中3人是亲兄弟。《贵州毕节5位儿童垃圾桶里死亡 身份已经确认》，中国新闻周刊 http://news.inewsweek.cn/news-38971.html，访问日期：2013年1月24日。
④ 2013年1月4日，河南省兰考县一家私人收养场所发生火灾，造成1名成人和6名幼童死亡，1人受伤。从1986年开始，该收养场所的收养人袁厉害在27年间共收养了上百名弃婴。王在华：《河南兰考私人收养所失火7死1伤 官方公布伤亡儿童名单》，网络新闻联播 http://news.cntv.cn/2013/01/04/ARTI1357300982604724.shtml，访问日期：2013年1月24日。

上随时会跳出诱惑人的艳语、艳照,儿童少年如何能够埋头课业而努力求知求真,而不致染上不良嗜好、不被强大的商业文化俘获?青少年精力旺盛,自制力弱,模仿欲强,极易习得不良行为。立法仅仅规定青少年不得这样,不得那样,是不够的。

四 家庭与国家的关系

家庭,是现行《宪法》保护的对象。政府有义务确保家庭得到保护,帮助父母履行抚养、教育儿童的义务。联合国1989年《儿童权利公约》在序言中宣布,"……深信家庭作为社会的基本单元,作为家庭的所有成员、特别是儿童的成长和幸福的自然环境,应获得必要的保护和协助,以充分负起它在社会上的责任,确认为了充分而和谐地发展其个性,应让儿童在家庭环境里,在幸福、亲爱和谅解的气氛中成长。"①

(一) 家庭仍是社会的基本单元

历史悠久的家庭制度,仍是人类迄今为止最成功的社会实践。诚如英国上议院议长艾威大法官所言,"家庭生活是我们的社区、社会和国家赖以建立的基础,对于政府设想的一个安全、公正和有凝聚力的社会来说,家庭是核心。我们创设和维持有效的政策去保护家庭生活是至关重要的。……"② 同时,家庭在自治过程中,的确可能产生某些问题或消极现象。例如,父母利用家庭中的有利地位行使权利而损害儿童权利、虐待儿童甚至针对儿童实施更严重的犯罪。这就是现代国家积极介入家庭领域的原因。

(二) 政府应提供充足公共服务支持和帮助父母履行抚养责任

政府的家庭政策应当建立在下列三项原则之上:儿童利益至关重要;儿童需要安全和稳定;在任何可能情况下,政府必须为父母提供所需帮助,

---

① 联合国《儿童权利公约》,联合国儿童议题网 http://www.un.org/chinese/children/issue/crc.shtml,访问日期:2013年1月14日。
② 转引自凯特·斯丹德利:《家庭法》,屈广清译,中国政法大学出版社,2004,第6页。

使他们能够适格地履行保护孩子的责任。

1. 政府应确保所有父母得到他们需要的信息和保护

近二十年来，在我国大规模农业人口流入城镇打工谋生的潮流中，许多农村父母迫于经济条件限制不得不将未成年子女留在农村老家。截至 2005 年，14 岁以下农村留守儿童约有 4000 余万人，从年龄分布看，留守儿童主要是义务教育阶段的孩子。① 因父母进城务工而留守家乡的儿童，由于各年龄段的生理、心理发展特点和需求不同，存在三个方面突出问题。一是监护缺失，生活困难。因为没有父母照料，留守儿童在吃、穿、用、住等方面遇到难以克服的困难，年幼孩子因缺乏科学喂养和亲情关爱，早期发展受到影响。二是教育缺失。全国有超过半数的留守儿童，其父母均双双外出打工，这些儿童多数与隔辈亲属一起生活，由于家庭教育意识薄弱，"家庭教育处于空白状态"，他们的学习遇到较大困难，面临失学、辍学或者厌学问题时无人及时给予帮助。② 三是心理和道德行为问题。由于长期与父母亲人分离，缺乏亲情关爱，部分留守儿童在心理、安全等方面存在问题，有些留守儿童性格抑郁，甚至有不良行为。③ 这些均表明，一些父母履行义务的确遇到了较大困难。

2. 政府有义务帮助父母履行养育义务

政府应当在父母自愿基础上，与父母合作，为家庭提供补充服务。我国《未成年人保护法》第 16 条规定："父母因外出务工或者其他原因不能履行对未成年人监护职责的，应当委托有监护能力的其他成年人代为监护。"然而，受托代管未成年人是一项艰巨工作。随着亲属关系简化，特别是社会生存压力增大，外出务工或不能亲自履行对未成年子女监护职责的父母，存在找不到适当的人代为承担监护之责的可能。因此，唯有大力发展保护儿童的公共服务，才能有效落实相关法律规定，使未成年人免于小小年纪就独自当家过日子，免于无人陪伴而陷于孤独，保障特殊家庭的儿

---

① 毛立军：《让留守流动儿童获得更多的关爱》，《人民政协报》2008 年 3 月 3 日，C1 版。
② 全国人大内务司法委员会、未成年人保护法修订起草组编写《未成年人保护法学习读本》，中国民主法制出版社，2007，第 71~72 页。
③ 全国人大内务司法委员会、未成年人保护法修订起草组编写《未成年人保护法学习读本》，中国民主法制出版社，2007，第 71~72 页。

童也能有一个快乐童年。

3. 政府应提供更多公共服务产品，提高服务水平，以减轻家庭抚养照顾儿童的压力

现代社会中，育儿的风险，除了医疗卫生保障，其他方面的风险不是减少而是增多了，对抚育的要求提高了，而以核心家庭为主的家庭结构中，家庭的功能显著地减弱了。唯有增加家庭可利用的公共服务和帮助，才是根本解决之道。因为保护儿童就是要提供保护性服务，惩罚非法行为并不能达到目的。政府和社会为父母提供的各种针对性服务越多，就越有助于父母子女关系良性互动，减少、避免亲子冲突。

（三）不同类型的公共政策应当在保护儿童利益问题上采取一致立场

1. 平衡分配工作和居家的时间，使父母能有更多时间陪伴他们的孩子

尊重和关心儿童，除了《未成年人保护法》之类法律做专门规定外，更重要的是其他公共政策应当为父母履行抚育子女的义务提供条件。在社会急速发展阶段，父母的职业压力大，投入职业工作的时间多，相应地，陪伴孩子的时间实在太少。孩子们感觉"家庭不够温暖"，父母在家时间少是其中最重要的原因。事实上，陪伴儿童成长，是极其重要的社会工作。身为父母，应当珍惜陪伴孩子的时光，不要错过！当然，能让父母有更多时间陪伴孩子，是公共政策应当关注的问题。保护儿童的法律政策与劳动法有关规定，应当尽可能协调一致。例如，上午开始工作的时间是8时，而中小学生开始第一节的时间同样是8时，为此，父母必须同时履行两种不同义务，这可能吗？更极端的是，小学生下午16∶30放学，而在职父母的下班时间是17∶30，劳动法上又没有"接送孩子上下学"之假，政府未设立放学后学童托管中心之类的措施。这种不合理的制度安排，叫父母如何是好？为了保障儿童利益，我国有必要全面检讨现有立法和公共政策，通过修订或制定新法，使之保持一致立场。

2. 确保税收和福利体系合理承认儿童抚养费

我国现行税收制度尚未考虑纳税人承担家庭供养责任的大小。个人收入多少是确定征税标准的唯一因素，纳税人供养家庭人口数量还没有被纳入计税考虑之中。这是极不合理的，应当尽快修正。

现行社会福利制度在一定程度上承认享受者的家庭负担，但还不充分。有必要在计算福利享受水平和标准时，更多地考虑儿童利益。

3. 积极应对包括家庭暴力等严重的家庭生活问题

每个家庭在不同时期，或多或少都会存在一些问题，其中有些问题需要依赖公共政策或公力救济才能得以化解。例如，针对儿童的家庭暴力在部分家庭时常发生的问题，政府有关部门应当为这类儿童着想，设法实施有效干预，制止暴力。

（四）地方政府应对某些情形下的儿童承担替代父母责任

当地方政府实施普通干预不足以保护儿童时，除了追究严重侵犯子女权益的父母法律责任，还应该接管照顾孩子的责任，使那些极不称职的父母"失去孩子"。

地方政府应当特别关注下列两类情形下的儿童：一是被认为处于紧急危险中的儿童；二是父母履行责任有较大困难的儿童。

1. 对于确信儿童正在或者可能遭受重大伤害的，国家应当履行保护人责任

当家长将子女作为牟利工具而带着子女乞讨、出借、出租、出卖时，[①]国家除了应当依法追究儿童父母作为监护人的法律责任，如果不可能合理期待儿童的父母能够为其提供照护的，地方政府应当采取合理措施承担起照料儿童的责任。在现行法律中，没有为这类儿童危机的解决设定相应程序；对于逃离危险家庭环境的儿童，无处安排！从保护儿童利益出发，理当尽快修订相关法律，使政府履行替代责任时有清晰程序可遵行。

2. 对于履行抚养儿童责任遇到较大困难的家庭，政府应当确保家庭得到其所需要的信息和帮助

当父母因为家庭无力抚养子女以致产生"家里的基本生存无法保证，还不如出去乞讨，还有一线生机"的打算时，就是逼问国家该做好什么。

[①] 在河南7名儿童被父母出租到三亚乞讨案件中，孩子的父母与翟雪峰之间签订有协议，孩子被出租给翟某带编入杂技演出班，带去外地表演杂技。

对于因家庭贫困而出售自己孩子的问题,① 不能仅仅将孩子找到并送回其父母家庭就了事,因为导致问题的原因仍在,对孩子安全的威胁未消失。应当从根本上帮助这些极度困难家庭实现自我生存,改变出卖孩子家庭的经济环境,才能从根本上杜绝父母再次有出卖自己孩子的打算和行为。

五 改善儿童保护之对策

保护儿童、提高儿童福利不仅是家庭的责任,更是国家责任。儿童保护,在往昔不被视为普遍性的社会问题,今天则受到社会各界的共同关心和重视。工业化和都市化兴起后,传统的大家庭制度崩溃,小家庭取而代之,传统中国家庭的特质弱化。在核心家庭中,个人对家庭的依赖不如往昔紧密,脱离家庭并不危及个人生存,维系核心家庭的力量相对薄弱,更缺乏传统家庭中的种种监督、协调和牵制,夫妻关系破裂后,家中欠缺长辈或其他家庭成员分担抚养下一代的责任。随着家庭组织解体日益增加,有部分家庭的子女沦为不幸婚姻的替罪羔羊,更有许多不成熟的父母将子女视为发泄情绪的工具,儿童成为社会变迁、家庭解体的最大受害者。如何制定并发展出一套完善的儿童保护政策,既需从长计议,又要细致无缺漏。近些年的社会实践证明,仅仅宣布儿童享有哪些权利是远远不够的。因为没有制定切实措施或者制定相应程序保障权利实现,部分儿童的权利将会落空。

(一) 制定儿童福利法

为了促进儿童健康成长,应当制定一部专门的儿童福利法,完善儿童福利制度。生育、照料和教育孩子,是人口再生产的必然过程。儿童不是父母的个人"爱好"。"儿童因身心尚未成熟,在其出生前和以后都需要特

---

① 2009 年 5 月,《瞭望东方周刊》曾报道云南省广南县的贩婴现象,当地恶劣的生存条件导致极度贫困,有大量超生,出现了父母自愿把孩子卖掉的现象。转引自《探访云南广南县"贩婴村庄"》,乐云网 http://news.ynxxb.com/content/2009 - 5/30/N88809204421.aspx,访问日期:2013 年 1 月 14 日。

殊的保护和照料，包括法律上的适当保护。"① 现行《未成年人保护法》结构宏大、内容庞杂，但规范儿童福利的条款不多，更未形成规范化的儿童福利体系。因此，应当融合中国传统的儿童照护思想的合理成分，借鉴西方儿童福利观念，建立保障儿童的福利制度，提高其生活品质。

1. 救助是儿童福利保障的底线

儿童群体可以区分为孤儿、困境儿童、困境家庭儿童、普通儿童等不同类型群体。应当视儿童情形不同，按不同标准，为儿童提供差异化福利保障待遇，重点保障困境儿童。

当父母或家庭无力承担全部抚养责任时，儿童救助是国家应承担的责任。为经济困难家庭提供经济资助。无论是儿童医疗费、教育费、还是抚养费都需要大量资金支持。特别是当儿童健康有重大障碍，普通家庭难以承受巨额的医疗费用支出时。地方政府提供的临时性救助，对某些群体的儿童是卓有成效的，但对脑瘫等重大疾病或健康障碍的儿童而言，只能说是"杯水车薪"，故有必要建立长效机制。

2. 保障健康、医疗服务是儿童福利的核心

儿童是最弱的群体，立法者在考虑医疗保障时理当优先考虑保护儿童。从婴儿在母体中孕育开始，应享受免费的定期检查。孩子出生时，应当给予一定金额的临时生产补助金，并每月向其颁发适当金额的儿童补助。将儿童纳入医疗保险对象，使其接受医疗服务时，一定额度内能够享受医疗保险付费。超出规定付费上限的，才由家庭按比例承担。

3. 保障儿童受教育权

学前教育，是社会福利制度的重要一环，应当将其纳入公立教育体系。凡居住人口在2000人以上的住宅小区，应当开办幼儿园，接受2～5岁幼童入园。根据幼儿年龄，分设小、中、大班，分别接收2～3岁、3～4岁、5～6岁的幼儿。幼托机构的服务，不仅培养幼童养成良好生活习惯、独立习惯、合作精神，而且减轻在职父母亲照管幼儿的负担。应当为身体残疾、智力残障、聋哑幼儿开设特殊托幼班或园所。从幼儿园毕业后，升入相衔接的小学。

---

① See UN Convention on the Rights of the Child 1989.

保障儿童接受义务教育的权利。解决残疾儿童进入普通学校存在的困难，保障残疾儿童接受义务教育的权利。

4. 文化娱乐是儿童福利的重要内容

将儿童文化娱乐纳入当地政府制定的文化事业发展规划。儿童处在长身体、长知识阶段，人生观、世界观正在形成的过程中。他们求知欲强，对新鲜的、赏心悦目的东西特别感兴趣，最容易受到形象的直观对象和活动方式的影响。文化娱乐对于丰富、满足儿童精神生活极为重要。除了加强对儿童进出一般社会文化娱乐场所的管理外，更应重视建设专门面向儿童的文化娱乐服务的供给。

应当鼓励出版更多适合儿童的读物。建立更多科普博物馆、儿童图书馆。建设儿童娱乐中心、儿童游乐园。公立影院应当定期放映适合儿童的优秀电影，并对儿童实行优惠价格。鼓励文艺团体更多编排公演儿童剧目。

5. 增设服务儿童的公共产品协助家庭履职

为保护儿童福利，政府不仅应投入更多财政资金，而且应当提供更多公共服务产品。为父母或家庭提供亲子关系的专业辅导和培训。谁都不是天生就会做父母，应加强为人父母职责的教育和心理咨询、辅导，帮助其合理解决家庭问题。引导父母管理好自己的情绪，不把孩子作为发泄不良情绪的对象。在社区设立"儿童中心"等服务机构。学龄儿童放学后与在职父母下班回家之间，存在 1~2 个小时差。而在学校放寒暑假期间，父母在岗位上班，对于儿童的日常照护必然存在力不从心之难。特别是对周围没有亲属可托的新移民家庭而言，不上学儿童的照护，迫切需要公共服务支持。在社区、村庄设立儿童中心之类机构，既可为需要的家庭提供儿童照护，又使儿童能够相聚举办一定集体活动，增强儿童的成长锻炼。

6. 设立儿童保护局

建议在政府部门中增设一个专司未成年人权益保护的行政机构，监督和帮助父母等监护人履行职责，必要时代表儿童提起诉讼，指控父母或请求剥夺滥用或怠于行使权利的父母对未成年子女的权利。未成年人受到家庭成员侵权时，由于自身对家庭或父母的生活依赖，未成年人往往难以理直气壮地主张权利，或碍于亲情不愿寻求外界帮助，致使父母或监护人失职行为没有及时得到纠正，发生在家庭内部的针对未成年家庭成员的违法犯罪行为没有被及时制止，严重伤害了未成年人利益。要及时发现未成年人利益受损问题，能够及时启动纠偏或制裁机制，就需要依赖公法性质的机构。尽管在现行法律框架下，政府职能部门、妇女联合会、共青团等机构都负有保护未成年人的法律职责，但是，的确存在"大家都管，大家都没有真正管"的扯皮现象。

（二）完善监护制度

1. 增设法院选定或改定监护人制度

为克服依法定监护人顺序确定监护人可能遇到的困境或弊端，当选任的监护人无法保障未成年人权益而致被监护人受伤害时，应赋权法院选定或改定监护人。在需受监护者的父母、祖父母及兄姊皆无法担任监护人时，由法院选定；或在父母、祖父母或兄姊担任法定监护人期间发生严重违反被监护人最佳利益的情形时，由法院改定监护人。法院选定或改定前，应命令主管机关或其他社会福利机构进行访视并参酌其所提出的调查报告及建议。在监护人未能选定期间，则由当地社会福利主管机关暂行监护职责。

2. 明确监护职责

为保障儿童权益的实现，立法应当明定监护职务的内容。监护人在保护、增进受监护人利益的范围内，行使、负担父母对于未成年子女的权利和义务。

监护人，对于需受其监护之未成年人，不但有行使监护之权利，更有负责监护的义务。依规定担任监护人的，非有正当理由，不得辞职。

3. 被监护人最佳利益的认定

监护人与被监护人之间，毕竟不是一般的父母子女关系，若监护人违反监护职务的法定内容，必须有救济渠道，以免被监护的未成年人继续受到伤害。即使父母担任监护人，也不能保证都能做到以被监护人利益为重。我国自实行计划生育政策以来，核心家庭比例高。监护制度应当增设被监护人最佳利益原则，设定判断被监护人最佳利益的主要考虑因素：（1）被监护人的年龄、性别、人数及健康情形；（2）被监护人的意愿及人格发展之需要；（3）监护人或拟任监护人的年龄、职业、品行、健康情形、经济能力及生活状况；（4）监护人或拟任监护人保护教养被监护人的意愿及态度；(5) 监护人或拟任监护人与其未成年子女与其他共同生活的人之间的感情状况。

4. 在父母子女之间意见不一致时提供司法救济

父母与子女作为独立的人，不仅人格独立，也存在各自独立的利益。因此，父母子女之间，不仅可能因为立场、认识不同而发生意见不一致，而且也可能因为各自利益差异而出现对同一问题或事务持不同价值取向。立法应当充分认识到，父母在履行对未成年子的照顾责任时，有可能发生意见分歧，无法协商一致，故法律应为意见不一致的父母提供法院裁判止争机制。当父母履行照顾责任时，也可能受到其他干扰，因此，建议借鉴域外法经验，为父母子女提供相应司法救济。① 当父母之间、父母与子女之间意见不一致时，司法救济应尽力保护儿童。

（三）增设儿童抚养费给付垫付制

此处所称"扶养费"包含夫妻相互扶养的费用，父母抚养子女的费用、子女赡养父母的费用。

无论哪一类扶养义务人，应当履行给付扶养费义务而未及时给付时，如有人愿意代为垫付扶养费的，垫付人有权向承担给付扶养费之义务人请求偿还。而不应该在父母一方独立承担了全部抚养责任后，以父母双方都有抚养子女的义务为由，不赋予超出法定义务要求而履行父母责任的当事人追偿之权。

设立"扶养费支付令"制度。对有经济能力支付子女抚养费而恶意不支付的，享有扶养费受领权之人有权向人民法院申请扶养费支付令。扶养费支付令是设法迫使义务人支付扶养费的措施，因为扶养费的受益人是儿童或配偶。违反扶养费支付令的义务人，人民法院可以对其采取强制措施。

---

① 英美法、大陆法传统的国家都有为父母子女意见冲突提供司法救济的立法例。例如，《德国民法典》第1631条第（3）款规定，在父母进行人身照顾时，经申请，家庭法院在适当情况下给予父母以支持。

（四）建立职业化的社会工作者队伍

利用社会工作者的服务弥补传统家庭功能弱化和角色缺失。传统上，许多家庭人口众多，祖孙三代同堂。家庭遇到困难时，总有人能够提供些帮助。但是，现在核心家庭成了主流，父母和未成年孩子组成三口之家。又由于人口流动和迁移，许多人远离了原来的亲属，他乡变故乡。传统家庭的支持功能明显弱化了。家庭成员遇到困难时，常常只能独自面对。

涉及儿童的诉讼应引入专业社工人员之评估与建议。周延的程序设计，是实现实质正义的必要条件。发生涉及儿童利益争议特别是司法诉讼时，有关未成年子女人格发展、心理成长、学业改善等专业评判，通过专业社工的访视及研判而得出的报告或结论，作为解决纷争的重要依据，能协助中立机构或者法院做出最好符合儿童利益的判断，不仅经济可行，而且对儿童保护有利无害。

（五）开放保护儿童利益的公益诉讼

赋予儿童保护局充当原告资格，以自己名义起诉严重损害儿童利益的行为。

总之，儿童是国家的未来，优先保护儿童，不仅是儿童群体受益，家庭受益，而且整个社会和民族都将从中获益。

我国成年人监护法律之缺失与完善

——以民事审判实践为依据

林建军[*]

  成年人监护制度是一项重要的民事法律制度，事关被监护人个体利益、家庭和睦乃至社会和谐，但囿于《民法通则》制定时社会生活条件与认识水平的局限，我国成年人监护法律制度存在明显缺陷。完善监护立法，需要置身于司法，将适用和检验法律的司法活动作为修正现行相关立法的重要路径，在司法实践中检验监护立法的质量，在司法实践中探寻监护立法的问题。基于此，本文对司法裁判结果进行实证考察，将实证调查数据作为事实前提，探究我国成年人监护法律的缺失与完善。

  为获知上述问题，笔者选取法院判决书作为研究样本，因为判决书作为法院依法解决当事人纷争的书面处理决定，承载着适用法律、解决冲突、宣示正义的重要功能，是法院适用法律的权威载体，也是解读法律适用状况的重要窗口。笔者以 A 市 11 家基层法院 2003 年至 2012 年十年间涉及成年人监护问题的 50 份判决书为样本，考察有关成年人监护法律的适用状况。判决书显示，50 件成年人监护案件的立案案由集中于"婚姻家庭纠纷"和

---

[*] 林建军，中华女子学院法学院教授。

"监护特别程序案件"两大类二级案由,① 其中,"监护特别程序案件"总计47件,占绝对多数。而从上述两类二级案由项下的三级案由看,婚姻家庭纠纷项下案由为"监护权纠纷"的案件3件,监护特别程序案件项下案由为"申请确定监护人"、"申请变更监护人"和"申请撤销监护人资格"的案件分别为8件、24件和15件(见表1)。

表1 案件在法院诉讼时的民事立案案由

二级案由	案件数(件)	所占比重(%)	三级案由	案件数(件)	所占比重(%)
婚姻家庭纠纷	3	6	监护权纠纷	3	6
监护特别程序案件	47	94	申请确定监护人	8	16
			申请变更监护人	24	48
			申请撤销监护人资格	15	30
总计	50	100		50	100

一 我国成年人监护制度之不足

(一) 被监护人的范围过窄

成年人监护制度的目的旨在弥补无民事行为能力、限制民事行为能力成年人行为能力的不足,保护其合法权益,同时约束被监护人的行为,防止被监护人对社会或他人造成损害。依此,成年被监护人的范围理应涵盖所有成年无民事行为能力人或者限制民事行为能力人,但从我国《民法通则》第17条的规定看,却仅限于无民事行为能力或者限制民事行为能力的

---

① 根据最高人民法院《民事案件案由规定》,涉及监护问题的案由中,二级案由总计有三大类,分别是"婚姻家庭纠纷"、"侵权责任纠纷"和"监护权特别程序案件",此次随机抽样的50件案件的案由分别是"婚姻家庭纠纷"3件和"监护权特别程序案件"47件,但没有"侵权责任纠纷"。再具体到上述二级案由项下与监护问题有关的三级案由,"婚姻家庭纠纷"项下仅有"监护权纠纷";"侵权责任纠纷"项下仅有"监护人责任纠纷";"监护权特别程序案件"项下则包括"申请确定监护人""申请变更监护人""申请撤销监护人资格"三类案由。

精神病人，范围明显过窄。

本次调研样本显示，相当比例的精神病人以外的无民事行为能力人或者限制民事行为能力人因监护问题引发纠纷。在 50 份判决书中，除了 27 件（10 件宣告为无民事行为能力人或限制民事行为能力人、17 件未经宣告）确属成年精神病人的监护纠纷外，另外分别有 11 件、5 件、4 件、1 件是因智力残疾、脑血栓、老年痴呆、植物人等事由引发的监护纠纷，这其中有 6 人被宣告为无民事行为能力或限制民事行为能力人（见表2）。显然，审判实践中，相当比例的被监护人不属精神疾患，而是因智力残疾、脑血栓等原因导致意思能力欠缺或丧失，由此产生申请确定监护人、变更监护人等监护纠纷。值得注意的是，随着我国老龄化时代的到来，高龄者因身体机能衰退等原因需要监护的问题会日益凸显。对此，虽然当事人不属法定被监护人的范围即并不属于精神病人，但实际上此类监护纠纷已经进入司法通道被法院受理。

表 2　被监护人需要监护的事由及其案件数量

被监护事由	案件数（件）	所占比重（%）	是否经过宣告	案件数（件）
精神残疾	27	54	宣告为无民事行为能力人	5
			宣告为限制民事行为能力人	5
			未经宣告	17
智力残疾	11	22	宣告为无民事行为能力人	1
			未经宣告	10
老年痴呆症	4	8	宣告为无民事行为能力人	2
			未经宣告	2
脑血栓	5	10	宣告为无民事行为能力人	2
			宣告为限制民事行为能力人	1
			未经宣告	2
植物人	1	2	未经宣告	1
未列明被监护人状况	2	4		2
总计	50	100		50

（二）选任监护人漠视被监护人的意思能力

根据《民法通则》的规定，选任监护人包括法定和指定两种情形，即监护人的产生要么基于法律明确规定，要么基于村（居）民委员会或被监护人所在单位等第三方的指定，而被监护人自身对监护人选任的意愿被忽视，被监护人的自我决定权被剥夺。这一做法和我国将被监护人限定为无民事行为能力或限制民事行为能力的精神病人不无关系。但现实生活中，且不说因患病或高龄等原因导致无民事行为能力或限制行为能力的被监护人在意思能力健全时完全胜任选定自己的监护人。即使是精神病人，其中相当一部分是间歇性的，间歇性精神病人处在缓解期时完全具备选任自己监护人的能力。

本次调研样本显示，审判实践中，因没有法律规定，并非所有法官均征求有一定识别能力被监护人的意愿，但确有部分法官征求并充分尊重了有识别能力被监护人的意愿，由于被监护人对自身状况的了解远胜他人，故而该做法既有利于被监护人，也更容易为各方当事人所接受。样本中有三件案件的法官征求了有一定识别能力被监护人的意见，并主要根据被监护人意愿做出判决。例如一份判决书写明："被监护人向本院表示，李某某一直在北京对其进行照顾，不同意章某某作为其监护人，……且诉讼中章某某、李某某均认可被监护人为限制民事行为能力人，说明被监护人有一定的识别能力，被监护人本人亦同意由李某某担任监护人。"[①] 另有一份判决书写明："被监护人有识别能力的，应视情况征求被监护人的意见。……被监护人本人表示王某某对其未尽到监护义务，故仍由王某某作为监护人明显对被监护人不利，故对于其监护权应予撤销。"

（三）所在单位指定监护人不合理

根据《民法通则》的规定，指定监护一般发生在没有法定监护人或对担任监护人有争议的情况下。《民法通则》第17条第2款规定："对担任监护人有争议的，由精神病人所在单位或者住所地的居民委员会、村民委员

---

① 这里提及的当事人均隐去了真实姓名。

会在近亲属中指定。对指定不服提起诉讼的,由人民法院裁决。"

50 份调研样本中,就监护纠纷诉至法院前监护人产生的方式而言,指定监护共 29 件,其中村(居)民委员会指定 21 件,所在单位指定 7 件,居民委员会和所在单位共同指定 1 件。另有 21 件或通过残疾证书认定或未经指定,其中残疾证书认定的有 6 件;未经指定直接诉至法院的 7 件;之前经过法院裁判,再次起诉至法院的 8 件(见表 3)。从中可以看出,单位指定所占比重较小,在单位指定的 7 件案件中,指定存在不严肃、不规范且缺乏权威性等问题。有一个案件被指定的监护人认为被监护人单位的指定没有本人签字,故不认可指定效力,提起诉讼。另一案件中,被监护人所在单位先同意将申请人指定为监护人,之后在其他有监护资格的人不同意指定并向该单位提出申请的情况下,所在单位答复,监护"属于家庭内部问题,应由你们(指有监护资格的人)共同协商确定"。显然,规定所在单位指定造成社会职能分工的混乱,是一种计划经济时期的产物。就目前情况看,单位的传统职能已经弱化,根本不胜任指定监护人,即使指定,因所在单位没有司法审查权,缺乏专业性,权威性大打折扣,也很难被当事人切实遵从,并影响了单位的工作效率,更何况还有相当一部分当事人并没有工作单位。

表 3　案件诉至法院前监护人产生的方式及其案件数量

监护人产生方式		案件数(件)		比重(%)
村(居)民委员会指定	居民委员会指定	19	21	42
	村民委员会指定	2		
所在单位指定		7		14
居民委员会和所在单位共同指定		1		2
残疾证书中认定		6		12
未经指定,直接诉至法院		7		14
之前经过法院裁判,再次诉至法院		8		16
总计		50		100

(四)监护事务不明确,且监护人的权利义务不对等

1. 监护事务不明确

监护事务即监护的内容,一般分为人身监护和财产监护。我国现行法

律对监护人的监护事务仅做出概括性规定。《民法通则》规定监护人应当履行监护职责,保护被监护人的人身和财产及其他合法权益。根据《最高人民法院关于贯彻执行〈民法通则〉若干问题的意见》(以下简称《意见》)第10条规定:"监护人的监护职责包括:保护被监护人身体健康,照顾被监护人的生活,管理和保护被监护人的财产,代理被监护人进行民事活动,对被监护人进行管理和教育,在被监护人合法权益受到侵害或者与人发生争议时,代理其进行诉讼。"上述关于监护事务的规定非常笼统,缺乏操作性。如关于财产的监护,是否需要登记造册,监护人是否可以受让、处分被监护人财产等,均没有明确法律规定。

本次调研所涉50份判决书显示,监护人履行监护职责不力、怠于履行监护权、滥用监护权甚至侵害被监护人利益的现象较为普遍:如有的监护人擅自出售、出租被监护人的住房,而收益未用于或未全部用于被监护人;有的侵吞、藏匿、转移、私分被监护人的财产;有的藏匿被监护人的证件;等等(见表4)。但因为法律规定的监护事务不够明确具体,监护人出现上述行为时,很难依法对监护人追责。实践中,监护人管理被监护人财产多数没有登记造册,出现问题时,往往是一笔"糊涂账"。

表4 监护人侵犯被监护人财产权益的主要表现形式及其案件数量

单位:件

侵权事由 案由	藏匿、转移、侵吞被监护人财产	擅自出卖被监护人房屋	意图擅自出卖被监护人房屋	擅自出租被监护人房屋,租金据为己有	擅自将被监护人房屋过户到自己名下	居住在被监护人房屋	侵吞被监护人房屋拆迁款	意图获取被监护人房屋拆迁款
监护权纠纷	1							
申请确定监护人				1				
申请变更监护人	2		1		2	1	1	
申请撤销监护人		2		2		1	1	1
总计	3	2	1	3	2	2	2	1

2. 监护人权利和义务不对等

我国《民法通则》及《意见》均未明确规定监护人的权利,仅在《民法通则》第 18 条第 2 款规定："监护人依法履行监护的权利,受法律保护。"没有明确规定监护人具体享有哪些权利,对监护过程中监护人的实际付出如何补偿没有法律上合理的制度设计,监护成了监护人只尽义务没有权利、"吃力不讨好"的负担。这种将监护制度义务化,监护人缺少必要权利保障的做法,导致审判实践中常常出现两种不正常的情况:有监护资格的人要么在被监护人有财产或者有预期财产利益时竞相争抢监护权,意图通过争夺监护权实现争夺被监护人财产;要么在被监护人没有财产甚至部分被监护人侵害他人利益需要给予损害赔偿时互相推诿。

（五）监护监督制度不健全

监护监督人是指对监护人的监护活动负有监护监督责任的人,是监护制度中的重要内容,也是各国立法通例。成年监护制度中,由于被监护人本人欠缺民事行为能力,监护人难以受到来自被监护人的内部监督;我国现行法律没有设立监护监督人,根据《民法通则》第 18 条规定,"监护人不履行监护职责或者侵害被监护人的合法权益的,应当承担责任",但由谁监督以及如何行使监督权没有明确规定,对监护活动又缺少必要的外部监督和制约,导致监护人的监护事务完成情况实际处于"有监护无监督"的状态,监护没有监管必然影响到监护实效。

调研所涉 50 份判决书显示,相当一部分监护人对被监护人不管不问甚至侵害被监护人合法权益,尤其是监护人肆意处分被监护人财产的情况较为普遍,却长期无人监管以致变本加厉:有的监护人侵吞被监护人住房拆迁款几十万元,却拒付被监护人几千元医疗费;有的监护人将被监护人房产卖掉,被监护人露宿街头捡破烂为生;更有甚者,有的监护人对被监护人缺乏必要监护,被监护人用菜刀将自己手指砍掉……而由于缺乏必要的外部监督,被监护人自身属于无民事行为能力或限制民事行为能力人难以自我救济,其他有监护资格的人即使提起诉讼,也很难找到证据,从而使监护人的上述种种失职甚至侵权行为无法及时被发现并受到有效规制,被监护人的合法权益难以得到保障。从调研样本看,总计 39 件涉及原告申请变更监护人和申请撤销监护人资格的两类纠纷中,有 17 件均因证据不足、没有直接证据等原因,法院未支持原告一方诉讼请求（见表 5）。

表 5　法院因证据原因未支持的具体理由及其案件数量

单位：件

案　由 \ 理　由	证据不足	没有直接证据
申请变更监护人	8	
申请撤销监护人	8	1
总计	16	1

二　我国成年人监护制度之完善

（一）扩大被监护人的范围

成年人监护制度应扩大被监护人的范围，使之涵盖全部有实际需要的成年人，特别是适应社会老龄化的发展趋势，将高龄者纳入成年监护对象，因为高龄者随着年纪的增长意思能力必然不断衰退，为有效保护其利益，使其老有所养，法律应对其予以特别保护。建议在监护相关立法中，扩大被监护人的范围，除原有精神病人外，增加无民事行为能力或限制民事行为能力的智力残疾者、高龄者如老龄痴呆患者等成年人。简而言之，只要是无民事行为能力或限制行为能力的成年人，均应纳入监护制度。

（二）选任监护人应增设意定监护，并征求有识别能力的被监护人的意愿

由于被监护人本人对自身情况最为了解，尊重其意愿既有利于选任出被监护人最信任且对其最有利的人，符合监护制度设立的初衷，也符合民法精神，并回应了人口老龄化冲击下高龄老人监护（许多高龄老人意思能力尚存）的需要。因此，为尊重被监护人的意思能力，建议立法增设意定监护。

所谓意定监护，是在当事人意思能力健全时，依照自己的意愿预先选任信赖的亲朋作为自己一旦能力丧失或衰退时的监护人，在本人出现丧失或部分丧失意思能力的事由后，由事先选任的监护人承担监护事务。现有

的成年监护制度禁锢了被监护人的自我决定权,对其进行强制保护,意定监护则充分尊重被监护人的个人意愿,承认其自主决定权,有利于实现被监护人意思自治的最大化,实现其自己期望的生活。目前,这种意定监护已被英美等很多国家所采纳。

此外,在通过法定、指定或意定等形式确定了监护人之后,如果出现监护纠纷,在变更或撤销监护人时,同样应充分尊重被监护人残存的意思能力,最大限度地征求有一定识别能力的被监护人的意愿,只要该意见不违背成年被监护人的利益,须依从之。

(三)取消所在单位指定监护的做法,统一由村(居)民委员会指定

选任合适的监护人是监护制度有效运行及充分保护被监护人合法权益的关键,有必要对此设定法定机构、确立法定程序。鉴于由所在单位指定监护人缺乏严肃性、专业性和权威性,特别是随着我国市场经济的发展和单位社会功能的剥离,单位对个人的社会支持相对削弱,难以胜任指定监护人之职能,为充分保护被监护人的利益及保障监护指定的严肃性,建议取消由精神病人所在单位行使监护人指定权的做法,而统一由村(居)民委员会指定监护人。

城镇地区的社区居民委员会和农村地区的村民委员会是我国基层群众自治组织,是维护社区或地域共同体人际关系和秩序、化解社会矛盾的重要形式,村(居)民委员会分布在基层,遍布城乡、覆盖广泛、数量众多,便于及时掌握辖区内居民或村民情况,同时,随着我国市场经济的发展,社会支持由主要依赖单位逐步转向多元化结构,社区对个人的支持相对增强,从而使村(居)民委员会有理由成为指定监护的重要主体。

(四)明确规定监护事务

1. 明确监护人的监护事务

在人身监护方面:尊重被监护人的意愿,在不损害被监护人利益的前提下,尽量尊重并满足被监护人的意愿;看护被监护人身体,将被监护人送入限制人身自由的场所、进行绝育手术等,必须经过监护监督人

同意。

在财产监护方面,在监护开始阶段,造具并向监护监督机关提交被监护人财产的清单;妥善管理被监护人的财产,未经监护监督人同意,不得处分之;禁止监护人受让、承租被监护人的财产或接受该财产的抵押、质押;定期向监护监督人报告被监护人的财产状况;当被监护人恢复行为能力时向其移交财产;处分被监护人房屋等财产,应经监护监督人同意。

2. 明确监护人的权利

人身监护方面:(1)规定监护人享有交还请求权。当精神病人被人劫掠、诱骗、拐卖、隐藏时,享有请求交还被监护人的权利。(2)被监护人身份行为的同意权,如限制民事行为能力人职业的许可,法律行为的补正等,都由监护人为之。

财产监护方面:(1)规定监护人享有报酬请求权。监护人为履行监护职责付出了艰辛劳动,漠视其付出显然违背民法公平原则,也会挫伤监护人的积极性。可借鉴其他国家的规定,尊重监护人对监护劳务报酬的合理诉求,赋予监护人报酬请求权,以此作为驱动监护人履行监护职责的动力。至于监护报酬从哪里支出,通观世界其他国家的做法,如果被监护人有财产则可从中拨付;如果被监护人没有财产或财产不足,鉴于对无行为能力人和限制行为能力人的保护也是社会问题,国家有责任来承担,一般通过设立专项基金或由国家财政补贴来加以弥补。(2)规定监护人对被监护人的民事法律行为有代理权及撤销请求权,但被监护人对日常生活及纯获利的法律行为仍然有效。

(五)增设监护监督人,明确监护监督事务

确立监护监督制度,由监护监督人监督监护人依法履行监护职责,对监护人危害被监护人人身、财产权益的行为以及监护人的监护能力等事项进行监督。监护监督制度已成为各国立法通例。我国可建立司法监督、民政部门或村(居)民委员会监督并存的监督机制。首先,人民法院是执行监护监督事务的司法机关,从设立监护人、约束和批准监护行为、解除监护、审查监护监督人履行职责情况等方面全面介入监护关系。其次,民政

部门或村（居）民委员会可以担任监护监督人。村（居）民委员会了解被监护人的实际情况，方便对监护进程进行监督，能及时有效地根据实际情况保护被监护人利益。具体可由民政部门或村（居）民委员会指定专人负责本辖区内的监护监督情况。

明确规定监护监督事务。在人身监护方面，监督监护人对被监护人的人身控制是否合理与必要，有无侵犯被监护人人身权益，以保证监护人在日常生活、就医等方面确实保障被监护人的身心健康。在财产监护方面，"监护人处分被监护人的财产等重大事项有无报告并经过同意，管理财产行为和财产处分结果是否符合被监护人的利益；在监护人缺位时，请求重新选任监护人"；① 发现监护人违反监护义务时，及时向有关机构报告情况，申请撤换监护人等。

---

① 陈苇、李欣：《私法自治、国家义务与社会责任———成年监护制度的立法趋势与中国启示》，《学术界》2012 年第 1 期，第 188 页。

"常回家看看"若干法律问题探究

——以《中华人民共和国老年人权益保障法》的修改为背景

浦纯钰[*]

【内容摘要】 新修订的《中华人民共和国老年人权益保障法》增加规定子女应当经常看望年老父母,"常回家看看"第一次被写入法律。"常回家看看"入法本质上符合道德法律化的目的及限度,凸显了法律对老年人精神赡养的认可。该法律条款具有一定的强制性,伦理性色彩浓厚,兼具规范与倡导功能,并可作为起诉与裁判的依据。法院判决要求赡养人履行看望义务具有一定的合法性与合理性,但现实当中也遭遇了标准模糊、执行困难等障碍,故一方面需要完善立法,在审判和执行中充分运用调解,敦促赡养人自动履行,另一方面有赖于道德进步和养老制度的完善,使老年人的精神需求获得满足。

【关 键 词】 精神赡养　道德法律化　可诉性　判决

---

[*] 浦纯钰,女,江南大学法学院副教授、硕士生导师,主要研究方向为民商法、社会保险法。

一 问题的提出

"常回家看看,回家看看,哪怕给妈妈刷刷筷子洗洗碗,老人不图儿女为家做多大贡献,一辈子不容易就图个团团圆圆……",这首歌曲道出了无数老年父母的心声。出人意料的是,歌曲所唱的内容,不仅明明白白地写入了法律,而且还为法院的民事判决书所确认。2013年7月1日,江苏省无锡市北塘区人民法院对一起赡养案件进行开庭审理并当庭宣判,判决结果支持了原告提出的诉请,要求"当事子女必须每两月回家一次看望老人,否则可能被强制执行并处以拘留"。这起案件对"常回家看看"诉请的判决,是新修订的《中华人民共和国老年人权益保障法》正式施行后的全国首例判决。①

子女看望老人属于精神赡养的一种表现,也是代与代之间情感回报的主要方式之一。学者认为精神赡养的特征主要有两点,一是可以通过满足"空巢"老人精神生活的需求来提供精神赡养;二是通过情感上的关怀,以及经常的探访,为老人送去足够的心灵慰藉,以此来执行精神赡养。② 精神赡养得到关注有其深刻的社会背景:据统计,截至2010年中国60岁及以上人口占全国总人口的比例已达13.26%,③ 人口老龄化加剧,社会养老压力倍增。根据全国老龄委公布的《我国城市居家养老服务研究》报告,目前我国城市老年人空巢家庭(包括独居)的比例已达49.7%,大中城市的老年人空巢家庭比例则更是高达56.1%。④ 孤独焦虑、生活空虚、对子女有依赖感,以及对于"不再被需要"的担心和不安等心理成为困扰老年人精神

---

① 《无锡判决全国首例精神赡养案》,新华网2013年7月3日电讯第6版,http://news.xinhuanet.com/mrdx/2013-07/03/c_132507471.htm,最后访问日期:2013年7月8日。
② 李书宁:《我国"空巢"老人精神赡养问题研究》,《辽宁经济管理干部学院学报》2013年第1期。
③ 详见《2010年第六次全国人口普查主要数据公报》(第1号),中华人民共和国国家统计局网站http://www.stats.gov.cn/tjsj/pcsj/rkpc/6rp/indexch.htm,最后访问日期:2013年7月23日。
④ 《中国城市老年人"空巢家庭"比例已达49.7%》,中国新闻网2010年1月22日报道,http://www.chinanews.com/gn/news/2010/01-22/2087536.shtml,最后访问日期:2013年7月23日。

生活的重要原因，老年人对于子女精神赡养的需求在这种背景下便显得尤为迫切。

在现代中国社会，传统的家族与家庭结构逐渐解体，在广大城镇地区，居家养老与社会养老已经取代传统的家庭养老而成为养老的新模式。在居家养老模式下，老年人对于精神赡养的需求更为突出，子女在物质供养之外，给予父母更多的精神慰藉，既是传统孝道的内涵要求之一，更是现代社会所认可的伦理共识与普世观念。我国《老年人权益保障法》第14条规定"赡养人应当履行对老年人经济上供养、生活上照料和精神上慰藉的义务，照顾老年人的特殊需要"，表明立法认可精神赡养的重要性。从2013年7月1日起，修订后实施的《老年人权益保障法》（简称新法）增加规定"家庭成员应当关心老年人的精神需求，不得忽视、冷落老年人"，"与老年人分开居住的赡养人，应当经常看望或者问候老年人"，这一规定被社会解读为"常回家看看"写入法律。在实践中，围绕该新增条款的理解和适用，存在诸多的争议，法院判决"常回家看看"妥当与否，各方见解莫衷一是。

二 "常回家看看"入法的合理性依据：道德法律化

（一）"常回家看看"入法依据及其意义

"常回家看看"是否应该写入法律，在《老年人权益保障法》修改之前，就存在着激烈的讨论；新法颁行后，围绕立法的合理性以及对于新增条文的理解和适用的讨论更是不绝于耳，民众所持的态度也颇不一致。新浪微博发起的一项投票显示，在1678名投票者中，3/4的人认为"常回家看看"入法督促人们多陪伴老人、体现对老人的精神关怀，对新法表示支持，另有近1/4的人则认为回家探望老人属道德问题，不应用法律条文约束。① 这种不同的态度，反映在法理上则体现为对道德法律化的认识，"常回家看看"写入法律，从学理上讲体现的是道德法律化这一法律哲学命题。"常回

---

① 《中国首例精神赡养案判决引发法律与道德思考》，民主与法制网2013年7月6日，http://www.mzyfz.com/cms/dianxinganli/xingshizhian/anjianzhiji/html/1162/2013-07-06/content-800958.html，最后访问日期：2013年8月4日。

家看看"写入法律的理论依据即在于道德法律化。

所谓道德法律化指的是立法者将一定的道德理念和道德规范或道德规则借助于立法程序以法律的、国家意志的形式表现出来并使之规范化、制度化。① 其实质在于将原本属于道德范畴的一些要求纳入法律规范之内，使其具备法律的效力。法学理论认为道德法律化的基础在于法律与道德所具有的共同性，集中体现在道德与法律均具有义务规范，并且都具备适用上的普适性和价值基础上的正义性，二者都是国家责任的象征。② 道德法律化在法制发展过程中已是不可争议的事实，就其意义而言道德法律化一方面有助于借助法律的力量推进社会道德建设，另一方面道德法律化也是"法律自身完善的一种伦理需求"③。道德法律化有其正当性，但是并非所有的道德规范都能够法律化，能够法律化的道德应当是为社会共识所认可的、具有一定公理性的道德原则与道德规范，而个人层面的道德情操、道德情感等则绝无法律化的余地。

修改后的《老年人权益保障法》明确要求子女经常回家看望父母，是借助法律规范语句引导并敦促赡养人履行应尽的赡养义务，这种义务虽在法律上有明文规定，究其本质却仍源于伦理道德规范。新法将"常回家看看"这一道德性、伦理性的要求写入法律，符合道德法律化的本旨与特点，也并未逾越限度上的要求，其目的无非在于更进一步地强调老年人精神赡养需求的重要。至于新法增加的这一条款，在实际实施过程中是否能够起到立法者所期望的效果姑且不论，单从立法的理论依据角度来讲，明确规定子女应当经常看望或问候老人对于保护老年人权益、使老年人安度晚年而言，毫无疑问是值得肯定的。

（二）对"常回家看看"条款属性的理解

现代法学理论认为法的实施是法的意志得以贯彻、法的价值目标得以实现的过程，它在内容上主要体现为执法、司法和守法三个向度。对于"常回家看看"这一精神赡养问题，无论对于执法、司法或者守法而言，首

---

① 范进学：《论道德法律化与法律道德化》，《法学评论》1998年第2期。
② 参阅刘佳《道德法律化及其局限性》，《道德与文明》1995年第5期。
③ 徐俊：《道德法律化的原理与实践探析》，《河海大学学报》（哲学社会科学版）2004年3月。

先都存在的一个前提性问题是对新法第 18 条性质的认识和理解。笔者认为，对于新法第 18 条关于子女看望义务的规定，在性质上应做多重面向的理解，一方面需要注重其规范性，对其效力做出准确评价，另一方面则不可忽视该条规定所具备的伦理性色彩，及其所具有的倡导性意义。

第一，新法关于子女对老人看望义务的规定，是道德法律化的体现，是立法者将道德要求上升为法律规范的结果，因而该条款在属性上应属法律规范，从所属范畴上看不应再被视为道德条款。该条款与其他法律规范一样具有规范性、国家意志性、强制性、以权利和义务为内容等特征，并具有指引、预测、强制、教育和评价等规范作用。

第二，从规范构成上讲，法律规范的结构，或称法律规则的逻辑结构，一般由三部分内容构成，即"假定"、"处理"和"制裁"或是"假定"、"处理"和"法律后果"。① 新法关于子女看望义务的规定较为抽象，仅规定"子女应当经常看望、问候老人"，并无更进一步的责任描述，即未规定违反该种义务时应负何种法律后果。因此，严格意义上讲这一新增条文在规范结构上并不完备，尚有待立法或司法解释进一步释明。

第三，强制性是法律的一般性特征，也是法律的本质性特征，"常回家看看"条款同样具备强制性特征，但是该条款的强制性色彩并不明显，而伦理性色彩更为浓厚。立法仅仅是对子女的义务做了一种宣示，并期望通过这种宣示引导和敦促子女主动履行关心、问候、探望老人的义务，更多地体现为一种倡导性规定。

三 "常回家看看"条款的可诉性剖析

（一）可诉性及其界定标准

法理学认为法律双向运行模式强调一般公众对法律的参与性，法律的可诉性是现代法治国家法律应有的特性；所谓法律的可诉性是指法律可以被任何人在法律规定的机构中通过争议解决程序加以运用的可能性。② 法律

---

① 张文显主编《法理学》，法律出版社，2004，第 55~56 页。
② 王晨光：《法律的可诉性：现代法治国家中法律的特征之一》，《法学》1998 年第 8 期。

的可诉性,确保了公民所享有的各项权利有客观实现的可能和根本保障,因为法律的可诉性意味着一旦公民的权利遭受某种侵害,公民即可选择通过诉讼途径来排除妨害因素、维护自己的合法利益。换言之,法律规范所具备的可诉性,就是当事人借此享有起诉权的依据之一。与法律的可诉性相联系的另一个概念是纠纷的可诉性,是指某一纠纷或某一类纠纷可以诉诸法律争端解决方式的特性,它从理论上指明了法院可以受理的争议的范围。

法律条文的生命在于它的可诉性。就法律规范而言,要使法律具有可诉性,在立法时就应注意不仅要在法律规范中制定明确的行为模式和相应的法律后果(奖励或罚则),而且要制定产生纠纷后的解决途径和诉讼主体。[1] 这就是说规范结构的完整是可诉性法律规范的一个基本特征。而针对纠纷(本文仅指民事纠纷)可诉性的标准,有学者提出只要是平等主体之间的权利义务争议,当事人都可以诉诸司法,要求法院通过民事审判予以解决;另外,在具体的民事诉讼中,当事人之间的纠纷要成为审判的对象,还要求当事人提起的诉具有诉的利益,包括主观的诉的利益和客观的诉的利益。[2] 相对于法的可诉性,民事纠纷的可诉性标准在实践中更具实用性,一方面它直接决定了当事人对于某一纠纷是否享有起诉权,另一方面则决定着法院针对这一纠纷是否有权受理并行使审判权。

(二)"常回家看看"条款原则上具有可诉性

修订后的《老年人权益保障法》第18条关于子女应当经常回家看望老人的规定,其可诉性如何?既有司法实践对于看望义务条款乃至整个精神赡养问题的可诉性,多持肯定态度,不少法院受理过类似案件并立案审理;新法颁行后,认可精神赡养可诉的态度则更加明朗化。如2013年7月7日,四川大邑县王泗法庭对老人李兰渝提出的要求儿子每月看望自己一次的诉

---

[1] 王晨光:《法律的可诉性:现代法治国家中法律的特征之一》,《法学》1998年第8期。
[2] 刘敏:《论纠纷的可诉性》,《法律科学》2003年第1期。

请予以受理并正式立案，成为新法颁行后四川省精神赡养立案的首案。① 做出新法施行后"全国第一判"的无锡市北塘区法院分析认为，精神赡养可以单独作为一个诉求提出，并列举了 6 种典型的完全可诉的精神赡养诉求：（1）物化的精神赡养；（2）必要的探望；（3）子女有条件者，老人要求与子女共同生活；（4）子女"分爹分妈"赡养，当子女有条件时，老人要求夫妻共同生活；（5）子女限制老人精神生活或自由，老人要求排除妨碍；（6）子女对老人精神虐待，老人要求停止侵权。②

尽管司法实践多采认可态度，但从前述关于可诉性及其标准的论述来看，围绕"常回家看看"问题的可诉性尚需做一些必要的解释。首先，从规范结构上看，该条款未指明行为模式的后果，更未明确赋予当事人起诉权，导致这一法律条文的可诉性受到质疑。其次，父母与子女之间就看望问题发生的紧张关系是否具有权利义务的内容？是否符合可诉纠纷的特征？对此，笔者的理解是"常回家看看"条款虽在立法上失之疏略，但通过合理解释的补充，基本可认可其可诉性。理由有二。第一，精神赡养系赡养义务的一个方面，且于法有据，应当认为法律赋予了老人以要求子女看望、问候自己的权利，唯有如此才确保老年人所享有赡养权利的完整性。第二，条文与规范并非一一对应，对该条款逻辑结构的理解，应放在亲属法律领域来理解，一方面法律的否定评价也可视为法律后果的表现，另一方面违反精神赡养义务似乎也并非完全不可能加以强制或施以惩罚。

四 法院判决"常回家看看"的可操作性评析

（一）法院判决"常回家看看"的合理性

修改后老年人权益保障法颁行伊始，法院便做出了代表性判决，某种程度上也是对新法实施的一种尝试，必然会遭遇各种不同的评价。笔者认

---

① 《四川"精神赡养"首案立案 母亲要邻居儿"常回家看看"》，人民网 2013 年 7 月 9 日，http：//sc.people.com.cn/n/2013/0709/c345458-19032166.html，最后访问日期：2013 年 7 月 28 日。
② 魏鼎：《"常回家看看"第一案昨在锡判决》，《无锡商报》2013 年 7 月 2 日，A3 版。

为，老年人权益保障法看望条款在司法中的适用应辩证地看待，当事人的诉权和法院的裁判权不应"一刀切"地加以否定，法院受理此类案件并做出裁判，至少有三个方面的正当理由。

第一，当事人享有的诉权与法院的裁判权之间具有逻辑上的一致性，认可当事人享有起诉权便意味着法院得以依法就当事人的诉请做出裁判。赋予老年人诉请子女回家履行看望和慰藉义务的权利，完全符合老年人权益保护立法和修改的基本价值目标，也是其实现精神赡养权利的必要保障。

第二，从裁判依据角度而言，新增条款虽然不甚具体，也未明确规定违反该义务的法律责任，但不足以成为法院拒绝裁判的理由。一方面，老年人权益保障法既然做了规定，应当视为"常回家看看"民事判决于法有据；另一方面，民事审判在审判依据适用上的特点应当是"法律所未规定者，依习惯；无习惯者，依法理"①，法院支持常回家看看的诉请在民事习惯与法理上都具有正当依据。

第三，从裁判功能上看，法院的一纸判决书除具有定纷止争功能外，应当具有评价和教育的功能。法院通过判决要求子女履行看望义务，即意味着对长期不看望父母的行为做出了负面评价，并且该种评价比一般的道德评价更具有威慑力，它有助于借助国家意志和司法的权威推进赡养人的自律和自省。

（二）现实操作的尴尬与初衷背离

针对"常回家看看"民事判决的诘难，主要集中在操作困难和判决的实际效果等层面，这些因素足以影响到法院判决初衷的实现；现实中强制执行的困难往往造成判决目的的背反，法律的良好愿望可能因为"强人所难"而遭致落空。一旦法院判决的内容不为当事人所履行，同时强制执行的作用又无法发挥，必然会有损法律和司法的权威性。

首先，面对老人提出的看望诉请，法院在事实认定和裁判标准上难以把握。第一，按照新法新增条款的意图，应当是敦促客观上有条件履行看

---

① 台湾地区"民法"第1条，法源法律网，http://db.lawbank.com.tw/FLAW/FLAWDAT0201.aspx? lsid = FL001351。

望义务而怠于履行该义务的赡养人，因此法院审理案件时，便需要认定赡养人未履行看望义务究竟是客观不能还是"能而不为"，显然这对于法院而言是一大难题。第二，新法要求子女经常看望老人，然何为"经常"很难有一致性的标准，法院审理此类案件只能依靠自由裁量。第三，法律对于"看望"的方式语焉不详，从生活经验来讲，面对面探望固然最有意义，但电话、短信等方式也可以表达问候，因此，何种方式属于有效看望也只能取诸法官裁量。

其次，法院判决面临着最为"致命"的障碍是执行困难。从理论上讲，法院做出的民事判决，除当事人自动履行外，一般均可申请强制执行，执行的内容主要是财产，当然也包括行为。判决子女看望老人，属于判决履行特定行为，如果子女不履行看望义务，权利人可申请强制执行。然而，难以解决的问题是人身无法强制执行，无论如何法院不可能将不履行判决的子女"拘传"至父母住处，强制其履行看望义务。"强扭的瓜不甜"，现实情形也难免诸多尴尬。如近日合肥市庐阳区法院立案执行了一起赡养纠纷案件，法院判决中确定子女五人定期看望老太太，因子女们与老太太有矛盾，所以均不按判决履行看望老人的义务；而后在法官的劝导下，子女们虽然同意"回家看看"，却只在门口"看看"，连门都不进。[①] 虽然针对拒不履行法院判决的，可按照妨碍执行处以罚款或拘留，但从实际效果上来讲，也仍旧不能使老人的精神需求得以实现，对老人而言是"赢了官司，输了亲情"。

（三）应当采取的态度：调解前置，慎重判决

一方面是新法施行与老年人精神权益维护的需要，另一方面是现实操作困难重重，法院在处理此类案件过程中确实陷入了两难境地。笔者认为，法院在处理类似问题上所应采取的态度是：尽可能地适用调解，采用说服教育等"软手法"，避免恣意判决，慎用强制措施。具体而言应把握以下两点。

[①] 《5子女被判"常回家看看" 只在门口看看不进门》，新华网2013年8月5日，http://news.xinhuanet.com/local/2013-08/05/c_125117558.htm，最后访问日期：2013年8月5日。

第一，法院受理此类案件，应严格审查，从严把握立案标准，对于不履行看望义务尚未达到值得科以法律责任、当事人提出看望诉请的，原则上不宜受理，可予以直接调解。对于已经受理的案件，或确有必要受理的案件，在审判程序上原则上应先调解；确实调解不成，再做出民事判决。判决结案的，法院应当在判决书上详细陈述做出判决的事实和法律依据，在做出判决要求的同时应当对行为人做出必要的训导和教育。

第二，在判决执行方面，考虑到人身的不可执行性，故法院在执行判决过程中仍然要适用说服教育、训诫等和平手段，通过"晓之以理，动之以情"，促使当事人自动履行判决的内容；针对拒不履行判决书、妨碍判决执行，情节比较严重的，必要时应当科以妨碍执行的相应法律责任，以维护司法的权威与公正。

五 结语

"常回家看看"民事判决面临的诸多困境，在化解路径上有赖于立法做出更为细致而具体的回应。需要在借鉴其他国家和地区立法的基础之上，对看望时间、次数以及违反规定的责任等进行明确，使司法实践有法可依。另外，精神赡养是老年人权益保障的重要维度，老年人精神赡养需求的实现最主要还是依靠代际间情感的维系和赡养人的道德自律，法律的介入是补充性的、被动性的，它扮演着最后屏障的角色。当前最为迫切的任务是一方面加强道德建设，注重孝亲伦理观念，倡导家庭和谐，另一方面则要完善居家养老和社区养老制度，丰富老年人的精神生活，缓解家庭养老存在的巨大压力，从根本上减少亲属间的对立，"常回家看看"在法律层面所遭遇的诸多难题也就自然化解了。

2014年卷 总第10卷
家事法研究
RESEARCHES ON FAMILY LAW

夫妻财产法专题

大乘起信論

夫妻财产关系法的基本原则研究[*]

张华贵 伍鉴萍[**]

【内容摘要】 夫妻财产关系法是规范夫妻财产关系的法律制度,研究夫妻财产关系法,必须研究夫妻财产关系法的基本原则问题。因为无论是在传统私法中还是现代私法中,基本原则都是一个不可回避的重要问题。因此,深入探讨与研究夫妻财产关系法基本原则,尤其是夫妻财产法的基本原则,不仅有利于系统化认识婚姻家庭问题,而且还有助于认清现代婚姻家庭制度的基本发展趋势。本文对什么是夫妻财产关系法的基本原则进行分析,以期探索并建立中国本土化的夫妻财产法基本原则。

【关 键 词】 夫妻财产关系 基本原则 分析研究

基本原则问题,无论是在传统私法中还是现代私法中,都是一个不可回避的重要问题。夫妻关系的正常运转和职能实现的物质基础是夫妻财产,对社会影响巨大的夫妻财产关系需要法律进行调整,夫妻财产法是规范夫妻财产关系的法律制度,它为夫妻关系正常运转提供法律依据和保障。因

---

[*] 国家社科基金一般项目"夫妻财产关系法研究"(项目编号:10BFX060)的阶段性成果。
[**] 张华贵,女,西南政法大学民商法学院副教授,主要从事婚姻家庭法的教学与研究;伍鉴萍,女,西南政法大学应用法学院副教授,主要从事民法的教学与研究。

此，深入探讨与研究夫妻财产法基本原则，尤其是夫妻财产法的基本原则，不仅有利于系统化认识婚姻家庭问题，而且还有助于认清现代婚姻家庭制度的基本发展趋势。本文试图从基本原则角度，剖析夫妻财产法各项原则的变迁和发展的深入动因，以期探索并建立中国本土化的夫妻财产法基本原则。

一 夫妻财产法基本原则的界定

夫妻财产法的基本原则，亦称夫妻财产法的根本规则或准则，是夫妻财产法各种制度、规范的法律精神的高度抽象，是夫妻财产活动、立法、司法以及夫妻财产法学研究必须遵循的总的指导思想。从静态意义上讲，夫妻财产法基本原则是夫妻财产立法的基本出发点和基本指导思想，反映夫妻财产制度的本质特征，决定夫妻财产立法的性质和内容；从动态意义上讲，夫妻财产法基本原则是制定、解释、执行和研究夫妻财产法的重要依据，它们贯穿在整部夫妻财产法之中，是对夫妻财产法调整的夫妻财产及相关社会关系本质和规律的集中反映。

夫妻财产法的基本原则应当具有以下特点。

第一，内容上的根本性。市民社会的根本价值，包括平等、自由、安全等。而众所周知，夫妻关系是市民社会的一种最基本的组织形态，那么夫妻财产法自然应遵循上述市民社会的根本价值。就平等价值而言，夫妻双方在人格上应当是独立的、互不隶属的，从而参与社会活动的机会也应该是平等的，这反映在夫妻财产法上即为夫妻双方法律地位平等，从而确定男女平等原则为夫妻财产法基本原则。就自由价值而言，婚姻在本质属性上是契约，契约即意味着夫妻双方在意志上是自由的，在社会活动中自主参与、自己负责，这反映在夫妻财产法上即为尊重当事人意思自治原则。就安全价值而言，夫妻作为民事活动的重要主体，在现代市场经济条件下，参与投资、消费等民事交易活动日益活跃、频繁，这意味着夫妻财产关系不仅涉及夫妻双方的利益，也涉及第三人的利益，涉及夫妻财产的民事交易自然应该得到相应的保障，夫妻乃至全社会的自由发展才能成为可能，这反映在夫妻财产法上即为保护交易安全原则。

第二，效力上的贯穿始终性。夫妻财产法的基本原则负载了夫妻财产法的基本价值，是全部夫妻财产法规范具有法律效力的指导思想和根本准则，是各项夫妻财产法律制度和规范的基础与来源，作为夫妻财产法的基本原则，其效力应当贯穿于整个夫妻财产法的始终，对夫妻财产立法、执法、司法和守法具有普遍的指导意义。如果其效力仅仅局限于某一夫妻财产法领域，则不是夫妻财产法的基本原则而是夫妻财产法的具体原则。

第三，形式上的非规范性。夫妻财产法的基本原则不是对夫妻财产法上的权利义务以及相应法律责任的具体规定，其属于指导思想的范畴，表现了夫妻财产法的目的和宗旨，即夫妻财产法的基本原则不具有或不完全具有法律规范所要求的具体的假定条件、行为模式与法律后果的逻辑构成，因而不属于夫妻财产法的具体规范，在形式上具有非规范性。

第四，功能上的复合性。夫妻财产法的基本原则在夫妻财产法体系中发挥着复合性的功能，既维护着夫妻财产秩序和一般道德，又在立法上以概括性条款弥补夫妻财产法规定之不足，并在司法上成为授权法官根据实践需要发展夫妻财产法律制度的"委任状"，成为夫妻财产法沟通自身和体系外的通道，从而确保夫妻财产法与时俱进，具有博大的发展容量。

如何确定我国夫妻财产关系法的基本原则？笔者认为，正如有学者所指出的那样，首先应当考虑夫妻财产法的基本价值和基本理论，① 同时，从追求法的社会化法治绩效出发，新的立法必须切实反映现实生活的普遍要求和规律，准确认定和顺从时代发展、变化的步伐和需要，确保其与规范和调整对象有最普遍意义的吻合性，从而使其内容真正变成所调控的社会关系和个体行为的价值规范，成为人们能自觉意识和把握的行为准则，实现其规范、引导、确认、预测、罚禁等多重功能。② 因此，根据现代夫妻财产法的总的立法趋势，借鉴国外对夫妻财产立法的相关规定，笔者认为我国夫妻财产法的基本原则主要有三个：男女平等原则、尊重当事人意思自治原则和保护交易安全原则。

---

① 王利明：《民法总则研究》，中国人民大学出版社，2003，第102页。
② 曹诗权：《中国婚姻家庭法的宏观定位》，《法商研究》1999年第4期，第9页。

二 男女平等原则

（一）男女平等的含义

夫妻财产法上的男女平等，是法律承认男女双方在生理上、身体上的差异和家庭分工的不同，肯定夫妻各依其所长对家庭的贡献，赋予夫妻双方对其在婚姻关系存续期间协力创造的财富享有平等的所有权和管理权。① "相同的事物应该同样对待，不同的事物应该区别对待"，这是迄今为止对"平等"一词最为经典的阐述。而人格的平等为近代民主政治的基石，夫妻的平等更为身份法所维护的目的。② 正所谓在市民社会中，个人皆为权利义务的归属主体，而非他人支配的客体，得以平等地位从事法律生活。③ 当然，夫妻家庭作为市民社会的基本组成单位和重要民事主体，其对平等的深入、自主贯彻自不待言，因此，夫妻财产法应以夫妻平等为其立法的出发点，这也就确立了男女平等原则为夫妻财产法基本原则的地位。

夫妻财产法上的男女平等原则包括四个方面的含义。一是男女双方在夫妻家庭财产关系中的法律地位平等。男女双方在夫妻家庭财产关系中有各自独立的人格，相互尊重，彼此平等，不存在财产上的人身依附关系或支配关系，女性在人格上不从属于男性。二是男女双方在婚姻家庭中依法享有财产权利和依法承担相应的财产义务，不因性别的不同而有差异，区别对待。三是男女双方在婚姻家庭中享有的合法财产权益平等地受法律保护，赋予夫妻双方对其在婚姻关系存续期间协力创造的财富享有平等的所有权和管理权。四是禁止依据生理上、身体上的差异和家庭分工的不同而对女性有任何形式的财产上的歧视、虐待和压迫，当然也不允许任何一方享有超越法律的财产特权。

（二）男女平等原则作为夫妻财产法基本原则的正当性论证

1. 夫妻财产法的民法属性

夫妻财产法的民法属性决定了其基本价值定位。在调整对象层面，夫妻

---

① 李银河、马忆南主编《婚姻法修改论争》，光明日报出版社，1999，第339页。
② 戴东雄：《亲属法论文集》（二），台北：东大图书股份有限公司，1989，第99页。
③ 王泽鉴：《民法总则》（增订版），中国政法大学出版社，2001，第39页。

财产法属民法范畴，是"私法"的重要组成部分。基于此，以夫妻两性关系为表征的夫妻财产法作为民法之子法其规范对象带有鲜明的"私人利益关系"取向，其作用是将确认和调整的财产利益关系归属到夫妻平等的权利义务实体之中，建立平等的夫妻财产权利义务体系，保障男女双方的平等权利与义务。同时，从夫妻关系的形成基础——婚姻来看，其道理也是显而易见。一方面，缔结婚姻实质上是一种民事法律行为，属于民法调整的范畴。世界各国的民法都遵循平等原则，在民事活动中一切当事人法律地位平等，任何一方不得把自己的意志强加给对方；另一方面，婚姻也是一种伦理关系，[①]那么夫妻财产关系作为婚姻关系的有机组成部分也应具有伦理性，而伦理性的存在也就决定了夫妻财产关系不完全是一种等价有偿的关系，即使男女双方的财产力量悬殊，双方对夫妻财产也应享有平等的权利，承担平等的义务。

2. 男女平等原则是我国婚姻法的基本原则

如前所述，婚姻法在内容上由身份法和财产法两部分构成。婚姻法基本原则是制定次级婚姻家庭法律时的立法准则。由于婚姻家庭立法的全方位多层次性，婚姻家庭基本法对婚姻家庭特别法具有统摄作用，在制定次级婚姻家庭法律时，应当据此确定次级婚姻家庭立法的基本价值取向，以使其与婚姻家庭基本法保持价值取向上的一致。[②]因此，夫妻财产法作为次级婚姻家庭法律中的一部分内容，其基本原则也就是婚姻法基本原则的下位原则，必然要遵循婚姻法基本原则。

3. 夫妻财产法贯彻法律的普遍人性价值

如果说平等在实质上是人与人之间的关系，那么男女平等原则所言之"平等"自然也是指人与人的关系，夫妻财产法上的男女平等原则概莫能外。从法律的普遍人性价值来看，男女平等的根本依据在于男女均属于"人"，虽然个人的自然特性或社会性格往往因人而异，但男女既然同为人类成员，就应当都享有人之为人的基本权利和人性尊严。

4. 夫妻财产法的社会需求内涵

夫妻财产法以调整两性关系和血缘关系为表征的夫妻财产关系为要义，

---

① 《马克思恩格斯全集（第一卷）》，第182页；〔德〕黑格尔：《法哲学原理》，范扬、张企泰译，商务印书馆，1961，第177页。
② 徐国栋：《民法基本原则解释——成文法局限性之克服》，中国政法大学出版社，1992，第17页。

旨在促进夫妻关系的运转与职能发挥的和谐、稳定。而从社会需求内涵的角度观察，男女平等的基础应构建在社会需求之上，也就是说，女性是人类社会不可或缺的成员，在促进全人类福祉的同时，应充分考虑女性的幸福，如果男女不平等，则容易引起社会失范，为防止此类情形发生，基于社会的需要，男女应当平等。

5. 法律的价值

法理学认为，法律蕴涵的根本价值主要包括平等、自由、安全等。就平等价值而言，夫妻双方在人格上应当是独立的、互不隶属的，从而参与社会活动的机会也应该是平等的，这反映在夫妻财产法上即为夫妻双方法律地位平等，从而确定男女平等原则为夫妻财产法基本原则。

6. 男女平等原则的特点

在笔者看来，男女平等原则之所以成为夫妻财产法的基本原则，其本身特点有以下三个方面：（1）男女平等原则符合基本原则的模糊性特征；（2）男女平等原则适用于夫妻财产法的各种制度，具有生效领域的完全性；（3）男女平等原则体现了夫妻财产法的基本价值，符合法律基本原则的一般要求。

三　意思自治原则[①]

（一）意思自治原则的含义

意思自治原则是近代以来西方法律制度赖以建立的极为重要的基石，

---

① 关于意思自治的汉语表达方式还有"私法自治""私人自治"。使用"私法自治"的，有王泽鉴：《民法总则》，中国政法大学出版社，2001，第244页；黄茂荣：《法学方法与现代民法》，中国政法大学出版社，2001，第56页；梁慧星：《民法总论》，法律出版社，2001，第39页；苏永钦：《走入新世纪的私法自治》，中国政法大学出版社，2002，第1页及以下。使用"私人自治"的，有田士永：《无权处分中的私人自治原则》，载《月旦民商法研究2：变动中的物权法》，清华大学出版社，2004，第68页。使用"意思自治"的，有江平、张礼洪：《市场经济和意思自治》，《法学研究》1993年第6期，第20页；尹田：《法国现代合同法》，法律出版社，1995，第13页。使用"私权自治"的，有〔日〕内田贵：《现代契约法的新发展与一般条款》，胡宝海译，载《民商法论丛》（第2卷），法律出版社，1994，第45页。

学者们通常围绕整个民法体系的角度来探讨其内涵与外延。虽然本文所要研究的是夫妻财产法上的意思自治原则，但笔者仍然认为民法上意思自治原则的界定是一前提性问题。

1. 意思自治原则的语义分析

意思自治原则是贯穿于整个民法体系的基本法律原则之一，自其诞生之日起就具有非凡之魅力，并且在长达百年的自由资本主义时期被奉为神圣的、不可动摇的原则。学者们在反复使用这一概念的同时，对其语义从不同的角度进行了分析和阐释。

（1）法哲学角度。一般认为，意思自治从根本上是一种法哲学的理论。在法哲学上，意思自治被看作权利、义务的根据或理由。法国学者卡尔波尼埃认为，"意思自治是一种法哲学的理论，即人的意志可以依其自身的法则去创设自己的权利义务，当事人的意志不仅是权利义务的渊源，而且是其发生根据。"① 学者古诺亦指出意思自治的双重含义：意思自治不仅意味着当事人有为自己创设权利义务的自由，而且意味着当事人有不为自己创设权利义务的自由。② 我国台湾学者苏明诗认为，个人意思自治之原则，其基本含义为个人取得权利义务应基于个人之意思，而个人意思之发动行使应有其自由。③ 我国学者江平、张礼洪认为，从法哲学层面理解，意思自治是个人主义、自由主义哲学思潮的直接产物，可大致定义为：每一社会成员依自己的理性判断，管理自己的事务，自主选择、自主参与、自主行为、自主负责。④

从以上学者解释来看，法哲学对于意思自治的界定着重于凸显意思自治原则中个人意志之地位，赋予个人意志以强制力，而个人自由被视为第一重要的原则。在他们那里，当事人有权排斥和拒绝公共权力的干预，"法律应当尊重人们的天生的自由"。

（2）公、私法二元划分角度。意思自治在公、私法二元划分角度上一

---

① 尹田：《法国现代合同法》，法律出版社，1995，第13页。
② 尹田：《法国现代合同法》，法律出版社，1995，第13页。
③ 苏明诗：《契约自由与契约社会化》，载郑玉波主编《民法债编论文选辑》（上），台湾五南图书出版公司，1973，第163页及以后。
④ 江平、张礼洪：《市场经济和意思自治》，《法学研究》1993年第6期，第20页。

般又称"私法自治"或"私人自治"。德国学者弗卢梅（Flume）认为，私法自治是指"各个主体根据他的意志自主形成法律关系的原则"；① 比德林斯基将私法自治定义为"对通过表达意思产生或消灭法律后果这种可能性的法律承认"；② 卡尔·拉伦茨则将私法自治界定为：法律制度赋予并且确保每一个人都具有在一定的范围内，通过法律行为特别是合同来调整相互之间的可能性，这种可能性称作"私法自治"。③ 我国学者江平、张礼洪认为，从公私法划分层面上理解，意思自治指私法自治，又称私权自治，其基本含义是：私法主体有权自主实施私法行为，他人不得非法干预；私法主体仅对基于自由表达的真实意思而实施的私法行为负责；在不违反强行法的前提下，私法主体自愿达成的协议优先于私法之适用，即私人协议可变通私法。④ 学者李锡鹤亦指出，一般认为，私法自治是指在私法领域，每个人得依其自我意志处分其有关私法事务。⑤

由此可见，在公、私法二元划分的背景下，意思自治成为私法的最高原则，其强调的是意思自主，意思自治的核心内涵在于私法主体自主为法律行为，由主体基于自己的自由意思创设、变更、消灭私法上的法律关系，并对基于自由表达的真实意思而形成的法律行为负责。

（3）民法角度。从民法角度来看，我国学者张俊浩认为，意思自治，即当事人依照自己的理性判断，去设计自己的生活，管理自己的事务。意思自治的真谛，是尊崇选择。这本是自由的应有之义。而其基本点，则是自主参与和自己责任。所谓自主参与，即自己做主地去判断，去选择，自主地参与市民生活，投入市民的竞赛。选择是参与的前提，而参与使选择得以实现。所谓自己责任，即自主参与者对于参与所导致的结果负担责任。这是自主参与的必然逻辑。⑥

（4）国际私法角度。学者许军珂认为，国际私法上的意思自治包括法

---

① 〔德〕弗卢梅（Flume）：《德国民法总论》第2卷，§1.1，第2页；转引自〔德〕迪特尔·梅迪库斯：《德国民法总论》，法律出版社，2001，第146页。
② 〔德〕迪特尔·梅迪库斯：《德国民法总论》，邵建东译，法律出版社，2000，第142页。
③ 〔德〕卡尔·拉伦茨：《德国民法通论》，王晓晔等译，法律出版社，2003，第54页。
④ 江平、张礼洪：《市场经济和意思自治》，《法学研究》1993年第6期，第20页。
⑤ 李锡鹤：《论民法本位》，《华东政法学院学报》2002年第2期。
⑥ 张俊浩主编《民法学原理》，中国政法大学出版社，1991，第21页。

律适用上的意思自治和程序法上的意思自治。实体法上的意思自治就是契约自由原则。国际私法上的意思自治,表现为"合同当事人可以自由选择合同所适用的法律以及当事人可以协议选择管辖合同纠纷的法院或仲裁庭"。① 我国学者江平、张礼洪认为,从冲突法层面上理解,意思自治指当事人有协商选择处理纠纷所适用之准据法的权利。冲突法为不同法域的私法冲突,故此层面上的意思自治应理解为私法自治的反映。②

(5) 经济角度。就经济角度而言,我国学者刘凯湘、张云平认为,意思自治对应的是自由经济体制,其基本理念是保障和鼓励人们依照自己的意志参与市场交易,强调在经济行为中尊重当事人的自由选择,让当事人按照自己的意愿形成合理的预期。③

(6) 社会资源角度。曾世雄先生从整个社会资源的角度,认为私法自治为民事主体对于生活资源得失变更的个人安排。④

(二) 夫妻财产法上的意思自治原则

如上所述,意思自治原则本身就涵盖了哲学、法律、经济、社会等层面的意义,是一个综合体。当然,夫妻财产法上的意思自治原则作为意思自治原则体系中的一员,亦不例外。综合上述各家学说,笔者以为,夫妻财产法上的意思自治原则是指参加民事活动的夫妻,在法律允许的范围内享有完全的财产自由并按照自己的意思为民事法律行为以决定缔结相关财产法律关系,为自己设定权利或为他人承担义务,任何机关、组织和个人不得非法干预。

通过上述的概念界定我们可知,夫妻财产法上意思自治原则具有丰富的内涵。其含义主要体现在以下几个方面。

第一,夫妻财产法上的意思自治意味着夫妻自治的前提条件在于男女平等。霍布豪斯曾断言:历史上的自由主义运动一方面是争取自由,另一

---

① 许军珂:《国际私法上的意思自治》,法律出版社,2006,第1~5页。
② 江平、张礼洪:《市场经济和意思自治》,《法学研究》1993年第6期,第20页。
③ 刘凯湘、张云平:《意思自治原则的变迁及其经济分析》,《中外法学》1997年第4期,第71页。
④ 曾世雄:《民法总则之现在与未来》,中国政法大学出版社,2001,第17页。

方面则是争取平等，两者永远结合在一起。① 卢梭在《社会契约论》中也提出这一观点，他强调自由依赖平等。因此，只有夫妻双方地位平等、人格独立、意志自由，在夫妻之间才能真实并充分地表达自己的意思，才能真正实现行为自由。可以说，男女平等原则是意思自治原则的前提和基础，而意思自治原则是男女平等原则的一个具体体现或反映。

第二，从最基本的意义上来说，夫妻财产法上的意思自治意味着夫妻的行为自由。这种行为自由既包括了积极自由，也包括了消极自由。② 积极自由（positive freedom, freedom to…）就是自己成为自己的主人，即"从事……的自由"。在此意义上，夫妻财产法上的意思自治意味着夫妻双方可各自决定自己的事务，做自己生活关系的主人，在法律允许的范围内享有完全的财产自由并按照自己的意思为民事法律行为以决定缔结相关财产法律关系，为自己设定权利或为他人承担义务。消极的自由（negative freedom, liberty from…）的核心内涵就是免于他人的干涉，即"免于……的自由"。在此意义上，夫妻财产法上的意思自治意味着夫妻双方在为有关民事法律行为以行使夫妻财产权利时不受任何机关、组织和个人的非法干预，尤其蕴涵对国家公权力不当干涉的排斥之意，因为，在私法领域里，公权力和其他主体不得干预私法主体的意思表示行为。

第三，夫妻财产法上的意思自治原则也意味着夫妻双方应对其做出的行为负责。所谓自己责任，即夫妻双方对于其参与行为所导致的结果负担责任。这是行为自由的必然逻辑。既然夫妻双方所为的行为是基于自我认识、自我选择、自我决定而产生的，就说明夫妻对此具有理性的判断能力、合理的认知能力和相应的预见能力，因此，必须对自己的行为负责。

（三）意思自治原则作为夫妻财产法基本原则的正当性论证

意思自治原则是夫妻财产法基本原则，那么这一原则向夫妻财产法扩张的原因或者说这一原则在夫妻财产法中兴起的动因是什么呢？笔者以为，这一命题的正当性至少源于四个方面：一是婚姻的契约属性，二是夫妻财

---

① 霍布豪斯：《自由主义》，朱曾汶译，商务印书馆，1996，第18页。
② 张文显：《二十世纪西方法哲学思潮研究》，法律出版社，1996，第523~535页。

产法的性质，三是法律的价值，四是意思自治原则的特点。具体而言主要有以下几点。

1. 婚姻的契约属性

婚姻兼具自然属性和社会属性，也正因为如此，使得中外学者对婚姻的本质属性有着截然不同的理解。仅从法律的角度看，对婚姻的本质属性就因诸多认识形成了各种学说，如：契约说、身份关系说、婚姻伦理说、制度说等。然而正如梅因所指出："所有进步社会的运动，到此处为止，是一个'从身份到契约'的运动。"[1] 可以说，从身份到契约，也是婚姻制度史上的一大革命。[2] 因此，笔者认为婚姻在本质属性上为契约。理由如下。

（1）婚姻具有契约所蕴含的自由和平等理念。近现代婚姻法无不努力朝着婚姻自由与男女平等原则前进。[3] 男女双方有结婚的自由，婚姻的缔结体现了男女双方的合意，禁止包办婚姻、买卖婚姻等干涉婚姻自由的行为；同时，男女双方享有离婚的自由，任何组织、机构和人员不得非法干预。男女双方法律地位平等体现在男女双方具有独立的人格，婚后各自仍为独立的民事主体，在婚姻家庭的各个方面具有平等的法律地位，享有平等的权利，承担平等的义务，不存在任何的领导、服从等隶属关系。婚姻法中的这两大原则与契约的两个内涵——自由与平等是一致的。

（2）从婚姻的成立、婚姻关系的存续到婚姻的解除都体现出自由、平等的契约理念。[4] 从婚姻成立的角度，普遍认为结婚行为是民事法律行为，婚姻的成立以男女双方的自由协商合意为前提，这充分体现了契约自由精神。婚姻缔结以后，产生了婚姻效力，也即在当事人之间创设了夫妻关系。夫妻关系包括人身关系和财产关系。就财产关系来看，其具有显著的契约特点，体现了当事人的意思自治。就婚姻关系的解除而言，男女双方均享有离婚自由，是否解除由当事人自己决定，任何人不得干涉。

从上述分析可以很明显地看出，婚姻的本质属性是契约，而契约即意

---

[1] 〔英〕梅因：《古代法》，商务印书馆，1995，第97页。
[2] 史尚宽：《亲属法论》，台北：台湾荣泰印书馆有限公司，1980，第94页。
[3] 宋智慧：《以契约理念透视婚姻本质》，《长沙理工大学学报》（社会科学版）2004年第4期，第39页。
[4] 宋智慧：《以契约理念透视婚姻本质》，《长沙理工大学学报》（社会科学版）2004年第4期，第39页。

味着自由,意味着意思自治,从而也就确立了意思自治原则在夫妻财产法中的基本原则之地位。

2. 夫妻财产法的民法属性

夫妻之间的财产关系是一种民事法律上的财产关系,自然应遵循民法的基本原则——意思自治原则。

3. 法律的自由价值

法理学认为,法律蕴涵的根本价值主要包括平等、自由、安全等。就自由价值而言,婚姻在本质属性上是契约,契约即意味着夫妻双方在意志上是自由的,在社会活动中自主参与,自己负责,这反映在夫妻财产法上即为尊重当事人意思自治原则,其确立是法律自由价值的体现。

4. 意思自治原则的特点

在笔者看来,意思自治原则之所以成为夫妻财产法的基本原则,其本身特点有以下三个方面:(1)意思自治原则符合基本原则的模糊性特征;(2)意思自治原则适用于夫妻财产法的各种制度,具有生效领域的完全性;(3)意思自治原则体现了夫妻财产法的基本价值,符合法律基本原则的一般要求。

四 保护交易安全原则

(一) 保护交易安全原则概述

保护交易安全是民商法上的重要概念,英国著名法学家霍布斯就曾说过:"人的安全乃是至高无上的法律。"夫妻家庭作为市民社会的一种最基本的组织形态,绝不是独立于社会的封闭体,其作为重要民事主体所进行的一系列民事交易活动必然涉及第三人的利益,涉及夫妻财产的交易安全自然应该得到相应的保障,夫妻乃至全社会的自由发展才能成为可能。那么交易安全究为何意?学者间众说纷纭,未形成一致的解释。

1. 动的安全说

此学说为通说。该学说认为,交易安全即动的安全,与静的安全共同组合为法的安全。"静的安全乃对于吾人本来享有之利益,法律上加以保护,不使他人任意夺取,俾得安全之谓,此种安全之保护,系着眼于利益之享有,故亦称'享有的安全'或'所有的安全'";而"动的安全乃吾人依自己之活动,取得新利益时,法律上对该项取得行为进行保护,不使其归于无效,俾得安全之谓,此种安全之保护,系着眼于利益之取得,故亦称'交易安全'。"①

2. 法律指引预测说

该学说认为,交易安全为法律对交易的指引和预测安全,即法律完备、缜密、稳定且法律变动之效力不溯及既往。具体而言,是指法律能对各种行为及其法律后果进行明确的法律宣示,使法律具有可预见性,人们在行为之前可以预计法律对自己行为的态度,而不必担心来自国家强制力的突然打击。②

3. 概括安全说

此学说认为,交易安全泛指与交易有关的一切安全问题。基于对交易安全解释角度与层面的不同,又有以下三种认识。

(1) 徐炳教授认为:"买卖法应尽可能采用一切手段保护交易安全,国家通过立法、司法和行政手段保证买卖双方免受诸如胁迫、诈欺、任意毁约的危险和威胁,使买卖者有安全,不致受到不应有的财产损失。买卖合同的要式制度、产品责任制度、违约赔偿制度、风险转移制度都是基于交易安全而制定。"③

(2) 伍再阳教授认为,交易安全之要旨包括交易中债务人责任的加重(连带责任、无限责任和无过错责任),免责揭示或约款之限制以及债权人之优先权和特殊留置权等立法。④

(3) 蒋月教授认为,在民事法领域,交易安全包括动的安全和静的安全两方面。静的安全指公民本来享有的利益,法律加以保护,使他人不得任意夺取。因其着眼于利益的享有,故亦称"享有的安全"或者"所有的

---

① 郑玉波:《民商法问题研究(一)》,台北:台湾三民书局,1980,第39页。
② 卓泽渊:《法律价值》,重庆大学出版社,1994,第12页。
③ 徐炳:《买卖法》,经济日报出版社,1991,第48页。
④ 伍再阳主编《商法原理》;转引自江帆、孙鹏主编《交易安全与中国民商法》,中国政法大学出版社,1997,第3页。

安全"。动的安全指依自己的活动,取得新利益时,法律对该取得行为进行保护,使其不归于无效。这种安全的保护,系着眼于利益的取得,故亦称交易安全。①

4. 交易中善意当事人利益说②

该学说认为,交易安全基于公理,以保护交易中善意无过失之信赖人利益。不过,此说基于对善意当事人性质和地位的不同认识,又细分为二。

(1) 善意第三人利益说:该说将静的安全享有人与交易安全享有人分置于不同的法律关系之中,而这两个不同的法律关系通过中介人衔接。比如甲之动产为乙占有,乙将其出让与丙,此际甲为第一人,乙为第二人,丙则当然为第三人,丙善意无过失的买受利益即为交易安全利益,是故有学者将交易安全与第三人利益相等同。

(2) 善意相对人利益说:该说不论静的安全和交易安全之间是否有中介,而以欲通过交易受让权利之一方和出让方为当事人,而此双方互为债权人和债务人,亦即互为相对人,善意无过失之一方取得利益即为交易安全利益,故亦有学者将交易安全与交易中善意相对人之利益相并提。

综合上述各家学说,笔者以为,就夫妻财产法上的交易安全原则而言,既有一般意义上交易安全原则的共性,又有因其深入强制性、伦理性较强的夫妻财产法而具有的特性,因此,本文认为,夫妻财产法上的交易安全原则是指夫妻双方在移转财产权利和履行财产义务时,因善意相对人之合理信赖,其交易行为必须具有合法性和确定性,否则不产生相应的法律效力。

该定义包括了以下内容:一是夫妻财产法上的交易安全是与静的安全相对应的动的安全,其存在于夫妻双方移转财产权利和履行财产义务之时,系指动态的行为安全;二是夫妻财产法上的交易安全是基于善意的交易相对人之合理信赖而产生的安全;三是夫妻财产法上的交易安全表现为交易行为的合法性与确定性,其行为不得违反强行法和公序良俗,安全效果的达到是通过确认交易行为的效力之合法性和确定性而实现的。

---

① 蒋月:《夫妻财产制与民事交易安全若干问题研究》,《法学》1999 年第 5 期,第 20~21 页。
② 江帆、孙鹏主编《交易安全与中国民商法》,中国政法大学出版社,1997,第 3~4 页。

（二）保护交易安全原则作为夫妻财产法基本原则的正当性论证

为了增强涉夫妻财产民事交易主体的安全感，调动人们从事交易活动的积极性，减少和消除交易活动中的不安全因素，保护交易安全便构成了夫妻财产法的基本原则。而这一命题的正当性主要源于四个方面：一是保护交易安全原则的客观依据，二是保护交易安全原则的主观依据，三是夫妻财产关系与交易安全的关系，四是保护交易安全原则的特点。

1. 确立保护交易安全原则的客观依据

把保护交易安全确立为夫妻财产法的基本原则是与夫妻财产法的调整对象——夫妻财产关系密切相关的。虽然夫妻财产法源自于民法，但它这种相对独立的调整对象决定了其是一个相对独立的法律部门。这种客观的夫妻财产关系及其内在要求是我们认识夫妻财产法基本原则的出发点。夫妻财产关系作为夫妻财产法的调整对象具有以下特征：（1）夫妻财产法的调整对象是平等的夫妻之间及其与涉及夫妻财产的平等主体之间的财产关系，以上主体是私法主体。夫妻财产关系只能发生在平等的民事主体之间。（2）夫妻财产关系是夫妻基于契约目的而建立的。夫妻财产虽然内容繁杂，包括夫妻财产义务、夫妻继承权和夫妻财产制等，但任何一方面的内容都反映着夫妻关系的契约本质。所谓"契约"，即意味着意思自治，既为了谋取夫妻利益，也是将该利益分配于所涉主体之间的行为，并随之建立维持、分配等纵横交错的涉及夫妻财产的关系。（3）夫妻财产关系的实践性考虑。"近代以来，法律学，尤其是民法学被认为是一门在利益与利益发生对立时，设定权衡指标（立法论），以及当个别的、具体的利益发生对立时加以妥善解决（法律解释）的学问。"[①] 如上所言，夫妻财产法作为民法的子系统亦不例外。随着我国经济的快速发展，夫妻财产越来越多，价值越来越大，广泛的涉及夫妻财产活动可能随时发生，并表现出持续性特征，产生了大量的交易关系，对交易安全的保护呼之欲出。

夫妻财产法还具有独特的调整机制——契约机制。契约机制就自由标准而言其价值可以等同于意思自治。但自由从来都不是绝对的，是有限制

[①] 梁慧星主编《中国物权法研究》（上册），法律出版社，1998，第361页。

的。夫妻财产法上意思自治原则的确立,并不意味着夫妻双方可以为所欲为,只依自己意志而不顾他人的利益。在某种意义和程序上,当事人之间的任何法律交易,只要涉及对法律上得到保障的控制权的处置,都会影响到其他人。① 当这种影响达到一定程度时,法律必须予以制止,以保护善意交易相对人的合理信赖利益。这就要求国家在宏观高度上适当地引入公权力,将危害安全的交易加以取缔,使被歪曲的交易得到矫正。因此,"保护交易安全"应当作为夫妻财产法的基本原则,并用以指导夫妻财产立法。

2. 确立保护交易安全原则的主观依据

确立保护交易安全原则的主观依据是夫妻财产法的价值取向。在制定夫妻财产关系法的时候,立法者必须认识和领会夫妻财产关系法的特点、调整对象及夫妻财产关系法所应当具有的道德准则和价值取向,只有这样,所作出的立法才能符合调整夫妻财产关系的现实需要。夫妻财产法的理念是契约,平等、自由和安全是夫妻财产法所追求的基本价值目标。夫妻作为民事活动的重要主体,在市场经济下参与各种经济活动,不仅涉及夫妻双方的利益,也涉及第三人的利益,对涉及夫妻财产的民事交易进行法律保障,才会有夫妻乃至全社会的自由发展的可能,这反映在夫妻财产法上即为保护交易安全原则,而这也是市场关系蕴含的基本价值目标的体现。

3. 夫妻财产关系与交易安全的关系

夫妻财产关系与交易安全关系密切。首先,夫妻财产关系直接制约着交易安全。夫与妻不论是个人或者作为婚姻共同体或者家庭的代表参与民事交易活动,其对民事交易安全的影响,如果说在计划经济条件下量小力微、不足为道的话,在今天市场经济时代已成长为可将影响渗透到交易的每个方面,看不见或不承认其影响的立法,终将因不适应现实而为时代所抛弃。② 其次,夫妻从事民事交易时,交易的有效与否、利益的享有,都离不开夫妻财产法律制度的适用,尤其是夫妻财产制的适用。夫妻实行何种财产制、夫妻怎样行使法定或者约定的财产权利,不仅关系到夫妻双方的

---

① 〔德〕马克斯·韦伯:《论经济与社会中的法律》,张乃根译,中国大百科全书出版社,1998,第116页。
② 蒋月:《夫妻财产制与民事交易安全若干问题研究》,《法学》1999年第5期,第20页。

利益，而且同样关系到与夫妻发生种种民事交易的相对人的利益。①

4. 保护交易安全原则的特点

在笔者看来，保护交易安全原则之所以成为夫妻财产法的基本原则，其本身特点有以下三个方面：（1）保护交易安全原则符合基本原则的模糊性特征；（2）保护交易安全原则适用于夫妻财产法的各种制度，具有生效领域的完全性；（3）保护交易安全原则体现了夫妻财产法的基本价值，符合法律基本原则的一般要求。

---

① 蒋月：《夫妻财产制与民事交易安全若干问题研究》，《法学》1999 年第 5 期，第 21 页。

论夫妻财产制的功能
——以我国法定共同财产制为视角[*]

赵江红[**]

【内容摘要】夫妻财产制是婚姻关系中一项重要的内容,共同财产制是夫妻关系得以和睦相处和共同生活的保障。亲属法应该注重夫妻共同财产制的构建和完善,尤其应该明确和强化夫妻共同财产制的功能,作为制度构建和完善的指导原则。我国夫妻法定共同财产制应具有保障与分担功能、平衡与补偿功能、责任意识的提示与强化功能等。我国现行的夫妻共同财产制的功能的体现并不理想,特别是在保护当事人权益方面需要进一步完善的空间很大。应该通过夫妻共同财产制体现并落实亲属法的家庭、社会保障性功能,发挥亲属法的伦理性、社会性、强制性的特点,体现亲属法对弱势群体利益的保障性功能。

【关 键 词】共同财产　制度功能　弱者保护

夫妻法定财产制,是指法律明文规定有关婚姻双方当事人就婚前财产或婚后所得财产的占有、归属、支配、处分、债务清偿以及婚姻终止时财

---

[*] 该文是陕西省社科基金项目的阶段性成果之一,项目名称:"和谐社会构建中家庭弱势成员权益二元法律机制研究",立项号:07F001Z。
[**] 赵江红,女,西北政法大学民商法学院副教授,硕士生导师。

产分割等的法律制度。夫妻法定财产制的内容，依各国法律规定的不同而有所不同，一般差异较大，一方面，适用的财产制度的类型存在较大差别，所体现出来的功能具有差异；另一方面，同一类型财产制的适用，不同国家也不完全相同，其所注重的功能和担当的角色也不同。我国现行法所确定的夫妻财产制为婚后所得共同制，这也就意味着婚后双方财产法定融合而使其失去为一方独立所有的属性，具体做法一般是以婚姻缔结的时间为统一的划定界限，并辅之以尊重当事人意愿为例外的财产划分模式，对属于夫妻共同所有的财产，双方具有平等的权利，形式上法律规定为共同共有，而值得关注的是，该种形式的共有所体现出来的对婚姻家庭生活的物质保障功能，带有自己本国的特色，并与我国国情相符合，[①] 这种保障功能的立法宗旨是在尊重我国传统文化和生活习惯，并且是在充分考虑到婚姻家庭伦理性特点的基础上加以确立，在其指导下，夫妻共同财产制的内容得以不断充实和发展，且有继续完善的空间。在此前提下，考察我国夫妻共同财产制的功能，一方面可以明确我国夫妻财产关系立法的宗旨和导向，为加强立法和正确适用法律提供指导，另一方面，也是考察我国婚姻、家庭在承担对家庭弱势成员生活保障方面具体发挥怎样作用的一把标尺。通过这把标尺，我们可以衡量出亲属法所存在的不足与差距（主要是法律规定和法律适用的差距）。我国亲属法的保障功能通过夫妻共同财产制作用的具体发挥而得到较为全面的展现。

一 保障与分担功能

我国夫妻法定共同财产制，即通过权利义务的形式使双方对婚姻、家庭共同生活的支出进行合理分担，进而使婚姻家庭生活正常运行，以便使婚姻家庭成员权益得到保障。保障与分担功能是一个问题的两个方面，夫妻共同财产制就是一方以自己一半财产的家庭捐赠而分担责任，他（她）方基于配偶身份获得该部分财产的所有权，进而强化婚姻家庭具有的共同

[①] 对于夫妻财产制的本国特色来说，有学者认为，夫妻今日之财产制已无民族色彩，而且，"已跟民族的特质无关"，只要长期加以适用，纵使外国的制度亦可适用。参见林秀雄《夫妻财产制之研究》，中国政法大学出版社，2001，第78页。

生活的属性，起到对婚姻家庭生活的保障作用。

作为现代意义上的夫妻财产制，要充分反映和体现现代法律的自由、平等、独立、公正等价值追求，在此前提下，还要体现各国不同的国情和民俗、习惯。我国现行法中夫妻财产制的确立，正是体现了法律对婚姻家庭属性和我国民众生活习惯的尊重。根据现行婚姻法规定，一般可将夫妻财产制总结、归纳为法定财产制和约定财产制，前者又包括法定共同财产制和法定个人财产制。法定财产制在凸显其保障功能方面，带有明显的国情特色，即对于婚姻当事人及其他家庭成员具有突出的保障功能。

（一）保障功能的产生

夫妻共同财产制之所以具有保障的功能，其原因有以下几个方面。

1. 基于我国的历史传统

我国历来有"同居共财"的习俗，这种生活方式的形成，与封建的小农经济模式和封建统治的需要分不开，在实际生活中，它能够最大限度地保障家庭成员的生活得以正常维持，使其生存不受威胁。虽然这种"同居共财"并不是现代法律中的"共有"关系，① 而是为家、为统治的需要所采取的一种生活模式，但是，对于同居一家的成员来讲，因家产而使其生活能得到起码的保障则是毫无疑问的，特别是这种"共财"模式，对于没有独立人格和缺乏应有社会地位的家属（妻、子等）来说，其所发挥的保障功能是至关重要的。在"家本位"的时代，婚姻的缔结，既是家庭得以建立的开端，也是成员扩展和家庭得以延续的根据，婚姻是妇女的归宿，而家父权是家子人格之依归。源于这样的历史，我国夫妻共同财产制的确立，起初就侧重于保护家庭中弱势成员的利益，如新中国成立前革命根据地时期所颁布的大量婚姻法、婚姻条例中，都有对妇女、儿童等给予专门照顾和保护的规定。1950 年《婚姻法》确立的夫妻共同财产制亦是倾向于对妇

---

① 关于此点，日本学者滋贺秀三认为："同居共财的成员并非直接为家产的共同所有者，换言之，在同居共财的概念自身之中不能含有共同所有这样的要素"，"就某种财产来说，其经济上的机能问题和法上的归属问题必须加以严密的区别。共财表示在经济的机能上的共同关系，共有表示在法的归属上的关系，两者说起来是性质完全不同的概念。"参见滋贺秀三《中国家族法原理》，法律出版社，2003，第 64 页。

女、儿童的保护，到 1980 年《婚姻法》继续贯彻这一立法宗旨，并同时使基于历史原因而给予倾斜式保护的天平，开始向双方平等式地回归，这反映出社会经济、政治的变化对法律的影响是巨大而深远的，这种变化令人欣慰。2001 年《婚姻法》修正案出台后，夫妻共同财产制向双方平等的方向又迈进了一大步，表现为对之前的共同财产制的内容做了较大的修改：首先，根据其来源对共同财产的范围进行了明确的界定，为确定财产的个人属性打下基础；其次，明确了共同财产制与尊重财产权利人的个人意愿并不矛盾，表现在权利人完全可以按照自己的意愿处分其财产；最后，明确了共同财产的产生与婚姻关系存续时间的长短没有关系，进一步体现共同财产制的保障功能和对个人意愿的尊重。

2. 基于婚姻共同生活的本质

从本质上来说，婚姻家庭是一种"自然人"的"集合体"，其反映的是人与人之间的关系，是一种社会关系，正像马克思主义观点所承认的那样，人的本质，从根本上来说，就是一切社会关系的总和。在认识和研究婚姻本质的过程中，无论从哪个角度都不能忽视婚姻具有共同生活内容的事实，包括两性关系、物质联系、思想交流等物质层面和精神层面的共同生活。婚姻是男女双方以永久共同生活为目的的结合，这种基于男女结婚而产生的共同生活，本身需要有一定的保障，而这种保障必须要由一定的财产加以支撑，夫妻共同财产制是实现其保障的一种途径，这既是避免纠纷的有力措施，也是体现双方共同生活开始的标志，正是如此，当双方共同生活的事实丧失，双方财产对应的保障性功能也就失去了存在的基础。故婚姻具有的共同生活的本质是夫妻共同财产负有保障功能的基础。

3. 基于传统社会男女分工所造成的差异

传统社会中基于不平等观念所形成的男女分工的差异，加剧了妇女在社会和家庭中的经济劣势，这种劣势造成妇女处于本不该有的弱势方的角色，并且传统势力又赋予这种角色以常态化，进而造成家庭内部的贫富不均，对于处于经济劣势的一方给予生活保障就成了社会改革与转型期间所必须面对的来自家庭的社会问题。

传统的社会分工模式决定了男子是养家糊口的主要的甚至是唯一的经济来源，是家庭的支柱，妇女则从事家务劳动，料理家事，包括对老人和孩子的照料。这种分工导致的不公平在于，家务劳动虽然繁重，但它的内部性、高消耗性和琐碎性，使得这种劳动既不出"活"，也不出"利"，形式上不创造任何的经济价值，从事该劳动的人成为靠人养活的"白吃饭"者，由此又决定了家务劳动者的家庭地位和社会地位的低下。夫妻共同财产制的确立，实际上就是通过"共产"而强调婚姻家庭具有共同生活的内容，从而促使有收入的一方承担起相应的义务与责任，使专职从事家务劳动者的生活可以得到有尊严地保障，目的在于提高妇女的家庭和社会地位。该财产制的适用，从本质上来说，是以财产法律关系的表现形式，秉承了我国传统意义上婚姻、家庭本身具有的保障性这一理念，同时，赋予其男女平等这一新的内涵。虽然从客观上来讲，夫妻共同财产是通过双方共同共有而对专职从事家务劳动者的劳动予以肯定，但《婚姻法》在2001年修正案颁布实施之前，并未像大陆法系有些国家的民法典那样，对于家务的料理及其分工予以明定，也未对该劳动应否得到肯定及补偿给予定位。所以，我国法定夫妻共同财产制从制度功能的本意上也只是对成员生活、生存权益的保障，而不是对家务劳动具有经济效益的立法肯定。我国2001年的《婚姻法》修正案中，虽然规定在一定条件下给予家务劳动者以补偿，但这种补偿是以分别财产制为前提的，而非共同财产制保障功能的延伸。

亲属法的弱者保护功能是亲属法公平价值理念的体现，是实现婚姻家庭生活这一"微观领域"和谐的关键，可以说，这一功能是亲属法为伦理法并具有社会法属性的核心体现，也是亲属法之所以为"亲属法"的灵魂。亲属法不同于其他法律，其强烈的伦理性使得婚姻关系和家庭关系不同于市场交易关系，对弱者保护功能的发挥，将直接决定家庭成员的生活、生存质量，关系到成员最基本的人权。因为在我国，家庭实际上是保障成员权益最直接、最有效的形式，而这种保障的实现在很大程度上依赖于夫妻或家庭共同财产的建立，这在法律上看，似乎是以牺牲一定的个人利益为代价而谋求弱者的福利，但同时，在婚姻家庭循环式的互惠人际关系中，付出的一方又从这种方式中受益。正如贝克尔在他的名篇《家庭论》中所说："用这种方法，利他主义者保证了其家庭成员能够抵御自然灾害和其他随之而来的不测事件：一个利他主义家庭的每一个成员都可以在不同程度上得到这一保证。因为通过利他主义者捐赠的变化，其他一切家庭成员都会被引导去承担一部分责任。"① 值得注意的是，在我国，家庭关系互惠的理论是否能作为我国现行亲属法有关制度的立法依据或者理论指导，有待进一步研究。我国夫妻共同财产制及亲属法中其他有关制度的确立，实际上是本着婚姻家庭本身具有的保障性功能，为在立法上体现对弱势家庭成员的生活、生存保障的原则精神，建立和谐、稳定的家庭关系，实现家庭成员间的平等特别是男女平等的精神而确立的。

（二）保障功能的发挥

夫妻共同财产制的保障功能，从立法内容看，大致可在以下方面发挥作用。

1. 通过赋权而使双方的经济地位平等

这种"赋权"式的平等保障，看似上层建筑发挥着决定作用，但实际上依旧是经济基础先期性、决定性发挥作用的结果。法律通过赋予夫妻双方平等的财产权利而显示出社会经济生活的发展变化对夫妻财产关系的要求，具体来讲，就是赋予双方对婚姻关系存续期间所得收入的"共有"权，进而明确规定双方对共同财产享有平等的"处理权"，② 以此作为对收入低或无收入的家庭成员提供婚姻、家庭生活物质保障的具体实施依据，是共同财产制保障功能的体现，同时，在婚姻关系因离婚而终止时，保障的体现是通过对于共同财产的平等分割并结合适当照顾原则，以保障一方不因离婚而导致生活发生窘迫，从而实现法律赋权的目的。

2. 通过使双方对养老育幼义务的经济分担彰显共同财产对家庭成员具体的保障功能

在照顾老人和抚养子女方面以及其他共同生活需要时，共同财产制的保障功能也是明显的，依据现行法的规定，以共同财产支付的养老育幼费用被视为是"为共同生活需要的支出"，同时不必为此征得他方同意就可对财产进行有效处分，尤其是当一方迫于无奈负债维持生计、抚养子女或照顾老人时，其因此所负债务为共同债务（消极负债），由双方对该债务共同

---

① 加里·斯坦利·贝克尔：《家庭论》，商务印书馆，2005，第330页。
② 可参见我国现行《婚姻法》及最高人民法院《关于适用〈中华人民共和国婚姻法〉若干问题的解释（二）》。

负责（负连带清偿责任）。以双方负债形式所给予的保障，更能体现出该保障功能的强制性，虽然是以他方消极负债的形式体现共有性质，但其发挥的是更为积极的作用。

从另一个方面看，法定共同财产制对债权人也具有保障性，即以共同财产对债权人的债权提供担保，这主要是说夫妻一方基于共同生活的需要而与他方进行民事交易时所发生的债务关系，通过法定共同财产制的适用而使负债配偶的责任财产得以增加，进而使债权人（即第三人）的债权更具有安全性，防止配偶双方或一方以损害第三人利益为目的规避法律。这实际上是使夫妻共同财产制具有了一定的保障交易安全的功能。从性质上来看，前两点是指婚姻家庭担负的共同生活以及对弱势成员权益的保障功能，与社会保障所要达到的目的具有一致性或趋同性，二者是相辅相成的关系，目前，婚姻、家庭是我国保障家庭成员基本权益的至关重要的方式之一，虽然社会保障体系正在建立和完善，并力求发挥更为有效的作用，但其无法取代婚姻、家庭保障所发挥的实际作用。而夫妻共同财产对债权人的保护，则是对一般民事交往秩序的保障，是维护交易安全的民法保护在婚姻家庭领域的体现，与本文所说的婚姻、家庭保障不是一个概念，更与社会保障及家庭保障没有关系。

二 平衡与补偿功能

平衡与补偿功能，是共同财产制保障功能的延伸和补充，其所追求的结果是双方利益的基本均衡，其宗旨是公平的理念。

如前所述，由男女的生理特性、社会导向和自身的专业兴趣及技能所决定，男女之间必然有分工，无论是社会分工，还是家庭分工。在现代社会，这种分工是在打破了以往阶级分工不平等性的基础上而产生的新的分工，这种新的分工以贯彻男女平等法律原则为精神实质。尽管如此，分工的不同依旧决定了从业者的收入水平。就家庭中的成员来讲，专职从事料理家务的劳动，其所引发的新的不公平是有目共睹的，现行立法对此依旧持谨慎认可的态度。之所以说是持谨慎认可，笔者认为，我国现行亲属法虽未直接对此问题予以肯定，但就所确立的相关具体制度而言，家务劳动并非与创造经济价值没有关系,这一点从 2001 年《婚姻法》修正案中关于离婚时经济补偿的有关规定就可看出来。

夫妻共同财产制具有补偿与平衡的功能,在于立法者不能忽视的一个社会现实:男女分工所致的收入差异以及家务劳动的付出与回报的不相符合,这决定了双方在经济上存在着实际的差距,它和婚姻共同生活的本质要求形成了反差,即婚姻要求双方对共同生活平等分担,而现实的结果是,平等分担会引发新的不平等。故立法应考虑婚姻的稳定所带来的社会效应,从而做出有益的价值导向——通过共同财产制的适用,一方面使付出家务劳动较多的一方得到补偿,以使双方在经济上和心理上达到平衡,使其家务劳动得到肯定,从而使当事人对婚姻的可持续性产生可期待的利益;另一方面,通过收入高的一方以丧失一半财产的代价对婚姻的解体产生痛苦、畏惧和谨慎的心理,达到保持婚姻家庭和社会稳定与和谐的目的。在强调双方对婚姻责任的同时,也传达出另一种信息,即婚姻关系也是互惠的,一方对婚姻家庭无尽的付出是应该得到回报的——使其对婚姻所产生的利益期待得到实现,它或者是婚姻美满,或者是经济上有所得,或是两者兼而有之,等等,从而通过现行法律实现夫妻共同财产的平衡与补偿功能,并给予社会有益的导向,发挥法律的指引功能。

夫妻共同财产法律规定的适用,在补偿和平衡双方利益方面其功能的发挥,主要是通过将双方在婚姻关系存续期间的所得财产相加除以二,使其向低收入或无收入的一方产生财产上的倾斜,从而使该方获得婚姻期间的财产回报,实现因付出而对婚姻产生的可期待财产利益;同时,又通过在婚姻解体时对共同财产的分割和债务的清偿而实现共同财产制的补偿与平衡功能;特别是在夫妻分居期间,现行法律对于财产性质及其归属的认定,更能体现出共同财产制的此项功能,即对于夫妻分居期间所得的财产,原则上认定为夫妻共同财产,实际分割时应各归各所有,但当一方明显低于另一方的财产数额时,则由财产多的一方给对方做出适当的补偿,以弥补由此产生的巨大差距,从而使双方在经济利益上保持基本的平衡。

三 责任意识的提示与强化功能

夫妻共同财产制通过使双方对基于婚姻家庭所产生义务的分担,明确了双方对婚姻家庭均负有维持、保护、照顾与照料等义务和责任。作为民法组成部分的亲属法，对婚姻家庭领域中的事务，多以授权性规范加以调整，这符合民事法律的性质和特点，同时强制性规范也是亲属法必要的组成部分，婚姻家庭中当事人所享有的权利，辅之以强制性的保障措施，这也是权利的属性使然，实践中，保障措施往往是以事后救济的手段来运用的，基于此，亲属法权利保障性法律规范的指引功能，笔者认为不具有鲜明性。而夫妻财产适用法定共同制，通过双方对共有财产的平等处理权、平等分割权及对共同债务所负的连带清偿责任等，使双方意识到对婚姻、家庭所承担的责任，双方在财产上的实际付出和对他方财产享有的权利，使双方共同分担婚姻生活产生的义务和责任，亲属法的指引功能通过夫妻共同财产制的具体内容得到落实，进而做到事前防范与事后救济有机地结合，切实维护婚姻当事人及其他家庭成员的合法权益，并且与我国法律适用"宜粗不宜细"的指导方针相符合，体现出法律对私生活空间的有限干预和对当事人婚姻生活自治权利的尊重。夫妻共同财产制的主旨在于保障无收入或低收入方的婚姻家庭生活的权利得以在现实中公平地实现，达到婚姻、家庭、社会的稳定，在尊重当事人对财产享有私权利的基础上，通过法定的强制共有，使其明确配偶身份所蕴含的义务与责任，这是夫妻共同财产制隐含的却是其固有的一项功能。为此，亲属法立法应在立法理念、立法内容、立法技术上进一步完善，使这一功能得以更加明确和强化。

四 反思与结论

（一）反思

当我们对现行法定共同财产的法律规定在我国的适用进行反思时，会发现：它的确在发挥其独特功能方面具有优势，而且比较适合我国国情，在实践中发挥了应有的作用，弥补了我国社会长期以来因社会保障的不足而给家庭成员（也是社会成员）所带来的一定伤害，而家庭保障功能的实现在很大程度上依赖于夫妻共同财产制在实践中作用的发挥，其所具有的实践意义是非常值得重视的。当然，在具有巨大优势的同时，夫妻共同财产制在发挥其相应功能方面,本身也存在着一定的不足,这也正反映出对现行法律规定进行反思的必要,表现在以下两方面。

反思一:现行夫妻共同财产制度的保障力度不足。当一方想通过离婚而终止自己的婚姻关系时,因惧怕自己财产被分割,进而采取各种手段使其财产得以"失踪",特别是实践中一方或双方通过虚假诉讼的方式转移财产,以逃避他方对其财产的分割,而他方在主张自己应有的权利时,因获得相关证据具有困难,因此,在实践中往往是以实际牺牲该方的利益而结束财产分割纠纷的处理,实现的是双方在形式上的公平,而与实质公平的实现依旧还有距离,对此,现行法律还无法予以堵漏。

反思二:现行法律有关夫妻共同财产的规定过粗,对当事人利益保护考虑不周。夫妻共同财产制的法律适用,在保障和平衡弱势一方利益以实现公平价值追求的同时,因其一味地强调"共有"以使弱势一方享有权利,却忽略了对经济强势一方利益的适当保护,在有关法律措施上存在缺漏。如婚姻关系存续时间的长短等对于共同财产的产生或者分割有无影响,影响大小等,这直接关系到当事人双方的切身利益,应如何限制一方因短暂的婚姻而取得另一方较大数目的财产,或者将婚姻的存续时间规定多久为长短的分界线等,都需要谨慎考虑;再如,对于婚姻的解体是否应该考虑一方或双方的过错而将其融进共同财产的分割过程之中,虽然最高法院的相关司法解释中将考虑过错因素作为共同财产的分割原则,但在实践中,过错因素的认定范围偏窄,带来的问题就是法院在分割财产时一般使有"过错方"的所得与他方的分割所得基本保持平衡,只稍作倾斜,原因在于缺乏具体的法律依据;另外,婚姻质量是否应该作为共同财产取得的考虑因素,这取决于对婚姻本质的认识,是一个复杂的问题,本文暂不做讨论。

(二) 结论

1. 亲属法是具有社会法性质的民事法律

基于上述分析,可以看出亲属法所具有的社会法性质,而且这已被学者所关注。[①] 亲属法所调整对象的特殊性,决定了亲属法规范不能完全以私

---

① 林秀雄:《夫妻财产制之研究》,中国政法大学出版社,2001。

权利为本，它必须在尊重私权利的基础上，体现出家庭成员之间互相关爱的本质，表现为法律规范的利他性引导和对此一定程度上的强制。夫妻共同财产制，其法律规定及适用，在我国历经了几十年的风雨，并在现行婚姻法修正案中进一步得以保持和完善，以其旺盛的生命力说明它在我国具有很强的现实意义，不难看出，夫妻法定共同财产制的适用，已不完全是亲属法弱者保护功能的担当，而且具有了社会法的性质，在一定程度上起了社会保障的作用。亲属法的社会法功能主要还是要通过夫妻、家庭财产共有制得以实现，故其在我国有关法律中规定得完善与否、实践中适用得好坏等，直接关系到当事人利益的保护如何。

2. 强化共同财产制的保障力度，彰显亲属法的弱者保护功能

不可否认的是，我国夫妻共同财产制法律规定本身还存在着不足，在发挥共同财产制所应有的功能时，立法还存在着考虑不周，或者现有规定在保护力度上不够等问题（如对于如何防止一方以规避法律为目的，通过虚假欠条，制造虚假债务而损害他方利益的情形，特别是当该虚假债权人再予以作证时，如无相反证据，则现行法律在保护当事人权利方面显得既无奈，也无力），暴露出现行法的"软肋"。如何有效地完善、强化和进一步发挥夫妻共同财产制的功能，更好地或者说更恰当地体现亲属法的社会保障法的性质，可结合社会、家庭、婚姻及个人等多方面因素，在对夫妻共同财产的法律规定给予综合考虑的基础上，进行必要的补充和完善。

在当今社会转型并且发展不平衡之际，特别是社会财富的积累还没有达到所需的标准时，亲属法的社会法性质应该得到进一步的强化，作为其功能实现担当主要角色的夫妻共同财产制，则更应充分发挥社会法功能，若法律规定得不够细致和缜密，特别是在适用时，往往容易出现漏洞而给当事人机会来规避法律。就保障性功能来讲，现行亲属法与修改之前的法律相比，已有很大进步，但是，保障性功能的突出依然不够。立法如何强化和完善，值得思考。本文限于主题内容，对此暂不做细评。

两岸夫妻财产制度的传统继承与现代变革
——从夫权专制到男女平权

夏吟兰　刘征峰[*]

【内容摘要】夫妻财产制度兼具身份法和财产法二性，为亲属法之重要内容。在宗法家族观念影响下的中国传统法制并无独立的夫妻财产制。及至清末修律、民国立法，夫妻财产制的确立仍然深受宗法家族观念之影响。1949 年两岸法制隔离之后，两岸夫妻财产制沿着不同的路径进行了以男女平等为主线的现代性变革。虽然两岸在制度选择上存在差异，但是两岸夫妻财产制现代变革之目标呈现相似性，大有殊途同归之变革趋势。在男女实质平等的基础上，尊重个人意思自治，贯彻夫妻共同生活之本质并维护交易之安全成为两岸夫妻财产制变革之共同目标。

【关　键　词】两岸法制　夫妻财产制度　法律现代化　男女平等

---

[*] 夏吟兰（1957~），女，上海人，法学博士，中国政法大学民商经济法学院教授，博士生导师，研究方向为婚姻家庭法、继承法、妇女人权；刘征峰（1988~），男，四川威远人，中国政法大学民商法博士研究生，研究方向为婚姻家庭法。

伴随着传统家庭结构的变化,夫妻关系成为现代家庭关系的核心,夫妻间财产关系在亲属法中的地位日益凸显。夫妻财产制度既与夫妻身份关系紧密相连,又与财产制度密切相关,是典型的身份财产法。

海峡两岸同宗同源,风土人情、文化习俗同出一脉,均源于传统的封建宗法家族制度,但1949年以来,两岸经历六十余年之法制隔离,各自的夫妻财产制度经历多次变革,在应对传统继承和现代性变革的问题上分别采用了不同的路径策略。尽管目前两岸夫妻财产法律制度有所不同,但殊途同归,二者追求的目标及达成的效果极为相似,以实现男女实质平等为首要目标,兼顾维护夫妻共同生活,保护交易安全,尊重个人意思自治。探讨研究两岸夫妻财产制度的传统性和现代性问题,对于透析各自夫妻财产制度之异同,确立夫妻财产制度未来改革方向,更好地完善夫妻财产制度具有重要意义。

一 宗法家族制度对中国传统夫妻财产关系的影响

(一)宗法家族体制下没有独立的夫妻财产制

在中国传统社会理念中,社会生活秩序之基础不在于个体,而在于个体所对应之身份。对个人的定位首先是其在家族中的身份,然后才是其在公共领域中的身份。身份体系上的"尊卑有序"为中国传统宗法社会之基本特征。正如瞿同祖先生所言:"家族主义及阶级概念始终是中国古代法律的基本精神和主要特征,他们代表法律和道德伦理所共同维护的社会制度和价值观念。"[①] 中国传统亲属观念根植于宗法家族观念之中。宗法家族观念集中反映在中国传统社会"三纲五常"的伦理道德观念中。所谓"三纲",即"君为臣纲,父为子纲,夫为妻纲"。君臣、父子、夫妻之间均存在主从关系。就夫妻关系而言,宗法家族观念强调"夫妻有别"之理念。"夫妻有别"不仅指夫妻社会分工体系上的差别,更是指夫妻身份上的差别,即夫尊而妻卑。中国封建社会各朝各代之律例无不反映了这种宗法家

---

① 瞿同祖:《中国法律与中国社会》,中华书局,1981,第327页。

族观念，男尊女卑之思想可谓根深蒂固。在身份上，夫妻一体，实则是夫之人格吸收妻之人格。妻子在婚后从夫姓、从夫居、从夫财，丧失了独立的人格，成为无行为能力或限制行为能力人。这与传统社会婚姻观念不谋而合。《礼记·婚义》将婚姻界定为"合二姓之好，上以事宗庙，而下以继后世"。女性一旦结婚，主从关系由"从父"变为"从夫"。传统社会，无论中西，资源之配置均基于身份，中国亦不例外。宗法家族理念不仅追求夫妻一体，而且追求父子一体、兄弟一体。家族财产同样视为一体。未经祖父母、父母同意而别籍异财的行为不仅违背家族伦理观念，而且要受到法律的制裁。《唐律·户婚》记载："诸祖父母、父母在而子孙别籍异财者，徒三年。"处于卑从地位的妻子自无享有夫家财产的可能，所谓"子妇无私货，无私蓄，无私器，不敢私假，不敢私予"。即使是作为嫁资带入夫家之财产，除个人用品外，亦为夫之财产所吸收。① 妻子在通常情况下对嫁资不享有所有权，不能独立支配嫁资。传统宗法家族观念下，妻子既无独立人格，亦无独立财产。陶希圣先生将中国宗法制度之特征概括为三点：一为父系；二为父权；三为父治。② 在此种宗法体制下，妻子之人格被丈夫之人格所吸收，而丈夫之人格亦被其父系家长所吸收。"同居共财"的概念并不包含"妻子为夫家财产共有人"这层含义。"同居共财"体系下，妻子并不是夫家财产的共有人。即使在丈夫分家以后，妻子的嫁资与丈夫所分之财产合一，妻子也不是合体后财产的共有人。因此，虽然在宗法家族主义影响下的法统旧制中存在夫妻财产关系的零散规定，但并不存在独立完整的夫妻财产制。

（二）1930 年《中华民国民法》"亲属编"确立的夫妻财产制

近代伊始，源远流长的中华法系遭到西方国家近代法律的挑战与冲击，从 20 世纪初清末政府启动法律变革，中国传统封建法律开始向近代资本主

---

① 此处存在争议，戴东雄、戴炎辉考证古代妻子嫁资归于夫家财产，而林秀雄依据日本学者之考证认为，妻之嫁资不归于夫家财产，只有在丈夫分家后才与丈夫之财产合一，并为丈夫财产所吸收。
② 参见陶希圣《婚姻与家族》，上海商务印书馆，1934，第 3~4 页。

义法律转变。① 而传统宗法观念既根植于中国社会，自会对历次修律中夫妻财产制的架构产生影响，夫妻财产制的身份及财产的双重属性使其成为新旧思想交汇博弈之焦点。清朝末年《大清民律草案》虽已成型，但尚未施行，封建没落的清王朝即被推翻。民国建立后，北洋政府相继制定了两个版本的民律草案，亦均未能颁布施行。

第一部颁布施行的民法典是我国台湾地区至今仍在沿用的《中华民国民法》。该法典中的"亲属编"制定于1930年12月，施行于1931年5月。该法典引入了西方独立人格与男女平等理论。在体系上延续了《大清民律草案》所确定的《德国民法典》体系，但在内容上并非照搬《德国民法典》。夫妻财产制的相关内容主要参考了瑞士的立法例，以联合财产制为通常的法定财产制，以分别财产制为非常的法定财产制，并采用法定夫妻财产制与约定夫妻财产制并存的立法模式。这是中国历史上第一个内容全面、体系完整、逻辑严密、保留夫权色彩的夫妻财产制度。当然，其夫妻财产制之规定，皆为继受外国规定而来，并非我国固有之制度。② 尽管该部民法典在内容上"采德国立法例者，十之六七，瑞士立法例者，十之三四，而法日苏联之成规，亦尝撷取一二"，③ 对中国法统旧例之继承较为罕见，但这并不表明该法典完全忽视传统。相反，该法典在移植西方立法例时，考虑到与所移植国家社会背景的相似度。特别是之所以采瑞士之夫妻财产制度，主要原因还是在于该财产制度在当时较为适宜中国之社会，人民在感情上也较易接受。参与该民法典制定工作的王宠惠先生认为："瑞士之联合财产制，既便于维持共同生活，复足以保护双方权利，于我之情形亦称适合。"④ 夫妻财产制的架构一方面需引领社会之变革，"继受欧陆近代法之法律思想，而力求男女平等与人格之独立。"⑤ 另外一方面，宗法家族理念根深蒂固，夫妻财产制的涉及不能忽视人民之感情，社会之旧习，故保留了

---

① 邱远猷：《孙中山、辛亥革命与中国法律近代化》，载中南财经大学法律史研究所编《中西法律传统》，中国政法大学出版社，2001，第1页。
② 林秀雄：《夫妻财产制之研究》，台北：三民书局有限公司，1986，第239页。
③ 梅仲协：《民法要义》之"初版序言"，中国政法大学出版社，1998。
④ 史尚宽：《亲属法论》，中国政法大学出版社，2000，第335页。
⑤ 戴东雄：《民法亲属编七十年之回顾与前瞻：从男女平等之原则谈起》，载《民法七十年之回顾与展望纪念论文集（三）：物权·亲属编》，中国政法大学出版社，2002，第147页。

丈夫对夫妻财产的掌控权。

联合财产制是指所有结婚时属于夫妻的财产,以及婚姻关系存续期间双方所得之财产,除属于妻子之特有财产及原有财产外①其余均属于丈夫所有。妻子虽然对"特有财产"和"原有财产"保有所有权,但丈夫对妻子的"原有财产"有管理、使用、收益权;收益所得,归属于夫,妻无权干涉。丈夫因管理上的需要,还可以无须经妻子同意而处分妻子的财产。宗法家族观念对1930年《中华民国民法》夫妻财产制之影响主要体现在以下两个方面。

其一,联合财产制的实质仍然是夫妻财产权利的不平等。联合财产制亦称管理共通制,源于日耳曼法族之旧制。其特征主要有三:首先,除特有财产之外,夫妻财产合一;其次,夫妻虽各自保留所有权,但联合之财产归于夫管理并且所获收益亦归夫所有,但夫需要负担家庭生活费用;最后,夫享有对妻原有财产的日常处分权。此制度以夫妻别体主义为基础,看似平等,实则反映了家长制之旧习。如前文所述,较之夫妻一体主义,家长制更能反映中国传统宗法家族观念之本质。而联合财产制虽较统一财产制有所进步,但仍然根植于"男尊女卑"之观念。从财产归属来看,此制之下,如果妻无法证明财产为原有财产的,即推定为夫所有。夫妻亦不能约定特有财产的范围,实则对妻不利。从财产的管理处分来看,联合财产之管理、适用与收益之权利皆归于夫。妻仅在家事代理权范围内享有有限处分权。从财产的清算上来看,联合财产制终结时,妻只能从中取回原有财产,且不包括原有财产所生孳息,其余均归夫所有。如果妻之原有财产有所短少,夫除非有管理之过错,否则不必承担补偿责任。丈夫在该制度中明显处于优势地位。虽然该法典在采法定财产制之同时亦采约定财产制,但囿于中国之传统及大众之心理,采约定财产制者屈指可数。联合财产制亦与中国传统社会分工模式相吻合。中国向来有"男女有别"之传统,"男耕女织"为中国传统社会生产模式之典型。联合财产制下,丈夫管理、

---

① 根据台湾地区"民法""亲属编"修订前的有关规定,妻之"特有财产"是指:(1)专供妻个人使用之物;(2)妻职业上必需之物;(3)妻所受之赠物经赠与人声明为其特有财产者;(4)妻因劳力所得之报酬。妻之"原有财产"是指:(1)妻于结婚时所有之财产(如嫁妆等);(2)婚姻关系存续中因继承或其他原因无偿取得之财产。

使用联合财产并获取收益,负担家庭生活费用,妻子负责家事劳动,享有家事代理权范围内对联合财产的处分权,"男主内而女主外"之特征突出。

其二,该法典所定夫妻约定财产制亦处处体现夫权之观念。根据该法典的规定,夫妻双方仅能于法律所规定的四种财产制中择取一种作为约定财产制,而不能在此之外另行创设。亦即,夫妻双方即使采约定财产制仍然无法摆脱"男尊女卑"立法之影响。以一般共同财产制为例,依据1930年《中华民国民法》"亲属编"第1032条之规定,共同财产由夫管理。由于存在不能变更约定财产制内容之限制,夫妻不能约定由妻管理财产。又依该法第1033条之规定,为管理之必要而处分者,无须经过他方同意。由于只有夫享有管理之权利,基于日常管理之处分亦为夫单方享有。此等规定,于妻明显不公。又以分别财产制为例,依据该法第1045条之规定,仅夫有依妻管理权之付与而为管理并收益之权,而妻并无对等之权利,明显不公。共同财产制和分别财产制尚且如此,遑论统一财产制之不公。因此,无论作为法定财产制的联合财产制,还是作为约定财产制的统一财产制、共同财产制、分别财产制均建立在夫妻有别之基础上。夫妻双方权利之享有和义务之承担均因夫妻身份之差别而不同。

总之,1930年《中华民国民法》"亲属编"所定之夫妻财产制为新旧思想观念交融与妥协之产物,标志着中国近代夫妻财产制度的确立,彰显出渐进式修法的特点。联合财产制较之夫妻一体主义下的妆奁制、统一财产制已有较大进步,但它仍然保留了相当多的宗法家族观念的残余,带有较强的夫权色彩,体现了国民党政府对封建宗法家族观念的妥协与让步。

二 两岸夫妻财产制现代变革之路径

(一) 渐进变革之路——台湾地区夫妻财产制之现代化路径

随着国民党在大陆地区统治的结束,《中华民国民法》"亲属编"在台湾地区继续沿用至今。从1930年到1985年,五十余年保持相对稳定,未曾修改。学界对"民法·亲属"的评价虽有争议,但有一点则是不争的事实,即该法自颁布实施后经过五十多年,于1985年才进行了第一次修改,这至少说明"民法·亲属"基本上是符合当时的社会需求的。①

从 1985 年起,台湾地区对《中华民国民法》"亲属编"多次进行修改,采取了渐进式的改革路径,谨慎修法,步步为营,扎实推进,逐渐消除封建父权、夫权对夫妻财产制度的影响。台湾地区分别在 1985 年和 2002 年及 2007 年对夫妻财产制进行了三次大范围的修订。

1. 1985 年对联合财产制的内容进行修订——限缩夫权

1985 年修法主要是在原有财产制框架内尽力实现夫妻双方形式上的平等。该次修法所涉内容主要有四个方面。其一,改变财产归属的推定规则。在财产的归属上,原有财产、特有财产之范围不再因夫妻之身份而区别对待,联合财产中无法证明归属的不再推定为夫单方所有。如由夫管理妻之原有财产,所生孳息用于负担管理费和生活费之后的剩余归妻所有。其二,双方可约定财产管理人。在财产的管理、使用和收益上,夫不再是法定唯一管理人,夫妻可约定联合财产的管理方,并由财产管理方享有相应的权利和承担相应的义务。其三,扩大妻子对财产的处分权。在财产的处分上,妻对夫之原有财产在家事代理权范围内享有处分权。如果约定由妻管理财产,则妻对夫之原有财产享有日常管理之处分权限。其四,增设剩余财产分配请求权。联合财产制终止时,除因继承或无偿取得之外,扣除所负担的债务,如果有剩余,则夫或妻享有剩余财产分配请求权。该次修法虽力求男女之形式平等,但囿于联合财产制框架之限制以及当时多数议员所持保守之态度,男女形式平等之目标不可能一蹴而就。修正后的夫妻财产制仍然存在多处形式上的不平等。例如,除非夫妻双方有相反约定,夫仍然被推定为当然管理人。修法之不彻底使得夫妻双方在补偿请求权和债务负担上亦呈现模糊和不公之处,因剩余财产分配请求权的规定过于简略,实践中亦难以执行。

2. 2002 年废除联合财产制,采所得分配制

1985 年之修正实际上已经撼动联合财产制之根基,2002 年之修正则彻底废除了联合财产制,而采所得分配制(财产增益共同制,Zugewinngemeinschaft)作为夫妻法定财产制。所得分配制以分别财产制为基础,同时吸收

---

① 许莉:《〈中华民国民法·亲属〉研究》,法律出版社,2009,第 202 页。

共同财产制之精神对分别财产制进行修正。该制与原联合财产制有法律传承之因素,均以夫妻财产权在婚姻期间的分别所有为基础。此次修法,内容主要涉及六个方面。其一,夫妻双方在形式上平等,不存在权利义务不对等之规定,旧法之形式不平等规定全部予以废除。形式平等原则贯彻法定财产制和约定财产制始终。其二,夫妻财产分为婚前财产与婚后财产,归夫妻双方各自所有,各自保有使用、收益、处分之权,并以各自财产承担各自债务,以保护交易安全,维护个人自由。无法证明为婚前或者婚后财产的,推定为婚后财产,无法证明财产为夫妻一方财产的,推定为共同财产。此二推定以实现夫妻实质平等为目标。其三,夫妻双方享有法定财产制终结时的剩余补偿请求权。即夫或妻婚后财产剩余的差额应当平均分割,从而反映家庭劳动之价值,以期实现夫妻双方之实质平权。将无夫妻协力之无偿取得或者继承所取得的财产以及慰抚金排除在外,由此贯彻婚姻共同生活之本质。此请求权为债权请求权,不发生物权效力,以期保护第三人之交易安全。其四,增设自由处分金,保障夫妻经济自主,维护夫妻个人自由。其五,增设财产报告、剩余财产分配对象追加计算和保全制度,确保剩余财产分配请求权的实现,维护夫妻实质公平,贯彻夫妻共同生活之本质。其六,夫妻按经济能力负担家庭内生活费用,以贯彻夫妻平等之原则。此次修法,除极个别细微之处,均为法律移植之结果。

3. 2007 年修订非常财产制

非常财产制是相对于通常财产制而言,在特殊的情况下适用的财产制度。台湾地区民法亲属编规定了法定分别财产制与宣告分别财产制作为非常法定财产制所适用的具体财产制形式。为了与所得分配制的规定相衔接,体现夫妻双方各自人格独立,男女平等的精神,2007 年台湾地区修订了非常法定财产制,主要有以下两项内容。其一,删除了法定分别财产制的规定:夫妻之一方受破产宣告时,其夫妻财产制,当然成为分别财产制(第1009 条)。因为在所得分配制下,夫妻在婚姻关系存续期间各自对其财产保有所有权权能,亦各自承担债务,显然,法定分别财产制已无存在之必要。至于夫妻约定共同财产制者,因共同财产本为夫妻共同共有,债务人进入破产或清算程序后,共同财产本应依比例列入破产或清算财团,故无再改用分别财产制之必要,纵删除本条,亦不影响共同财产制夫妻债务人破产或清算程序之进行。其二,删除了债权人对于夫妻一方之财产已为扣押,而未得受清偿时,法院因债权人之申请,得宣告改用分别财产制的规定(第1011条)。本条规定是对夫妻联合财产制下债务清偿的补充规定,所得分配制下已无存在之必要,且易为第三人利用,破坏夫妻关系,故删除之。显然,修订非常财产制的目的,在于体现男女平等原则,并保护婚姻生活的相对稳定性。

2007年的修订,还废除了剩余财产分配请求权之人身专属性,以保障交易安全。

回顾台湾地区夫妻财产制之修法历程,不难发现,台湾夫妻财产制之现代化路径是从男女不平等到法律上的平等到实质上的平等。这一现代化改造深受人民思想观念、教育水平和社会经济发展状况的影响。修法之直接动因乃是违宪解释之压力,深层原因则是社会观念之变迁。从经济上来看,台湾地区经济迅速崛起,越来越多的女性摆脱了家庭劳动,参与社会劳动,经济上日益独立。传统社会之家庭结构亦发生重构,核心家庭渐成主导家庭模式。夫妻财产制必须对这些变化做出回应,当然这种回应不是一蹴而就的,而是采用渐进的方式,逐渐完成从法律上的形式平等至实质上的平等。显然,台湾地区夫妻财产制的现代化路径以清除宗法家族的父权、夫权的影响、消除夫妻在财产关系上的不平等为首要目标,兼顾夫妻共同生活之需要和市场经济的交易安全,这与中国大陆夫妻财产制现代化的目标在本质上是相同的。

(二) 彻底废除旧法统——大陆夫妻财产制之现代化路径

1. 废除旧法统,建立全新的夫妻共同财产制度

1949年新中国成立后,废除了国民党"六法全书"。为彻底废除半封建半殖民地社会的根基,废除宗法家族制度的父权、夫权,把妇女从封建家庭中解放出来,焕发人们建设新中国的热情和能量,解放生产力,新中国成立后颁布的第一部基本法律就是《中华人民共和国婚姻法》。1950年婚姻法对1930年《中华民国民法》"亲属编"之夫妻财产制并无任何继受。1950年婚姻法是革命式的,以彻底废除封建主义婚姻家庭制度为使命。该法第1条即明确提出废除男尊女卑的封建主义婚姻制度,确立婚姻自由、一夫一妻、男女平等、保护妇女、儿童的基本原则。该法所涉夫妻财产制主要是继受革命根据地婚姻家庭立法实践和移植苏俄立法例之成果。在男女平等、保护妇女的基本原则下，夫妻财产制采用了有利于保护妇女的一般共同制，即婚前婚后财产均为共同财产，但女方的婚前财产除外。

就立法技术而言，1950 年婚姻法相对比较粗陋。首先，夫妻财产制度的内容非常简略，仅有 3 条规定涉及夫妻财产制度，既未规定约定财产制，也未规定非常法定财产制。尽管该法之立法背景文件认可夫妻双方可对夫妻财产关系进行约定，① 但在法律条文中并没有任何体现。其次，法定财产制的规定过于概括，仅规定"夫妻双方对于家庭财产有平等的所有权与处理权"。根据陈绍禹所做的《关于中华人民共和国婚姻法起草经过和起草理由的报告》，所谓家庭财产包括男女婚前各自所有的财产，夫妻婚后共同生活所得的财产，以及未成年子女的财产。本条规定就是要使夫妻间无论在形式上或实际上都能真正平等地共同所有与共同处理第一和第二种家庭财产以及共同管理第三种家庭财产。② 再次，该法并没有采用细化财产制进而通过法律技术之设计来实现男女平权之目标的方法，而是直接在形式层面维护妇女之权益。例如，该法第 23 条规定："离婚时，除女方婚前财产归女方所有外，其他家庭财产如何处理，由双方协议；协议不成时，由人民法院根据家庭财产具体情况、照顾女方及子女利益和有利发展生产的原则判决。"该法第 24 条亦做出类似的规定，确立了"在夫妻双方无共同财产的情况下，由男方负担为共同生活所生债务"的债务承担原则。其立法目标在于通过对当时几乎没有财产权利也没有财产收入的妇女给予特殊保护，实现男女平等享有财产权利之结果，即通过特殊保护实现平等之目的。

1950 年婚姻法所存在的这些问题与当时急于革新社会理念、实现男女平等目标有直接的关系。尽管该法在立法准备上显得并不充分，但从实施的效果看，它废除了封建主义的宗法家族制度，动摇了传统的男尊女卑的

---

① 中央人民政法法制委员会《关于中华人民共和国婚姻法起草经过和起草理由的报告》指出："对一切种类的财产问题，都可以用夫妻双方平等的自由自愿为约定方法来解决，这也正是夫妻双方对于家庭财产有平等的所有权与处理权的另一具体表现。"
② 刘素萍主编《婚姻法学参考资料》，中国人民大学出版社，1989，第 64~65 页。

夫妻财产观念，构建起男女平等的现代夫妻财产制度雏形。

2. 渐次修法，逐渐完善夫妻财产制度

在经历了"文革"的十年浩劫之后，恢复婚姻家庭秩序成为1980年婚姻法所面临的重要任务。较之于1950年婚姻法，1980年婚姻法规定的夫妻财产制度包括法定财产制与约定财产制，夫妻财产制度更为完整，内容更为明确。1980年婚姻法将婚后所得共同财产制明定为法定财产制，同时规定夫妻双方可以对财产归属进行约定。鉴于当时妇女的经济地位与解放初期相比已有很大提高，在离婚财产的清算上，1980年婚姻法废除了1950年婚姻法女方婚前财产归女方，而男方婚前财产划入家庭财产的规定。1980年婚姻法同时规定，夫妻双方可对财产分配和债务承担进行协商，充分保护当事人的意思自治。只有在夫妻双方对共同财产分配协商不成时，才由法院在适当照顾女方利益的基础上进行判决。在债务承担上，1980年婚姻法废除了1950年婚姻法在无共同财产偿还共同债务时由男方单独偿还的规定。规定原则上夫妻双方对共同债务负连带责任，以示公平并保护交易安全。此次立法在1950年婚姻法的基础之上构建起一个体系相对完整、内容明确具体，以男女平权、尊重当事人意思自治、保护交易安全为目标的现代夫妻财产制度。

21世纪初，鉴于改革开放以来社会进步之迅疾，1980年婚姻法已经难以适应国人观念之变化，社会之发展之需要，亟须修订更新。2001年婚姻法对夫妻财产制做了较大幅度的修订。首先，该法通过列举加概况的方式明晰了夫妻个人财产和共同财产的范围，适度扩大了个人财产的范围，以适应当今社会个人财产普遍增加，个体意识不断增强之社会现象。其次，该法明确了夫妻财产关系约定的内容、方式和效力。明确夫妻之财产约定不得对抗善意第三人。此次修法，进一步完善了夫妻共同财产制，加强了对个人财产的保护，维护个人自治之趋势明显。但相对于其他采所得共同制的国家而言，共同财产的范围仍然较大。例如，没有在遗嘱或者赠与合同中明确只赠与夫妻一方就推定为对夫妻双方赠与的规定与多数国家立法例相异。

在婚姻法颁行后，针对司法实践中夫妻财产关系出现的新问题、新情况，最高人民法院又陆续颁布了相应的司法解释。《最高人民法院关于适用

《中华人民共和国婚姻法》若干问题的解释(一)》首先对婚姻法中共同财产的处分权进行了界定,确立了优先保护善意第三人的原则。其次,该司法解释对夫妻分别财产制的举证责任进行了分配,由夫妻一方举证证明第三人并非善意。最后,重申对夫妻个人财产的保护,明确个人财产不因婚姻存续转化为共同财产。① 《最高人民法院关于适用〈中华人民共和国婚姻法〉若干问题的解释(二)》主要涉及夫妻财产制的内容。该司法解释首先对司法实践中争议较多的几类财产的性质进行了界定:将个人财产的投资收益、一方实际或应当取得的住房补贴、住房公积金、养老保险金和破产安置补偿费明确为夫妻共同财产;明确了属于共同财产范围的知识产权收益的内涵,只包含婚姻关系存续期间已经取得或实际取得的收益;将军人的伤亡保险金、伤残补助金、医药生活补助费明确界定为个人财产;按照婚姻关系存续年限界定军人名下的复员费、自主择业费等一次性费用的性质;将一方婚前承租、婚后用共同财产购买,房屋权属证书登记在一方名下的房屋界定为共同财产;将夫妻一方父母婚前为双方出资所购置的房屋界定为夫妻一方的个人财产,而将婚后无相反表示所出资购买的房屋认定为共同财产。其次,该司法解释亦对离婚财产的分配和清算规则进行了细化,以便与其他法律法规相协调。最后,该司法解释亦对夫妻双方的债务承担规则进行了细化:明确婚前债务除非用于婚后共同生活,否则认定为个人债务;除非存在个人债务的明确约定或者第三人知道夫妻双方分别财产制的约定,否则一方在婚姻关系存续期间所负债务应当认定为共同债务;夫妻财产分割协议或者人民法院的生效法律文书中对夫妻财产分割的安排或者夫妻一方死亡均不影响夫妻一方对共同债务连带责任的承担;一方承担连带责任后可以依据协议或者生效法律文书向另一方追偿。② 夫妻财产关系亦为《最高人民法院关于适用〈中华人民共和国婚姻法〉若干问题的解释(三)》之重要内容。首先,该司法解释借鉴非常法定财产制之精神,对婚姻关系存续期间共同财产之分割做出了规定,允许当存在一方严重损害另一方共同财产利益或者一方拒绝支付另一方负有法定抚养义务人医疗费

---

① 《最高人民法院关于适用〈中华人民共和国婚姻法〉若干问题的解释(一)》第17、18、19条。
② 《最高人民法院关于适用〈中华人民共和国婚姻法〉若干问题的解释(二)》第11~第26条。

的情况下，对夫妻共同财产进行分割以保护夫妻一方的合法权益。其次，明确夫妻一方婚前财产所产生的孳息和自然增值为个人财产。再次，该司法解释对部分财产的性质进行了界定：明确婚后由一方父母出资并登记在该方名下之房产属于该方个人财产，对《婚姻法司法解释（二）》的规定进行了修正；将婚后双方父母出资购买且登记在一方名下的房产认定为按份共有；将婚前一方以个人名义签订购买协议并支付首付的房产认定为支付首付方的个人财产，而婚后共同还贷部分及其增值则认定为夫妻共同财产；将一方作为共同财产的养老保险金的范围界定为婚后个人实际缴纳部分。最后，该司法解释亦对离婚财产的分割和清算规则进行了细化。①

在 2001 年婚姻法颁行后，历次司法解释均涉及夫妻财产关系的内容，足以证明夫妻财产关系在中国婚姻法中的重要地位。从历次司法解释的内容上来看，婚后所得共同制中共同财产的范围呈现缩小趋势，例如司法解释明确将个人财产所生孳息和自然增值、养老保险金中非婚后个人缴纳部分、夫妻一方父母婚后出资购买且登记在该方名下的房产排除在共同财产的范围之外。司法解释亦将婚后父母双方共同出资购买且登记在一方名下的房产认定为按份共有，从而排除所得共同制共同共有规定的适用。保护个人自由发展之趋势日益明显。此外，保护交易安全亦成为历次司法解释的重要目标，夫妻财产关系约定和财产分割均不得损害善意第三人的利益。

从大陆婚姻法现代化变革的总体路径来看，新中国成立之初以废除旧法统，推翻封建的父权、夫权之宗法家族制度，解放妇女为目标，进行了疾风骤雨式的变革，但因法理准备不充分，立法技术不够成熟，婚姻法的规定相当简陋，夫妻财产制度只具备雏形。之后在逐步完善夫妻财产制的过程中，兼顾了当事人的个人意思自治及交易安全，但对夫妻共同生活需要的考量不够充分。从夫妻财产制的后期变革来看，中国大陆之个人主义思潮兴起，婚后所得共同制有向婚后劳动所得共同制进化之趋势。

---

① 《最高人民法院关于适用〈中华人民共和国婚姻法〉若干问题的解释（三）》第 4、5、6、7、10、11、13、14、15、16 条。

三 两岸夫妻财产制度之发展趋势

在消除男尊女卑的宗法家族制度对夫妻财产制度立法的影响，适用男女平权的夫妻财产制度方面，两岸采取了完全不同的路径：大陆是通过革命、突变的手段，废旧立新，逐渐完善，采用了先行立法而后依靠运动进行推进的模式，是一场自上而下的变革。而台湾地区夫妻财产制之修正则是男女平权运动之结果，是建立在男女平等渐成社会共识的基础上，通过妥协、渐进的手段，逐条修正，逐渐实现男女实质平等，是一场自下而上的变革。但殊途同归，两岸最终均消除了宗法家族制度的影响，实现了男女平权的夫妻财产制度。但两岸夫妻财产制度均有需要完善之处，就两岸夫妻财产制度的发展趋势而言，应在保持各自特点的基础上，进一步实现男女实质平等，维护夫妻共同生活，保护交易安全，尊重个人意思自治。

（一）实现男女实质平等

近代民法以人之抽象为前提，权利能力上一律平等，夫妻双方均有财产能力。夫妻双方之形式平等意指立法平等对待夫妻双方，不以夫或妻之身份不同，赋予不同的权利或者附加不同之义务。为满足形式平等之要求，夫妻财产制之变革以废除夫妻财产地位之形式差异为目标。无论采用何种财产制作为法定财产制，夫妻双方应当在形式上平等。而夫妻双方之实质平等实乃基于保护弱势之社会法原理。民法传统向以抽象之形式平等为特征，对实质平等之关注则为现代民法之重要课题。梁慧星先生将近代民法向现代民法转变之特征归结为从形式正义到实质正义之转变。[①] 所谓实质平等是指"真正的""实际上的"平等，同时允许"特殊措施"或差别对待旨在将处于劣势的个人/群体提升到一定的水平。这种广义的平等理念关涉从历史角度出发的赔偿性对待或分配公正的思想，超越了形式上的平等。[②]

虽然在现代社会，越来越多的女性从家务劳动中解放，步入生产领域，

---

① 参见梁慧星《从近代民法到现代民法》，载梁慧星主编《民商法论丛》，法律出版社，1997，第238页。
② 陈明侠、黄列主编《性别与法律研究概论》，中国社会科学出版社，2009，第52页。

但无可否认的现实是，多数国家男女双方经济地位仍然存在较大的差别。梅迪库斯认为，亲属法和继承法规定了相互之间具有联系的、类似的生活事实。① 亲属法回应生活的一项重要表现就是承认"多数夫妻双方在现实经济地位上不平等"之事实。并通过法律上的特别措施予以矫正，此为现代亲属法之一项重要变革。于夫妻财产制而言，夫妻形式平等之目标可以细化为夫妻一方对财产的使用、管理、收益、处分以及清算分配不因夫或妻之身份差异而区别对待。在夫妻财产制度内部，夫妻双方在形式上是平等的，夫妻双方权利义务可以对换。此处之权利为应然之权利，而非实然之权利。在夫妻财产制中，夫妻双方之实质平等实则是指在确保夫妻形式平等的前提下，通过合理之制度设计照顾处于弱势地位的配偶。现代亲属法无不重视家务劳动之价值即为追求实质平等之体现。

两岸的夫妻财产制度虽然不同，但均以实现男女平等为最重要的价值理念。台湾地区在所得分配制中将婚姻关系存续期间所生之孳息视为婚后财产，并通过家庭生活费用的分担方式、自由处分金条款以及剩余财产分配请求权等多项保障条款确认家务劳动的价值，以实现男女实质平等。但在实际夫妻共同生活中，在财产实际分别所有的情况下，收入较低或仅从事家务劳动的妻子一方仍难以达到与丈夫真正的实质平等。大陆的婚后所得共同制规定夫妻双方对婚后所得财产均享有平等的所有权和处理权，但因法律规定过于简略，在财产处分及财产清算时，收入较少的一方往往难以真正实现其共同所有权。如离婚财产分割时，夫妻一方（多数为妻子）对共同财产范围难以举证，家务劳动的价值又不能计算，财产分割的结果难以实现实质平等。因此，大陆应进一步完善夫妻财产制度，承认家务劳动的价值，建立夫妻财产登记与报告制度。

（二）维护夫妻共同生活

夫妻财产制立法应当考虑婚姻共同生活之目的。婚姻共同生活是夫妻关系的本质性特征，乃婚姻之自然属性，夫妻财产制是身份财产法，维护夫妻共同生活之稳定与和谐是构建夫妻财产制的重要价值理念。"家和万事

---

① 〔德〕梅迪库斯：《德国民法总论》，邵建东译，法律出版社，2000，第20~21页。

兴",维护婚姻家庭的和睦是中国优良的传统伦理道德,无论采用何种财产制度均应以维护夫妻共同生活为目标,否则就是本末倒置。有台湾地区学者认为最能反映夫妻共同生活之本质的财产制度实为共同财产制。盖"配偶一方之经济活动,直接或间接地影响与他方,关系甚为密切"①,如强作区分,有违婚姻之伦理本质。

两岸的夫妻财产制度的修订都注重维护夫妻共同生活,强调夫妻协力的重要性。无论是大陆立法坚持的婚后所得共同制,还是台湾地区肯认的剩余财产分配请求权,都是建立在这样一个理念之上,即夫妻一方婚后财产的取得,与另一方的协力密不可分,应当在法律上予以肯定与保护,这样不仅可以维系婚姻生活之和谐,也符合公平原则的要求。② 台湾地区的所得分配制在婚姻关系存续期间财产分别所有,各自管理,通过家庭生活费用的分担实现维护婚姻共同生活的应然目的,但如何实现维护婚姻共同生活的实然目的仍需做进一步的规范。大陆设立婚后所得共同制的目的是为了维持夫妻和家庭的共同生活、鼓励夫妻间相互扶助、同甘共苦,增强家庭的凝聚力,实现养老育幼的经济职能。显然,大陆共同财产制所反映的主要是家庭成员共同生活和家庭职能的要求,更强调夫妻之间、家庭成员之间是利益共同体,提倡分享、利他和奉献精神。但在维护夫妻共同生活与保护交易安全之间却有利益平衡问题,一方未经他方同意所做出的对重大财产的处分应当如何确定其效力,婚姻法未做明确规定,《婚姻法司法解释(三)》的相关规定过于注重保护交易安全,不利于维护夫妻共同生活,③而台湾地区设立的对一方婚后财产处分行为的撤销制度,对剩余财产分配对象追加计算和保全制度值得大陆借鉴。根据台湾地区民法亲属编的规定,一方对其婚后财产的处分行为将有可能减少他方剩余财产的分配时,他方可以申请法院撤销该处分行为;任何一方在婚姻关系解除前5年内均不能处分其婚后财产,以免减少他方可以分割的剩余财产,一旦处分可以要求追

---

① 戴东雄:《亲属法论文集》,台湾东大图书公司,1988,第106页。
② 许莉:《〈中华民国民法·亲属〉研究》,法律出版社,2009,第227页。
③ 《最高人民法院关于适用〈中华人民共和国婚姻法〉若干问题的解释(三)》第11条规定:"一方未经另一方同意出售夫妻共同共有的房屋,第三人善意购买,支付合理对价并办理产权登记手续,另一方主张追回该房屋的,人民法院不予支持。"

加计算,以确保剩余财产分配请求权的实现。① 这一规定明确具体,易于操作,有利于维护夫妻共同生活,维护夫妻一方应得利益的实现。

(三) 保护交易安全

所谓"保护交易安全"是指因夫妻身份所生财产权利变化不应妨碍市场交易之安全。夫妻财产制之本质实乃因夫妻身份之变化而致财产关系之变化。这些财产关系的变化反应在夫妻双方财产的归属、使用、收益、处分和分配之中。市场交易以产权清晰为前提,而夫妻身份关系所致财产关系的变化会影响产权的清晰。此外,由于夫妻间婚姻关系涉及个人隐私,而市场经济本质上是反熟人社会的,信息之获取亦会增加交易之成本,即夫妻财产制可能增加缔约之成本,妨碍交易之效率。夫妻财产制度是身份财产法,夫妻双方之间的财产归属、使用、管理、收益、处分应当适用夫妻财产制度的规定,考虑夫妻之间的身份属性,考虑有利于维护婚姻生活的和谐稳定。而夫妻之一方或双方对外发生的财产交易,则应适用一般财产法之规定,注意保护交易安全。

两岸夫妻财产制的修订均关注到此问题,台湾地区的所得分配制明确规定夫妻在婚姻关系存续期间各自管理、使用、收益、处分其个人财产。夫妻各自对其债务负清偿之责。② 此种财产制度夫妻双方的财产归属界限比较清晰,易于保护交易安全。但对于选择适用夫妻共同财产制者,如何保护善意第三人的利益,保护交易安全,台湾地区的规定不详。大陆在2001年婚姻法修订时特别增加了保护交易安全的规定,以适应市场经济的发展。婚姻法第19条明确规定夫妻之间的财产约定不得对抗善意第三人。之后颁布的婚姻法司法解释(一)及解释(三)对此也都有更为明确具体的规定,"夫或妻非因日常生活需要对夫妻共同财产做重要处理决定,夫妻双方应当平等协商,取得一致意见。他人有理由相信其为夫妻双方共同意思表示的,另一方不得以不同意或不知道为由对抗善意第三人。""一方未经另一方同意出售夫妻共同共有的房屋,第三人善意购买,支付合理对价并办理产权

---

① 台湾地区"民法典"第1020条之一、第1030条之三。
② 台湾地区"民法典"第1018、1023条。

登记手续，另一方主张追回该房屋的，人民法院不予支持。"① 但这些规定只注意到了保护交易安全，没有充分考虑到夫妻共同生活的需要，没有保护享有共同处分权的夫妻另一方。如一方未经对方同意擅自出售了家庭共同生活居住的唯一住房，尽管购买人是善意第三人，但这一交易显然不利于维护夫妻共同生活之需要，不利于婚姻家庭的和谐稳定，不应受到保护。笔者认为，保护婚姻家庭成员的共同生活权应优先于保护交易安全，因为生存权是基本人权。大陆婚姻法及相关法律应当完善夫妻不动产登记制度，夫妻共同财产中的不动产应当登记在双方名下，未经对方授权不得处分财产。

（四）尊重个人意思自治

夫妻财产制的设计应当充分尊重个人之发展，尊重个人之意思自治，保护公民的个人财产所有权。现代各国大多明确规定了夫妻个人财产的范围，并制定了比较完善的夫妻约定财产制，尊重当事人对财产约定的协议，保障个人意思自治的实现。

两岸夫妻财产制度的修订均遵从民法意思自治原则，设立了夫妻约定财产制，其效力优先于法定财产制。但目前两岸对约定财产制的规定均比较简明，台湾地区在 2002 年修订民法亲属编时对约定财产制度做出了较大的修改，规定了选择式的夫妻财产契约的种类、订立、变更及废止夫妻财产契约的形式，确立了夫妻财产契约登记制度，非经登记不得对抗第三人。大陆有关夫妻财产约定的规定始于 1980 年婚姻法，在确立法定的婚后所得共同制的同时，规定"双方另有约定除外"，形成了以法定财产制为主、约定财产制为辅的夫妻财产制模式。2001 年修订婚姻法时对约定财产制的内容、形式及其效力均做出了规定，约定财产制成为大陆夫妻财产制的重要内容。但因规定过于简约，在司法实践中争议较多，大陆婚姻法应当进一步完善约定财产制，明确规定以登记作为对抗第三人的法定要件。同时，个人财产的范围应当进一步扩大，以劳动所得共同财产制取代婚后所得共

---

① 《最高人民法院关于适用〈中华人民共和国婚姻法〉若干问题的解释（一）》第 17 条第 3 款，《最高人民法院关于适用〈中华人民共和国婚姻法〉若干问题的解释（三）》第 11 条。

同财产制,以保护公民个人财产所有权。

实现男女实质平等,维护夫妻共同生活,保护交易安全,尊重个人意思自治是现代夫妻财产制度所追求的价值理念与发展方向,其中以实现男女实质平等为首要目标,兼顾维护夫妻共同生活,保护交易安全,尊重个人意思自治。1949年以来,两岸夫妻财产制度的发展路径迥异,但各自在不断发展变革的过程中,所追求的价值目标逐渐接近并最终趋同。在未来两岸夫妻财产制度的发展完善过程中,我们应当关注民法现代化进程中私法公法化趋势,力求兼顾亲属法的私法属性与公法功能,并在对他国法律移植的过程中,注意传承中国优秀的传统文化,尊重中国传统中的优良婚姻习俗与生活习惯,使亲属法的改革,夫妻财产制度的完善真正达到情、理、法的统一。

婚姻关系适用合理信赖保护之思考

何丽新[*]

【内容摘要】婚姻是处于平等地位的男女双方以共同生活为目的,以配偶之间的权利义务为内容的两性结合。婚姻当事人因缔结婚姻而产生信赖关系,结婚是取得婚姻财产权的方式,婚姻当事人因缔结婚姻而享有婚姻财产权的共有性,夫妻双方以共有人身份有权共同处理为婚姻生活所必需的财产。婚姻建立在婚姻当事人彼此间的积极信赖上,婚姻当事人应当自觉提供给付,履行承诺义务,并为维持亲密的共同生活,在情感上和物质上进行信赖投资行为,若因一方可归责性的原因而不当解除婚姻关系时,有必要适用合理信赖保护原则,对另一方进行离婚经济赔偿,以使对方获得相应的补偿。

【关 键 词】合理信赖 信赖利益 婚姻财产权 离婚损害赔偿 家事补偿

信赖是美国合同法上的产物,自产生之日起便一改美国传统契约理论中对价中心的局面,而成为整个合同制度运转的轴心,是合同具有执行力

---

[*] 何丽新,女,厦门大学法学院教授,法学博士,民商法专业博士生导师。

的根据，是契约责任扩张的源泉。①信赖强调一方当事人对另一方当事人所怀有的一种确信或期待，一方当事人的行为将对另一方产生实质性的影响。在婚姻法领域，结婚是当事人满足自然属性并降低交易费用而实现效用最大化的一种组合方式。②婚姻与签约有着相同的动因和本质，均是当事人出于共同的利益诉求而达成的合作协议。结婚意味着双方签订婚姻契约，交易成功，对交易双方带来预期利益：分工协作以期获得比较利益和报酬递增、获得性的满足和情感的寄托、基于信赖利益获得生活保障、相互提供信用而协调人力资本投资的收益等。③法律应对当事人因缔结婚姻而产生的合理信赖进行保护。

一 婚姻关系适用合理信赖保护的基础

合理信赖是由一方当事人的某种表示、行为或承诺所引起。合理信赖保护是指当与某人有一定因素的关系存在，使另一方当事人对其产生了合理的信赖，这种合理的信赖应受到法律的保护。其中"合理信赖"是真实的、确定的信赖，是客观主义思维下的理性人所具有的信赖，且主张受合理信赖保护的当事人应是善意的、无过失的。④合理信赖保护旨在增进人们的信任，增加交易的稳定性，同时也敦促民事主体正当行使自由和权利，为相对弱势方提供法律的保障，实现实质公平。

一切合同，当其履行和执行时，当事人均负有诚实信用和公正交易的义务。婚姻是处于平等地位的男女双方以共同生活为目的，以配偶之间的权利义务为内容的两性结合。结婚是一种特殊对待关系，婚姻当事人将自己的利益和前途寄托在相互之间的配合与协作上，且从婚姻缔结开始，进入一种相对外界而言属于内部的关系，一定程度地阻隔其他两性关系，使性伴侣长期化、稳定化，性生活安全化，且彼此产生权利义务关系。关于

---

① 马新彦：《信赖与信赖利益考》，《法律科学》2000年第3期。
② 〔美〕加里·斯坦利·贝克尔：《家庭论》，王献生、王宇译，商务印书馆，1998，第113~116页。
③ 夏吟兰：《离婚自由与限制论》，中国政法大学出版社，2007，第62~63页。
④ 张素丽：《民法之合理信赖保护原则研究》，《河南省政法管理干部学院学报》2007年第5期。

婚姻的实质，尽管存在众多学说，但主要是身份关系说和契约说。笔者认为，婚姻本质上是一种民事协议，婚姻的契约属性不因法律对婚姻身份关系的强制性规定而减损。契约的核心在于自由平等，确认婚姻的契约属性，并非将婚姻商品化，其根本原因在于婚姻的产生、延续及其解除符合契约的本质特征，其实质就是婚姻契约的缔结、履行和解除。① 一旦婚姻契约有效成立，法律同样应对当事人之间的合作与交易提供保护，婚姻当事人即婚姻契约主体就应当自觉提供给付，履行自己所承诺的义务。结婚体现两性关系建立在彼此间积极的信赖或忠诚的相互接纳、相互依赖和相互扶持的基础上，以将来的交换为目的所为的某种企划皆为契约，这种把家庭关系也包含进去的人的关系，用"交换"概念来把握本身就清楚表明婚姻关系的合约性，当然，此处所用的交换概念并非作为法的概念的"交换"，而是作为社会学概念的"交换"。② 我国《合同法》第 2 条规定："本法所称合同是平等主体的自然人、法人、其他组织之间设立、变更、终止民事权利义务关系的协议。婚姻、收养、监护等有关身份关系的协议，适用其他法律的规定。"因此，《合同法》一定程度上肯定了婚姻等涉及身份关系的约定也是一种协议或契约，只不过在法律适用上有特别规定。

婚姻当事人通过明示或默示的契约来调整其共同生活关系。明示契约内容涉及合同当事人、合同的目的、现有财产和将来财产的归属和管理以及处分、生活费用的负担、债务的清偿、住所的选择、家务的负担、姓氏、继承、违反合同的责任、合同的变更或终止、纠纷的解决等方面。即使婚姻当事人之间不存在明示契约，也可通过当事人的行为来确定其契约关系的内容。因此，婚姻关系实质上是一种契约关系，是当事人意思自治的反映，进入婚姻状态的当事人都愿意接受该两性关系的约束。既然，婚姻当事人以合同形式约束其双方关系，而信赖关系是围绕合同关系展开的动态关系，那么，婚姻关系就客观存在法律所确认的合理信赖基础。即使婚姻当事人不存在明示的合同关系，但双方的利益互相发生某种联系，彼此之间也存在信赖关系。有学者认为，信赖关系不是对某种社会关系的伦理道

---

① 夏凤英：《论婚姻是一种契约》，《法学家》2001 年第 2 期。
② 〔日〕内田贵：《契约的再生》，胡宝海译，中国法制出版社，2005，第 38~39 页。

德评价，而是法律对于民事主体在相互接触过程中但又没有契约关系的状态予以必要的干预与调整的结果。① 合理信赖保护原则既然从约定人与对方"关系"中寻找契约约束力的根据，该原则就可以发展并适用到一般社会关系，包括婚姻关系。婚姻关系是情绪的、肉体的和智慧的紧密异性关系，在感情、经济和性等方面形成了相互依赖的生活共同体，这种紧密性和相互依赖性使婚姻当事人双方产生必要的、合理的、善意的信赖，并以一定形式公开同居事实和婚姻身份，从而排除或阻隔与他人发生两性关系。同时，婚姻当事人为维持亲密的共同生活，必然在情感上和物质上进行投资，存在信赖投资行为，若因一方可归责性的原因而不当解除婚姻关系时，就有必要适用合理信赖保护原则。

二 婚姻关系适用合理信赖保护的方式

在婚姻关系中适用合理信赖保护应解决两个基本问题：（1）合理信赖在何种情况下应得到保护；（2）合理信赖在何种范围内应给予保护。美国《契约法重述》② 第90条对信赖的保护认为应存在四个构成要件：（1）允诺者明确做出了允诺；（2）承诺者实际上信赖了允诺；（3）允诺者本应有理由期待信赖会发生；（4）须强制执行允诺才能避免不公平。可见，允诺人做出允诺，受允诺人相信该允诺并实施或放弃了某种行为，如果允诺人不履行允诺，将会对受允诺人造成不公正，具备这些，就可以说构成信赖。该条款以概括性规定在日趋复杂的社会关系中赢得无限的发展空间，这种灵活性赋予法律更多的柔韧性，并使法律借此实现实质的社会正义。③ 大陆法系则以表见责任进行信赖保护，这种因权利表见责任而产生的请求权要求必须存在"信赖事实"，且以"信赖投资"或"安排"的方式予以客观

---

① 余立力：《试论信赖法律关系》，《法学评论》2006年第5期。
② 《契约法重述》是美国法学会对契约判例法规则进行整理的结果，到目前为止，它已历经了两次修改。《契约法重述》（第一次）从1920年开始实施，于1933年完成。1952年，美国法学会又着手对《契约法重述》进行修改，修改之结果于1981年以《契约法重述》（第二次）正式发表。转引朱广新：《信赖责任研究——以契约之缔结为分析对象》，法律出版社，2007，第52页。
③ 朱广新：《信赖责任研究——以契约之缔结为分析对象》，法律出版社，2007，第70~71页。

化，同时还须与可归责性紧密相连，这样才产生积极的信赖保护和消极的信赖保护（信赖损害赔偿）的效果。但两大法系基于信赖保护的规范模式存在共同构成要素：（1）显然的意图或事实，缔约一方的显然意图强化另一方的确信；（2）信赖行为，已进行信赖投资或安排；（3）信赖人须为善意；（4）可归责性，缔约一方对他方的信赖行为负有责任。① 可见，信赖关系产生信赖行为，信赖行为产生信赖利益，信赖关系是信赖利益存在的环境和基础，信赖利益蕴涵于因合理信赖而预期得到的利益或需付出的必要代价。

但是，对信赖利益的保护，民法学界以"损失说"进行合理信赖的救济为主流。"损失说"认为，信赖利益是信赖无效的法律行为为有效所受到的损害或蒙受的不利益或产生自我状态的变更。② 但是，笔者认为，"利益"与"损失"完全是两个意思相悖的概念，且不说以"损失"界定"信赖利益"会造成词语上的矛盾、逻辑上的混乱和理论上的冲突，就是从信赖利益作为利益而言，亦是一种既存利益，因此，信赖利益的保护具有预防性和补偿性特点，具有积极保护和消极保护两种方式，合理信赖保护途径也是两种：（1）通过期待利益的实现对合理信赖进行保护，以保障当事人交易目的的实现，促进交易，预防信赖损失；（2）通过对信赖利益的损害赔偿实现对合理信赖的保护，补偿信赖损失。

婚姻当事人因缔结婚姻而产生信赖关系。婚姻成立后，在当事人之间以此约束彼此的两性交往，不得与第三人发生性与婚姻或同居关系，在一定程度上增加了未来共同生活的可期望性，同时，在长期的共同生活之后，婚姻当事人一方的人生前景可能已无可挽回地改变了，给其未来生活的安排带来难以弥补的损害，其人生计划权可能遭遇损害。③ 因此，婚姻当事人享有因缔结婚姻所预期的利益和不受对方损害的利益，法律对于婚姻当事

---

① 朱广新：《信赖责任研究——以契约之缔结为分析对象》，法律出版社，2007，第94~95页。
② 如史尚宽的《债法总论》，中国政法大学出版社，2000，第289页；王利明的《违约责任》，中国政法大学出版社，1996，第601页；林诚二的《民法理论与问题研究》，中国政法大学出版社，2000，第282页；等等。
③ 徐国栋：《〈绿色民法典草案〉人身法二题》，《福建师范大学学报》（哲学社会科学版）2005年第1期。

人因信赖关系而产生的信赖利益应予以保护：一方面，对当事人因缔结婚姻而产生的直接或间接权益予以保护，另一方面，对婚姻当事人因信赖义务违反的损害后果予以救济。值得注意的是，信赖利益与期待利益存在不同，期待利益是当事人在订立合同时期望从此交易中获得的各种利益和好处，而信赖利益是合同当事人因信赖对方将履行合同而支付的代价或费用，因一方不履行或不适当履行合同，将造成上述代价或费用的损失。信赖利益至少包括"妨碍的收益"和"造成的损失"。① 婚姻关系中信赖利益具有财产和人身双重性，信赖相对方不履行信赖义务而使信赖权人遭受的固有利益的损害以及丧失的其他交易机会，这是财产性支出；与此同时，因产生依赖的感觉并行事，这种紧密联系的当事人之间产生不同于不特定主体之间的关系和主观心理感受的独特之处，这是某种人身的属性。

三　结婚取得婚姻财产权是合理信赖的积极保护

信赖利益是信赖合同有效或成立所带来的利益。男女双方以永久共同生活为目的而缔结婚姻，夫妻共同生活必须有相应的物质条件保障，夫妻共有财产是婚姻共同生活的经济基础，这也是婚姻当事人追求婚姻形式所带来的信赖利益的体现，法律所保护的不仅是一个已经存在的婚姻，而且保护处于发生过程中的旨在缔结婚姻关系的当事人双方接触、磋商结婚的行为，包括基于对婚姻的信赖而生的利益。因此，婚姻当事人因缔结婚姻而享有的婚姻财产权具有共有性。

（一）婚姻财产权的界定

婚姻财产权是指在婚姻关系存续期间夫妻所得财产归夫妻共同所有。夫妻双方以共有人身份有权共同处理为婚姻生活所必需的财产的权利。婚姻财产权不是夫妻财产制。近代以来，夫妻财产制的主要类型有嫁资制、统一财产制度、联合财产制、分别财产制和共同财产制等。这些财产制解

---

① 〔美〕L. L. 富勒、小威廉·R. 帕杜:《合同损害赔偿中的信赖利益》，韩世远译，中国法制出版社，2004，第 8 页。

决夫妻双方婚前财产及婚后财产的管理权、用益权和处分权问题。但婚姻财产权是因结婚而产生的配偶权，解决的是婚姻生活运行所必需的财产权利。婚姻财产权因此也不同于剩余共同财产制，后者更多关注的是事后救济，只有在离婚分割财产时妻子才享有对丈夫剩余财产的分配请求权。而夫妻在正常的婚姻生活之中，如何保障婚姻存续期间的财产权利更为重要，因此，应设立婚姻财产权。婚姻财产权也不同于日常家事代理权。日常家事代理权是夫妻一方因日常家庭事务与第三人交往时所为法律行为，视为夫妻共同的意思表示，配偶他方承担连带责任。在夫妻关系中，配偶双方通常存在一致的利益，一方实施的日常家事行为一般也符合另一方的意思和利益，因此产生婚姻效力的日常家事代理权。婚姻生活是配偶双方的一种交换，婚姻生活要求大量的、持久的人力资源和财产的交换，婚姻与复杂的财产交换相伴或相当。男女双方通过结婚这一行为而产生婚姻的财产效力，结婚可以作为一种继受取得财产的法律行为，使得夫或妻取得婚姻财产权。婚姻财产权作为一个概念，是对在婚姻关系存续期间取得的各项财产权利的抽象概括，是一个集合概念，是一种综合性财产权利。婚姻财产权在婚姻关系存续期间，夫妻按照共有原则共享权利、共担义务。从某种程度上说，日常家事代理权就是夫妻双方在婚姻关系存续期间共同行使婚姻财产权的体现。

婚姻财产权的主体是婚姻当事人，这种财产权主要体现在婚姻当事人共同生活的要求上，目的在于实现婚姻的各种职能——生育、抚养和赡养、消费等。通过结婚，当事人协商一致创设一种地位或状态共同生活，婚姻明确反映当事人的社会地位或法律地位，当事人双方自动地获得了法定权利，获得扶养和共享一方婚姻期间取得的财产、继承遗产等权利，且配偶所享有的这些权利优先于他们的父母和其他亲属。[①] 因结婚取得的婚姻财产权能有效地实现婚姻的价值和功能，符合婚姻的伦理机能和本质目的，体现婚姻当事人追求婚姻的结果。

婚姻财产权的共有是狭义的共同共有，指合有即各共有人根据法律或

---

① 胡苷用：《婚姻合伙视野下的夫妻共同财产制度研究》，法律出版社，2010，第9页。

合同的效力，共同结合在一起，不分份额地共同所有某项不动产或者动产。① 夫妻财产共同共有开始于婚姻成立之时，婚姻的合法缔结是婚姻财产权共有性开始的标志。婚姻当事人通过婚姻财产权共同负担家庭生活的正常运行，支付共同生活费用。我国将婚后所得共同财产制作为法定财产制，规定夫妻双方对共同所有的财产有平等的处理权，其实质在于谋求夫妻经济生活与身份生活的一致，内部与外部的一体，既符合婚姻共同生活的本质目的，又有助于实现实质意义上的夫妻平等。因此，从夫妻财产制进化演变的角度，共同财产制是最具现代意义的财产制度。② 在婚后所得共同财产制下，婚姻财产权的共有性十分明确。即使在分别财产制下，婚姻的成立也不改变彼此的财产关系，但分别财产制并不否认夫妻因配偶身份带来的伦理变化，婚姻共同生活所生费用仍然由夫妻共同分担。婚姻财产权的共有性是婚姻效力的体现，是婚姻共同生活的实质所在。因此，即使婚姻当事人拥有的财产不属于夫妻共同所有，仍不能排除其为夫妻共享。可见，在婚姻关系存续期间，其共同生活体的存在和运行，必然涉及共同生活费用的支付。夫妻所得即使归各自所有，但婚姻共同生活将夫妻权属不明的财产，推定为夫妻共有，以保障共同生活的维系。实行分别财产制的夫妻，财产各自所有只是婚姻内部的财产分配规则和关系，对于外部社会来说，婚姻共同体的共性并不因此而改变。③ 所以，分别财产制的夫妻为了共同生活需要，也存在共同的婚姻财产权。

（二）结婚是取得婚姻财产权的方式

结婚导致婚姻当事人的身份关系和财产关系结合，婚姻主体之间的结合程度紧密，不仅存在身份关系，而且存在财产关系。为适应身份上的共同生活，维护婚姻共同生活的利益，要求夫妻不仅在精神上结为一体，而且在经济上亦结成同盟，使夫妻的经济生活与身份生活保持一致。只有男女因结婚而发生身份上的共同生活，夫妻在经济上亦应合二为一，才能成为名副其实的婚姻生活。因此，"夫妻应摒弃各自财产独立的机能，并排除

---

① 杨立新：《共有权理论与适用》，法律出版社，2007，第125～126页。
② 蒋月、何丽新：《婚姻家庭与继承法》，厦门大学出版社，2013，第140页。
③ 蒋月：《婚姻家庭法前沿导论》，科学出版社，2007，第97页。

个人的多种经济利益，而组成统筹支配的单一财团，俾能夫妻同甘苦共患难，而符合婚姻道义的理想生活。"① 当事人做出结婚决定，就意味着把自己的一生与对方结合在一起。自双方缔结婚姻关系之时起，家庭共同生活即开始。婚姻职能除维持人类自身生产的正常进行外，最重要的就是维持实体的夫妻生活，夫妻日常生活相互照顾，是其他社会组织、机构或个人无法取代的，这是婚姻形式所要达到的重要目的。

婚姻的直接效力体现为身份上的效力和财产上的效力。婚姻作为具有重要人身、感情和经济约束力的关系，其实质在于组织共同生活，当事人双方在物质生活和精神生活方面形成相互依赖的生活共同体，共同的物质生活、精神生活和性生活是婚姻的内容，而夫妻财产是婚姻共同生活的基本物质保障和经济基础。从婚姻关系的特点出发，配偶一方在获得财产利益时，配偶另一方在操持家务、养育子女和情感支持等方面提供帮助。婚姻，作为一种共同生活体，其成员共同分享物质利益和精神利益。家庭福利和婚姻当事人的幸福，都要求婚姻当事人双方在财产利益上至少有一定程度的共享性，因此，婚姻共同生活本身要求一定财产利益的共享机制，夫妻关系共同生活的特点决定了在规则设置上必须考虑到日常生活的方便，夫妻双方利用这些财产谋取共同利益或者服务于共同生活。但是，在婚姻关系存续期间，当事人双方直接谋取物质财富的机会和情况存在差异。夫妻的共同关系是处理夫妻财产关系的基础和根据，婚姻财产权以夫妻共同关系为基础，承认家事劳动的价值，肯定夫妻协力，形成夫妻在婚姻关系存续期间的财产共有性。

（三）以合理信赖保护婚姻财产权的共有性

婚姻是传统家庭的基础，是人类社会普遍的组织形式，它最有效地分配男女双方在婚姻共同生活中共享的资源。因此，男女双方选择婚姻形式，就一定程度上增加未来共同生活的可期待性，以这种信赖关系为基础，构建婚姻共同生活。信赖利益基于信赖关系而产生，为保障婚姻共同生活的物质基础，应以合理信赖保护婚姻财产权的共有性，实现婚姻共同生活的功能。

---

① 戴炎辉、戴东雄：《中国亲属法》，台湾：顺清文化事业有限公司，2000，第230页。

1. 婚姻财产权的共有性有助于加强婚姻内部的凝聚力，建立、巩固和发展婚姻共同体的共同利益

社会公众对婚姻伦理的认知是，夫妻之所以为夫妻，就是因为在感情上和物质上都是共同体，财产上的不分彼此更能促进感情交流，更能稳固小家庭。"同居共财"是夫妻共同财产制的伦理基础，体现的是包括房产在内的夫妻共同财产在人性的精神层面对夫妻感情需求的满足。同时，婚姻财产的共有性，最能适应家庭共同生活的需要，家庭共同生活正常运作有赖于双方财产共同享有，可以使婚姻共同体的差异消减到最小限度。①

2. 满足婚姻生活共同体的日常生活需求

婚姻承担扶养责任，承担着两个血缘集团相互之间物质支持和帮助的责任，如养老育幼。扶养责任的承担，是婚姻关系得以维持和存续的前提，也是夫妻共同生活的保障。② 婚姻财产既然承担着共同生活、养育后代的职责，婚姻财产的立法也应强调重责任和义务，轻权利和利己。婚姻财产权的共有性，正是充分考虑了婚姻家庭所担负的责任和具有的功能。因此，无论夫妻财产制的种类如何，婚姻财产权的共有性都能够满足婚姻家庭共同生活的需要。

3. 强化夫妻财产的对外责任

基于婚姻而组成的家庭不仅是一个基本的生活单位，而且是一个生产经营单位。夫妻共同财产负担着给付家庭生活费用和清偿夫妻共同债务的重任，因此，应保障债权人的利益和维护交易的安全。婚姻财产权的共有性强调婚姻财产由夫妻共同管理，其所生债务，当然属夫妻共同债务，应由婚姻财产承担清偿责任。

4. 建构夫妻财产的管理制度

对于共有物的管理，原则上应当由共有人共同为之。我国《物权法》第 96 条规定："共有人按照约定管理共有的不动产或者动产；没有约定或者约定不明确的，各共有人都有管理的权利和义务。"婚姻财产权是建立在共同关系基础上，为了维护共同关系，在通常情况下，不允许共有人请求

---

① 蒋月：《夫妻的权利与义务》，法律出版社，2001，第 138～140 页。
② 王歌雅：《扶养与监护纠纷的法律救济》，法律出版社，2001，第 7 页。

分割共有财产。但如果共同关系解除,共同共有因失去基础而消灭,共有财产将被清算与分割。① 婚姻财产权的共有性保障和维持着婚姻共同生活的正常运转。

四　离婚经济赔偿是合理信赖的消极保护

在财产关系中,对任何交易行为,法律都赋予信赖利益受损一方相应权利,在其信赖利益受损或期待利益落空时要求对方承担相应的责任。法律在婚姻领域进行利益或负担分配时,也应公平合理,建立适当的救济制度,对不当退出的一方进行惩罚,以使另一方获得相应的补偿。信赖将合同内责任扩展到合同外责任,合同法之所以将合同外的义务强加于合同尚未成立或合同已经终止的当事人,其宗旨在于保护信赖。因此,一方面,合理信赖的积极保护具有保障当事人订约目的实现之功能,其实质在于保护因相信契约履行而失去其他同样交易机会的信赖利益;另一方面,信赖利益主要指原告信赖被告的约定使自己产生的自我状态的变更,对此保护意味着将原告复原到契约缔结前的状态。② 受允诺人基于对允诺的信赖而采取行为或放弃行为而遭受的地位的不利改变,这种地位的改变,可以视为信赖利益损害,不限于物质的财产损失,还包括精神或身体的痛苦。损害赔偿是信赖利益保护的基本方法,也是合理信赖的消极保护方式。

(一) 离婚损害赔偿

早在1791年,法国宪法就明确规定,法律视婚姻仅为民事契约。基于婚姻契约理论,当婚姻一方存在违背婚姻义务行为致使婚姻破裂时,无过错方有权要求损害赔偿。在婚姻关系下,一方存在诚意履行,另一方不履行时,应承担赔偿责任。离婚是夫妻之间长期合作协议的解除,一方违反合同的结果,使另一方蒙受损害,实际上剥夺了其根据合同规定有权期待得到的婚姻利益。离婚损害赔偿是对婚姻当事人信赖利益受损害而提供的

---

① 裴桦:《夫妻共同财产制研究》,法律出版社,2009,第30页。
② 〔日〕内田贵:《契约的再生》,胡宝海译,中国法制出版社,2005,第90页。

救济，因一方的过错行为导致婚姻关系终止时，另一方基于对婚姻的信赖所投入和付出的利益受到损害，为维护婚姻当事人的实质公平，应由过错方承担离婚损害赔偿责任。婚姻信赖利益的保护方式主要通过离婚损害赔偿的方式进行。

婚姻关系信赖利益损害赔偿的构成要件是以下几点。

1. 信赖关系的存在，是承担信赖利益损害赔偿责任的前提

婚姻关系是一种紧密的信赖关系，一方基于婚姻的信任而将婚姻视为长久存在，并且相信他能从婚姻成功中获得婚姻利益，为此进行婚姻的投入和付出。因此，婚姻当事人一方往往相信对方不会解除婚姻关系或不会从事过错行为致使自身解除婚姻关系，这是双方基于长期地、稳定地共同生活而产生的信赖关系。婚姻共同生活是利益产生和权利保护的基础，男女双方缔结婚姻，在相互协助、共同生活方面构成婚姻契约关系，法律承认和保护合法的婚姻关系，在一方不当地结束婚姻关系时，应承担损害赔偿责任。

2. 以一方过错为前提

信赖利益的损害赔偿是信赖利益保护的最好救济手段，允诺人在允诺之时，预见到受允诺人的信赖行为，没有阻止，而后却又不履行自己的允诺，这是违反诚信义务的一种过错，① 因此，无过错即无信赖利益赔偿。我国《婚姻法》所确立的离婚损害赔偿亦以一方存在重大过错行为为前提，没有正当理由而解除或因自己的过错行为导致对方解除，有过错的一方应赔偿对方因此产生的损失。当然，以信赖利益损害赔偿理论来解释我国《婚姻法》下的离婚损害赔偿制度，应适当扩大过错范围，不局限于《婚姻法》所界定的"重婚、有配偶者与他人同居、实施家庭暴力或虐待、遗弃家庭成员"四种情形，凡是违反婚姻义务的过错均应纳入信赖利益损害赔偿范围。

3. 存在损害的后果

信赖利益的损失，包括财产损失、机会损失、时间损失和精神损害等。财产损害包括既得财产利益的损失和应得财产利益的损失，如婚姻关系的

---

① 薄守省：《信赖与信赖利益赔偿新论》，《天津法学》2011年第4期。

不当解除会造成工作机会或工作条件损害而产生财产收益减少等。机会损失是婚姻当事人基于婚姻的信赖而丧失与他人缔结婚姻关系的机会所产生的损失。同时，时间不可能储存，人生是一种时间消耗的过程，不可能重来，与这个人共同生活10年，就意味着这10年人生的彻底结束，婚姻市场价值与10年前不可相提并论。①信赖利益损害赔偿的基准是契约签订前的状态，因此，信赖利益的损失还包括时间损失和人生改变等。精神损害是非财产利益的损失，因一方不当解除婚姻而导致另一方精神受到伤害，可以考虑婚姻存续的时间、当事人的经济状况、年龄、社会影响等因素予以赔偿。

4. 赔偿范围应界定在信赖利益的损失上

婚姻是一种利益，可分为现实利益、信赖利益和期待利益。②婚姻的现实利益在缔结婚姻和婚姻关系存续期间已经获得，不存在损害赔偿问题。期待利益是只要婚姻关系维持，当事人对其付出或建立婚姻关系所期望的未来利益或可以实现的利益，其核定损失范围较之信赖利益的损失界定较为困难。因此，只有通过对婚姻信赖利益的保护，使受损害方在离婚时处于和婚姻延续时无差别的状态。信赖利益的损害赔偿包括物质损害赔偿和精神损害赔偿，物质损害主要表现为既有财产利益的减少或丧失，是有形和可量化的。一方为达到与对方缔结婚姻而放弃工作、支出费用等，也可以作为有形财产进行赔偿。与此同时，人生不可能重复，因当事人信赖与对方能够维持共同生活关系而丧失与第三方接触、磋商或建立共同生活关系的机会，这里所包含的时间消耗等，也应在救济范围内。另外，一方因信赖婚姻关系而为人身性行为及其人身利益受到的损害具有精神损害性质，是人格、身份利益等非财产利益受到的损害，包括因离婚而导致社会评价的降低、将来生活不安、离开子女的痛苦、丧失共同生活的机会等，也是婚姻信赖利益损害赔偿的范围。

当然，信赖利益的保护，要求不当解除婚姻关系的一方承担损害赔偿责任，不能因此影响婚姻自由。将婚姻当事人的信赖利益予以合理的保护，

---

① 蒋月：《婚姻家庭法前沿导论》，科学出版社，2007，第31页。
② 蒋月：《婚姻家庭法前沿导论》，科学出版社，2007，第22页。

不是剥夺当事人终局地解除婚姻关系的自由,不是强制维持婚姻而要求承担损害赔偿责任,而是为了更好地维护婚姻自由,使赋予婚姻信赖的一方当事人的利益通过损害赔偿而最大限度地获得满足,同时对违背诚信义务的一方予以有效惩罚,维护婚姻当事人的合法权益。

(二) 离婚家事补偿

婚姻当事人应依法对婚姻家庭承担平等的权利义务,但在婚姻实际生活中,夫妻各方对婚姻家庭义务的履行与贡献往往差别较大,特别是一方基于婚姻的信赖而在抚育子女、照料老人、协助另一方工作等家事方面做出的努力超出其本人法定负担时,如果婚姻关系解除,其婚姻财产利益因负担的不均衡就明显不公。为维护基于信赖婚姻而认真履行婚姻家庭义务的当事人的合法权益,应适用合理信赖保护进行离婚家事补偿。

各国立法都在不同程度上关注和承认家事劳动价值。男女家庭角色的区别与生理构造和社会文化密切相关,社会中的男权中心在家庭中得以延续,社会中的两性关系的不平等也渗透到家庭关系中。传统的社会性别规范将日常生活照料等家事劳动划归女性承担,女性因承担家事劳动减少社会工作时间而影响经济收入。家庭内的劳动也是劳动力再生产所不可或缺的生产手段,因其担当生产的功能,当然产生价值,家庭内劳动力价值也是劳动力商品价值的体现。家事劳动对整个家庭而言,若将家事劳动委任于他人,须支付一定对价,女性为家事劳动,则不必支付对价与他人,家事费用即可减少,而其减少部分就是家事劳动的价值。家事劳动之防止家庭中积极财产流出的功能,即为其获得评价的主要根据和家庭劳动价值论的基础。① 因此,过分强调家庭中形式上的等价交换,只是在表面上维护和贯彻了民法的公平原则,实质上是在维护事实上的不公平。② 关于家事劳动价值的确认存在两种方式。一种是直接肯定家事劳动的价值并规定相应的补偿机制,如《瑞士民法典》第 164 条规定:负责料理家务、照料子女或扶助配偶方从事职业或经营职业的配偶一方,有权请求他方支付一笔合理

---

① 林秀雄:《夫妻财产制之研究》,中国政法大学出版社,2001,第 147~155 页。
② 杨遂全:《中国之路与中国民法典:不能忽视的 101 个现实问题》,法律出版社,2005,第 322 页。

的款项，供其自由处分。另一种在夫妻财产制度的设计中间接肯定家事劳动的价值。特别是共同财产制，肯定夫妻虽存在分工的不同但各自均对家庭做出了贡献，因此平等赋予男女双方分享婚内所得的物质性财富的权利，这是肯定家事劳动的参与对家庭物质性财富的取得有所贡献。[①] 在婚姻关系存续期间，为了共同生活，一方当事人所从事的操持家务、养育子女、护理对方等人身的给付，与对方当事人提供共同生活费用这一财产的给付，在价值上是相等的。法律应承认对婚姻关系存续期间所得财产的直接和间接贡献，赋予通过从事家务或照料孩子等服务形式而对财产的取得做出了贡献的婚姻当事人一方家事劳动的价值，直接性地规范家事劳动的社会价值和经济价值，且肯定从事家事劳动的一方有权参与财产分割请求。

离婚家事补偿是从公平维护婚姻双方利益的需要出发，对基于婚姻的信赖而在婚姻关系存续期间承担了超出其法定负担家事的一方，有权在离婚时请求从该方贡献中获得利益的另一方给予适当的补偿。我国《婚姻法》所规定的家事补偿制度是以双方在婚姻关系存续期间适用分别财产制度为前提条件，使其适用范围大大受限。因婚姻双方对婚姻家庭的贡献和从中获得的利益是不平衡的，承担家事劳动较多而做出牺牲的一方因婚姻关系的终止，其所付出的奉献和牺牲无法获得收益和回报，且导致其社会地位与谋生能力相对较弱，因此，不能局限于分别财产制，为实质公平和正义，以合理信赖保护为基础，应将家事补偿制度作为适用于各种夫妻财产制下的一种离婚救济制度。

[①] 承认家事劳动价值的学说主要有雇佣说、不当得利说、合伙说等，详见林秀雄《婚姻家庭法之研究》，中国政法大学出版社，2001，第142页。

财产权视野下,夫妻一方婚前财产在婚后的收益归属问题探析[*]
——兼评《婚姻法解释(三)》第5条

杨晋玲[**]

【内容摘要】 我国《婚姻法》中的夫妻"财产"采用的实际是广义的财产概念。在此概念下,财产的范围广泛,故因财产产生的收益类型也是多种多样,《婚姻法》及其司法解释是不可能对其做穷尽式列举的。不断通过出台新司法解释的方式,为新增的财产收益类型确定权属归属既不可行也无必要。在财产权视野下,对夫妻一方个人财产婚后收益的归属问题,可行的解决方式是按财产的类别,结合婚姻关系的属性,通过确立一定的规则来解决。

【关 键 词】 财产权 个人财产婚后收益归属 收益类型 夫妻协力

2007年10月1日《中华人民共和国物权法》(以下简称《物权法》)颁布实施后,"《物权法》是调整家庭财产关系的基础性法律"[①] 的观点成为主流观点。为了与《物权法》的规定相衔接,2011年8月13日实施的

---

[*] 基金项目:国家社会科学基金项目"民商法基础理论——亲属法基础理论问题研究"的阶段性成果(项目编号:08XFX010)。
[**] 杨晋玲,云南大理人,云南大学法学院教授,从事婚姻法学研究。
[①] 龙翼飞:《我国〈物权法〉对家庭财产关系的影响》,载夏吟兰、龙翼飞、张学军主编《婚姻法学专题研究》(2007年卷),中国人民公安大学出版社,2008,第237页。

《最高人民法院关于适用〈中华人民共和国婚姻法〉若干问题的解释（三）》（以下简称《婚姻法解释（三）》）在房产及个人财产收益等方面的解释上，都以《物权法》的规定为准据，而忽视了《中华人民共和国婚姻法》（以下简称《婚姻法》）与《物权法》是基于不同的立法目的而制定，以及在《婚姻法》中家庭财产（夫妻财产）的范围已超越了"物"（有体财产）的范畴的现实，并由此导致在对夫妻一方个人财产收益归属的解释上也存在许多不妥之处。鉴于此，有必要在财产权视野之下，对夫妻一方个人财产婚后收益的归属问题重新进行审视。

一 财产权与物权的关系界定

财产权是和人身权相对应的一个概念，它包括的范围十分广泛。大陆法学者从广义的意义上使用财产权概念时，将具有一定经济价值的权利称为财产权，包括物权、债权、知识产权、有价证券、股权、基金份额等权利；狭义的财产权概念，财产应限于有体物，财产权主要指对有体物的支配权利。从狭义上理解的财产权概念，实际上是将财产权等同于物权。① 英美法系中的财产权范围更加广泛，除了对各种有体物的权利外，普通法的财产权还包括：专利权、商标权等各种知识产权；商业信誉和技术秘密；有价证券的权利；企业名称；因添附取得的权利；养老金、就业机会、营业执照、补贴、政治特许权利；等等。② 我国学者一般接受了大陆法系广义的财产权概念，在这一概念下，物权不过为财产权的一种，属于财产权的类型之一。③ 在我国法律中采纳的即是大陆法系的财产权概念，财产权是上位概念，物权是下位概念，故《物权法》只是财产法体系中的一个组成部分。

二 《婚姻法》中家庭财产（夫妻财产）概念的界定

"民法于多处条文使用'财产'此一概念，但未设定义规定，其内容及

---

① 王利明：《物权法研究》（第三版）上卷，中国人民大学出版社，2013年版，第33~34页。
② 王利明：《物权法研究》（第三版）上卷，中国人民大学出版社，2013，第35页。
③ 王利明：《物权法研究》（第三版）上卷，中国人民大学出版社，2013，第36页。

范围应视各该规定之规范目的而定。通常所谓财产，指由具有金钱价值的权利所构成的集合体，所谓具有金钱价值，指得获有对价而让与，或得以金钱表示者，其构成财产者，如物权、债权、智慧财产权（无体财产权）、社员权（如公司的股票）。"① 在《婚姻法》中，家庭财产即属于家庭成员所有的财产，在由夫妻及其未成年子女组成的核心家庭中，则主要是指夫妻财产，即由夫妻共同财产和夫妻一方的个人财产所组成的财产。从《婚姻法》第17、18条所列的夫妻共同财产和个人财产类型中，可以看出这些财产涉及的范围甚广，既包括了民事普通法如《物权法》《继承法》等法中所规定的财产类别，也包括了民事特别法如《公司法》《知识产权法》等法中所规定的财产类别。如生产、经营的收益和知识产权的收益涉及的是《公司法》《知识产权法》等民事特别法的内容，继承或赠与所得财产则是民事普通法中的内容，其他应当归共同所有的财产则在两类法律所包括的财产类别中都可能涉及。一方婚前的个人财产包括的范围也同样如此。因此，说到《婚姻法》中的家庭财产（夫妻财产），从立法的规定看，其财产的含义采用的实际上是大陆法广义的财产权概念下的财产界定方式，《物权法》中规定的不动产、动产等财产类型只是其财产范围中的一类。如果再联系司法解释中的规定及学者的建议，则还有向普通法财产权范围扩大的趋势。如《婚姻法解释（二）》第11条"其他应当归共同所有的财产"中所提到的养老保险金等。② 另外，还有学者在论文中建议应将学位、职业执照等人力资本纳入夫妻财产范围。③ 故提到夫妻财产，其内涵是可以固定的，而外延则是开放的，④ 且随着时代的发展，因财产种类的增多（如虚拟财产⑤等）而不断拓展。

---

① 王泽鉴：《民法总则》（增订版），中国政法大学出版社，2001，第233页。
② 当然这类财产在《德国民法典》中也有规定。
③ 参见夏吟兰《在国际人权框架下审视中国离婚财产分割方法》，《环球法律评论》2005年第1期；胡苷用：《婚姻合伙视野下的夫妻共同财产制度研究》，法律出版社，2010，第157~174页；徐振华：《人力资本婚姻归属论》，《河南省政法管理干部学院学报》2011年第5/6期，第240~245页等。
④ 有学者指出，现代社会，财产是一个开放的权利体系，随着新的科学技术与商品经济的发展，各种抽象化、非物质化的财产不断涌现。参见林旭霞《物权制度与效率研究》，人民法院出版社，2005，第54~55页。笔者认为，夫妻财产也是如此。
⑤ 据报道，美国税务局3月25日发布正式通告，将比特币等虚拟货币在美国税务系统中认定为财产，适用规管财产交易的一般规则，参见《人民日报》2014年3月27日，第22版。

三 夫妻一方个人财产婚后收益的归属问题

在夫妻财产中,"收益"既是家庭财产的一个重要组成部分,又是离婚分割财产时争议最多、归属最难确定的一类财产。在夫妻财产开放式的外延结构下,夫妻财产的收益也呈现开放式的状态。虽然在《婚姻法》第17条所列的婚后归夫妻共同所有的财产中,涉及收益的财产只有两种:其一是生产、经营的收益;其二是知识产权的收益。但在"其他应当归共同所有的财产"的弹性规定下,包括的范围可以不断扩展。这类财产不论是财产本身还是财产的收益,因都归属于夫妻共同财产范围,在此就不再讨论。

但对夫妻一方个人财产在婚后的收益归属,《婚姻法》没有做出明确规定。①《婚姻法解释(二)》第11条在解释《婚姻法》第17条"其他应当归共同所有的财产"时,首次对夫妻一方个人财产在婚姻存续期间所得收益的归属做出了规定,即"一方以个人财产投资取得的收益"属于夫妻共同财产。"2007年10月1日,《中华人民共和国物权法》施行,该法的一些具体规定与之前的《婚姻法》及其司法解释规定产生冲突,给夫妻一方个人财产在婚姻存续期间所得收益的归属带来了一些法律适用上的困惑。"②为此《婚姻法解释(三)》第5条规定:"夫妻一方个人财产在婚后产生的收益,除孳息和自然增值外,应认定为夫妻共同财产。"该规定将个人财产收益中的孳息和自然增值排除在了夫妻共同财产之外。而之所以这样规定是"借鉴了其他国家的立法经验与模式,采用的是一般原则加例外规定的模式,按照不同类型分别加以认定"。③即一般原则下应认定为夫妻共同财产,但孳息和自然增值两种收益类型例外。这样,在《婚姻法》司法解释的语境下,个人财产在婚后的收益分为了三种类型:孳息、投资收益和增

---

① 但全国人大常委会法工委研究室在《中华人民共和国婚姻法实用问答》一书中曾指出,一方的婚前财产包括婚后所得的孳息,均为夫妻一方的个人财产。参见全国人大常委会法工委研究室《中华人民共和国婚姻法实用问答》,中国物价出版社,2001,第69页。
② 奚晓明主编《最高人民法院婚姻法司法解释(三)理解与适用》,人民法院出版社,2011,第92页。
③ 奚晓明主编《最高人民法院婚姻法司法解释(三)理解与适用》,人民法院出版社,2011,第98页。

值，但其归属却分别属于夫妻共同财产或个人财产。在婚姻关系存续期间，个人财产在婚后的收益无论是属于夫妻共同财产还是个人财产、是用于个人生活还是家庭共同生活，一般都不会引起争议，即便对其归属和使用存在不同看法也能通过协商解决。但在离婚分割财产时，夫妻共同财产和个人财产采用的是不同的分割方式，个人财产在婚后的收益因种类的不同又分属夫妻共同财产或个人财产，故收益归类的不同将直接决定其归属的不同，因此在司法实务中，如何正确划分个人财产在婚后的收益类型就显得既重要又迫切。但在现行的司法解释中，其分类及归属的确定并不尽科学、合理，存在如下问题。

其一，我国《婚姻法》中的夫妻"财产"采用的是广义的财产概念，其包括的范围广泛，故因财产产生的收益类型也是多种多样，《婚姻法》及其司法解释是不可能对其做穷尽式列举的。

其二，对收益的分类不够科学，三类收益存在许多交叉、重叠，而其归属又分别属于夫妻共同财产或个人财产，这不仅难以起到定分止争的作用，反而加大了司法认定的困难。在《最高人民法院婚姻法司法解释（三）理解与适用》一书中，按照最高人民法院民事审判第一庭在该书中阐述的观点，[①]"孳息，是指因物或权利而生的收益，广义的孳息包括因物的使用或权利的行使而获得的一切收益。学者们有时也在这个意义上使用孳息概念来描述夫妻一方个人财产婚后所得。广义上的孳息概念显然已将投资收益包含在内。……本文在此使用狭义上的孳息概念，将投资收益单独作为

[①] 我国立法及司法解释都不附据理由书，故理解条文规定的内涵及法定概念、用语的含义等只能通过制定者对有关规定的释义、理解与适用的讲话、书籍来理解。而奚晓明主编、最高人民法院民事审判第一庭编著的《最高人民法院婚姻法司法解释（三）理解与适用》一书即是比较权威的解释。婚姻法研究者、实务工作者如律师等，在进行研究及实务操作时，都以该类书籍为指南。2013年在武汉举行的"中国法学会婚姻法学研究会年会"上，一位实务工作者在向最高人民法院民事审判第一庭的一位法官提问时，即表达了这样的观点：办理婚姻案件的律师都是人手一册该书，通过其书中的解释来理解与适用《婚姻法解释（三）》。研究者也是如此，在围绕《婚姻法解释（三）》所写的论文中，经常引用该书中的内容来讨论和论证自己的观点。但该书在对收益三种类型的解释上，采用的实际上是裴桦在《论夫妻一方婚前财产于婚后所生利益的归属》一文中的观点（该文见《当代法学》2008年第5期，第119页）。作为学术研究，其论文中对相关概念的界定没有什么不妥，但作为理解与适用的根据，就不太妥当了。因为学界对收益类型的划分及界定并没有取得相对一致的看法，也不存在所谓的通说。

夫妻一方个人财产婚后所产生收益的形式进行阐述"。① "投资亦有广义和狭义之分，狭义上的投资是指将货币和实物投放于企业以获得利润；广义上的投资除包括狭义上的投资含义外，还包括将货币投放于某些产品上以获得增值，如房地产投资、黄金投资等。由此可见，广义上的投资在本质上为投资产品的增值收益。本文在此使用狭义上的投资概念，增值单独作为一种类型进行阐述。"② "增值，顾名思义就是物或权利在价格上的提升。与前相同，增值的概念亦有广义与狭义之分。广义上的增值包括的范围很广，只要是物或权利所生利益增加均可称之为增值，当然包括孳息及投资收益。狭义的增值并不包括孳息及投资收益，而与之并列，本文在此即使用此概念。狭义的增值之所以与孳息、投资收益并列，其不同之处在于，增值所涉及的物或权利增加的利益与原物或原权利并未分离，而孳息及投资收益与原物或原权利是分离独立的。"③ 增值分自然增值与主动增值。"夫妻一方个人财产在婚姻存续期间的自然增值，是指该增值的发生是因通货膨胀或市场行情的变化而致，与夫妻一方或双方是否为该财产投入物资、劳动、努力、投资、管理无关。比如，夫妻一方个人婚前所有的房屋、古董、字画、珠宝、黄金等，在婚姻存续期间因市场价格上涨而产生的增值。夫妻一方个人财产在婚姻存续期间的主动增值，该增值的发生原因与上述自然增值刚好相反，它与通货膨胀或市场行情变化无关，而是与夫妻一方或双方对该财产所付出的劳务扶持、投资、管理等相关。比如，夫妻一方的婚前个人所有的房屋因另一方在婚姻存续期间对它的装修而产生的增值部分。"④ "一方个人财产婚后产生的自然增值归个人所有，如果属于主动增

---

① 奚晓明主编《最高人民法院婚姻法司法解释（三）理解与适用》，人民法院出版社，2001，第96页。
② 在黄松有主编的《最高人民法院婚姻法司法解释（二）理解与适用》一书中，对投资取得收益的解释是："投资所得"相当于"婚前个人财产的婚后收益"，包括：（1）一方婚前财产的婚后自然孳息；（2）用婚前个人财产在婚后进行生产、经营活动所增值部分；（3）一方用婚前个人积蓄在婚后购买的有形财产；（4）一方婚前用自己的财产投资作公司的股东分得的红利。参见黄松有主编《最高人民法院婚姻法司法解释（二）理解与适用》，人民法院出版社，2004，第110~111页。
③ 奚晓明主编《最高人民法院婚姻法司法解释（三）理解与适用》，人民法院出版社，2011，第97页。
④ 奚晓明主编《最高人民法院婚姻法司法解释（三）理解与适用》，人民法院出版社，2011，第96~98页。

值,则应认定为夫妻共同财产。"①

法律的用语强调概念清晰,界定准确。"所谓语言'准确',是指书写者所选择词语意义与其试图传递的特定思想感情信息高度吻合。"② "准确是立法语言的灵魂,是法律本质的内在要求。"③ 为了达到准确性的要求,法律术语的选用应尽量体现单义性。"法律术语的单义性,指在特定法律语境中,一个法律术语只能有一种含义,而不应该有歧义。"④ 正如孟德斯鸠所言:"重要的一点,就是法律的用语,对每一个人要能够唤起同样的观念。"⑤ 司法解释虽不是法律,但作为裁判规范也应注意用语的准确。而《婚姻法》司法解释规定的收益的三种类型彼此存在互相兼容的情况,其归属又截然不同,这样的解释不仅不便于实务部门的操作而且因理解不一还会导致争议的增多,实不足取。

其三,《婚姻法解释(三)》第5条是为了与《物权法》的相关规定相协调而制定的,但在孳息归属的确定上,其只是在机械地套用《物权法》孳息归属的确定原则,且还存在误读的情况。孳息是与原物相对应的概念。所谓原物,是指产生孳息的物。孳息是指原物上产生的收益,分为天然孳息与法定孳息两种。⑥ 对天然孳息的归属,有两种立法例,即分离主义与生产主义。分离主义又称原物主义,认为孳息应归属于原物权人,为大陆法系物权法广泛采用。生产主义认为孳息系劳动所得,应归属于投入劳动的人所有,为英美法系财产法所接受。⑦ 有学者指出,从经济学的角度分析,关于天然孳息的两种立法例各有利弊。分离主义能够降低权利界定成本,原物的权属已经确定,根据孳息来自原物的客观属性,孳息亦归原物所有人所有。因此,孳息虽然能够成为独立的物,但无须再进行独立的界定。而生产主义则强调了孳息中人力成本的投入因素。因此我们认为孳息的归

---

① 杜万华、程新文、吴晓芳:《〈关于适用婚姻法若干问题的解释(三)〉的理解与适用》,《人民司法》2011年第17期,第29页。
② 褚宸舸:《论立法语言的语体特点》,《云南大学学报》(法学版)2009年第2期,第20页。
③ 褚宸舸:《论立法语言的语体特点》,《云南大学学报》(法学版)2009年第2期,第20页。
④ 程乐、沙丽金、郑英龙:《法律术语的符号学诠释》,《修辞学习》2009年第2期,第40页。
⑤ 〔法〕孟德斯鸠:《论法的精神》(下册),张雁深译,商务印书馆,1963年第1版,1997年2月北京第8次印刷,第297页。
⑥ 王利明:《物权法研究》(第三版)上卷,中国人民大学出版社,2013,第475页。
⑦ 隋彭生:《天然孳息的属性和归属》,《西南政法大学学报》2009年第2期,第41页。

属应以分离主义为主,但考虑到孳息是由物质投入与人力投入结合而产生时,应考虑到人力资本应有的收益,故应以但书规定的立法技术肯定有关人力资本的"生产主义"立法例。① 我国《物权法》第116条第1款规定:"天然孳息,由所有权人取得;既有所有权人又有用益物权人的,由用益物权人取得。当事人另有约定的,按照约定。"所有权人对天然孳息的取得,是对原物直接支配权的体现。取得天然孳息是所有权的权能之一。用益物权人一般是通过对用益物人力和生产资料的投入,来取得天然孳息。用益物权人对天然孳息的取得,可谓是"生产主义"的体现。② 可见在我国《物权法》中,在原物主义的天然孳息归属原则之下,对"生产主义"的归属原则也是有一定体现的。何况正如学者所言,取得天然孳息通常要付出劳动,"法律规定天然孳息的归属,实际上就是对劳动的保护。"③ 为了与《物权法》的规定保持协调,《婚姻法解释(三)》在我国《婚姻法》规定法定财产制是婚后所得共同制的情况下,仍然在第5条中规定,夫妻一方个人财产在婚后产生的孳息为个人财产,且不区分天然孳息与法定孳息,理由是"在法律适用层面考虑,《物权法》与《婚姻法》同属于全国人大制定的法律,但《物权法》是新法,《婚姻法》是旧法,新法应优于旧法,因此,按照《物权法》的规定精神,夫妻一方的财产在婚后产生的孳息仍然属于一方的个人财产。"④ 这如果不算是对《物权法》的误读的话,也应算是对《物权法》的机械套用。在《合同法》第163条⑤与《物权法》第116条的

---

① 周林彬《物权法新论》,北京大学出版社,2002,第115页。转引自隋彭生《天然孳息的属性和归属》,《西南政法大学学报》2009年第2期,第41页。
② 参见隋彭生《天然孳息的属性和归属》,《西南政法大学学报》2009年第2期,第42~43页。
③ 梁慧星主编《中国民法典草案建议稿附理由(总则编)》,法律出版社,2004,第134页,转引自隋彭生《天然孳息的属性和归属》,《西南政法大学学报》2009年第2期,第42页。
④ 杜万华、程新文、吴晓芳:《〈关于适用婚姻法若干问题的解释(三)〉的理解与适用》,《人民司法》2011年第17期,第29页。
⑤ 《合同法》第163条规定:"标的物在交付之前产生的孳息,归出卖人所有,交付之后产生的孳息,归买受人所有。"由此可见,在我国,标的物孳息所有权的移转并非与标的物所有权的移转相一致,而是以占有标的物为获得孳息的前提,占有标的物的一方当事人即使不享有标的物的所有权,因标的物所产生的孳息亦归其所有。故至少从字面含义来看,在当事人未对孳息的归属做出特别约定时,第116条与第163条的冲突在所难免。参见周江洪《前民法典时代的孳息归属问题研究——体系化解读之努力》,《浙江社会科学》2011年第5期,第55~61页。

规定不相一致时，有学者通过体系化解读的方式提出，"虽然在所有权保留买卖、不动产买卖等领域，适用第163条与适用第116条会出现不同的结论，但从第163条的立法意图、民法典构建的体系性原则、比较法渊源以及我国司法实践来看，此等情形应当适用第163条的规定，而不应适用第116条。两者之间的关系类似于同一法律文件中总则规定与分则规定的关系，与通常的法律规范冲突或规范不一致并不相同，此时应当优先适用分则的规定，而无须考虑其新法、旧法的关系。"① 如果依此类推，在天然孳息的归属上，按照《婚姻法》婚后所得共同制的规定，一方婚前个人财产在婚后产生的孳息应属于夫妻共同财产，与《物权法》第116条第1款的规定发生冲突时，应优先适用《婚姻法》的规定而不是《物权法》第116条第1款的规定。《婚姻法》相对于《物权法》属于特别法，应优先适用而不用考虑其新法、旧法的关系，这也是符合体系化解读的要求。② 何况在现今的中国，城镇居民家庭财产中已基本不存在天然孳息的收取环境，只有在城郊或农村地区的种植户、养殖户家庭，天然孳息的收取是其财产的主要来源，此时天然孳息的收益与生产经营的收益实际是重合的。③ 如果天然孳息采原物主义的归属原则，则既不利于广大农村妇女，也与《婚姻法》规定的生产经营的收益为夫妻共同财产的规定不符。因为在农村，实行的仍是婚后"妇从夫居"的婚俗，夫家原有的牲畜、果树及土地的产出，女方在嫁入后也付出了一份劳动，如果按原物主义的归属原则只能归原所有权人所有，这既不公平，也与现实不符。在实际生活中，人们的观念是双方付出劳动，成果也应共享。既属共享，则至少有一半的权益，在离婚时顺理成章也应分得一半的收益。而法定孳息既有投入时间、精力而获得的，也有不需要这类投入就可获得的，一概采原物主义也不合理。

---

① 周江洪：《前民法典时代的孳息归属问题研究——体系化解读之努力》，《浙江社会科学》2011年第5期，第60~61页。
② 在《民法典》中设有总则规定的国家，孳息归属的一般原则是客体制度的内容，各分则根据各自的情况再做出特殊规定。夫妻财产归属是婚姻家庭编的内容，根据婚姻关系的特殊性，在孳息的归属上也应体现其特殊性。
③ 在全国人大常务委员会法制工作委员会编的《中华人民共和国婚姻法释义》一书中，即认为从事生产、经营的收益，既包括劳动所得，也包括大量的资本性收入。这里的"生产、经营收益"，既包括农民的生产劳动收入，也包括工业、服务业、信息业等行业的生产经营收益。参见胡康生主编《中华人民共和国婚姻法释义》，法律出版社，2001，第63页。

其四,在"《物权法》是调整家庭财产关系的基础性法律"等观点的影响下,《婚姻法解释(三)》为了与《物权法》的规定相衔接,在对个人财产收益的解释上存在视野不够开阔,没有从广义的财产概念理解"收益"的问题。

四 财产权视野下,夫妻一方个人财产婚后收益归属规则的确定

前已述及,《婚姻法》中的夫妻"财产"采用的是广义的财产概念,其包括的范围广泛,故因财产产生的收益类型也是多种多样,《婚姻法》及其司法解释是不可能对其做穷尽式列举的。而不断地通过出台新司法解释的方式,为新增的财产收益类型确定权属归属既不可行也无必要。在财产权视野下,对夫妻一方个人财产婚后收益归属问题,可行的解决方式应是按照财产的类别,结合婚姻关系的属性,通过确立一定的规则来解决。笔者提出以下建议。

其一,按传统的民法理论,对财产只分为原财产(原物)与孳息,孳息包括原物上产生的所有收益,以简化收益的划分类型。

在当今社会,虽然可以作为财产的类别不断增多,财产的范围也不断扩大,但对财产仍然可以按照传统的类别分为有形财产(有体财产或称为物)和无形财产两大类。这两类财产都是当事人原有的财产,可以称为原财产或原物。在这两类财产上,都存在因社会条件的变化而增值(或贬值)或供他人用益而获得收益的情况。因此在对收益的类型进行划分时,为了体现法律用语的单义性和规范性①,并遵循传统民法的理论,财产只分为两类,即原财产(原物)和孳息。财产的增值包含在原财产中,不需也不应分出;孳息中本来就包括了投资收益,单独分出只会增加认定的麻烦。之所以不把财产的增值从财产中分出,是因为就有形财产(有体财产)的增值而言,不管是自然增值还是主动增值,所增加的其实都是该财产的交换

---

① 隋彭生教授指出,规范性的用语对立法的统一性和规制对象性质的揭示是很有帮助的。参见隋彭生《用益债权——新概念的提出与探析》,载隋彭生《民法新角度》,北京大学出版社,2012,第11页。

价值，这种财产只有在进行交易时，其增值部分才会体现出来。如果只是持有而不用于交易，其价值的增加对所有人的意义并不太大。如房屋从50万元增值到100万元，如不出售而是自己居住，则其增值并不具有现实意义。且财产的增值并不会改变财产的属性，其仍属于原所有人所有。如果用于交易，虽然原来的财产已不存在，其所有人或者获得了货币或者获得了其他类型的财产，但货币是原财产的对价，其他类型的财产是原财产的代替物，财产的形式发生了变化，但其收益归属并不会发生改变。如《法国民法典》第1406条第2款规定："因物的替代效果，取代了特有财产的债权与补偿金，以及按照第1434条与第1435条之规定，通过特有财产的利用或再利用而取得的财产，亦属于个人的特有财产。"这对无形财产的增值同样适用。如其价值的增加是由于另一方的行为所致，如前面所说，夫妻一方的婚前个人所有的房屋因另一方在婚姻存续期间对它的装修而产生的增值部分，这属于民法中的添附问题，应按添附的规则解决。《婚姻法解释（三）》第5条将个人财产的增值仍认定为归个人所有是合理的，但没有必要作为一类收益单独列出。

财产的所有人对其财产享有占有、使用、收益和处分四项权能，收益包括对天然孳息与法定孳息的收益。我国《物权法》对何谓天然孳息、法定孳息没有做出规定，我国台湾地区"民法"第69条规定："称天然孳息者，谓果实、动物之产物，及其他依物之用法所收获之出产物。称法定孳息者，谓利息、租金及其他因法律关系所得之收益。"这一界定基本包括了财产收益的各种类型。而按我国学者的解释，"天然孳息是一种依照物之用法所收取的出产物、收益物，是原物（母物）派生的物。"[①] "法定孳息是由他人使用原物而产生的。自己利用财产所得到的收益以及劳务报酬等，不是法定孳息。"[②] 故有学者将法定孳息界定为"以有体物或无形财产供他人用益而获得的收入，产生于用益法律关系"，"法定孳息是财产供他人用益的对价。"[③] 用益包括使用和收益，他人用益了自己的财产而支付的对价

---

① 隋彭生：《天然孳息的属性和归属》，《西南政法大学学报》2009年第2期，第38页。
② 王利明：《物权法研究》（第三版）上卷，中国人民大学出版社，2013，第476~477页。
③ 隋彭生：《法定孳息的本质——用益的对价》，载隋彭生《民法新角度》，北京大学出版社，2012，第99页。

就是法定孳息，既包括有体财产（包括实物或货币）的投资收益、出租收益等各种类型，也包括无形财产供他人用益的收益情况。

其二，在收益归属的确定上，在遵循大陆法系传统的原物主义的原则下，引入英美法系的生产主义规则，强调夫妻双方的协力因素。

"协力"是指协助、帮助，也就是凝聚了他人的贡献。① 在婚姻家庭立法中，"协力"（或称协助、扶助）既是夫妻的一项义务，也是其婚姻效力的一种体现。在许多国家的法律中，对此都有规定。随着社会的发展，在当今世界，即使在最体现个人自治与个人利益的合同法领域，其理念也已发生改变，开始强调双方的协作精神。在"协作理念"的指引下，合同的概念转变为一种包含合作、团结和公平义务的法律关系。一项合同不仅仅是相互冲突的利益的交会点，在某种程度上，也应当被视为需要当事人相互合作的一个共同项目。现代合同法应当是在诚实信用原则支配下由合同当事人为完成已合致的共同目标而基于信赖所形成的相互协作关系。② 这种理念在婚姻家庭领域的表现即是关系契约理论的婚姻观。"按照关系契约理论，婚姻是利益共享、风险共担的长期关系，夫妻双方分享婚姻事业或共同事业，每一方婚姻当事人都为婚姻的事业做出一系列有意义的贡献，尽管贡献的方式不同，但都是同等重要的贡献，其中非经济性贡献也被充分肯定。"③ 其最突出的表现就是对家务劳动的承认，并作为离婚分割财产的重要考虑因素。我国《婚姻法》虽然没有引入关系契约理论，但对家务劳动的价值是承认的，婚后所得共同制作为法定的夫妻财产制就是体现。但反观《婚姻法解释（三）》，在最应强调协作精神的婚姻家庭关系中，突出的则是个人利益、对财产的彼此计较，家庭团体的协作精神在该司法解释中难以体现。在个人财产收益的认定上是这样，在家庭房产的认定上更是这样。虽然说"婚姻关系的不稳定性和不可预测性，以及法律对婚姻关系

---

① 裴桦：《论夫妻一方婚前财产于婚后所生利益的归属》，《当代法学》2008 年第 5 期，第 119 页。
② 参见焦富民、陆一：《协作理念与债务人治愈权的构造》，《扬州大学学报》（人文社会科学版），2009 年第 2 期，第 66－67 页。
③ 康娜：《关系契约视野下的婚姻观——对传统婚姻契约观的反思和突破》，《法律科学》（西北政法大学学报）2009 年第 5 期，第 109 页。

调整的局限性，都加剧了夫妻对个人财产的关注"①，但正如学者所言，"如果现实生活存在不利家庭稳定的因素，那么家庭法律应当是抑制而不是助长这些消极因素的发挥。"② "在个人财产的孳息收益中，天然孳息的产生受自然规律的制约，'天然'有'自然'之意。"③ 但这里的"天然"强调的是其产出的"自然"性，是自然规律的体现，而不是其可不投入劳力而自然而然的产生。天然孳息与原物可分属于不同的民事主体，且天然孳息的产生一般都负载了人的劳动，按生产主义的原则，在民法上因用益而产生的收益归用益权人所有，我国《物权法》第116条第1款也是这样规定的。故在确定个人财产在婚后的天然孳息收益归属时，如果有对方"协力"的因素加入而归为夫妻共同财产是符合民法原理的。而在法定孳息的归属上，《物权法》的规定更为灵活，第116条第2款规定："法定孳息，当事人有约定的，按照约定取得；没有约定或者约定不明确的，按照交易习惯取得。"在夫妻一方个人财产供他人用益而产生的法定孳息的归属上，按生产主义的原则，以是否有"协力"因素的加入作为归属的判断标准既不会与民法原理相违背，又符合婚姻家庭关系利益共享的理念。该司法解释征求意见稿第6条曾规定："夫妻一方的个人财产在婚后产生的孳息或增值收益，应认定为一方的个人财产；但另一方对孳息或增值收益有贡献的，可以认定为夫妻共同财产。"把个人财产的增值也认定为共同财产有所不妥，但将个人财产的孳息在有对方"协力"的因素加入时认定为共同财产是符合当今时代婚姻家庭关系的发展趋势与理念的。至于"协力"的判断标准，首先应考虑的是结婚时间的长短，这一方面是因为在长期婚姻中双方都对婚姻的维系、家庭的发展做出了各自的贡献；另一方面是因为双方长期的同居共财，财产必然发生混合，此时以实物方式体现的原财产（原物）也许还能分出你我，主要以货币方式体现的财产收益要么已用于共同生活、要么已和共同财产混合或转化为了其他形式的财产。在短期婚姻中，各自

---

① 孙若军：《论夫妻财产制的定位及存在的误区——以〈婚姻法〉司法解释（三）第7条为视角》，《法律适用》2013年第4期，第98页。
② 林辉煌：《家产制与中国家庭法律的社会适应——一种"实践的法律社会学"分析》，《法制与社会发展》2012年第4期。
③ 隋彭生：《天然孳息的属性和归属》，《西南政法大学学报》2009年第2期，第38页。

收益的归属也许还容易确定,在长期婚姻中,要做到泾渭分明,其实是不可能的。在双方没有采用分别财产制,也没有约定的情况下,法律也不应鼓励"亲夫妻、明算账"的行为。其次是对家庭的贡献。在"利益共享、风险共担"的婚姻理念下,只要为家庭做出了付出都是贡献,而不应纠缠于是对一方个人财产的哪一种收益做出了投入、贡献。因为在家庭生活中,无法对彼此的每一次、每一种投入做出准确计算,要算清"经济账"只会造成夫妻的离心离德。①

其三,在具体分割时,以推定共有—举证自有—协力抗辩作为争议的解决规则。

在婚姻生活正常运转的家庭中,夫妻之间无论采用哪一种财产制,财产收益归属的确定都是当事人意思自治范畴内的事,法律无须越俎代庖地为其划定归属的规则。而在离婚之时,协议离婚的夫妻会自行协商解决之道。诉讼离婚的夫妻,在"谁主张、谁举证"诉讼规则的要求下,当事人有举证证明哪些收益或收益的哪部分属于自己个人财产的责任。举证不能时,则推定为共有。最高人民法院在 1993 年发布的《关于人民法院审理离婚案件处理财产分割问题的若干具体意见》第 7 条中也规定:"对个人财产还是夫妻共同财产难以确定的,主张权利的一方有责任举证。当事人举不出有力证据,人民法院又无法查实的,按夫妻共同财产处理。"推定共有是世界许多国家处理夫妻财产归属不明时所采用的共同规则,如《法国民法典》第 1402 条第 1 款规定:"任何财产,不论是动产还是不动产,凡不能证明按照法律的规定属于夫妻一方的特有财产时,均视为共同财产所得。"而否认财产属于个人财产的一方也需完成同样的举证责任。故在财产权视野下,立法机关及司法机关应转换思维,将工作的重点放在规则的确定上而不是收益的分类上。在离婚时,收益归属的认定规则应采用这样的规则:首先,推定为夫妻共同财产;其次,主张为个人财产者的证明责任;再次,

---

① 2010 年由中华全国妇女联合会和国家统计局主持的第三期中国妇女社会地位调查数据显示,从城镇已婚从业者来看,在 67.2% 的家庭中,家务劳动主要承担者是妻子,传统家务劳动的分工格局没有改变。从总量上看,女性家务劳动时间远多于男性,所用时间大约是男性的 1~4 倍。参见佟新、周旅军《就业与家庭照顾间的平衡:基于性别与职业位置的比较》,《新华文摘》2013 年第 16 期,第 17~18 页。

引入协力标准,否认为个人财产者可以协力作为抗辩。

参考文献

[1] 龙翼飞:《我国〈物权法〉对家庭财产关系的影响》,载夏吟兰、龙翼飞、张学军主编《婚姻法学专题研究》(2007年卷),中国人民公安大学出版社,2008。

[2] 王利明:《物权法研究》(第三版)上卷,中国人民大学出版社,2013。

[3] 王泽鉴:《民法总则》(增订版),中国政法大学出版社,2001。

[4] 奚晓明主编《最高人民法院婚姻法司法解释(三)理解与适用》,人民法院出版社,2011。

[5] 周林彬:《物权法新论》,北京大学出版社,2002。

[6] 梁慧星主编《中国民法典草案建议稿附理由(总则编)》,法律出版社,2004。

[7] 隋彭生:《民法新角度》,北京大学出版社,2012。

理 论 前 沿

理论探讨

论社会转型期婚姻法的二元性

王 姣[*]

【内容摘要】婚姻法在社会转型期被定位为私权法,更加注重个人私权、人格独立以及法律方案的可行性,进而婚姻法也从家庭本位走向个人本位。《婚姻法解释(三)》的出台更凸显了婚姻法转型期的工具性、开放性以及权利性,婚姻法的身份法本质却要求其必须注重伦理的目的性、问题的本土性以及家庭保护的义务性。实务与理论对婚姻法的双重冲击,需要我们在审视转型期婚姻法特性的基础上,提出更加合理的制度设计。

【关 键 词】社会转型 婚姻法 二元性

改革开放为中国社会的转型鸣响了长笛,当今社会正行驶在"转型"的大道上。但公众对于社会转型期的内涵并没有共识性的理解。一般认为,社会转型不是一种改革而是指自改革开放以来,社会发生的一种体制转换。这种体制转换包括三转:一是经济之转,即由计划经济向市场经济转换;二是社会之转,即由传统社会向现代社会转换,现代社会的基本标志就是

---

[*] 王姣,中南财经政法大学民商法专业硕士研究生。

政治民主化、经济市场化、文化多元化、城乡社会保障一体化以及全方位全球化;① 三是秩序之转,即由人治向法治转化,随着社会的转型进一步加深,法治也由依法而治走向良法善治,定位和谐法治。转型期的法治兼具地区发展不平衡性、混合型、过渡性、推动力量多元性等特点。在法治转型的大背景下,婚姻法的发展也面临着机遇与挑战,一方面社会转型期政治、经济、文化的全面发展为婚姻法的实施与完善提供了基础,另一方面社会转型期社会环境、家庭结构以及观念价值的转变也对婚姻法的制度基础形成了冲击。《婚姻法》自1950年颁布,经历了1980年和2001年两次修订,最高人民法院先后于2001年、2003年以及2011年针对《婚姻法》出台了三部司法解释。《婚姻法》紧跟社会的发展,注重家庭的和谐,一步步除旧更新,逐步完善,2011年颁布的《最高人民法院关于适用〈中华人民共和国婚姻法〉若干问题的解释(三)》(以下简称《婚姻法解释(三)》)集中体现了转型期《婚姻法》的特征。同时,社会问题频发,实质正义和形式正义无法兼得之时,法律工具主义成为"清官易断家务事"的利器。可接受性法律方法②在《婚姻法》的运用,旨在剥离形式与实质,却掩盖不了厚此薄彼的内核,社会转型期下的《婚姻法》凸显了过渡时期的二元性。

一 工具性和目的性

美国学者伯尔曼说,法律是"基于经验的正义与秩序的平衡",因此"法律必须被信仰,否则它将形同虚设"。③ 也就是说,法律是一种带有正义目的维护秩序的规范,或者说法律兼具工具性和目的性特征。法律为生活而设,社会性是法律与生俱来的品质,良法善治作为转型期的秩序追求,美国学者庞德说:"在我们生活的地上世界里,如果法律在今天是社会控制

---

① 参见张文显《中国社会转型期的法治转型》,《国家检察官学院学报》2010年第4期,第3页。
② 可接受性主要指的是衡量某一对象是否以及在多大程度上可以获得肯定和认同等。可接受性有以下特征:(1)广泛地存在于社会科学的各种学科之中;(2)受众(听众)本位是可接受性的最重要特征;(3)带有折中的色彩或者因素;(4)不确定性;(5)推崇形式与实质的分离。参见孙光宁《可接受性—法律方法的一个分析视角》,博士学位论文,山东大学,2010,第15~18页。
③ 〔美〕伯尔曼:《法律与宗教》,梁治平译,中国政法大学出版社,2010,第5页。

的主要手段,那么它就需要宗教、道德和教育的支持;而如果它不能再得到有组织的宗教和家庭的支持的话,那么它就更加需要这些方面的支持了。"[①] 因此,法律作为社会控制的工具,体现了自由、平等、公平、正义、安全与效率的价值,其基本的落脚点还是与社会上存在的宗教、道德以及家庭等元素和谐发展。法律需要家庭的支持,因此构建连接二者的坚固"桥梁"——《婚姻法》,显得尤为重要,《婚姻法》三十年来从独立部门法到"回归民法"的历程彰显了其在维护家庭稳定和社会和谐的独特作用。[②]

(一) 私权角度下的工具性

2011年8月13日《婚姻法解释(三)》开始实施,内容共有19条,其中涉及财产的有13条,这引起了众多讨论,对它评价呈现出两极分化的趋势:一方面,公众们对其评价是两极分化的,男性认为关于财产制度的规定尤其是个人财产范围的扩大真正体现了男女平等的价值理念,例如第5条:"夫妻一方财产在婚后产生的收益,除孳息和自然增值外,应认定为夫妻共同财产。"女性则认为这种规定是以形式的平等掩盖实质的不平等,因为婚姻是双方协力的共同体,否定女性在家务中的贡献对婚姻中的女性保护严重不足;另一方面,法官对其评价则相对均比较高,理由在于《婚姻法解释(三)》的出台对于很多案件的处理都有统一性的作用,可以实现同案同判。如第10条关于离婚时采用按揭方式购买房屋的处理方式的规定,一方面贯彻了《合同法》的意思自治原则和物权法的公示公信原则,另一方面也统一了以往法院对此房屋的归属认定不一的做法,所以,这种规定对理论的统一和现实问题的解决均有积极的意义。[③] 评价的主观色彩不可避免,囿于立场不同而已。市场经济的发展、人格平等的追求、社会家庭结构的变化,使得财产纠纷成为婚姻家庭案件的焦点,"清官难断家务事",即使《婚姻法》不断完善,面对家庭财产纠纷问题,仍不免会捉襟见肘,

---

① 〔美〕罗斯科·庞德:《通过法律的社会控制》,沈宗灵译,商务印书馆,2010,第37页。
② 参见巫若枝《三十年来中国婚姻法"回归民法"的反思——兼论保持与发展婚姻法独立部门法传统》,《法制与社会发展》(双月刊) 2009年第4期,第78页。
③ 《学习式法规:婚姻法学习式法规》,中国法制出版社,2010,第110页。

《婚姻法解释（三）》的出台在一定程度上缓解了这种情况。例如第 4 条关于婚内析产的规定，在此之前由于《婚姻法》没有明确的规定，司法实践中会出现：一是裁定不予受理；二是驳回起诉；三是以调解方式结案；四是以判决"夫或妻对争议财产享有一定的支配权"结案①等不同的处理方式，导致同案不同判的情形，至此《婚姻法解释（三）》为此类问题的处理提供了法律依据，但是这个规定却具有立法之嫌。因为《婚姻法解释（三）》作为司法解释本质是对正确理解和适用《婚姻法》所作的指导意见，而不是创设法律。《婚姻法》未对婚内析产问题做出任何规定，《婚姻法解释（三）》予以明确，显然超出了解释法律的范畴。之所以会出现类似的规定是出于解决实际问题的需要。《婚姻法解释（三）》通过引入合同法的"意思自治"、物权法的"登记主义"、法律方法中的可接受性和推定式拟制②等工具来实现定纷止争的目的。有人说，婚姻就是一种契约，谈恋爱就像合同要约，亲吻相拥就像合同承诺，定情信物就像合同定金，结婚登记就像合同签订，入洞房就像合同履行，离婚就像合同解除……婚姻法回归民法，回归契约精神，则将婚姻法定位为私法和权利法，主张贯彻身份契约自由、建立意思自治的私权体系、捍卫个人财产权，排除国家公权力的干涉。新时代里《婚姻法解释（三）》的实施，更彰显了婚姻法私权理论下的工具性特征。旨在消解婚姻家庭纠纷的复杂性，法官试图从婚姻法外部引进解决方案，却造成了婚姻法与其他法律衔接的漏洞以及婚姻法内部的不协调，例如《婚姻法解释（三）》第 7 条第 2 款关于"按份共有"的引进则与传统民法理论认定夫妻财产的共同共有不相契合，又如，《婚姻法解释（三）》第 7 条第 1 款与《婚姻法解释（二）》第 22 条第 2 款的适用不乏冲突。

（二）伦理角度下的目的性

1982 年"把马克思主义的普遍真理同我国的具体实际结合起来，建设有中国特色的社会主义"这样的字眼第一次映入我们的眼帘，我们的民族，

---

① 原玲玲：《我国〈婚姻法〉夫妻财产制司法解释研究》，硕士学位论文，山西大学，2012，第 21 页。
② 参见毛淑玲《推定与法律拟制》，《黑龙江省政法管理干部学院学报》2010 年第 11 期，第 13 页。

什么才是"最炫民族风"？是政治，是经济，还是文化？……对比西方节日的庆祝，答案就隐藏其中。西方节日的庆祝可谓热闹非凡，购物、聚会、唱K等各种各样的商业活动、琳琅满目的商品吸引着人们走出户外，而中国节日的庆祝呢，核心就一个字：吃。各种节日总有不同的食物来配套，在这吃的背后隐藏的是：亲情，因为节日时中国人是和亲朋好友一起吃一起聊天，以吃的形式来沟通家庭感情。古有"齐家治国平天下"之说，今有"常回家看看"之法，无论是文化传统还是道德入法，中国一直很重视"家"，因为"家和万事兴"，无论是政府还是公民，均竭尽所能维持家庭秩序的和谐。

《婚姻法》第一章总则部分以4个条文建构了婚姻的原则和宗旨。以团体主义为支撑的婚姻家庭，承载了人口再生产、组织经济生活、教育等社会职能。① "稳定居所、男女分工、繁衍后代、互帮互助、甘于奉献"等都是婚姻家庭伦理本质的显性表达。当今随着自由、平等以及人权观念深入人心，"个人主义"正一步步侵袭着婚姻"团体主义"的基础，人们动辄就拿"生育权""同居权""亲吻权"等权利说事，《婚姻法解释（三）》的出台也见证了高举"婚姻自由"旗帜之后"豆竿家庭"的出现，② 婚姻家庭的伦理本质正受到"私权膨胀"的侵蚀。

婚姻家庭法作为每个人都会接触到的法律，它存在的主要目的不是维护某一方的权利，而是为了维护家庭的稳定，婚姻承载的伦理本质是其永恒的主旋律。当前婚姻家庭法在实体法方面正以与一般民事法由分到合的姿态出现，但鉴于婚姻家庭案件的特殊性，我们有必要在家事诉讼程序理论的指导下，构建涵盖案件审判、案件调解以及非诉案件的审判在内的家事裁判程序，③ 婚姻家庭纠纷的解决需要国家公权力的适度介入，建立专门的家事法庭，其裁判程序与一般的纯粹当事人主义对抗模式应实现分离。

---

① 《婚姻家庭的社会职能》，中国法律网 http://www.5law.cn/a/hunyinfa/hunyinjiating/fuqi/2012/0223/603399.html。

② 豆竿家庭指的是一个家庭数代单传，家庭人口一直维持在每代两人，这种家庭不朝横向发展，而朝纵向传宗接代，像菜豆茎依附竹竿爬升一样瘦长。当家庭传宗接代的功能丧失，这种家庭就成为截断家庭，像豆竿断枝一样，无后了。不断上升的离婚率是"豆竿家庭"产生的一部分原因。载360百科 http://baike.so.com/doc/5697157.html。

③ 参见张晓茹《家事裁判制度研究》，博士学位论文，中国政法大学，2004，第49页。

婚姻家庭法在实体法和程序法上与一般民事法的"合"与"分",与转型期《婚姻法》的定位不明息息相关,《婚姻法》亟须建立主导型的原则,以"伦理"为本位,注重"保婚姻"而非"保财产"。

二 开放性和封闭性

"法律的生命不在于逻辑,而在于经验",而经验需要与时俱进,所以法律同样需要与时俱进。伴随扩大家庭向核心家庭的转变、反哺模式向接力模式的转变、家庭幸福与社会建设关联到家庭幸福与感情自由,①《婚姻法》也与不合时宜的法律规定说了再见,展示了婚姻家庭在新世纪里的新面貌。

(一) 历史视野下的开放性

包办强迫、不自由、男尊女卑、漠视子女利益的封建主义婚姻制度存在于我们的社会记忆或者群体记忆中,男女婚姻自由、一夫一妻、男女权利平等、保护妇女和子女合法权益的新民主主义婚姻制度发生在我们的新世纪生活里,虽然记忆里残存的碎片仍不免影响我们,但毋庸置疑,新《婚姻法》正在以一种开放的姿态日臻完善。

1. 多元化的家庭生活模式得到尊重

《婚姻法》第5条规定:"结婚必须男女双方完全自愿,不允许任何一方对他方加以强迫或任何第三者加以干涉。"确立了婚姻自由原则。"非法同居",我们仍记忆犹新的一个词语,曾指那些"没有配偶的男女双方未经结婚登记,公开以夫妻名义同居生活"形成的社会的关系,2001年《婚姻法解释(一)》以"同居关系"终结了"非法同居关系"概念的存在。根据民政部《婚姻登记工作暂行规范》,同性人在变更生理和法律上的性别后,可以与异性结婚。《婚姻法》不仅对这种非婚同居和变性婚姻的生活模式予以尊重,同时也对独身制、试婚、隐婚等新近出现的家庭生活模式予

---

① 参见杜道林、白中林《论最高人民法院关于适用〈婚姻法〉若干问题的解释(三)的社会基础》,《法律适用》2013年第8期,第92~95页。

以包容。《婚姻法》尊重多元化的家庭生活模式，还原了生活本来的模样。

2. 多样化的夫妻财产制度逐步确立

夫妻财产制度分为普通财产制和非常财产制。普通财产制又分为法定财产制和约定财产制，非常财产制又分为当然财产制和宣告财产制。① 我国的夫妻法定财产制为婚后所得共有制，其存在的法理基础为"协力"，② 我国的夫妻法定财产制又包括夫妻共同财产制（《婚姻法》第 17 条）和夫妻个人特有财产制（《婚姻法》第 18 条、《婚姻法解释（二）》第 22 条以及《婚姻法解释（三）》第 7 条）；《婚姻法》第 19 条基本构成了我国约定财产制的全部内容，即明确了约定的形式、时间、效力、范围及性质；《婚姻法解释（三）》第 4 条的规定初步确立了我国的非常财产制，一定程度上弥补了夫妻共同财产制的不足，保护了个人财产权利和个人合法的经济活动。

3. 多重化的婚姻家庭责任并存其中

"婚姻小家"作为"社会大家"的一部分，婚姻家庭不仅包括家庭成员之间的关爱和责任，而且涵盖了与他人互动时产生的社会责任。一方面《婚姻法》规定婚姻为男女两性的结合，婚姻中既有夫妻二者之间的关系又有夫妻与父母子女之间的关系，婚姻的内部关系就使婚姻承担了繁衍后代的社会责任以及家庭成员之间的互助责任；另一方面，婚姻中的夫妻双方与婚姻之外的人发生的社会关系也要求其须承担诚信人的责任，如《婚姻法解释（三）》第 11 条规定，夫妻一方无权处分共有房屋时，若对方是善意第三人，则优先保护善意第三人的财产权，个人利益与社会利益发生碰撞时，《婚姻法》也需承担社会责任。

（二）比较视野下的封闭性

全球化的浪潮席卷而来，带来了政治全球化和经济全球化。国际经济一体化需要与之相适应的法律规范，否则，跨国经济交易便不可能有序地进行。比较法的发展，推动了法律影响的全球化以及各国法律逐渐接近、协调、融合、趋同甚至部分地统一或者同一的进程。发展中国家尤为注重，

---

① 史尚宽：《亲属法论》，中国政法大学出版社，2000，第 332 页。
② 参见薛宁兰、许莉《我国夫妻财产制立法若干问题探讨》，《法学论坛》2011 年第 2 期，第 23 页。

在立足本国利益的基础上向发达国家已有法律制度的学习、吸收和移植。①婚姻法作为本土性极强的一部法律,对于比较《婚姻法》上的相关制度,仍然持比较保守的态度。

1. 同性婚姻的生根困境

现实生活中,日益增多的高知分子,其婚姻观念因社会环境的变迁而日趋理性化、多元化、主体化以及开放中的保守化,致其步入婚姻的愿望和实际需求相对降低,② 加之社会性别的失衡,使得男女比例在客观上严重失调;同性之间出于内心之间的倾慕与疼惜而自愿结合成为"夫妻",不但没有危害社会公共秩序,反而在一定程度上减少了性别失衡的社会压力;在我国婚姻被视为共同善,涉及人的康乐的最基本和最为内在的方面,并且涉及生命、知识、社会性等多种要素,因此同性婚姻存在两大困境:一是其是否会改变人们对于婚姻这种实践的理解以及破坏那些持有夫妻观的共同体成员的自我认同;二是如何权衡其与个人的道德自主价值、国家在公民道德事务上的角色。③ 迄今为止,已经有荷兰、比利时、西班牙、加拿大、南非、挪威、瑞典、葡萄牙、冰岛、阿根廷这十个国家正式承认同性婚姻合法,④ 但是我国仍然没有从法律上承认同性婚姻的合法地位,以立法的缺失应对实际存在的同性婚姻现象,对于同性婚姻者一系列权利的保护只能是空谈,王利明先生说过:"法律其实是道德教育和道德养成的重要手段"⑤,因此,我国《婚姻法》有必要借鉴比较法上的经验,分步骤地对同性婚姻加以保护:先制定《同性恋者权益保护法》,再颁布同性伴侣的行政法规,最后将同性婚姻置于基本法即《婚姻法》的羽翼之下,明确同性婚姻与异性婚姻享有同等权利。⑥

---

① 参见李双元、李赞《全球化进程中的法律发展理论评析——"法律全球化"和"法律趋同化"理论的比较》,《法商研究》2005 年第 5 期,第 153 页。
② 参见陈倩《转型期高知女性婚恋观探析——以太原地区为例》,硕士学位论文,山西大学,2012,第 39 页。
③ 参见郑玉双《婚姻与共同善的法哲学分析——兼论同性婚姻合法化困境》,《浙江社会科学》2013 年第 5 期,第 63 页。
④ 参见杨孝文《世界上十个同性婚姻合法的国家》,《百科知识》2013 年第 9 期,第 32 ~ 33 页。
⑤ 王利明:《人格权法新论》,吉林人民出版社,1994。
⑥ 参见何东平《中国对同性恋以及同性婚姻立法的必要性和思路》,《玉林师范学院学报》(哲学社会科学) 2006 年第 2 期,第 161 页。

2. 约定财产制规定的不足

夫妻之间关于财产的约定，从本质上来说是身份法上的行为，与财产法上的合同存在本质区别，对于这种约定行为并不当然适用《合同法》和《物权法》的相关规定。《婚姻法》第 19 条大致勾勒了我国的约定财产制，对于约定的生效时间、公示程序以及变更、撤销程序则并未规定。① 夫妻财产的约定可以是婚前也可以是婚后，对于婚前的约定，由于婚姻关系尚未生效，宜将其效力认定为已成立但未生效；虽然《婚姻法》要求夫妻财产的约定必须采取书面形式，但这并不足以保护善意第三人，因此我国可以借鉴比较法上的规定：只有进行了公示的婚前或婚后的财产约定，才具备对抗效力；"财产"是一个动态的概念，因此当夫妻财产关系发生变动之时，有必要建立变更和撤销程序。

3. 第三人利益保护的完善

《婚姻法》中对于第三人的合理保护，其实质就是要平衡好家庭利益和社会他人利益。《婚姻法解释（三）》采用的"登记主义"以及"善意取得制度"（《婚姻法解释（三）》第 11 条的规定）均旨在保护善意第三人的利益。②《婚姻法》保护善意第三人需要定位宗旨，尤其是在保护婚姻中弱势一方与保护善意第三人发生冲突时，优先的顺序该如何确定。一般情况下，夫妻双方对外承担连带责任这点毫无疑问，但是夫妻分居期间的债务应该如何认定，理论界和实务界众说纷纭。借鉴法、德等国家的规定，构建夫妻财产制度的登记制度、完善夫妻财产制度的类型、明确夫妻共同债务的范围，是解决此问题的第一步。然后，区分两种情形：一是如果二者的分居尚未达到需要离婚的地步，此时应以是否具备"共同利益"为划分标准来认定是属于个人债务还是共同债务，二是如果二者分居感情恶化并可导致离婚时，法律应允许双方采取去婚姻登记机关进行登记备案的方式来确立分居期间实行分别财产制，并且自实施分居期间的分别财产制起双方丧

---

① 参见何群《我国夫妻财产约定法律适用问题研究》，《宁夏社会科学》2013 年第 4 期，第 19 页。
② 参见张涛《夫妻财产制度下善意第三人利益保护——〈物权法〉视野下的最新〈婚姻法〉司法解释》，《辽宁行政学院学报》2012 年第 4 期，第 36 页。

失了对彼此的夫妻日常家事代理权。① 同时，为了进一步保护善意第三人的合法权益，明文规定夫妻之间关于债务履行或承担的约定或"法院判决"的效力不及于善意的债权人，以防止在承担债务一方破产或死亡时出现原来夫妻另一方以清偿协议或法院判决免责为由架空债权人的债权，侵害债权人的合法权益。

三 权利性和义务性

婚姻关系指的是由《婚姻法》调整的以夫妻之间的权利义务为主要内容的社会关系。利益关系是社会关系的本质，利益关系的主要内容是财产关系，但财产关系本身并不足以分配利益，法律需要通过身份关系构筑规范体系，从实质上实现对契约双方的保护。《婚姻法》作为身份关系法律的重要组成部分，究其本质，仍然是国家通过法律进行社会利益控制的一个手段。因此，夫妻感情的和睦、性别和谐的构建以及对亲情互动的重视都是《婚姻法》分配夫妻间权利义务的根本宗旨。

（一）人格独立下的权利性

市场经济的发展要求"国家依照法律规定保护公民的私有财产权"，公法与私法的划分使得"民法为私法和权利法"的观念深入人心，科学观念的普及祛除了"女人是男人的肋骨"的宗教愚昧，女权运动、儿童保护运动等人权运动的扩大加深了"男女人格独立"的信仰，这一系列的因素给中国婚姻家庭制度的基础观念换了"新装"：从家庭本位到夫妻本位再到个人本位。

数据显示，2008 年全国法院一审受理婚姻家庭纠纷案件共计 1286437 件，2009 年为 1341029 件，2010 年为 1374136 件，呈逐年上升趋势。案件中相对集中地反映出婚前贷款买房、夫妻之间赠与房产等争议较大的问题。② 针对实际存在的这些夫妻财产问题，2011 年《婚姻法解释（三）》应

---

① 参见秦英鹏《夫妻共同债务研究》，硕士学位论文，沈阳师范大学，2013，第 28~29 页。
② 《最高法：全国法院去年一审受理 116 万余件离婚案》，中国新闻网 http://www.chinanews.com/fz/2011/08 - 12/3253752.shtml。

运而生。《婚姻法解释（三）》第 5 条将婚前财产在婚后发生的孳息和自然增值扩大为个人财产；第 7 条和第 10 条充分考虑中国国情以及父母出资购房的真实意图，将房产认定为"产权登记主体"所有；第 16 条认可了夫妻间借款的效力……除了对财产性权利的承认，婚姻法也保障了夫妻间的身份性的权利，《婚姻法解释（三）》第 9 条确认了夫妻双方具有平等的生育权，互不侵犯。通过对于夫妻之间权利的承认，《婚姻法》彰显了对夫妻人格独立的尊重。

《婚姻法解释（三）》对夫妻权利的保护仍存在盲点，即婚姻期间的人力资本可期待经济利益与离婚损害赔偿问题。知识经济时代，夫妻之间会面临这样的问题：夫妻一方利用夫妻共同财产进行个人智力投资使得夫妻共同财产的一部分或大部分转化为一方的智力素质，如果受益方提出离婚，人力资本该如何分配。比较法上存在三种模式：补偿性的扶养主义、财产分割主义和离婚损害赔偿主义。① 界定人力资本的分割首先需要明确的前提是：人力资本是否是财产，是否具备可分割性？由于民法上"财产"是一种人身之外、具有经济价值且可转让性之物，囿于人力资本的人身依附性、价值的可变性、不可转让性和难以评估性等特征而难以被归类为"财产"。② 那么是否对此，无过错且付出劳务的一方就无法主张权益了呢？虽然人力资本不是财产，但是人力资本与劳务的结合是可以转化为经济利益的，一方对另一方心甘情愿地付出正是对这种经济利益转化后美好生活的期待，如果法律不对无过错一方的贡献做出救济是不公平的，扩大我国《婚姻法》第 46 条中无过错方有权请求离婚损害赔偿的法定情形不失为一种可参考的途径。

（二）社会保障下的义务性

微观而言，婚姻家庭是个人全面发展的基本物质和精神保障的源泉；宏观而言，婚姻家庭承担了养老育幼的社会职责，是社会保障制度一个重

---

① 参见余延满、梁小平《论婚姻关系存续期间的人力资本与离婚损害赔偿》，《江西社会科学》2013 年第 3 期，第 148～149 页的具体分析。

② 参见余延满、梁小平《论婚姻关系存续期间的人力资本与离婚损害赔偿》，《江西社会科学》2013 年第 3 期，第 148 页。

要组成部分。公民安居乐业，婚姻家庭才能和谐，进而社会才能稳定发展，维护婚姻家庭的"定居"和"养育"社会保障功能，才能更好地促进个人、家庭以及社会的全面发展。

1. 非常财产制度下的社会性别平等

社会性别主流化①要求婚姻法更加注重男女实质权利的平等，为婚姻中弱势或者无过错一方提供更全面的生活保障。《婚姻法解释三》第 4 条规定了可请求婚内析产的两种情形，这条规定在一定程度上属于非常财产制的内容，但是其内容远远不足以防止配偶一方利益严重受损情形的发生。为了维持无过错配偶一方基本的物质生活保障，我国宜借鉴法德实行宣告制的非常财产制。在下列情形下，夫妻一方或者双方有权向法院宣告实行非常财产制：夫妻一方依法应给付家庭生活费用而不给付的；夫妻个人财产不足以清偿个人债务，或夫妻共同财产不足以清偿共同债务的；夫妻一方为财产上之处分，依法应得到他方同意的，而他方无正当理由拒绝同意的；夫妻一方对他方的原有财产，管理显有不当，经他方请求改善而不改善的；夫妻因感情不和分居满 1 年以上的；继续适用共同财产制，将使夫妻一方利益受到严重侵害的其他重大事由的。②

2. 婚姻家庭住房权的优先保护

婚姻家庭住房权涉及家庭成员的基本生存权利和保护妇女、老人以及儿童权益的法律原则，牵涉社会民众的基本居住生活条件和养老育幼职能的履行，关乎《婚姻法》对公平、效益、秩序等价值理念的追求，因此优先保护婚姻家庭住房权具有深刻的法律基础、社会基础以及法律基础。《婚姻法解释（三）》第 11 条对夫妻一方擅自出卖共有房屋做出了规定，反思这条规定，至少存在以下两大问题：一是无保护家庭居住权的特别规定，在保护善意第三人之时，没有区分共有房屋的性质是属于必需性住房还是属于奢侈性住房，有违《婚姻法》的伦理宗旨；二是立法理念的不科学，

---

① "社会性别主流化"是联合国促进性别平等的一种全球战略，它是实现社会性别平等的一种手段，各国在法律政策制定过程中需要分析其对男女双方产生的影响，男女两性不同的关注和经历是国家设计、执行、跟踪、评估法律、政策阶段的重要内容。

② 参见梁琳《社会性别视角下的夫妻非常财产制——兼评我国婚姻法司法解释（三）第四条的规定》，《中华女子学院学报》2012 年第 5 期，第 25 页。

如果婚姻一方擅自出售的是夫妻生活必需的住房,此时优先保护善意第三人利益而在离婚时由出售方给予配偶另一方赔偿的规定虽然与民法规则相一致,但有违《婚姻法》优先保护婚姻家庭成员利益的本位价值。坚守《婚姻法》的伦理性质和家庭本位,宜在《婚姻法》中区分不同情形增加以下内容:如果必需性住房属于夫妻双方所有,对于一方未经另一方的同意加以出售的行为,给予另一方以及特殊情形下家庭居住的其他近亲属合理期限内(1年为宜)的撤销权;如果必需性住房属于夫妻一方所有,则另一方以及特殊情形下家庭居住的其他近亲属在婚姻关系存续期间享有的居住使用权,可以对抗善意第三人。因此,夫妻一方出售房屋之时,需要出示另一方同意出售的书面证明材料,如果有其他近亲属居住的,也需要出示其他近亲属同意出售的书面证明材料(未成年人由监护人代为出具证明)。①

3. 弱者保护角度的别居制度

《婚姻法》第 4 条规定:"夫妻应当相互忠实,相互尊重;"原则上法律要求夫妻之间应该同居,因为这是夫妻义务关系中的核心内容。但是家庭暴力特别是夫妻间暴力侵权事件正日益成为一个严重的社会问题,统计显示,我国近1/4的女性曾遭遇家庭暴力,② 2013 年"李阳家暴案件"再次掀起了关于防止家庭暴力的讨论。我国《婚姻法》第 43~45 条对实施家庭暴力的行为提出了行政和刑事救济措施,其中第 46 条规定了民事的离婚赔偿救济措施,③ 现实生活中家庭暴力的程度以及婚姻中责任的复杂性使得以上措施都无法对受害方提供有利的保护。当一方因另一方虐待、遗弃等导致人身受到严重威胁或损害,或患病、身体不适,或一方已向法院提起离婚诉讼等情形出现时,夫妻间的同居义务则应解除,法律应允许协议别居和司法别居。所谓别居是指婚姻存续期间,双方免去同居义务,包括异地而居和同居一房"打隔断"两种形式,其认定的核心在于双方不再履行包括性生活在内的共同生活义务。夫妻别居制度的对内效力在于:人身关系方

---

① 参见陈苇、姜大伟《论婚姻家庭住房权的优先保护》,《法律科学》(西北政法大学学报)2013 年第 4 期,第 123 页。
② 《统计显示我国近 1/4 女性曾遭遇家庭暴》,中国广播网 http://www.cnr.cn/gundong/201205/t20120514_509612614.shtml
③ 参见王红艳《夫妻间暴力侵权婚内赔偿制度探析》,《云南大学学报》(法学版)2007 年第 1 期,第 18 页。

面免除同居义务但不免除对父母子女的扶育义务,财产关系方面由双方协议财产制度,互有扶养义务和继承权;对外效力在于别居公示下的对抗效力。当别居情形消失之时,夫妻可以协议或者申请终止别居制度。① 因此设立别居制度无论是对于受家暴的配偶方或子女,还是第三人均具有现实意义。

四 结语

社会转型期婚姻法的二元性呈现出复杂的交错关系,或表现为冲突关系,或表现为互补关系,或表现为理论与实务关系,无论是哪一种关系,都只是存在于社会转型期的过程中。婚姻法的工具性、开放性和权利性均是社会大环境变化下的必然反映,目的性、封闭性和义务性则是其伦理本质的特殊表现。社会转型期婚姻法二元性的肯定或者否定分析都是对现实问题的理论写照,这些特性的出现一方面表明了婚姻法与时俱进的强大理论品质,另一方面也透露出现有婚姻家庭制度在应对社会转型问题时的不足与价值冲突。需要说明的是婚姻法的二元性发生在社会转型背景之下,其具有特殊性、过渡性和可修复性。我们需要在审视其特性的产生根源上,借鉴比较法上的先进经验,坚守婚姻法的伦理法定位,立足婚姻的家庭保障职能,回归婚姻法维护平等、和睦、文明家庭关系的初衷,改善或重构现存的不合理的婚姻家庭制度,提出更加合理化的制度设计以适应法律自身发展和社会生活变革的需要。

参考文献

[1] 〔美〕伯尔曼:《法律与宗教》,梁治平译,中国政法大学出版社,2010。
[2] 〔美〕罗斯科·庞德:《通过法律的社会控制》,沈宗灵译,商务印书馆,2010。
[3] 史尚宽:《亲属法论》,中国政法大学出版社,2000。

---

① 参见孟德花《国外、域外别居制度比较——再谈我国别居制度的完善》,《河北法学》2002年9月,第136~137页。

[4] 王利明:《人格权法新论》,吉林人民出版社,1994。
[5] 孟德花:《国外、域外别居制度比较——再谈我国别居制度的完善》,《河北法学》2002 年第 5 期。
[6] 李双元、李赞:《全球化进程中的法律发展理论评析——"法律全球化"和"法律趋同化"理论的比较》,《法商研究》2005 年第 5 期。
[7] 何东平:《中国对同性恋以及同性婚姻立法的必要性和思路》,《玉林师范学院学报》(哲学社会科学)2006 年第 2 期。
[8] 王红艳:《夫妻间暴力侵权婚内赔偿制度探析》,《云南大学学报》(法学版)2007 年第 1 期。
[9] 巫若枝:《三十年来中国婚姻法"回归民法"的反思——兼论保持与发展婚姻法独立部门法传统》,《法制与社会发展(双月刊)》2009 年第 4 期。
[10] 张文显:《中国社会转型期的法治转型》,《国家检察官学院学报》2010 年第 4 期。
[11] 毛淑玲:《推定与法律拟制》,《黑龙江省政法管理干部学院学报》2010 年第 11 期。
[12] 薛宁兰、许莉:《我国夫妻财产制立法若干问题探讨》,《法学论坛》2011 年第 2 期。
[13] 张涛:《夫妻财产制度下善意第三人利益保护——〈物权法〉视野下的最新〈婚姻法〉司法解释》,《辽宁行政学院学报》2012 年第 4 期。
[14] 梁琳:《社会性别视角下的夫妻非常财产制——兼评我国婚姻法司法解释(三)第四条的规定》,《中华女子学院学报》2012 年第 5 期。
[15] 杜道林、白中林:《论最高人民法院关于适用〈婚姻法〉若干问题的解释三的社会基础》,《法律适用》2013 年第 8 期。
[16] 郑玉双:《婚姻与共同善的法哲学分析——兼论同性婚姻合法化困境》,《浙江社会科学》2013 年第 5 期。
[17] 陈苇、姜大伟:《论婚姻家庭住房权的优先保护》,《法律科学》(西北政法大学学报)2013 年第 4 期。

离婚财产清算的制度
选择与价值追求[*]

王歌雅^{**}

【内容摘要】 离婚财产清算是亲属法中的基本制度,《婚姻法》仅做了原则性规定。从司法实务入手,分析离婚财产清算制度的适用现状、实践效用与立法局限,有助于在比较分析、价值分析的基点上,实现离婚财产清算制度的立法完善与适用正义。《婚姻法》有关离婚财产清算的制度选择须依遵如下路径:分割夫妻共同财产应坚持公平分割的原则,以协调夫妻共同财产分割与家务贡献补偿的矛盾;清偿夫妻共同债务应坚持共同清偿的原则,以协调夫妻的共同债务与个人债务清偿与追偿的矛盾,进而实现保障人格尊严、追求性别关怀、崇尚意思自治、维护婚姻秩序、促进社会公正的价值追求。

【关 键 词】 离婚财产清算 实践检视 立法局限 制度选择 价值追求

---

* 基金项目:本文为2011年度国家社会科学基金项目(项目编号:11BFX072):《社会排挤与女性婚姻家庭权益的法律保障》、黑龙江省博士后科研启动资助项目:《排挤与超越:女性婚姻权益的法律正义》的阶段性研究成果。

** 王歌雅(1963~),女,汉族,山东掖县人,黑龙江大学法学院教授、博士生导师、博士后合作导师,中国婚姻家庭法学研究会副会长。

离婚财产清算，即离婚当事人对婚姻关系存续期间的财产依法进行清理、处理与清缴的民事行为。具体包括积极财产清算与消极财产清算。前者指离婚财产分割；后者指离婚债务清偿。离婚财产清算可依私力救济与公力救济得以实现。离婚当事人无论依据何种程序与路径完成财产清算，均须符合法律规定与道德选择。因为，"公正常常被看作德性之首，比'星辰更让人崇敬'。""正是由于公正是对他人的德性，唯有公正才是'对他人的善'。""公正所促进的是另一个人的利益，不论那个人是一个治理者还是一个合伙者。"①

一 实践检视

离婚财产清算即夫妻的共同财产分割与共同债务清偿，是《婚姻法》中的基本制度，相关司法解释对此也有规定。然而，在司法实践中，该制度的适用状况是否良好、能否达到实质正义和性别公正，则是须关注的环节。

（一）夫妻财产制的适用

基于2010年学者对北京、上海、哈尔滨3个城市2008年审结的离婚案卷的抽样调查，② 离婚当事人的夫妻财产制仍以婚后所得共同制为主、约定财产制为辅。（见表1）

表1 抽样离婚当事人的夫妻财产制

城市 案件比例 财产类型	北京		上海		哈尔滨	
	案件数（件）	百分比（%）	案件数（件）	百分比（%）	案件数（件）	百分比（%）
婚后所得共同制	141	98.6	49	42.2	63	52.5
分别财产制	1	0.7	未体现	未体现	7	5.8
部分共有、部分分别	1	0.7	未体现	未体现	3	2.5

资料来源：王歌雅：《家务贡献补偿：适用冲突与制度反思》，《求是学刊》2011年第5期。

---

① ［古希腊］亚里士多德：《尼各马可伦理学》，廖申白译注，商务印书馆，2003，第130、134页。
② 北京市的阅卷法院为海淀区人民法院，本次共查阅有效案卷143份。上海市的阅卷法院为闵行区人民法院，本次共查阅有效案卷116份。哈尔滨市的阅卷法院为南岗区人民法院，本次共查阅有效案卷120份。

（二）婚姻住房所有的状态

离婚财产清算涉及离婚当事人的财产。在我国社会主义初级阶段，房产是民众的重要财产。考察婚姻住房，可基本把握离婚当事人的经济状况、生活质量和离婚财产清算等基本事项。由于有些案卷并未显现离婚当事人的住房情况，故统计数据只就显现的案件进行评价。在北京，显明房屋系双方或一方所有的案件共 22 件，占案件总数的 15.38%。其中，夫妻共有房屋 17 件，占案件总数的 11.89%；男方所有房屋 3 件，占案件总数的 2.1%；女方所有房屋 2 件，占案件总数的 1.4%。房屋产权登记在一方名下的案件共 11 件，占案件总数的 7.69%。其中，婚前一方以个人财产全款购房，婚后取得房产证，房屋产权登记在自己名下的 3 件，占案件总数的 2.1%；婚后双方以共同财产购买房屋，房屋产权登记在一方名下的 6 件，占案件总数的 4.2%。婚前一方首付，婚后一方继续偿还贷款，房屋登记在自己名下的 1 件；男方出资，登记在父亲名下的 1 件。在上海，显现夫妻所有房屋的案件 23 件，占案件总数的 19.87%。其中，男方所有房屋 6 件，占案件总数的 5.17%；女方所有房屋 4 件，占案件总数的 3.45%；夫妻共有房屋 13 件，占案件总数的 11.21%。房屋产权登记在一方名下的案件 4 件。其中，房屋产权登记在婚前一方名下的 2 件；婚后双方以共同财产购买房屋，房屋产权登记在一方名下的 2 件，各占案件总数的 1.72%。在哈尔滨，夫妻拥有房屋所有权的案件 44 件，占案件总数的 36.67%。其中，夫妻共有房屋 25 件，占案件总数的 20.8%；男方所有房屋 15 件，占案件总数的 12.5%；女方所有房屋 4 件，占案件总数的 3.3%。在拥有房屋所有权的离婚当事人中，婚前以个人财产全款购房，房屋产权登记在自己名下的 16 件，占案件总数的 13.33%；婚前个人全款购房，婚后取得房产证，房产登记在自己名下或对方名下的均有体现，占案件总数的 2%～7%。在 3 个城市中，由于夫妻共同财产制是婚姻关系中的常规财产制，故夫妻共有房屋的比例相对较高。此外，由于男女两性收入差异的存在，男性独立所有房屋的比例高于女性。

(三) 债务产生的原因

离婚财产清算需要查明离婚当事人是否欠有债务。债务的性质直接关涉离婚当事人的利益及债权人的利益，而引发债务的原因则对债务性质的认定具有意义。在北京，显明当事人债务情况的案件共51件，占案件总数的35.66%。其中，无债务负担的30件，占案件总数的20.98%；因女方治病负债的1件，占案件总数的0.7%；因购买婚姻住房而负债的8件，占案件总数的5.6%；因子女上学而负债的1件，占案件总数的0.7%；因购买家庭生活用品而负债的7件，占案件总数的4.9%；因投资而负债的1件，占案件总数的0.7%；因偿还贷款而负债的2件，占案件总数的1.4%；因一方的损害赔偿而负债的1件，占案件总数的0.7%。在上海，离婚当事人无债务负担的22件，占案件总数的18.97%；因父母治病而负债的2件，占案件总数的1.72%；因购买家庭生活用品负债的4件，占案件总数的3.45%；因投资而负债的3件，占案件总数的2.59%；因赡养父母、资助亲友而负债的1件，占案件总数的0.86%。在哈尔滨，离婚当事人无债务负担的51件，占案件总数的42.5%；因男方或女方治病、子女上学、购买家庭生活用品、投资等原因负债的，所占比例相当，仅为案件总数的1%~2%；因其他原因负债的18件，占案件总数的15%，其主要是由于房贷而负债。数据表明，离婚当事人所负债务多为夫妻共同债务，但对债务性质的认定，当事人则存在较大差异，引发矛盾与纠纷的也较普遍。

(四) 法官认定的个人债务

当离婚当事人对债务性质认定与债务承担产生分歧时，财产清算纠纷也随即产生。为协调纠纷、平息矛盾、维护当事人的权益，法官将根据《婚姻法》规定并结合案件特点，在审核相关证据后做出调解或判决。在北京，法官认定属于夫妻个人债务的案件共4件，占案件总数的4.9%。其中，一方因赌博、吸毒、酗酒、浪费等恶习而负债务被认定属于个人债务的案件1件，占案件总数的0.7%；因一方的婚前债务或双方约定由一方偿还而认定属于个人债务的案件共3件，占案件总数的2.1%。在其他情形中，双方分割财产时均同意汽车归一方所有，购买该车的欠款由该方负担的1件；虽然为共同生活所需，但根据双方协议由个人承担债务的1件；一方因个人消费而贷款的1件，分别占案件总数的0.7%。在上海，法官认定属于夫妻个人债务的1件，即为一方的婚前债务或双方约定由一方偿还的债务。在哈尔滨，法官认定属于夫妻个人债务的案件仅有5件，其中，是夫妻一方的婚前债务或双方约定由一方偿还的债务3件，其他情形的2件。法官在认定夫妻个人债务时，遵循了《婚姻法》及相关司法解释的规定，实现了立法与司法的统一。

（五）法官对个人财产的认定

为清算离婚财产，应分割夫妻共同财产并保护夫妻个人财产，数据如下。（见表2）

表2　抽样离婚当事人的财产分割

个人财产认定 \ 城市 案件比例	北京 案件数（件）	北京 百分比（%）	上海 案件数（件）	上海 百分比（%）	哈尔滨 案件数（件）	哈尔滨 百分比（%）
认定为个人财产的案件总数	17	11.89	7	6.03	34	28.33
遗嘱或赠予指定为一方所有	2	1.4	1	0.85		
一方专用生活用品	2	1.4	1	0.85	28	23.33
婚前已有财产	7	4.9				
一方对公司投资	2	1.4				
承租单位住房	2	1.4				
解除劳动关系的补偿金、风险抵押金	2	1.4				
女方结婚陪嫁			2	1.72	1	0.83
婚前男方为女方购买的"三金"			3	2.59	2	1.67
其他					3	2.67

（六）法官认定属于夫妻共有的财产

财产清算时不仅要分割夫妻共同财产，而且要清偿夫妻共同债务。认定夫妻共同财产的种类与范围，既可保护离婚当事人的合法权益，又可确保债权人权益的实现。在北京，法官认定属于夫妻共有财产的案件20件，占案件总数的13.99%。其中,婚后夫妻一方或双方从事生产、经营收益的1件,占案件总数的0.7%;婚后夫妻一方实际取得或应当取得的住房公积金、住房补贴等的2件,占案件总数的1.4%;夫妻一方实际取得或应当取得的养老保险金、破产安置补偿费、离职经济补偿金的1件,占案件总数的0.7%。在其他情形中,无法认定为他人赠与的案件2件,用于偿还房贷的案件2件,占案件总数的1.4%;婚后共同购买生活用品的案件10件,占案件总数的7%;与车位使用权的折价,以及婚后购买但登记在夫妻一方名下的房屋、车辆相关的案件1件,婚后购买的婚姻住房的案件1件,占案件总数的0.7%。在上海,法官认定属于夫妻共有财产的4件。其中,夫妻一方婚前购买股票在婚后增值的2件;婚后夫妻一方或双方从事生产、经营的收益的1件;婚后夫妻一方以个人财产投资取得收益的1件。在哈尔滨,法官对夫妻共有财产认定的案件共16件。其中,夫妻一方婚前购买股票在婚后增值的1件,婚后夫妻一方或双方从事生产、经营收益的4件;婚后夫妻一方实际取得或应当取得的住房公积金、住房补贴等以及夫妻一方以个人财产投资取得收益的各1件;其他的9件。法官认定的夫妻共有财产的种类并不单一,但各类财产所占比例大致相当。数据表明,法官认定夫妻共有财产遵循了《婚姻法》的原则规定。

(七) 法官裁定分割夫妻共有财产适用的原则

分割夫妻共有财产应遵循相应原则。阅卷时,可感受法官在审理离婚案件时所适用的原则。在北京,法官适用相关原则分割夫妻共有财产的案件40件,占案件总数的27.97%。其中,男女平等分割的14件,占案件总数的9.8%。照顾子女和女方利益的10件,占案件总数的7%。照顾无过错一方的2件,占案件总数的1.4%。尊重当事人意愿的12件,占案件总数8.4%。有利生产、方便生活的4件,占案件总数的2.8%。在上海,法官适用相关原则分割夫妻共有财产的案件共27件。其中,男女平等分割的11件;照顾子女和女方利益的3件;尊重当事人意愿的11件;有利生产、方便生活的2件。在哈尔滨,法官适用相关原则分割夫妻共有财产的案件40件。其中,男女平等分割的11件,占案件总数的9.2%;尊重当事人意愿的24件,占案件总数的20%;照顾无过错方、有利生产、方便生活的各1

件；其他的 3 件。数据表明，法官在审理离婚案件时，能够自觉适用分割夫妻共有财产的基本原则。同时，相关基本原则也有助于解决离婚纠纷并促进离婚的形式正义与实质正义。

（八）夫妻共有财产不足清偿共同债务时的清偿比例

夫妻共有财产不足以清偿夫妻共同债务是解决离婚债务清偿纠纷的掣肘。在北京，相关案件的处理显示出法官的智慧与遵循法律的精神，适用男女平等清偿债务兼顾照顾女方的原则。相关案件 12 件，占案件总数的 8.4%。（见表 3）

表 3　抽样北京离婚案件的债务清偿

项目	债务清偿	均等清偿	男方多承担	男方全部清偿	双方协商清偿
北京	案件数（件）	9	1	1	1
	百分比（%）	6.29	0.7	0.7	0.7

二　制度选择

阅卷结果显示，离婚财产清算制度在我国司法实践中的适用状况基本良好，《婚姻法》及其司法解释中的相关规定得到了贯彻与实施。但《婚姻法》与其司法解释未予规定的环节，则出现了法官适用法律的不同情形，易于引发适用法律的差异与案件审理的差别，影响法律适用的公平与正义。检审离婚财产清算制度的立法现状与司法现实，有助于离婚财产清算制度的立法完善与适用正义。

（一）夫妻共同财产的分割

离婚时分割夫妻共同财产是离婚效力的重要内容。基于对夫妻财产制的实务考察，婚后所得共同制依然是我国现阶段民众在婚姻家庭生活中的首要选择。婚后所得共同制的普遍选择态势，决定了离婚时需对夫妻共同财产分割的必然选择。故夫妻共同财产分割的制度设计，关涉离婚当事人的权益，也关乎财产分割的程序正义与实质正义。

1. 坚持夫妻共同财产分割的原则

各国均规制夫妻共同财产分割的程序与原则，即协商与法院裁决相结合。"法院裁决的基本依据在大陆法系主要是均等分割原则，在英美法系主要是公平分割原则，一些国家同时还秉持对家庭住宅特别规定原则。均等原则是离婚时分割夫妻共同财产的重要原则。无论夫妻共同财产的取得权人及其所有权人是何方，只要在法律上被认定为夫妻共同财产，离婚时，夫妻双方就有权均等分割，各自获得该共同财产的一半。均等原则很好地体现了夫妻在共同生活期间的相互扶助、休戚与共的理念。"[①] "公平分割原则是指离婚分割夫妻共同财产时，考虑到夫妻财产状况和离婚时双方的具体情况由法官公平决定财产分割的份额。"[②] 家庭住宅分割原则，是有些国家分割夫妻共同财产时的例外规定。以"确保双方离婚后均有住房或抚养子女一方能够有住房，或居住环境不发生重大变化，以保护未成年子女的利益，保护生活无着一方的利益，不至于使其在离婚后处于流离失所的状态。"[③] 分割夫妻共同财产原则的功能虽不同，但对维护离婚当事人的利益均有衡平之效，且与夫妻财产制度、离婚制度等自成系统。

根据《婚姻法》第39条第1款规定，同时，结合1993年《最高人民法院关于人民法院审理离婚案件处理财产分割问题的若干具体意见》的解释，人民法院分割夫妻共同财产应当在分清个人财产、夫妻共同财产和家庭共同财产的基础上，遵循我国婚姻法分割夫妻共同财产的五项基本原则——男女平等，保护妇女、儿童的合法权益，照顾无过错方，尊重当事人意愿，有利生产、方便生活，对分割夫妻财产予以解决。阅卷显示，上述五项原则在司法实践中实施较好，既体现出对夫妻共同财产均等分割的原则适用，又体现出对夫妻共同财产分割的公平考量。尽管近年来学界对夫妻共同财产分割原则存有争议，但我国现行分割夫妻共同财产的原则，

---

① 夏吟兰：《离婚自由与限制论》，中国政法大学出版社，2007，第201、203、205、221~222、222、223、194、193页。
② 夏吟兰：《离婚自由与限制论》，中国政法大学出版社，2007，第201、203、205、221~222、222、223、194、193页。
③ 夏吟兰：《离婚自由与限制论》，中国政法大学出版社，2007，第201、203、205、221~222、222、223、194、193页。

符合我国社会主义初级阶段婚姻家庭关系的特定土壤与现实需要,具有原则引导与司法规范的双重价值,应予以坚持与完善。即在适用分割夫妻共同财产原则时,应对原则适用的具体因素加以细化,以避免原则的抽象。故可借鉴《美国统一结婚离婚法》第307条的规定,对婚姻财产分割规定参酌因素:"(1)双方对有关财产的获得所做的贡献;(2)婚姻持续时间的长短;(3)分配给夫妻一方财产的价值;(4)财产分割生效时双方的经济状况,包括对家庭的适当供养或有子女监护权的一方生活适应一段时间的权利。"即在司法实践中,应继续贯彻分割夫妻共同财产的五项原则,并结合相关因素——双方对财产积累的贡献;婚姻关系存续时间的长短及健康状况;财产的来源;双方的执业能力与收入状况;夫妻一方对另一方所做的贡献等,对夫妻共同财产进行合情合理的分割。

2. 协调家务贡献补偿与夫妻共同财产分割的关系

《婚姻法》第40条规定:"夫妻书面约定婚姻关系存续期间所得的财产归各自所有,一方因抚育子女、照料老人、协助另一方工作等付出较多义务的,离婚时有权向另一方请求补偿,另一方应当予以补偿。"依据该规定,"家务贡献补偿制度具有如下特点:一是其适用于夫妻分别财产制;二是其仅适用于离婚之时;三是其平等地适用于夫妻双方即男女两性;四是请求家务贡献补偿的主体是家务贡献较多的一方;五是家务贡献的内容包括抚育子女、照料老人、协助他方工作等。之所以将家务贡献补偿制度适用于分别财产制,是因为在夫妻财产分别所有的前提下,家务贡献难以通过夫妻共同积累的财产获得相应的回报。为实现权利与义务相一致的原则,家务贡献应得到相应的补偿。然而,由于我国的夫妻财产制在社会生活中多为婚后所得共同制,致使家务贡献补偿制度的适用比例相对较低。"① "家务贡献补偿制度创设之初,是为救济家庭主妇在分别财产制下的财产权益和家庭地位、社会地位,这对于特定历史条件下,保障女性的利益,促进性别平等,具有重要意义。然而,当社会化的大机器生产把有劳动能力的女性从家庭中解放出来,使其成为自食其力的劳动者后,女性则成为社会劳动和家务劳动的双重劳动者。而当职业女性承担了大量的家务劳动后,

---

① 王歌雅:《家务贡献补偿:适用冲突与制度反思》,《求是学刊》2011年第5期。

能否要求家务贡献补偿以及如何实现家务贡献的补偿，无疑是个棘手的问题。"①

（1）家务贡献补偿不应仅局限于夫妻分别财产制。《婚姻法》第40条"将家务贡献补偿制度界定并适用于夫妻分别财产制，不仅与其他相关国家的立法例相吻合，而且也似乎体现了权利与义务相一致的原则。"② 即"在夫妻分别财产制度下，离婚时双方无共同财产，如不做出一定的补偿，做出贡献的一方的价值就无从体现，做出的贡献也得不到任何回报。因此，适用分别财产制的夫妻一方应在离婚时对做出贡献或贡献较大的另一方予以补偿，以平衡夫妻双方的利益关系，体现法律的公平正义。"③ 围绕夫妻共同财产制下如何实现家务贡献补偿的问题，反对论认为："共同财产制本身就是承认了家务劳动与社会劳动具有同等价值，否则，只从事家务劳动的一方无权分割共同财产。"④ 该观点非常适用于只从事家务劳动的一方，但却难以适用于双职工家庭。因为"在实际生活中，夫妻双方对婚姻家庭的贡献和从中获得的利益往往是不平衡的。承担家务较多的一方或做出牺牲的一方，往往其职业发展和其他方面受到了较大的牵制，社会地位与谋生能力相对较弱。而配偶他方，则基于对方的奉献和牺牲从中获得巨大的利益，如学业的进步、事业的发展以及经济地位的提高等。"⑤ "倘婚姻关系继续存续，家务贡献较多的一方可以从婚姻生活中获得相应的回报；倘婚姻关系解除，家务贡献较多的一方则无法再从婚姻生活中获得相应的回报，进而引发权利与义务的失衡、贡献与补偿的失衡。不仅如此，家务贡献较大的一方，因家务劳动挤压了其自身发展的时间和精力，减少了职业投入和经济收入，导致离婚后谋生能力较低、生活水平下降。"⑥ 如果"把家庭领域界定为女性的领域，把家务劳动界定为女性的义务，对于那些职业女

---

① 王歌雅：《家务贡献补偿：适用冲突与制度反思》，《求是学刊》2011年第5期。
② 王歌雅：《家务贡献补偿：适用冲突与制度反思》，《求是学刊》2011年第5期。
③ 夏吟兰：《离婚自由与限制论》，中国政法大学出版社，2007，第201、203、205、221~222、222、223、194、193页。
④ 夏吟兰：《离婚自由与限制论》，中国政法大学出版社，2007，第201、203、205、221~222、222、223、194、193页。
⑤ 夏吟兰：《离婚自由与限制论》，中国政法大学出版社，2007，第201、203、205、221~222、222、223、194、193页。
⑥ 王歌雅：《家务贡献补偿：适用冲突与制度反思》，《求是学刊》2011年第5期。

性来说是一条沉重的链条,不断撕扯着职业女性,使她们走得比男性慢,走得没男性远;对家庭主妇而言,它是一管褪色剂,使她们辛苦的劳动失去意义,丧失价值。"① 为实现公平与正义,"在夫妻共同财产制下,也应适用家务贡献补偿制度,使家务贡献者在依法分割夫妻共同财产的同时,获得相应的家务贡献补偿。具体补偿的方法,可参考夫妻双方的收入差与婚姻关系存续时间以及相应贡献等因素。简单的补偿方法应为:家务贡献补偿 = (夫妻双方的年收入差 ÷ 2) × 婚姻关系存续年限。"② 即分割夫妻共同财产"也要将一方从事家务劳动和协助另一方工作以及对另一方事业发展所做的贡献作为分割夫妻共同财产时的考量因素。在对夫妻共同财产分割时,只有肯定夫妻一方从事家务劳动的价值和对另一方事业发展所做的贡献,对尽义务较多、贡献较大者适当多分财产,在目前我国的夫妻财产状态下才有可能通过对另一方的救济和补偿实现法律的公平和正义。"③

(2) 家务贡献补偿应适用法定与约定相结合的情境。"家务劳动不仅是对婚姻家庭的贡献,而且是对婚姻家庭承担的责任。夫妻双方如何承担责任,当事人可以约定。"④ 如《瑞士民法典·亲属编》第 163 条规定:"(一) 夫妻双方根据各自的能力承担共同维持家庭的责任。(二) 夫妻双方约定各自承担多少维持家庭的责任,特别是通过收入、照顾子女、维持家庭开支或者通过协助对方从事的工作、职业或行业来承担维持家庭的责任。(三) 上述情形表明夫妻双方考虑了婚姻共同生活的需要和个人的具体情况。"该规定"充分体现了婚姻当事人的意思自治,有助于家庭责任的合理分担。尤其是当婚姻当事人承担了相应的家庭责任后,则可获得相应的家务贡献补偿。关于家务贡献的补偿,应适用有约定从约定、无约定从法定的原则。具体约定家务贡献补偿价值时,应参考相关因素:婚姻关系存续期间的长短,家务劳动的时间、强度与技能,从事家务劳动一方的逸失利益,补偿方的经济收入、预期经济效益和人力成本的增值等因素。"⑤ 适

---

① 沈奕菲:《被建构的女性》,上海人民出版社,2005,第 203~204、207 页。
② 王歌雅:《家务贡献补偿:适用冲突与制度反思》,《求是学刊》2011 年第 5 期。
③ 夏吟兰:《离婚自由与限制论》,中国政法大学出版社,2007,第 201、203、205、221~222、222、223、194、193 页。
④ 王歌雅:《家务贡献补偿:适用冲突与制度反思》,《求是学刊》2011 年第 5 期。
⑤ 王歌雅:《家务贡献补偿:适用冲突与制度反思》,《求是学刊》2011 年第 5 期。

用法定与约定相结合的原则,也是分割夫妻共同财产原则所要求的,有助于夫妻共同财产的分割与家务贡献补偿的协调。

(二) 夫妻共同债务的清偿

清偿夫妻共同债务是离婚效力之一。该效力既发生于离婚当事人之间,也发生于离婚当事人与债权人之间。清偿共同债务既是离婚当事人的义务与责任,也是对债权人的有效保护;同时,对社会诚信风气的树立具有积极意义。

1. 贯彻夫妻共同债务共同清偿的原则

婚姻立法例基本均规定了夫妻共同债务的清偿原则——夫妻共同财产应先清偿共同债务,如果共同财产不足以清偿共同债务,则以夫妻个人财产连带清偿或共同清偿。《德国民法典》第1459条规定:"除基于第1460条至第1462条发生其他效果外,夫的债权人和妻的债权人都可以请求就共同财产受清偿。配偶双方也亲自作为连带债务人就共同财产受清偿。"《菲律宾家庭法》第129条规定:"共同债务由夫妻共同财产负责清偿。共同财产不足清偿的,根据本法第121条第2款规定,夫妻双方应以各自个人财产共同承担清偿责任。"《意大利民法典》第190条规定:"夫妻共有财产无法清偿全部债务的,可以请求将夫妻个人各自财产作为辅助手段进行债务清偿,但是以债权额的半数为限。"上述规定既为夫妻共同债务清偿设定了原则,也明确了债务清偿的财产性质。

我国夫妻共同债务的清偿原则界定于《婚姻法》第41条:"离婚时,原为夫妻共同生活所负的债务,应当共同偿还。共同财产不足清偿的,或财产归各自所有的,由双方协议清偿;协议不成的,由人民法院判决。"1993年《最高人民法院关于人民法院审理离婚案件处理财产问题的若干意见》第17条明确了夫妻共同债务的含义:"夫妻为共同生活或为履行抚养、赡养义务等所负的债务,应认定为夫妻共同债务,离婚时应当以夫妻共同财产清偿。"阅卷表明,人民法院能够在明晰夫妻共同债务与夫妻个人债务的基础上,结合离婚当事人的债务清偿能力做出调解或判决。因而,《婚姻法》规定的夫妻共同债务的清偿原则应予以坚持,但应对夫妻共同债务的推定规则予以明确。即在婚姻关系存续期间,夫妻一方所负债务应推定为共同债务。（1）日常家事代理权所产生的债务。即将家事代理权范围内引发的债务认定为夫妻共同债务，是因为"夫妻之间特殊的身份关系决定其对外产生外表授权，形成表见代理权，与债的相对性原理并不冲突。"①（2）债权人有理由相信其为共同债务的情形。基于对债权人利益的保护，将债权人有理由相信其为共同债务的情形，认定为共同债务。"如债务人多次以个人名义举债均由夫妻共同偿还，而再次为数额、用途相当的举债应作为共同债务。"②

2. 协调夫妻共同债务与个人债务的清偿与追偿的关系

当夫妻的共同财产、个人财产不足以清偿夫妻的共同债务与个人债务时，往往涉及债务的清偿顺序。故规制债务的清偿顺序与追偿规则，有利于保护离婚当事人和债权人的双重利益。

（1）界定债务清偿的顺序。离婚当事人如何清偿夫妻的个人债务，《婚姻法》未做规定，但相关司法解释界定了个人债务的清偿原则：夫妻的个人债务，离婚时应当以夫妻个人财产清偿。结合《婚姻法》的规定和司法解释精神，离婚债务清偿应遵循下述原则：夫妻的共同债务应由夫妻共同清偿；夫妻的个人债务应由夫妻个人清偿。上述原则与目前各国婚姻立法规定的债务清偿原则基本相同。而当夫妻共同财产不足以清偿共同债务且双方协议不成时，人民法院如何解决纠纷，《婚姻法》未明文规定。我国澳门地区"澳门民法典"第1563条则规定："属共同财产制者，共同财产先用以支付夫妻共同负责的债务，继而支付其他债务。"《美国统一婚姻财产法》第八节（b）款（4）项也规定："在婚姻关系存续期间，配偶一方所负的其他任何债务，包括作为、不作为所致的债务，只能按如下顺序清偿：负债配偶一方的非婚姻财产；负债配偶一方从婚姻财产中所获利益。"上述规定明确了夫妻债务清偿的顺序：夫妻共同财产优先用于清偿共同债务；当共同财产有剩余时，才清偿夫妻个人的其他债务。借鉴相关立法例，《婚姻法》可规定：夫妻共同财产应首先用以清偿夫妻共同债务，继而清偿其他债务。

---

① 裴桦：《夫妻共同财产制研究》，法律出版社，2009，第226，227页。
② 裴桦：《夫妻共同财产制研究》，法律出版社，2009，第226，227页。

（2）界定债务清偿的追偿。以个人财产或共同财产清偿夫妻的共同债务或个人债务是司法实践中常有的情形，其既可源于夫妻之约定，又可源于夫妻之个人行为。通过夫妻约定而产生的债务清偿，应遵循当事人的意思自治；基于夫妻的个人行为而引发的债务清偿，则应明确债务清偿的追偿规则。《菲律宾家庭法》第122条规定："夫妻个人债务在义务方配偶无特有财产或特有财产不足的，在支付本法第121条规定的负担后，可以强制执行夫妻共同财产，但在清算共同财产时，原应由配偶个人承担但已由夫妻双方共同财产垫付的部分应予扣除。"《美国路易斯安那州民法典》第2364条规定："如共有财产被用来清偿夫妻一方的单方债务，则另一方有权在共有财产制终止后，要求返还该财产在使用时的一半数额。"其第2365条规定："如夫妻一方以其单独财产清偿了共同债务，则其有权在共有财产制终止之后，要求追还该财产在使用时的一半数额。"上述规定对完善婚姻立法具有借鉴意义，即《婚姻法》应规定：当夫妻一方以共同财产或个人财产清偿了夫妻的个人债务或共同债务后，离婚时，其有权向他方追还相应的财产价值或数额。

三 价值追求

"离婚财产清算制度是影响人们经济生活的权利和义务的集合"，[①] 是"规范化、定型化了的正式行为方式与交往关系结构"。[②] 作为规范体系的财产清算制度，必须具备适宜的目的追求与检视标准：一是离婚财产清算制度适用的对象和范围只限于离婚当事人和离婚领域；二是离婚财产清算制度的社会适用与司法实践须体现性别关怀与实质正义；三是离婚财产清算制度的法律效力与社会功效得到婚姻中人和社会中人的高度重视与自觉适用。即离婚财产清算制度应具有道德上的合理性与法律上的公正性。于是，合理性与公正性成为离婚财产清算制度的理性追求。

[①]〔美〕丹尼尔·W. 布罗姆利：《经济利益与经济制度》，陈郁译，上海三联书店、上海人民出版社，1996，第50~51页。
[②] 高兆明：《制度公正论》，上海文艺出版社，2001，第27页。

(一) 保障人格尊严

人格尊严乃民事主体对自身的社会地位、社会价值的主观认知和客观评价。民事主体的人格尊严应予以尊重。① 基于"夫妻别体主义","夫妻在婚姻关系中各为独立主体，人格平等",② 相互之间具有独立的人身权和财产权。而"个人财产权的概念意味着个人在社会范围内自治的正当性，意味着个人有权支配在私人领域内属于个人的物品。"③ 不仅如此，"财产权利是自我保存的自然权利的必然延伸与必然结果，并作为生命权的工具而成为人为自我保全而要求一切权利的前提基础。"④ 故离婚财产清算是婚姻当事人人格平等、人格独立的直接体现，而离婚财产清算的公正与否直接关涉离婚当事人的人格尊严。为此，确保离婚财产清算制度的公正设计与价值追求，是对"支撑该制度的正义观的合理性追问，这是制度本身公正性的根本方面。"⑤ "在此基础上，它才能体现制度的目的性意义，即以人为目的：为公民的基本权利和自由提供以程序为核心的制度化保障，它既能为公民的人权平等提供保护，又能体现公民的自由意义和尊严。"⑥

(二) 追求性别关怀

"现代多元社会是社会成员具有平等基本自由权利的社会，而平等基本自由权利并不是一个空洞的东西，它作为一种理念、时代精神，须存在于日常生活的各个环节、各个方面。对于自身财富的自由支配权、财富的平等交换权等，是这种平等的基本自由权利的具体呈现。通过社会矫正正义方式实现的社会二次分配，亦是这种平等基本自由权利的具体呈现：在日常生活中，每一个社会成员为了保持其自由、自尊的存在，必须以拥有一

---

① 杨震主编《民法学》，中国人民大学出版社，2009，第183页。
② 李志敏主编《比较家庭法》，北京大学出版社，1988，第101页。
③ 刘军宁：《共和·民主·宪政——自由主义思想研究》，上海三联书店，1998，第39~40页。
④ 周安平：《性别与法律》，法律出版社，2007，第194页。
⑤ 张卫明：《程序正义与制度公正——论罗尔斯"原初状态"的方法论意义》，《华中科技大学学报》(社会科学版) 2010年第6期。
⑥ 张卫明：《程序正义与制度公正——论罗尔斯"原初状态"的方法论意义》，《华中科技大学学报》(社会科学版) 2010年第6期。

定的物质财富为基础,必须享有一定的物质财富。"① 为此,离婚财产清算必须体现出对社会成员平等基本自由权利的尊重。即在离婚财产分割与债务清偿时,须"体现对婚姻关系中处于弱势地位的一方和抚养子女的一方予以法律救济与制度保障,才能够实现法律的公平正义和对弱者的人文关怀,体现扶弱济贫、保护弱势群体利益的人权理念与精神,也才能够真正实现离婚自由对人性解放的真谛。"② 因为,在社会生活和婚姻生活中,基于"男主外、女主内"的性别分工和社会分工,女性远离了公共领域,成为家庭事务的主要承担者,丧失或基本丧失了在公共领域参与社会管理、创造财富的机会与能力,导致女性在公共领域和私人领域地位的弱化。正如罗尔斯所指出:"妇女历史上受到的长期不公正,正是她们曾经且依然不公平地承担养育照管孩子的任务。"③ 不仅如此,"家庭虽然是妇女主要工作的场所,但却不是妇女主宰的场所,由于受到各种内外关系的影响,妇女在这一主要的活动场所中依然处于被支配的地位。"④ 因而,确保离婚财产清算制度的公正和程序正义,才能体现性别关怀的宗旨,确保离婚财产清算的程序公正和性别正义,进而实现对女性离婚时的财产权和离婚后的生存权和发展权的充分保障。正如恩格斯所述:"只要妇女仍然被排除于社会和生产之外而只限于从事家庭的私人劳动,那么妇女解放,妇女同男子的平等,现在和将来都是不可能的。妇女的解放,只有在妇女可以大量地、社会规模地参加生产,而家务劳动只占她们极少的工夫的时候,才有可能。"⑤

(三) 崇尚意思自治

离婚财产清算不仅需要公权力的规制,更需要当事人的意思自治。在保障人格尊严、追求性别关怀的法制背景下,倡导离婚当事人的意思自治

---

① 高兆明:《分配正义的两个考察维度》,《南京师大学报》(社会科学版) 2010 年第 1 期。
② 夏吟兰:《离婚自由与限制论》,中国政法大学出版社,2007,第 201、203、205、221 ~ 222、222、223、194、193 页。
③ 〔美〕约翰·罗尔斯:《万民法 公共理性观念新论》,张晓辉等译,吉林人民出版社,2001,第 172 页。
④ 沈奕菲:《被建构的女性》,上海人民出版社,2005,第 203 ~ 204、207 页。
⑤ 《马克思恩格斯选集 (第 4 卷)》,人民出版社,1995,第 162 页。

是协调和处理离婚财产清算纠纷的有效途径。首先,意思自治,体现了离婚当事人的主体意识与人格精神。即"人生而具有不平等性。但是,只要具有主体性意识与平等自由人格精神,就能够始终为争取自己的平等自由权利而斗争,就能够在精神上以平等的身份进入社会生活的具体过程,并以精神追求的特殊方式试图实现起点的平等,就有成为平等自由权利者的希望。"① 因而,离婚财产清算,是采取"均等分割原则"抑或是"公平分割原则",成为考察离婚财产清算的制度公平与程序正义的交集点和博弈点。其次,意思自治,体现了离婚当事人的实质理性与形式理性。即离婚财产清算制度,"是参与者角色互动、意见对话与整合的场所,处于开放性、角色参与性、对话性和论证性阶段。它兼具主体性、契约共识性和民主性。参与性、透明性、话语论证性、主体间性构成当代制度的范畴。"② 同时,离婚财产清算制度,其"制度理性受沟通伦理指引……法律规范只有在论证话语中得到相关者的合作与赞同才能获得有效性。"③ 为此,离婚财产清算,是追求程序正义抑或是兼顾程序正义与实质正义,是离婚当事人的伦理选择与法律追求。至于离婚财产清算能否切实地保护离婚当事人的财产权益与人格尊严,避免离婚当事人陷于离婚后的贫困化或生活境遇的低质化,则是考察离婚财产清算的程序正义与制度公正的重要因素之一。正如阿马蒂亚·森所述:"贫困必须被视为基本可行能力的被剥夺,而不仅仅是收入低下,而这却是现在识别贫困的通行标准。"④ 尽管"收入不足确实是造成贫困生活的很强的诱发性条件,但还有其他因素也影响可行能力的被剥夺,从而影响到真实的贫困(收入不是产生可行能力的唯一工具)。"⑤

---

① 高兆明:《分配正义的两个考察维度》,《南京师大学报》(社会科学版)2010年第1期。
② 张卫明:《程序正义与制度公正——论罗尔斯"原初状态"的方法论意义》,《华中科技大学学报》(社会科学版)2010年第6期。
③ 章国锋:《关于一个公正世界的"乌托邦"构想——解读哈贝马斯〈交往行为理论〉》,山东人民出版社,2001,第160页。
④ 阿马蒂亚·森:《以自由看待发展》,任赜、于真译,中国人民大学出版社,2002,第85、86页。
⑤ 阿马蒂亚·森:《以自由看待发展》,任赜、于真译,中国人民大学出版社,2002,第85、86页。

（四）维护婚姻秩序

"人可以生活在无自由、有秩序的社会中，却难以生活在有自由、无秩序的社会之中。"① 离婚财产清算体现出秩序与自由的博弈。即离婚自由既意味着解除婚姻关系的自由，也意味着离婚财产清算的自由。尽管"人是生而自由的，但却无往不在枷锁之中"。② 故离婚自由也需遵循离婚秩序，包括离婚财产清算秩序。离婚财产清算秩序的形成，首先，需要良好的离婚财产清算制度。为此，中外的婚姻立法均对离婚财产清算制度做出了明确的含义阐释。即"离婚财产清算是因婚姻解体所产生的重要财产效力，有广义与狭义之分。狭义的离婚财产清算仅指离婚时的夫妻财产分割制度。广义的离婚财产清算则包括了离婚财产分割制度及离婚救济制度等与财产相关的体系化财产效力。"③ 离婚财产清算在于"使离婚财产的流转和归属既能达到权利平等的目的，又尽可能地实现了对弱者利益的保护和救济。"④ 即离婚财产清算制度在于"通过制度以自由来限制自由的目的，使个人自由的行使不会损害他人和社会自由，从而实现对自由的保障。在这个意义上，一方面充分表明了在人类社会中，秩序对自由的优先；另一方面也反映了人们对自由的永恒追求，这不但是个人的内在价值诉求，也是社会制度的最高价值目标"。⑤ 其次，需要良好的离婚财产清算道德。离婚财产清算道德既源于离婚个体的道德追求，也源于离婚财产清算规则的社会塑造。即"道德作为一种规范不是一种摆设，需要在社会生活中得以落实，对社会生活产生一定的效力，能够承担起社会给予的历史使命。亦即有效地调解人们相互之间的关系，提高个人的精神境界，以达到社会的和谐有序，而其社会地位主要体现在它作用发挥的程度上"。⑥ 因而，离婚财

---

① 张卫明：《程序正义与制度公正——论罗尔斯"原初状态"的方法论意义》，《华中科技大学学报》（社会科学版）2010年第6期。
② 〔法〕卢梭：《社会契约论》，商务印书馆，1980，第8页。
③ 高兆明：《分配正义的两个考察维度》，《南京师大学报》（社会科学版）2010年第1期。
④ 夏吟兰：《离婚自由与限制论》，中国政法大学出版社，2007，第201、203、205、221~222、222、223、194、193页。
⑤ 张卫明：《程序正义与制度公正——论罗尔斯"原初状态"的方法论意义》，《华中科技大学学报》（社会科学版）2010年第6期。
⑥ 马永庆：《道德内在和谐论要》，《齐鲁学刊》2010年第6期。

清算的道德就是在于强化离婚财产清算过程中的规则与道义,体现以人为本原则、公平公正原则、性别平等原则和主体性原则的价值追求,并最终实现对离婚财产清算行为的法律规范与道德调整,促进婚姻秩序的稳定。

(五) 促进社会公正

公正就是"制度安排和设置是正直合理而没有偏私,能以同一标准对待相同的人或事,体现为主体平等、机会平等、权利义务平等等方面"。[①]离婚财产清算的公正与否,直接关涉离婚当事人和社会中人对公正的理解与追求。因为,"在法权论的范围内,公民的活动不是为了道德,而是为了各自的利益或幸福,所以,这些公民只要不违反外在的、强制的法律,不损害他人的自由或利益,法律就不会强加干预。于是,一个正义的国家,就要尽量通过立法、行政和司法,通过法律的实施,而实现和保障每个公民正当的私人法权,从而在一种正义的状态中达成法权的实现。"[②] 为此,离婚财产清算必须体现出制度公正与价值追求。离婚财产清算制度的公正追求,首先在于形式正义与实质正义的和谐统一。即通过制度实践确保离婚当事人之间及其与利害关系人之间的正义。即"任何利益主体都不能片面地追求自身的利益,而要兼顾其他'利益相关者'的利益,提倡义利兼顾、互利共赢,提高和增进'社会综合利益'。"[③] 其次,在于个体公正与社会公正的和谐统一。离婚财产清算并非仅为私权范围的财产清算制度,其清算结果直接涉及社会正义这一根本问题。因而,建构科学、适用、严谨、公平的财产清算制度,是离婚立法的核心所在和价值追求。正如马克思所述:"人是人的最高本质……从而也归结为这样的绝对命令:必须推翻那些使人成为被侮辱、被奴役、被遗弃和被蔑视的东西的一切关系。"[④]

离婚财产清算制度在司法实践中之所以得到较理想地实施,是因为制度设计的公正合宜与制度实施的社会效果。为实现离婚财产清算制度的价

[①] 张卫明:《程序正义与制度公正——论罗尔斯"原初状态"的方法论意义》,《华中科技大学学报》(社会科学版) 2010 年第 6 期。

[②] 舒远招:《康德伦理学中的正义概念》,《哲学动态》2010 年第 10 期。

[③] 王正平、刘玉:《利益兼顾:构建社会主义和谐社会的根本道德原则》,《上海师范大学学报》(哲学社会科学版) 2010 年第 5 期。

[④] 《马克思恩格斯选集》(第二版,第 1 卷),人民出版社,1995,第 9~10 页。

值追求——保障人格尊严、追求性别关怀、崇尚意思自治、维护婚姻秩序、促进社会公正,我国婚姻立法还需对离婚财产清算制度进行检审与完善,进而为离婚当事人及利害关系人的权益保护提供法律支持。正如亚里士多德所述:"公正必定是适度的、平等的。"①

---

① 〔古希腊〕亚里士多德:《尼各马可伦理学》,廖申白译注,商务印书馆,2003,第130,134页。

家庭暴力主体关系理论的再思考[*]
——兼评反家庭暴力领域的乐观主义倾向

李琼宇　贺栩溪[**]

【内容摘要】针对在家庭暴力概念内涵的界定问题上存在主体关系泛化的问题，尝试利用"稳定的性纽带""权力与控制的动因""司法干预的必要与可能"三个考虑因素对家庭暴力主体关系范围进行限缩。发现有必要法律特别干预的所谓家庭暴力仅包括配偶暴力，进而认为立法及学理上均无必要执着于家庭暴力这一伪概念，应该直接以配偶暴力取代家庭暴力。同时对反家庭暴力领域出现的乐观主义倾向进行初步反思。

【关　键　词】家庭暴力　配偶暴力　主体关系　乐观主义

对家庭暴力概念内涵进行准确界定，是构建和设计家庭暴力具体规则的前提和基础；其中以主体关系范围的确定和行为模式的选择两个问题尤为重要。笔者曾从纯理论的角度，以亲密关系和共居关系为概念假设，初

---

[*] 本文是在笔者与贵州大学法学院刘淑芬教授共同提出的家庭暴力主体关系模型理论基础上进行的进一步研究。原文参见刘淑芬、李琼宇《家庭暴力主体关系模型的构建与演进——兼对"家庭成员"概念进行辨析》，《西南政法大学学报》2012年第4期，第17~21页。

[**] 李琼宇（1988~），男，黑龙江省哈尔滨市人，法学硕士，湖南科技学院法律系助教，主要从事婚姻家庭法学研究；贺栩溪（1988~），女，湖南省邵阳市人，法学硕士，湖南科技学院法律系助教。

步构建了家庭暴力主体关系模型理论。然而理论界愈演愈烈的乐观主义倾向所引发的家庭暴力主体关系泛化问题,引起了笔者的重视和思考。如何能在家庭暴力防治法保护对象的扩张需求与有限的司法、社会资源之间寻求平衡,遂成为本文研究工作的重要路径。

一 家庭暴力主体关系泛化问题的缘起与弊害

伴随着中国大陆反家庭暴力立法进程的逐步推进,一股充满浪漫主义色彩的乐观主义思潮开始在婚姻家庭法学界蔓延。家庭暴力防治法的功能和作用被不断的夸大,无异于法律万能主义的复活;家庭暴力主体关系范围的泛化正是其重要表现之一。除具体表现为传统的"家庭成员"概念外,将具有特殊亲密关系的人(包括恋爱对象、同性伴侣等)、曾经有过配偶关系、同居关系的人等皆纳入家庭暴力主体范围之内[①]。

(一) 缘起

反家暴立法进程中的乐观主义态度固然是家庭暴力主体关系泛化问题的直接诱因,但下述因素仍不容忽视,现评述如下。

1. 域外立法的片面移植

国内理论界对于家庭暴力问题的关注,源自国际妇女运动的发展与女权主义的勃兴。在国内预防和制止家庭暴力并无现成的经验可循。

域外立法依其效力不同可以分为两类。一类是国际妇女人权运动形成的法律文件,大多表现为公约、条约、宣言等形式,例如联合国大会《消除对妇女暴力宣言》(1993)。这类法律文件大多对家庭暴力主体关系范围采取极为宽泛的界定,[②] 并成为国内学界对家庭暴力主体关系进行宽泛界定的重要依据之一。然而,这些法律大多属于宣誓性、纲领性的文件,其政治意义远远大于法律意义;对其进行借鉴时应慎之又慎。

---

① 参见陈明侠等《家庭暴力防治法基础性建构研究》,中国社会科学出版社,2005,第30页。
② 例如在联合国经济及社会理事会人权委员会第52届会议制定的《家庭暴力示范立法框架》(1996) 第7条中体现得尤为明显。该法案第7条,将其他女性家务工作者也纳入家庭暴力主体关系的范围之内。

另一类是各国防治家庭暴力的国内立法，如南非共和国《家庭暴力法》（1998）、墨西哥《预防家庭暴力及婚姻诉讼法》（1996）。这类域外立法中，虽有对家庭暴力进行宽泛界定者，但亦不乏对家庭暴力进行限缩界定的优秀立法例，如日本《关于防止配偶暴力及被害人保护的法律》（2002）中，将家庭暴力的主体关系限定于配偶之间。① 在乐观主义思潮的催化下，国内学界热衷于对采取宽泛界定的立法例进行探讨，而对相对保守的立法例则熟视无睹；笔者谓之为对域外立法的片面移植。

2. 忽视司法实务对家庭暴力立法的现实需求

立法的设计（特别是在私法领域）应以满足司法运行的现实需要为第一要义，否则被法官搁置一旁的法律规范无异于废纸，因此界定家庭暴力主体关系范围，必须探求法官在审判活动中的现实需求。

理论界针对家庭暴力问题虽多有进行实证调研者，但大多限于社会学范畴内的调研，专门针对家庭暴力法律司法运行现状进行实证考察者则屈指可数。以笔者曾在贵阳市南明区法院进行的实证调研为例，即使对于最为典型的配偶暴力，受害人能够得到司法救济的可能性尚且微乎其微，② 存在着严重的家庭暴力民事认定难现象。究其原因，既有立法尚待完善的因素，也有客观上受害人举证不能的现实；忽视司法实务对家庭暴力立法的现实需求，盲目地扩大家庭暴力主体关系范围，无疑是反家庭暴力领域乐观主义倾向的体现；据此所制定出的规则与制度，难免与现行司法解释一样面临着司法适用上的困难。

3. 传统家庭暴力概念改变后所造成的无所适从

现行婚姻法司法解释将家庭暴力主体关系范围限定于家庭成员之间，学界解释论多从与民法近亲属制度相配套的角度展开；同时考虑共同居住、共同生活的要素。③

然而随着"家庭"概念本身的变迁，学界对"家庭成员"的表述也多

---

① 根据该法第1条的规定，虽然没有进行婚姻登记，但事实上处于与婚姻关系同样情况下者，亦包含在配偶概念范畴之内。
② 关于贵阳市南明区法院实证调研情况及数据，参见李琼宇、刘淑芬、杨林《离婚诉讼中家庭暴力的认定与断探索——以贵阳市南明区法院2010年离婚案件为调查对象》，《哈尔滨学院学报》2013年第7期，第32～36页。
③ 参见杨大文《婚姻法教程》，法律出版社，1992，第2页。

有诟病；依前文所述，"家庭成员"一词作为产生于家庭暴力主体关系模型第一次变迁中的概念，应予废弃。① 然而废弃"家庭成员"概念后，究竟是对家庭暴力主体范围进行扩张还是进行限缩的问题，学界普遍认为，将"家庭"的概念仅限于传统的形式，许多针对妇女及弱势群体的暴力将难以归入家庭暴力，对妇女的保护不利；② 从而倾向于扩张家庭暴力主体关系的范围。

(二) 弊害

接下来讨论家庭暴力主体关系泛化问题的弊害，进而明确对家庭暴力主体关系范围进行限缩界定的价值所在。

1. 泛化的主体范围将使法律对家庭暴力的特别规制丧失意义

将家庭暴力区别于一般的暴力行为，其意义正在于法律需要对前者制定特别的规则与制度，即进行特别保护。对于不同质的亲密关系主体间的暴力给予相同的法律特别保护，不仅会使配偶暴力、父母子女间暴力等典型的家庭暴力丧失特殊保护的地位，同时将使所谓法律特别规制丧失其保护的特殊性。

2. 泛化的主体范围无法实现对有限的司法资源进行充分的利用

同为家庭暴力，法律势必给予相同的保护，而在特定的时间内司法资源是有限的；在中国大陆，国家能够专项用于家庭暴力防治的资金非常有限。对此有学者颇有见地的指出："（家庭暴力）主体范围的泛化还会分散我国目前禁止家庭暴力起步阶段的有限力量。"③

同时泛化的家庭暴力主体关系范围，也会导致诉讼案件激增，难免有诉讼闸门洞开之虞。

3. 泛化的主体范围将导致司法适用上的"双重标准"

举例来讲，部分学者认为家庭暴力应该包括前配偶关系在内，④ 这时假

---

① 参见刘淑芬、李琼宇《家庭暴力主体关系模型的构建与演进——兼对"家庭成员"概念进行辨析》，《西南政法大学学报》2012年第4期，第21页。
② 参见陈明侠等《家庭暴力防治法基础性建构研究》，中国社会科学出版社，2005，第26页。
③ 参见焦少林《家庭暴力的主体与特征》，《安庆师范学院学报》（社会科学版）2005年第3版，第25页。
④ 参见郑净方《前配偶应纳入家庭暴力主体范围》，《闽江学院学报》2013年第1期，第60~64页。

设家庭暴力概念内涵的行为模式中包含冷暴力的情形，如此岂非意味着拒绝与前配偶进行交流也属于家庭暴力。如果认为前配偶的家庭暴力行为模式不包括冷暴力，而现任配偶间的家庭暴力行为模式包括冷暴力，岂非在司法适用上采取了双重标准。若然如此，家庭暴力概念内涵中主体关系和行为模式将难以衔接，必然造成司法适用上的困难与混淆。

泛化的家庭暴力主体关系范围表面上看似尽最大可能扩大了家庭暴力受害人的保护范围，其里却使真正需要法律特别干预的受害人得不到司法的有效救济，反而不利于对家庭暴力受害人权益的保护。

二 对家庭暴力主体关系范围进行限缩的考虑因素

可能发生家庭暴力的主体间一定具有某种亲密关系（事实上的或者法律预设的）。探求家庭暴力主体关系范围的过程，实际上就是将需要法律进行特别规制的亲密关系剥离出来的过程，本质上是一种限缩过程。基于家庭暴力概念的本质属性，笔者认为这种限缩应主要考虑下述因素。

（一）稳定的"性纽带"

家庭暴力是基于性别的暴力，尤其体现于男性对女性实施的暴力，这一点在理论界并无争议。然而如果将基于性别的暴力仅仅限定于异性之间，理论上实难自圆其说。丈夫对妻子实施的暴力行为虽然同属针对异性家庭成员的暴力，但显然与兄长对妹妹实施的暴力行为具有明显的差异性，法律对其进行干预的力度也不宜完全相同。此时需要在特定亲密关系群体中寻找一类群体，更符合家庭暴力基于性别的特质，进而由法律予以特别规制。笔者认为这类群体相互之间应以"性"作为纽带而联系，而非以属于同一家庭为必要。

所谓性纽带，指亲密关系的主体之间基于性行为而产生相互依赖的情愫，从而与依据血缘、友谊等其他纽带相连接的亲密关系相区别，以夫妻之间的关系最为典型。需要注意的是，这里的性纽带同时应具备稳定的要素，只发生了一次或几次性行为的嫖客对妓女实施的暴力显然与笔者讨论的家庭暴力具有完全相左的特征。

如果忽视性纽带的作用，将兄弟姐妹间的暴力等也定义为家庭暴力，那么在实证调研中统计施暴者与受害人的性别要素及得出的结论将毫无意义。

（二）权力与控制的动因

按照女权主义者的观点，家庭暴力源自在家庭中男性对女性的权力与控制；① 按照社会性别理论的观点，这同样是社会为男性贴上了权力享有者的标签。据此，亲密关系主体间须存在权力与控制的关系时，家庭暴力始得成立。

从一些实证调研成果中我们可以发现，家庭暴力行为的发生与施暴者暴戾的性格并无直接关联，相反，为数众多的施暴者性格谦逊、内向、富有节制。他们仅会对自己的妻子、子女这些依附于他们（至少在他们的观念中依附于他们）的个体施暴，而不会对与他毫不相干的路人发起攻击。

这种人身依附虽存在于施暴者的观念之中，但在客观上通常要求施暴者和受害人具有身份上的法定权利义务关系，并以此作为衡量权力与控制动因是否存在的客观标准。这种身份上的权利义务关系最直接的体现即为同居义务。

或有观点认为，导致家庭暴力的原因可能并非完全基于权力与控制，例如丈夫因妻子与婆婆关系不好，而对妻子实施暴力，难以用权力与控制解释。笔者认为，丈夫对妻子实施暴力行为，无论其行为诱因为何，均体现为一种权力与控制。例如直接诱因虽为婆媳不和，然而丈夫对妻子实施暴力的行为，实际上正是丈夫妄图施加自己的意志于妻子，帮助其选择自己应有行为模式的过程，其本质上无疑体现为一种控制。

（三）司法干预的可能

家庭暴力作为一个法律概念而存在必然与特定的法律后果相联系，在现行婚姻法中主要体现在两个方面（这里仅从民事责任的角度分析）。

---

① 参见黄列《家庭暴力：从国际到国内的应对（上）》，《环球法律评论》2002（春季号），第113页。

(1) 根据《婚姻法》第32条，家庭暴力作为法院据以认定夫妻感情破裂的标准之一；故而，家庭暴力的法律后果可能导致婚姻法律关系的消灭。(2) 根据《婚姻法》第46条，家庭暴力是在离婚诉讼中要求离婚损害赔偿的法定理由之一；故而，家庭暴力的法律后果可能作为损害赔偿之债的发生原因。除上述两点外，立法并未对家庭暴力设置法律后果，故而只有在上述两种特定情形之下，司法才有对家庭暴力干涉之可能。

另外在笔者以前的研究工作中，曾试图对家庭暴力的证明标准问题进行探讨；① 认为在法律尚不能对配偶暴力的受害人进行有效救济的情况下，徒然对其他亲密关系中的暴力进行强行规制，并无司法上有效运作的可能，在证据规则与证明标准问题上体现得尤为明显。

三 真伪之辨：以配偶暴力取代家庭暴力

（一）对概念限缩的梳理与总结

首先需要确定可能的家庭暴力主体关系的一个大致范围，姑且采取较为宽泛的界定包括：（1）配偶；（2）直系血亲；（3）共同居住的三代以内旁系血亲及姻亲；（4）未婚同居者；（5）尚未同居的恋人、同性恋人；（6）前配偶、前恋人、前同性恋人、前未婚同居者、前姻亲。此范围将作为笔者限缩工作的起点。

1. 从稳定的性纽带的视角考察

配偶、未婚同居者、恋人、同性恋人皆符合其要求；前亲密关系者其性纽带虽然已经丧失，但其暴力行为的发生却与性纽带之间具有密切的联系，不能予以排除。而血亲、姻亲之间并无稳定之性纽带，故可以将前述第（2）、（3）两项排除在家庭暴力主体关系范围之外。

2. 从权力与控制的动因视角考察

配偶、直系血亲中的父母与未成年子女因其具有同居义务而符合权力与控制动因的要求；以夫妻名义共同居住的未婚同居者虽无法律上的同居

---

① 参见刘淑芬、李琼宇《二元家庭暴力证明标准初探》，《中华女子学院学报》2012年第3期，第31~34页。

义务，但双方存在观念上的同居义务与同居的事实状态，亦符合权力与控制动因的要求。依此标准可以将前述第（4）项中不以夫妻名义同居者及第（5）、（6）项排除在家庭暴力主体关系范围之外。

3. 从司法干预的可能性的角度进行分析

家庭暴力行为的法律后果仅体现在离婚诉讼之中，故前述第（4）项中以夫妻名义同居者因缺乏司法干预之可能应予以排除。配偶、直系血亲中的父母与未成年子女符合其要求。

另外从心理学的角度上讲，民众对于配偶关系、未成年子女关系相对于其他亲密关系来说感情更为直接；① 对这两类身份关系予以特别保护符合民众的一般心理感受。

（二）伪概念：家庭暴力

由前述分析可知，相对于其他可能的家庭暴力主体关系而言，配偶之间、父母与未成年子女之间所形成的亲密关系更为特殊，在此两类亲密关系中发生的暴力行为更具备法律干预的必要性与可能性；然而是否可以将此两类亲密关系简单相加后代入家庭暴力主体关系范围之内，仍然值得商榷。

配偶关系与父母子女关系本属两个全然不同质的身份关系，不全然体现在是否具有稳定的性纽带问题上，两者之间具有迥异的权利义务体系与法律效果。笔者一直在思考，究竟是何种因素使学界看不到两种身份关系的显著差异，而生硬地将两者纳入同一保护体系之内。本文研究或有所得，问题的焦点在于学界过分执着于家庭暴力概念中的"家庭"二字，由此才有了司法解释中所谓家庭成员之说。

现在要讨论的问题是"家庭"二字是否是法律对这种特殊暴力进行类型化的最佳标准。在家长权（父权）与族权已经近乎消失的时代，执着于家庭二字已经毫无意义。对于需要法律予以特别干预，但又具有不同性质的亲密关系，法律就应该将其严格区分，设计不同的规则与制度，甚至在不同的部门法中予以规制；而非不加区别地一体保护。

---

① 参见李琼宇《离婚诉讼中家庭暴力认定问题研究》，硕士学位论文，贵州大学，第7页。

(三) 结论及一些驳论

综前所述，在社会学研究中使用家庭暴力一词并无不妥，[①] 但是在法学领域，家庭暴力一词纯属伪概念，是导致法律需要特别干预的暴力行为泛化的主要诱因，应予废弃。而在立法与理论讨论中，用配偶暴力概念取代家庭暴力概念不失为一个明智的选择。关于这一问题亦有部分学者保持着清醒的态度，对配偶暴力进行了专门的探讨。[②]

或有学者会有这样的疑虑：笔者在论证过程中虽考虑到了主体间具有的亲密关系，却忽视了主体间应具有的共同居住关系，是否尚不严谨。对此，笔者认为亲密关系根据其亲密程度不同，对同居状态的要求也迥异；当亲密关系已经限定于配偶之间时，双方是否具有同居状态已经不能否认其特殊性。

或有观点认为，将家庭暴力仅限于配偶暴力，是否意味着对其他家庭成员间、亲密关系者间发生的暴力行为法律不予干涉。笔者认为不然，配偶暴力因其具有法律特别干预之必要而被法律所特别保护，并不意味着法律对其他亲密关系主体间的暴力行为的纵容。如前文所述，父母与未成年子女之间的暴力，可以通过未成年人保护制度予以规制；[③] 其他亲密关系主体间的暴力可以通过侵权责任法的一般规定予以规制。

(四) 对反家庭暴力领域的乐观主义倾向的反思

国内学界对于家庭暴力主体关系范围也并非一味地进行扩张，仍有对其进行适当限缩的观点；然而扩张后的适当限缩，范围扩张仍是主流趋势。反家庭暴力领域的乐观主义倾向，不仅体现在家庭暴力主体关系泛化问题上，在反家庭暴力研究领域的其他问题上亦多有体现。例如在家庭暴力行为模式的范围确定问题上，将家庭暴力的行为模式扩张至财产暴力、性暴

[①] 在社会学领域中，研究视野甚至可以更加宽泛些，将其表述为亲密关系中的暴力等均无不妥。参见王向贤《亲密关系中的暴力——以1015名大学生调查为例》，博士学位论文，中国社会科学院研究生院。

[②] 参见张华贵《论夫妻暴力的法律干预》，《中华女子学院学报》2009年第2期，第14~19页。

[③] 亦有学者对此进行专门关注，参见蒋月、潘峰《针对未成年人的家庭暴力与防治对策》，《辽宁公安司法管理干部学院学报》2002年第3期，第55~58页。

力乃至于冷暴力；将刑事法律规范直接纳入家庭暴力防治法；等等。

笔者认为，上述倾向中，将家庭暴力防治问题的立法与理论探讨脱离婚姻家庭法学的研究领域最值得警惕。将家庭暴力防治立法脱离婚姻家庭法学的研究范畴，而变成综合民事、行政乃至刑事法律规范的所谓社会法，不但无益，反而有害。

家庭暴力问题的彻底解决本就不是法律科学所能够独立承担的任务，对于婚姻家庭法学界而言，为社会公众制定一部负责任的"配偶暴力法"，比制定一部写满权利的一纸空文更为重要。

参考文献

[1] 陈明侠等：《家庭暴力防治法基础性建构研究》，中国社会科学出版社，2005。
[2] 刘淑芬、李琼宇：《家庭暴力主体关系模型的构建与演进——兼对"家庭成员"概念进行辨析》，《西南政法大学学报》2012年第4期。
[3] 刘淑芬、李琼宇：《二元家庭暴力证明标准初探》，《中华女子学院学报》2012年第3期。
[4] 李琼宇：《离婚诉讼中家庭暴力认定问题研究》，硕士论文，贵州大学。
[5] 李琼宇、刘淑芬、杨林：《离婚诉讼中家庭暴力的认定与处断探索——以贵阳市南明区法院2010年离婚案件为调查对象》，《哈尔滨学院学报》2013年第7期。
[6] 黄列：《家庭暴力：从国际到国内的应对（上）》，《环球法律评论》2002（春季号）。
[7] 张曙、李熠：《论家庭暴力的内涵——对现行婚姻法中家庭暴力概念的质疑》，《社会科学研究》2003年第2期。

论亲子关系的确定

孟令志[*]

【内容摘要】 亲子关系乃人类社会最原始、最基本的社会关系。确定亲子关系的存在与否，是法律调整的前提，亦是婚姻家庭法的重要内容之一。确定亲子关系应坚持以儿童最大利益、科学结论为依据及维护婚姻家庭稳定的原则。父母若存在婚姻关系，所生子女可推定为他们之间存在亲子关系；如有相反证据的，可提出否认之诉。父母之间若不存在婚姻关系，可通过自愿认领、强制认领的方式，确定亲子关系。

【关 键 词】 亲子关系　亲子推定　亲子否认　准正　自愿认领　强制认领

　　种的繁衍、人口的再生产是人类社会生存与发展的必备条件，子女自出生至成年，需受到关爱与保护。为此，法律一般都规定："父母对未成年的子女有抚养、教育、保护的义务。因而，确定父母与子女的身份关系至关重要。我国现行《婚姻法》第21条明确规定，父母对子女有抚养教育的义务；父母不履行抚养义务时，未成年的或不能独立生活的子女，有要求

---

[*] 孟令志（1962~），法学硕士，中南财经政法大学法学院副教授，研究方向为民法、婚姻家庭法。

父母给付抚养费的权利。第 23 条规定:"父母有保护和教育未成年子女的权利和义务。在未成年子女对国家、集体或他人造成损害时,父母有承担民事责任的义务。"但对如何确定父母子女之间的身份关系缺乏明确规定。

尽管 2011 年最高人民法院颁布的《婚姻法司法解释(三)》第 2 条就亲子关系的确认进行了解释,但仅是从程序的角度进行规定,内容不尽完善。① 本文拟就亲子关系的推定与认领进行探讨,为将来立法的完善提供镜鉴。

一 亲子关系的确定应遵循的原则

1. 以儿童最大利益为原则

1959 年联合国《儿童权利宣言》的序言宣称:"儿童,因其身心尚未发育成熟,在其出生前和出生以后均需要特殊的保护和照顾,包括法律上的适当的保护。"并提出为维护儿童利益,制定法律时"应以儿童的最大利益为首要考虑"这一国际性指导原则。

1989 年联合国《儿童权利公约》第 3 条第 1 款规定:"关于儿童的一切行为,不论是由公私社会福利机构、法院、行政当局或立法机构执行,均应以儿童的最大利益为首要考虑。"进而又提出了"儿童利益优先原则"。② 儿童最大利益是所有涉及儿童的行为应首要考虑的一个指导性原则,凡与儿童权利有关的规定都应以该原则为前提。③

《儿童权利公约》第 7 条第 1 款规定,儿童有尽可能知道谁是其父母之权利。亲子关系的推定与认领,涉及父母子女几方的利益,如发生冲突,孰重孰轻的取舍,应以儿童最大利益为考虑。通常认为儿童的最大利益首先应由父母加以保证,但如儿童与父母可能会发生利益冲突,反过来可能

---

① 《最高人民法院关于适用〈中华人民共和国婚姻法〉若干问题的解释(三)》第 2 条规定:"夫妻一方向人民法院起诉请求确认亲子关系不存在,并已提供必要证据已经证明,另一方没有相反证据又拒绝做亲子鉴定的,人民法院可以推定请求确认亲子关系不存在一方的主张成立。当事人一方起诉请求确认亲子关系,并提供必要证据予以证明,另一方没有相反证据又拒绝做亲子鉴定的,人民法院可以推定请求确认亲子关系一方的主张成立。"
② 参见李双元等《儿童权利的国际法律保护》,人民法院出版社,2004,第 27 页。
③ 参见徐显明主编《国际人权法》,法律出版社,2004,第 396 页。

导致对儿童权利的限制,父母必须考虑儿童的最大利益。①

2. 以科学结论为依据

著名的生物学家门德尔和摩尔根认为,生物的遗传必须通过遗传物质而实现,这种遗传物质被门德尔称为"遗传因子",摩尔根称为"基因"。之后,科学家又证明基因即 DNA 分子,是遗传物质。

1953 年美国的詹姆斯·沃森和英国的弗兰西斯·克里克弄清了 DNA 的分子结构,即为脱氧核糖核酸,它包含了生物体内所有的遗传信息,具有储存和复制遗传信息的功能。为什么孩子总像自己的父母,都是 DNA 的作用,因为它同时带有父母双方的遗传信息。依据这一原理,科学家可以将各人的血液标本通过检测和计算,确定他们之间有没有相同的遗传信息,以此来确定他们之间有无血缘关系。利用 DNA 鉴定作为确认亲子关系的依据,是基于子女的对偶基因型必然来自父母亲基因半型的遗传定律。②

最高人民法院 1987 年 6 月 15 日发布的《关于人民法院在审判工作中能否采用人类白细胞抗原作亲子鉴定问题的批复》中,对用 DNA 鉴定技术进行亲子鉴定给予了认可,但其有关立法还须明确、细化、详尽。

3. 维护婚姻家庭的稳定

婚姻家庭作为社会关系的特定形式,亦是一种至今尚不能完全替代的协调个体利益和社会利益的有效基础结构,担负着多项社会职能。③ 家庭是社会的细胞,家庭的稳定事关社会的和谐与安定。亲子关系的确定,固然应坚持保护儿童的权益、尊重科学结论的原则,但更不应忽视维护婚姻家庭的安宁、稳定,以及子女的权益。如亲子关系已经被推定,其亲生父亲的认领权应予以限制。对此,我国台湾地区"司法院"有精辟的解释,依"司法院"释字第 587 号解释之意旨,略谓:法律不许亲生父亲对受推定为他人之婚生子女提起否认之诉,系为避免因诉讼而破坏他人婚姻之安定、家庭之和谐及影响子女受教育之权益,与宪法尚无抵触。④

---

① 参见徐显明主编《国际人权法》,法律出版社,2004,第 396 页。
② 邓学仁、严祖照、高一书:《DNA 鉴定——亲子关系争端之解决》,北京大学出版社,2006,第 27 页。
③ 曹诗权主编《婚姻家庭继承法学》,中国法制出版社,2008,第 5 页。
④ 戴炎辉、戴东雄、戴瑀如:《亲属法》,"国立"台湾大学法学院福利社,2009 年 2 月最新修订版,306 页。

二 亲子关系的推定与否认

(一) 亲子关系的推定

古代社会基于婚姻的规范性，对非婚行为是非常排斥的，将子女区分为婚生、非婚生是其表现之一。现代社会强调人权保护，各国立法致力于保护非婚生子女的利益，更有一些较为彻底的举措。如1973年美国的《统一父母身份法案》中规定，以"父母与子女"的关系，涵盖原来的"婚生子女"和"非婚生子女"。并明确规定，法律关于父母子女关系的规定平等地适用于每个儿童和每个父母，无论父母间的婚姻状况如何。[1] 1998年修正后的《德国民法典》"亲属编"，不再有"非婚生"一词。[2]

我国将来的立法中，不应再出现"非婚生子女"的概念，无论婚生与否，应统一使用亲生子女的称谓。并增设亲子关系的推定与否认制度，以期达到既维护已存在的婚姻关系的稳定，又尊重亲子关系血缘真实性之目的。

推定婚生子女之规定，系由罗马法"婚姻示文"之原则演变而来，此种规定，乃法律依已知事实，而推究未知事实所下之结论，所谓已知事实，即妻为所生子女之母是；所谓未知事实，即夫为所生子女之父是。[3] 一般认为，母亲与子女的身份关系，可以怀孕、分娩的事实予以确认，所以亲子关系的推定，主要是针对父亲而言。

关于亲子身份关系推定的法律规范，应具备以下内容。

(1) 在婚姻关系存续期间受胎或出生的子女，推定母亲的丈夫为其父亲。同居期间受胎或出生的子女，推定与母亲同居的男子为父亲。

受胎期为子女出生后回溯300至180天。或男女结婚后10个月内出生的子女。

(2) DNA鉴定结果与子女存在血缘关系的男子，推定为子女的父亲。

---

[1] 参见王丽萍《亲子法研究》，法律出版社，2004，第47页。
[2] 《德国民法典》，郑冲、贾红梅译，法律出版社，1999，译者的话。
[3] 胡长清：《中国民法亲属论》，台湾：商务印书馆，1986，221页。

(3) 依法采取人工生殖技术生育的子女，以签订生殖协议的男女双方为父母。

(4) 如有几名都有推定为子女之父亲情形时，以与母亲有婚姻关系的男子优先或子女出生时与母亲有婚姻关系的男子优先，以及与母亲有同居关系或子女出生时有同居关系的男子优先。

（二）亲子关系的否认

既然亲子关系的推定，是法律上的推究，而非对事实的确认，而身份关系的确立仍以血统真实主义为主，即父子间应有血缘上的联系。① 因此，当推定结果违反客观事实时，法律赋予利害关系人推翻该推定结果的权利，有亲子否认之诉予以救济。

1. 否认权人

（1）夫妻双方

如果夫妻一方能证明其子女非为其夫受胎的，可行使否认权，否认子女为夫之子女。子女的否认之诉，仅夫或妻一方有权提出。虽然血缘联系是发生父母子女关系的依据，但现实生活中如当事人之间已发生共同生活的事实，产生了亲生父母子女般的感情，强行恢复自然、真实的亲生父子关系，不利于对子女的保护，亦不利于婚姻家庭或社会秩序的稳定。因此应将否认权行使的主体限制于子女的父或母，第三人不可提起。

值得注意的是，以前的立法一般仅赋予丈夫否认权，如1930年的"中华民国"《民法典》第1063条第1款。依旧法，生母不能否认受推定之婚生子女为非婚生子女，盖可能顾虑暴露自己与人通奸，殊不近人情。② 1985年台湾地区"民法"修法时，改为夫妻任何一方均可提起否认之诉（见台湾地区"民法"第1603条第2款）。

诚然，妻子提出否认其夫为子女之父，难免会使自己的不忠行为曝光，名誉受到损害，但结果会促使子女与生父的关系得以确定，对子女是有利的。况且，是否行使否认权，完全由妻子本人权衡利弊后自由决定，赋予

---

① 戴炎辉、戴东雄、戴瑀如：《亲属法》，"国立"台湾大学法学院福利社，2009，第303页。
② 戴炎辉、戴东雄、戴瑀如：《亲属法》，"国立"台湾大学法学院福利社，2009，第303页。

妻子否认权是恰当的。

（2）子女

近年来，各国亲属法的发展，注入以子女为本位的观念，尤其是受《儿童权利公约》第7条宣示子女尽量有获知其父的权利规定的影响，一些国家或地区的立法进行了修正，增加了子女可为否认权人的规定。

如德国于1998年7月1日全面修改亲子法，修正后明确规定子女可独立与父或母并列而提出婚生否认之诉（《德国民法典》第1600条）。瑞士于2000年1月1日修正民法亲属法，为考虑子女的利益，在第256条中，明确规定当父母已废止共同生活而子女尚年幼时，允许子女提出婚生否认之诉。[①] 我国台湾地区旧民法明确规定子女不得提起否认之诉。（台湾地区旧民法第1063条第2款）此规定是否违宪，2004年12月30日所做成之"司法院"释字第587号解释认为，关于子女不得提起否认之诉部分，因不当限制子女之诉讼权及未维护其人格权而违宪。[②] 为此，2007年5月25日修法时，立法者为响应"司法院"释字587号解释，修正了民法第1603条第2款与第3款之规定，允许子女与父或母并列而提出否认之诉。

我国将来的立法中，亦应本着保护子女利益的原则，明确规定成年子女有否认亲子关系的权利。

2. 否认权行使的期限

为敦促权利人及时行使诉权，使亲子关系得以稳定，各国立法均规定了否认权行使的期限。如《德国民法典》第1600b条规定了请求撤销的期限，请求撤销父亲身份只能在2年之内向法院提出。此期限自权利人得知反对此种父亲身份的情况之时开始。期限不得在子女出生之前和认可生效之前开始，不得在确定母亲之新夫不是子女的父亲的裁判发生法律效力之前开始。如果未成年子女的法定代理人未及时请求撤销父亲身份，则该子女在成年以后可以自己请求撤销。

《瑞士民法典》第256条c款规定：（1）夫在知悉生育及知悉本人并非子（女）之父或第三人在妻受胎期间与其同居的事实之后，得在1年的期

[①] 参见戴炎辉、戴东雄、戴瑀如《亲属法》，"国立"台湾大学法学院福利社，2009，第305页。

[②] 高凤仙：《亲属法理论与实务》，台北：五南图书出版股份有限公司，2008，第295页。

限内起诉。超过出生 5 年，诉权自行失效；（2）子女最迟得在其成年后 1 年内起诉；（3）超过上述期限，须因重要原因得到谅解后，始得起诉。

我国台湾地区民法原规定夫或妻应自知悉子女出生之日起 1 年内行使否认权。依"司法院"释字第 587 号解释，夫妻之一方或子女提起否认之诉讼期间，以知悉子女出生之日起算 1 年之内为之，此不当之限制诉讼期间，过于苛刻，不利于保护子女的人格权及其他权利，且与宪法保障人格权和诉讼权的宗旨不符。① 为此，2007 年修订为，否认之诉，夫妻之一方自知悉该子女非为婚生子女，或子女自知悉其非为婚生子女之时起 2 年内为之。但子女于未成年时知悉者，仍得于成年后 2 年内为之。

笔者以为，借鉴国外及我国台湾地区的立法，结合我国的国情，否认之诉的期间不宜过长，以 1 年较为妥当。从而促使有关当事人及时主张权利，使亲子关系尽早得以稳定，切实保障子女的利益。同时此 1 年的规定，与可撤销的民事行为权利人申请撤销的期间规定相同。② 该 1 年的起算点应为知悉或应当知悉存在否认事宜之日。关于否认权行使的具体内容，父母与子女应有所不同。将来有关立法的具体内容是，父或母提起否认之诉的期限为 1 年，自知悉或应当知悉存在否认事由之日时起算；子女提起否认之诉的期限为 1 年，自子女知悉或应当知悉否认事由之时起算。若子女在未成年时知悉的，仍待成年后 1 年内行使。

三 亲子关系的准正与认领

亲子关系的推定与否认，是针对父母间存在婚姻关系而言的。而对于男女同居期间或婚外所生子女与父亲的关系，则是扑朔迷离、难以确定。

古代社会由于强调婚姻的规范性，因而对非婚生子女是非常歧视与排斥的。对于生育子女来说这是被动或无法选择的，若因为非婚生子女，则

---

① 参见戴炎辉、戴东雄、戴瑀如《亲属法》，"国立"台湾大学法学院福利社，2009，第 310 页。
② 对此有的学者观点相同。如王丽萍《亲子法研究》，法律出版社，2004，第 59 页。

受社会法律之冷酷待遇，实有违人之常情，又是无视人权之暴举。① 现代社会基于人权观念，逐步承认并保护非婚生子女的利益。具体而言，是通过非婚生子女的准正与认领制度来实现的。

（一）亲子关系的准正

所谓准正，是指赋予婚外所生子女与婚生子女相等地位的制度。《意大利民法典》第280条对准正的含义予以了明确界定："准正是赋予婚外所生子女以婚生子女资格的行为。可以在私生子女的生父与生母事后结婚的情况下或者由法官宣告取得婚生子女的资格。"一些国家与地区的立法亦明确规定，非婚生子女因父母事后结婚而准正。②

我国现行《婚姻法》中没有设立非婚生子女准正制度，实务中，若生父母事后结婚的，他们在非婚期间所生子女的身份即被承认。其实，我国《婚姻法》早已规定，非婚生子女享有与婚生子女同等的权利，任何人不得加以危害和歧视。也就是说，非婚生子女的地位已由法律赋予，父母事后结婚与否，不影响子女身份关系的获取，亲子关系以血统论。因此，将来的立法不宜再规定非婚生的子女因父母事后结婚而准正的内容，以免画蛇添足。对于非婚生的子女与父母亲子关系的确定，规定认领的有关内容足矣。

（二）亲子关系的认领

子女的认领，是指父母承认非婚姻中出生的子女由己所出的行为。由于父母之间不存在婚姻关系，亲子关系以父母的认可来确定。

1. 认领人与被认领人

《意大利民法典》规定的认领人是子女的生父或生母。实施认领行为的生父或生母必须达到法律规定的年满16周岁。被认领的子女可以是未成年子女、成年子女、怀孕中的胎儿及已死亡的子女。此外，对乱伦所生子女，不得由他们的生父认领，但在为了子女的利益必须进行认领的情况

---

① 陈棋炎：《亲属·继承法基本问题》，"国立"台湾大学法律学系法学丛书编辑委员会，1991，第217页。
② 参见法国民法第331条；瑞士民法第259条第1款；我国台湾地区"民法"第1064条；等等。

下，由法官准许可以认领（第 155、250、251 条）。对已满 16 周岁的子女的认领，须经子女本人同意。对未满 16 周岁的子女的认领，须经已经认领了子女的生父或生母的同意；但是，如果认领符合子女的利益，已经认领了该子女的生父或生母不得拒绝同意，否则，根据申请认领的生父或生母的请求，法院在听取同意认领的未成年人的意见后，以判决做出认领决定（第 250 条）。

《德国民法典》规定的认领人仅限于父亲，与其生母的关系，可基于母亲分娩的事实推定，无须认可。被认可父亲身份的包括成年子女、未成年子女、出生前的子女（胎儿）（《德国民法典》第 1591、1592、1594 条），认可父亲身份，必须经母亲同意，如果母亲在此范围内不享有照顾权，认可还必须经子女同意（第 1595 条）。

我国台湾地区《民法》规定，生父为认领人，经生父抚养者，则视为认领。生母无须认领其子女，两者间当然成立准婚生子女关系（第 1065 条）。被认领人及其生母，对于生父的认领可以否认（第 1066 条）。可否认领已经死亡之子女，台湾地区《民法》没有明文规定。有学者主张，为已死亡子女之继承人利益计，对已死亡子女亦可予认领。①

我国将来立法中认领人的范围应包括：子女的生父、生母，子女本人及其他监护人。子女的认领，旨在确认与生父母的身份关系。由于自然的生育方式，子女与母亲的关系可依怀孕及分娩的事实确定。因此，认领一般仅就生父而言。但如果发生父母恶意遗弃子女或子女被人拐卖的情况，也可发生生母的认领问题。因而子女的认领可针对父母双方而言。被认领的子女死亡的，若有直系血亲卑亲属的，基于对其继承权的保护，亦可认领。

2. 认领的种类

依据父母对子女认领主观上是否主动，可规范为以下几种。

（1）自愿认领

即由子女的生父母主动承认其为己之亲生子女。可以书面、公证及申报户籍登记等方式，亦可以对子女的抚养事实，视为自愿认领。认领可依

---

① 参见戴炎辉、戴东雄、戴瑀如《亲属法》，"国立"台湾大学法学院福利社，2009，第 313 页。

父或母一方的单方行为进行，无须对方或子女同意。认领权须本人行使，他人不能代理。对于生父的认领，子女或其生母有权予以否认。对生母因遭强奸而怀孕，其子女生父认领者，须生母同意。子女成年后，须子女本人同意。如母亲或子女为保持自己的名誉或明知对方冒认的，可行使否认权。生父母认领后立即生效，发生对子女的抚养责任，并且不得撤销。

认领也可依遗嘱方式，在遗嘱中明确承认子女为己所生，并于遗嘱人死后生效。

（2）强制认领

在子女的生父母不愿认领时，可由生母、监护人或子女本人（须成年）提起。当然，如生母遗弃子女的，亦可由生父提起。

强制认领的原因，立法可采取概括的形式，不必限制在特定的理由内。无论何种原因使母亲受胎，都与子女无关。只要他们能证明与父母的血缘关系，都能享受法律赋予血亲关系者的各种权利。

强制认领是建立在子女与生父母存在血缘关系基础上的，可依当事人提供的人证、物证等证实生父母有同居的事实，及"亲子鉴定"结果进行考察，确认子女与生父母是否存在血缘关系。一旦得出肯定的结论，应责令生父母认领。

3. 认领权（包括认领请求权）的消灭

对子女的认领是一项重要的身份行为，就其性质而言，既非请求权，又非支配权，而是因为生育事实，法律赋予行为人可以其单独行为使权利发生变动的形成权。因而其行使不应囿于时效的限制，亦无除斥期间。仅子女死亡，且又无未成年直系卑亲属的情况下，认领权才可以消灭。

4. 认领的效力

认领行为一旦发生，子女与生父母在法律上也就确认了父母子女关系，取得了子女的地位。因此也就取得父母子女关系的一切身份上、财产上的权利与义务。这种效力具有溯及力，即溯及至该子女出生。

认领是确认父母子女身份的重要行为。血缘关系的客观存在是认领行为生效的关键。认领成立后不得撤销。认领人也不得以意思表示是在受胁迫、受欺诈情况下所为而要求撤销。仅可以认领了与自己非血缘关系的子女为由要求撤销。

四 结语

随着人们婚恋观的变化,要求确认亲子关系的问题将有所增加。值得关注的是,传统社会中,确定亲子关系,主要目的在于继承,因此子女的血统是否纯正、是否婚生尤为重要,难免忽视子女的权益。现代社会中,凡有关子女的立法,均应以保护子女利益为优先考虑。虽然 DNA 鉴定为确认父母子女间是否存在血缘关系提供了技术支持,但仅仅是对事实的确认,父母子女间的法律地位,尤其是抚养义务等问题的确定,应在尊重事实的前提下,以维护子女利益为主,并兼顾维护现有婚姻家庭关系的稳定。

司法实务

婚姻家事审判程序
存在的问题与对策

王礼仁[*]

【内容摘要】婚姻家事审判程序存在严重的问题,一是错误适用行政程序解决民事婚姻效力案件;二是错误适用财产诉讼规则处理身份关系案件;三是婚姻诉讼制度贫穷而落后。其原因是:法学领域和立法机关不重视身份法的研究和立法;传统行政管理权力"扩张论"观念根深蒂固;法学理论研究落后,错误理论为错误立法与司法"保驾护航"。解决前述问题的对策是:在理论研究方面,要重视和加强身份关系实体法与程序法研究力度;在制度建设方面,"立改废"三管齐下,即建立家事程序法,修改《婚姻法》第11条胁迫结婚"双轨制"规定,废除《婚姻法解释(三)》等错误规定;在机构设置方面,建立真正意义上的家事法庭,配备专业家事法官;在司法造作层面,要停止执行婚姻效力行政诉讼等不合法、不合理规定,积极推行和大胆适用婚姻成立与不成立之诉,尤其是要大力推行离婚之诉与婚姻无效之诉、婚姻不成立之诉的合并审理机制。

【关 键 词】婚姻审判程序　　问题　　原因　　对策

---

[*] 王礼仁,男,宜昌市中级人民法院家事法官,主要从事婚姻审判和研究。

婚姻家事审判程序中存在的问题非常严重，司法和立法机关都必须高度重视。因为它关系到亿万民众的"诉讼福祉"，关系到老百姓最基本的诉权乃至基本人权保障。试想，老百姓连婚姻诉讼这种最基本的民生诉权都得不到保障，人权保障从何谈起？因而，认真查摆当前婚姻审判程序存在的问题，分析其产生的原因，探索其解决办法和对策，具有重要的现实意义。

一 婚姻家事审判程序中存在的问题

（一）婚姻登记行政案件与民事案件界限混乱，错误适用行政诉讼解决民事婚姻效力

1. 婚姻效力纠纷行政诉讼弊端概述

婚姻登记引起的纠纷，有单纯的行政侵权与婚姻效力两类。而行政诉讼受理的主要是婚姻效力。婚姻效力属于典型的民事案件，而且婚姻有效或无效、成立或不成立，只有一个判断标准，即民事标准。行政程序审理婚姻效力，明显存在程序与实体"两张皮"现象。更为重要的是，行政诉讼的审理对象、判断标准、证据规则、诉讼期限等，均不适用婚姻效力。[①]因而，"有婚离不了，无婚摆不脱"等"一卡二乱三慢"现象，已成为婚姻效力行政诉讼的常态。民政机关当被告更是绝无仅有的"冤大头"。无论是公安机关出具的户籍错误，还是当事人故意造假，都可以指鹿为马，状告民政机关。而绑架民政机关当被告，又只是为了搭建解决民事婚姻效力的"桥梁"，这与行政诉讼的性质和宗旨背道而驰。民政机关并非真正的婚姻关系利害人，其拥有对程序和实体的处分权，由其充当被告，其不作为或乱作为必然侵害当事人的权利。不仅如此，学者和法官的专业和学科，也会因此颠倒。即民法学者或民事法官研究婚姻法学，却不能主导婚姻效力的审判；而行政法学者或行政法官不研究婚姻法学，却主导婚姻效力的审

[①] 王礼仁：《反婚姻诉讼分裂法》，北京大学法律信息网 http://article.chinalawinfo.com/Article_Detail.asp? ArticleID=79336&Type=mod，2014年5月20日访问。

判。而婚姻效力的认定或判断，是民事婚姻法学的核心和精髓所在，也是其难点所在。正如我国台湾学者陈棋炎在论及亲属法如何适用民法总则时指出，"此问题，大大苦恼了民法学者，尤其对研究亲属、继承者，堪可称为迎面就压得透不过气来的学问上重大压力。"①《婚姻法》适用之难度可想而知。婚姻效力行政诉讼，不仅导致学科界限混乱，而且婚姻效力所涉及的诸多问题，行政程序根本无法承载，行政法官也无法担当。而在婚姻效力行政审判中，错误适用《婚姻法》或者直接按照登记行为是否合法的标准判断民事婚姻效力的现象十分普遍。其错案触目惊心，它可能是中国当代法制史上最集中、最普遍、最严重的群体性错案。这并不是夸张，只是我们存在"集体法律盲视"而已。

2. 婚姻效力行政诉讼问题举要

婚姻效力行政诉讼存在的问题很严重、很普遍，这里仅仅列举"一卡二乱三慢"现象，即可得到证明。

"卡"，就是行政诉讼的期限卡住了诉讼之门，使大量当事人丧失诉讼救济途径。"有婚离不了，无婚摆不脱"现象随处可见。比如自己使用虚假身份结婚，10年、20年后婚姻破裂，却离不了婚。因为民事程序不受理，行政诉讼超期限。如赖××与"张×雄"于2000年1月2日登记结婚时，由于"张×雄"使用的是虚假姓名，婚姻破裂后无法离婚，2012年5月29日赖××向法院提起行政诉讼，要求撤销该结婚登记行为。因超过了法定起诉期限，一审法院判决驳回起诉，赖××不服上诉，二审判决维持原判。②原告由此丧失了救济路径，其婚姻是否成立或存在无法解决。珠海市李女士1989年用姐姐的身份证结婚；安徽宁国市刘某1989年使用哥哥身份证结婚，分别于2009年、2011年诉讼离婚，均遭驳回。这些案件都无法获得有效的救济途径。

"无婚摆不脱"，甚至无法结婚的现象，也时有发生。如原告张×华1996年与第三人共同生活，但一直未办理结婚登记。第三人也于2008年8月离开原告各自生活。2012年2月原告在家中整理物品时发现一本原告与

---

① 陈棋炎：《亲属、继承法基本问题》，台湾瑞明印刷厂，1980，第1~2页。
② 见广东省佛山市中级人民法院〔2012〕佛中法行终字第195号行政裁定书。

第三人的结婚证,原告便提起行政诉讼状告婚姻登记机关,请求法院撤销原告和第三人的结婚证或确认其婚姻登记无效。2013 年 5 月,遂平县人民法院则以超过法定期限,判决驳回了原告起诉。① 原告是否存在婚姻关系,无法解决。又如福建的陈姓女子"被结婚"后无法登记结婚,为了不耽误事先选好的结婚日子,她只好先举行了婚礼。随后小陈提起行政诉讼,请求撤销他人冒充自己身份的婚姻登记,却因超过诉讼期限法院不予受理。2013 年奔波 3 年的小陈已怀孕近 8 个月,仍然结不了婚。②

"乱",就是适用法律乱象丛生。由于婚姻效力行政诉讼存在"两个不适应",即行政诉讼功能不适用和行政审判人员不适应。而且行政法学者也无法对婚姻效力认定进行有效指导(不能及时发现和纠正问题),婚姻法学者则又都往往不关注行政审判。因而,婚姻效力行政诉讼存在的问题,一直没有引起应有的重视。婚姻效力行政诉讼不仅在程序上存在严重缺陷,③ 从实体处理结果看,其问题也非常严重,超乎想象。这些问题归纳起来,也至少有十个方面,包括:所有假身份结婚几乎均被撤销;所有"冒用他人身份"结婚者,几乎均不认定"冒用者"为婚姻当事人,而把"被用者"作为婚姻当事人;所有身份"被用者"都可以起诉撤销他人婚姻并且胜诉;④ 所有限制行为能力离婚案件大都被判决无效或撤销;所有民政局机关登记无过错的案件都要起诉民政机关,甚至"指鹿为马";所有民政机关不出庭或不举证的案件,都推定登记根据不足而撤销;对复婚和补办婚姻登记,因当事人对其性质分辨不清而申请错误的案件,大都判决撤销;他人代理或单方登记婚姻、跨管辖区域登记婚姻等案件,大多被撤销。2014 年 4 月安徽淮北市法院还判决撤销一件两年前在一方工作单位所在地民政机关

---

① 《原告张×华诉被告遂平县民政局不服婚姻登记一案》,http://ws.hncourt.org/paperview.php?id=965853,2014 年 5 月 20 日访问。
② 《诏安女"被结婚"5 年续冒名者获刑可婚仍结不了》,《东南早报》2013 年 4 月 19 日,http://mn.sina.com.cn/news/m/2013-04-19/102637878.html。
③ 笔者曾经总结了行政诉讼审判存在的十大缺陷,这主要是从程序方面而言,并不包括实体。参见王礼仁《婚姻瑕疵纠纷行政诉讼十大缺陷》,民主与法制网 http://www.mzyfz.com/cms/lvshijulebu/falvdongtai/jinritoutiao/html/804/2011-08-25/content-141705.html,2014 年 5 月 20 日访问。
④ 仅山东省滕州市人民法院 2014 年由身份"被用者"起诉撤销他人婚姻,并胜诉的案件就有十余件。

办理离婚登记的所谓跨管辖的离婚登记案。① 由于这里主要是讨论程序问题,对于上述处理之所以属于错误的实质内容,不进行具体阐述,将另行著文专门论述。

"慢",就是行政诉讼因其功能所限,无法快捷处理,当事人往往在行政诉讼与民事诉讼中"来回推磨",或者在行政诉讼中遭遇种种关卡而使诉讼半途而废,效率极其低下。最典型的是一场官司,往往要打成三场官司。比如,原告起诉离婚,被告对婚姻效力提出异议,法院则判决驳回原告起诉或者动员撤诉,要求原告另行打行政诉讼官司,当事人打完行政官司后,婚姻未被撤销则又要回到民事程序打离婚官司,而婚姻被撤销也要回到民事程序打财产分割或子女抚养官司。这本来可以在民事诉讼中将离婚本诉与婚姻效力反诉(婚姻无效之诉或婚姻不成立之诉)合并审理、一次解决的纠纷,却人为制造诉讼障碍,增加当事人诉讼成本。

还有许多案件,行政诉讼的功能根本无法解决,造成当事人诉讼周期长、成本高。如江苏靖江市的殷×娣女士在丈夫江×海死后才知道自己早已"被离婚",其丈夫又与张×结婚。殷×娣便提起行政诉讼,请求撤销自己与江×海的离婚登记,法院则以江×海与张×再婚不能撤销为由,判决确认离婚登记违法。而殷×娣诉请撤销江×海与张×的结婚登记,也因超过行政诉讼期限而被驳回。殷×娣不服申诉,历时4年,7个执法机关(三级法院审理、三级检察院抗诉,民政机关充当被告)参与诉讼,法院先后下达8个法律裁判文书。2013年6月靖江市法院终于通过再审确认民政局为江×海与张×颁发结婚证的具体行政行为无效。② 有关媒体对该案再审进行了大量报道,都认为再审确认江×海与张×结婚无效彻底解决殷×娣的法律障碍,可以使殷×娣的继承权等权利得到有效保护。但实际上这个案件还存在严重问题,即殷×娣与江×海的夫妻关系,在法律上并没有得到解决。即先前殷×娣起诉撤销她与江×海的离婚登记,并没有得到法院支持,法院以不宜撤销为由判决确认离婚登记违法,而离婚有效与无效并没有解决。这个判决对殷×娣与江×海恢复夫妻关系设置了法律障碍,再审

---

① 《民政局超越职权颁发离婚证 法院依法撤销》中国法院网 http://www.chinacourt.org/article/detail/2014/04/id/1274349.shtml,2014年5月20日访问。
② 苏振东、郑玉龙:《"被离婚"5年,谁来保护她的权益》,《检察日报》2013年6月11日。

判决虽然确认江×海与张×的结婚无效，但并不等于殷×娣与江×海还存在夫妻关系。从法律角度考察，殷×娣还需要对原来确认婚姻违法的判决进行再审，撤销殷×娣与江×海的离婚登记或确认其离婚无效，才能真正扫清殷×娣作为配偶身份分割或继承江×海财产的法律障碍。这一案件既涉及对离婚后再婚的善意认定及其保护范围的重大婚姻法理论问题，也涉及诉讼合并问题，行政程序难以承载。因而，上述案件诉讼之所以如此艰难，其原因就在于行政诉讼路径选择错误。

婚姻效力行政诉讼模式的性质及其结果，可以用一首打油诗概括：

公法私法性相远，
公法审理私法案；
就是公鸡下混蛋，
遍地肯定是错案。

当然，行政诉讼中，也还有极少数结果并非错误的案件，但这仅仅属于"歪打正着"，不能代表或说明婚姻效力行政诉讼的整个现状。它至多只能算作是例外成功的"人工胚胎"现象。但在婚姻效力诉讼中则不需要这种"人工胚胎"。因为民事诉讼并非没有"生育能力"，它完全有能力解决婚姻效力的诉讼问题，这种"人工胚胎"完全是多此一举，浪费资源。

（二）身份案件职权主义审判原则没有得到贯彻执行，用财产诉讼规则处理身份案件的现象十分普遍

身份关系诉讼有其自身规则，最主要的是不适用一般财产法的当事人诉讼主义，而适用职权探知主义或职权干预原则，而且从世界各国和地区的法律看，职权诉讼的范围并没有削弱，还在加强。以我国台湾地区离婚案件为例，原来"民事诉讼法"规定，法官为了维持当事人婚姻，可以依职权考虑当事人未提出之事实，从而判决不离婚。① 但对可以判决离婚的事

---

① 台湾地区"民事诉讼法"第575条规定："法院因维持婚姻或确定婚姻是否无效或不成立，得斟酌当事人所未提出之事实。"台湾原来的民事诉讼法第九编"人事诉讼"因《家事事件法》出台已经废止，第575条也因此废止。

实，法官不得依职权考虑。对此，笔者曾专门提出了批评。① 笔者认为如果存在法定离婚理由（家庭暴力、重婚等），当事人没有提出或主张，法官察觉或发现后也应当依职权考虑，并可以判决离婚。在审判实践中，对于当事人未提出的家庭暴力等重大离婚事实，笔者也有依职权考虑的案例。如有一农村妇女在法庭上陈述：自己曾遭丈夫实施家庭暴力，造成脾脏破裂，由于当时丈夫承认了过错，为了免使家庭破裂而没有提出离婚。但丈夫却暴行不改，过了一段时间，又开始实施暴行。有几次遭丈夫毒打后逃跑，丈夫携刀追赶至村委会，经村委会干部解救才得以脱险。为此，该妇女逃离家庭，然后起诉离婚。但一审法院则认为该妇女的当庭陈述，没有证据证实，未经任何调查而驳回其离婚请求。笔者在二审察觉这一情节后，决定发回重审，指令一审查明事实，如家庭暴力事实存在，应当判决离婚。一审重审时，查明确实存在严重的家庭暴力，判决离婚。

值得注意的是，2012 年实施的台湾地区"家事事件法"第 10 条修改了原来的"民事诉讼法"规定，家庭暴力等严重离婚事由，也属于法官职权考虑的范围。②

而从大陆的审判现状看，离婚案件基本上没有贯彻职权审理原则，与一般财产案件毫无区别。而且，即使涉及婚姻有效与无效、成立与不成立以及亲子关系的认定等，大都也没有贯彻职权诉讼原则。财产诉讼的自认、认诺、舍弃、撤诉等规则，在身份关系中直接适用的现象普遍存在。《人民法院报》还发表了有关法官认为"亲子诉讼并非都不适用自认"的文章。身份诉讼财产化，由此可见一斑。

（三）身份关系诉讼不仅缺乏基本制度，而且现有制度弊端甚多

我国的婚姻诉讼制度贫穷而落后。"贫穷"，就是该有的没有。到目前

---

① 王礼仁：《婚姻诉讼前沿理论与审判实务》，人民法院出版社，2009，第 777~779 页。
② 台湾地区"家事事件法"第 10 条规定规定：法院审理家事事件认有必要时，得斟酌当事人所未提出之事实，并依职权调查证据。但法律另有规定者，不在此限。离婚、终止收养关系、分割遗产或其他当事人得处分之事项，准用民事诉讼法第二编第一章第二节有关争点简化协议、第三节有关事实证据之规定。但下列各款情形之一者，适用前项之规定：一、涉及家庭暴力或有危害未成年子女利益之虞。二、有损害当事人或关系人人格权之虞。三、当事人自认及不争执之事实显与事实不符。四、依其他情形显失公平。第一项情形，法院应使当事人或关系人有辩论或陈述意见之机会。

为止，我国不仅没有建立专门的家事诉讼制度，在《民事诉讼法》里，也没有关于"人事诉讼"或家事诉讼的专门规定，婚姻等家事案件缺乏最基本的诉讼制度保障。"落后"，就是现有的涉及婚姻等身份关系诉讼的规定不科学，存在诸多不合理甚至错误的内容，其主要表现在三个方面。

1. 婚姻效力纠纷执法权力配置错误

由于长期以来对婚姻效力纠纷性质判断错误，处理婚姻效力纠纷的立法与司法机制在职能定位、执法权力配置、诉讼路径选择等方面均存在明显缺陷。一是行政权与司法权混淆。解决婚姻效力纠纷是司法机关的职能，法律却赋予婚姻登记机关处理婚姻纠纷的职能与权力。二是行政诉讼与民事诉讼混淆。行政诉讼不具有解决婚姻效力纠纷的功能，但却规定通过行政诉讼解决。三是部门之间职能混淆。解决婚姻效力纠纷的部门重叠，职能交叉，既有分工不明，也有分工错误；既有重复交叉，越权越位，又有盲点死角，该管的案件无人管。目前虽然有行政复议、行政诉讼、民事诉讼三种路径，但却无法真正解决婚姻效力纠纷，这种婚姻诉讼分裂法的弊端，笔者在《反婚姻诉讼分裂法——废除婚姻效力纠纷行政复议和行政诉讼致全国人大建议书》一文中有论述。①

2. 无效婚姻适用特别程序、代理无行为能力人离婚必须变更监护关系、亲子诉讼适用证据规则第 75 条等，都存在严重缺陷

比如《婚姻法解释（三）》第 8 条关于"他人代理无行为能力人离婚诉讼必须变更监护关系"的规定，很不科学，使简单问题复杂化。2014 年 6 月 20 日笔者在北京的一次婚姻法讲座中，有律师即向笔者反映，他在办理一起父母代理无行为能力人离婚诉讼案件中，为了变更监护关系，跑了无数次（其中仅因居委会不开具证明，即卡了很长时间），整整花了 5 个月时间，变更监护关系才立案。那么，变更监护关系案件何时审结还不得而知，而且只能待变更监护关系案件胜诉后才能再打无行为能力人离婚案官司。这是一个多么落后的规定啊！为什么要把一个离婚官司打成两个官司？这种加重当事人负担的规定存在严重缺陷。

---

① 王礼仁：《反婚姻诉讼分裂法——废除婚姻效力纠纷行政复议和行政诉讼致全国人大建议书》，北京大学法律信息网 http：//article. chinalawinfo. com/Article_ Detail. asp？ArticleID = 79336&Type = mod。

对此，笔者在专著中早已提出"监护与诉讼代理两者性质不同"，可以分离，尤其是夫妻间诉讼，其利益相反，必须由他人代理诉讼，根本不需要变更监护关系。① 这里笔者不再重复理由，只列举一个简单的问题供大家思考：假若无行为能力人遭遇其配偶虐待或遗弃，无行为能力人的父母代理其诉讼，要求无行为能力人配偶停止侵害，履行抚养义务，也是否需要变更监护关系？

代理无行为能力人离婚诉讼，根本不需要变更监护关系，理由应当是充分的。这也得到了台湾地区家事立法的进一步印证。2012年实施的台湾地区"家事事件法"第15条专门设立了"程序监理人"。根据"家事事件法"第15条规定："处理家事事件，如有无程序能力人与其法定代理人有利益冲突之虞、无程序能力人之法定代理人不能行使代理权，或行使代理权有困难或为保护有程序能力人之利益认有必要之情形，法院得依利害关系人声请或依职权选任程序监理人。"台湾地区为什么使用"程序监理人"概念，主要由其适用范围所决定（即包括调解、非诉和诉讼）。"程序监理人"在诉讼程序中就是诉讼代理人。《婚姻法解释（三）》第8条规定"他人代理无行为能力人离婚诉讼必须变更监护关系"，不仅脱离现实生活实际，也与现行法律和其他司法解释关于无行为能力人的诉讼规则不一致，明显缺少法理依据，除增加当事人诉累外，没有任何价值。

3. 诸多诉讼制度残缺不全，需要完善或研究修改补充

比如，无效婚姻能否再审；离婚案件是否一律不能再审；是否应当扩大婚姻诉讼特别管辖范围；生父死亡的亲子认领之诉的被告如何确定；等等。这些问题，在司法实践中都亟待解决。

第一，离婚案件是否一律不能再审？是一个亟待解决的问题。特别是"被离婚案件"，认为一律不予再审，不符合实际情况，也没有法理基础。如一方被判刑服刑，另一方以下落不明诉讼离婚；一方在这个法院没有判决离婚，则到另一法院以下落不明诉讼离婚；还有的当事人雇人冒名在法院调解离婚；等等。由于受到所谓的"离婚案件不能再审"的限制，当事人的合法权利都无法得到救济。有的法院对于雇人冒名在法院调解离婚的

---

① 王礼仁：《婚姻诉讼前沿理论与审判实务》，人民法院出版社，2009，第805页。

案件，采取收回调解书的办法解决，也不通过再审程序解决。可见，我们的立法是多么落后！我们的司法或法官水平是多么落后，一点冲破错误羁绊或樊篱的能力也没有！

第二，对于被拐卖、被家暴、被虐待妇女的婚姻诉讼，是否应当建立特殊诉讼管辖制度，以保障她们诉讼权利的实现，也应当引起立法机关或最高司法机关的重视。不少被拐卖、被强迫结婚，以及一般婚姻中遭受家庭暴力、虐待、遗弃的妇女，被迫离开结婚地，回到娘家或寄居他处，无法或不敢再重新到结婚所在地（即被告所在地）起诉离婚或主张婚姻无效。因为人身安全不能保障。不少妇女逃离结婚地，犹如"脱离虎口"，她怎么还敢再到被告所在地诉讼婚姻无效或离婚呢？2014年6月北京律师反映了一个被拐卖的妇女逃离原地回到娘家后，无法回到原处诉讼，这个违法婚姻关系迟迟不能解决，致使当事人无法再次结婚。还有的妇女没有经济能力到外地诉讼。因而，对这种遭受人身安全与经济困难双重压力的案件，在诉讼管辖上应当体现保护妇女原则，即应当准许妇女选择方便自己诉讼的法院起诉。此外，对于男方在外地打工或经营而重婚或与他人同居的，女方由于人身安全或经济原因，也不能在婚姻居所地或被告所在地起诉离婚的，也应当准许妇女选择方便自己诉讼的法院起诉。

第三，无效婚姻是否不能再审？也需要明确。在目前的司法实践中，多数法院对于无效婚姻认为不能再审。江苏省等地方法院还专门规定无效婚姻不能再审。[①] 因而，有的当事人使用伪造的假结婚证宣布合法婚姻为重婚的案件，也难以进入再审程序。

第四，生父死亡的亲子认领之诉的被告如何确定以及如何诉讼的问题，已经困扰了司法实践。不少地方对于生父死亡的亲子认领之诉，以没有明确的被告为由不予受理，或者受理后以无法进行亲子鉴定等理由而驳回起诉。

二 婚姻家事审判程序存在问题的原因分析

对于制度层面的问题，一般都作为原因对待。笔者认为并不是原因，

---

① 参见江苏省高级人民法院苏高法审委〔2006〕10号文件。

而是一个真正的问题,并且是严重问题。不能让它躲到背后,要让它站到台前,这样才能引起人们的重视和改进。上述问题的真正原因主要在于如下几个方面。

(一) 法学领域和立法机关存在重财产轻身份现象,不重视身份法的研究和立法

婚姻等身份关系诉讼程序极其重要,无论是从建立完备的法律体系看,还是从现实需要看,家事程序都是不可缺少的。而且在修改或完善民事诉讼法中,家事程序是首要应当完善的内容,可以说它比"小额诉讼""公益诉讼"等其他内容都重要。然而,连每年只有几个案件的"公益诉讼"都挤进了法律,而家事诉讼却不见踪影。这无疑是法学研究领域和立法机关不重视、不推动身份关系诉讼立法的结果。

(二) 传统行政管理权力"扩张论"错误观念的影响

在一些人的思想中,行政权力扩张论、无限论观念根深蒂固。"大公法"主义、"小私法"主义仍然在立法和司法中作祟,总认为民事权利应当让渡于行政权力,行政权力大于民事权利,民事审判不能对婚姻效力进行认定,并由此错误地认为公权力在婚姻登记中占主导地位,当事人的行为和意思处于附属地位。从而把本来很简单的一个民事公示行为——婚姻登记,扭曲为行政机关行使行政管理权——对婚姻审批或许可的单纯行政行为。

目前,认为婚姻登记是"行政许可"的观念,不仅在理论上存在,在法院判决和相关媒体中,对婚姻登记使用"行政许可"一词的现象也随处可见。如"结婚登记毕竟是一种行政许可,该行政许可的效力应当通过相应的行政程序来解决,这不属于婚姻法本身所能调整的范畴。"[1] 原告邹×洪诉被告湘潭县民政局民政结婚行政许可一案(〔2010〕潭行初字第11号判决书案由);[2] 原告何×达诉被告南宁市邕宁区民政局、第三人卢×民政

---

[1] 高林芳:《以姐姐名义与他人领取结婚证的离婚案件应如何处理》,http://gfxfy.china-court.org/public/detail.php?id=673,2014年5月20日访问。
[2] 湖南省湘潭县人民法院行政判决书〔2010〕潭行初字第11号 http://www.lawxp.com/case/c869479.html,2014年5月20日访问。原告邹×洪诉被告湘潭县民政局民政结婚行政许可一案行政判决书 http://www.110.com/panli/panli_15357143.html,2014年5月20日访问。

行政许可一案;①《智障者离婚引发行政许可官司》;② 等等。2013 年 8 月山东省济宁市任城区人民法院法官在分析当事人使用虚假身份结婚案件时还认为,"公安机关将董××的虚假身份及户籍信息删除并注销,使婚姻登记机关的'婚姻许可行为'被推翻"。③

而认为婚姻登记是"行政管理"的看法,则更为普遍。如宜章县民政局不服婚姻登记行政管理纠纷一案;④ 原告李某某诉被告罗城仫佬族自治县民政局民政行政管理纠纷一案;⑤ 原告李×华不服被告顺昌县民政局民政行政管理一案;⑥ 等等。

(三) 法学理论研究落后,错误理论为错误立法与司法"保驾护航"

由于法学理论研究落后,不仅不能为立法与司法提供正确的理论指引,或者对错误立法与司法拨乱反正,反而成为错误立法与司法"保驾护航"的工具。婚姻案件涉及的问题极其复杂,牵涉若干领域和诸多理论,至少应当包括这样几个方面:(1) 婚姻法(亲属法)与其他民法的关系,亲属法能否适用民法总则,以及如何适用民法总则?(2) 财产关系诉讼与身份关系诉讼的关系如何?普通诉讼程序与人事诉讼程序的区别?普通程序中哪些规则适用身份关系诉讼,哪些不适用身份关系诉讼?(3) 婚姻登记民事诉讼与行政诉讼的关系,身份关系诉讼到底是民事诉讼还是行政诉讼,婚姻关系效力纠纷是否应当适用行政诉讼程序审理?婚姻登记行政案件应当界定在哪些范围内?(4) 婚姻登记机关的职能是什么?婚姻登记机关能否处理婚姻关系效力纠纷或者能否赋予其处理婚姻登记纠纷的职能?等等。可以说,

---

① http://www.110.com/panli/panli_20663738.html,2014 年 5 月 20 日访问。
② 《智障者离婚引发行政许可官司》,《东方早报》http://www.news365.com.cn/gd/t20040718_142678.htm,2014 年 5 月 20 日访问。
③ 李迎春、赵世德:《以"假身份"登记结婚的婚姻案件如何办理》,中国法院网http://www.chinacourt.org/article/detail/2013/08/id/1049409.shtml,2014 年 5 月 20 日访问。
④ 湖南省宜章县人民法院〔2012〕宜行初字第 16 号行政裁定书 http://www.chinacourt.org/paper/detail/2013/06/id/1061923.shtml,2014 年 5 月 20 日访问。
⑤ 广西壮族自治区罗城仫佬族自治县人民法院〔2012〕罗行初字第 5 号行政判决书 http://www.lawxp.com/case/c1908445.html,2014 年 5 月 20 日访问。
⑥ 原告李式华不服被告顺昌县民政局民政行政管理一案,顺昌人民法院行政判决书〔2013〕顺行初字第 1 号 http://www.fjsccourt.org/public/paperview.php?id=986343,2014 年 5 月 20 日访问。

这些问题都是研究亲属法及其诉讼规则必须掌握的基本内容,只有对上述问题有一个整体把握和综合分析判断后,才能对相关问题有一个正确判断。

但在理论上,则缺乏对相关问题的深入研究,更缺乏对婚姻法和相关法律制度的统筹把握和整合研究,其理论研究存在三大缺陷。一是婚姻实体法与程序法分离;二是财产诉讼与身份关系诉讼分离;三是婚姻民事诉讼与行政诉讼分离。

多数亲属法学者不研究人事诉讼(身份关系诉讼)程序,而研究人事诉讼或家事诉讼程序的学者,则不仅忽视或不重视亲属实体法、婚姻行政诉讼等学科的比较和整合研究,更缺乏对中国婚姻案件审判现状的敏锐观察和冷静思考,往往局限于对家事诉讼程序的基本概念和特点等抽象问题的描述和介绍,其视角没有深入中国现行司法体制和司法实践,既不能发现司法实践之突出问题,更无法"突围"现行法律体制之羁绊。比如,长期以来,我国研究人事诉讼或家事诉讼法的学者不研究行政诉讼法,而研究婚姻行政诉讼法的学者更不研究人事诉讼或家事诉讼法,婚姻行政诉讼与婚姻民事诉讼在研究方法上一直处于分离状态,缺乏比较研究和整合,难以发现二制度在功能上的优劣和缺陷,又加之对婚姻行政诉讼在司法实践中暴露出来的诸多弊端缺乏了解。在这种背景下,往往只会认为行政诉讼是解决登记程序瑕疵婚姻的唯一途径或最好途径,甚至还主张用行政诉讼解决婚姻登记效力纠纷,为程序瑕疵婚姻行政诉讼的错误规定和错误做法"鸣锣开道""保驾护航"。因而,对于适用行政诉讼处理婚姻效力纠纷,自然不会认为是错误做法。

三 解决婚姻家事审判程序中存在问题的对策

(一)在理论研究方面,要重视和加强身份关系实体法与程序法的研究力度

立法错误与司法错误,其根源在于理论基础错误。比如要扭转当前婚姻效力诉讼上的立法与司法分裂状态,必须对婚姻效力纠纷的基本性质、婚姻登记的性质、行政复议和行政诉讼的职能与功能、行政诉讼与民事诉

讼处理婚姻效力纠纷之优劣等问题进行全面研究，才能从中选择正确的诉讼路径。对于身份关系的职权主义诉讼范围，以及相关制度的完善，都必须理论先行，有了充分的理论准备，才会有完善的立法和科学的司法。

（二）在制度建设方面，"立改废"三管齐下

制度建设意义非常重大，目前诉讼制度上的缺陷，值得深刻反思。我们本应当为人民提供先进的法律保障和优质的法律服务，为他们建立绿色诉讼通道。然而我们不仅没有做到，反而为老百姓设置了一道道无法翻越的诉讼栏杆，或者加大其诉讼成本，使人民群众无法翻越，或者要翻越就必须"身负重伤"，严重妨碍甚至阻挡了人民群众行使合法权利之路。这一问题应当解决，且很好解决，必须下决心解决。要改变落后的诉讼制度，应当"立改废"三管齐下。

1. "立"，即建立家事程序法

家事程序之"立"，重点有两项工作：一是尽快制定家事诉讼法或简易的家事诉讼程序方面的规则，以满足婚姻等家事诉讼案件的最基本需要；二是修改完善《婚姻登记条例》，增加程序瑕疵更正程序，以便区分诉与非诉。对那些婚姻效力无争议，且有合法证据证明婚姻登记信息错误的，应当通过更正婚姻登记信息途径解决。

2. "改"，即修改婚姻法第 11 条胁迫结婚"双轨制"规定

这也是在法律上规定民政机关可以撤销婚姻登记的唯一条款。而撤销胁迫结婚由法院主管才是正确的，没有必要规定由民政机关与法院共同主管。同时，由于婚姻登记机关职能有限，婚姻登记机关撤销胁迫结婚的规定几乎闲置未用。因为根据《婚姻登记条例》和相关规定，当事人向登记机关申请撤销胁迫结婚，应当出具"能够证明被胁迫而结婚的证明材料"。北京市等省市民政局还规定，当事人还要提供"公安机关出具的解救证明、人民法院做出的有受胁迫结婚内容的判决书或者其他能够证明受胁迫结婚的证明材料"，"且不涉及子女抚养、财产及债务问题的"，民政机关才能受理。据一些民政部门的同志介绍，民政机关撤销胁迫结婚实际上是名存实亡。因而，改由法院统一主管是完全可以的。

3. "废"，即废除《婚姻法解释（三）》等错误规定

首先或当务之急，就是要废除婚姻效力行政诉讼规定。婚姻效力行政

诉讼之所以存在"一卡二乱三慢"现象，主要原因就是行政诉讼的功能、行政法学者和行政法官，均不适用于婚姻效力纠纷。因而，这一规定应当废止。其次，代理无行为能力人离婚必须变更监护关系的规定，也应当废止。

废除婚姻效力行政诉讼的理由是充分的。① 保留婚姻效力行政诉讼不仅与其性质不符，而且有诸多弊端。其中最明显的缺陷就是，保留婚姻效力行政诉讼，因行政诉讼的规则不适用于婚姻效力，就需要建立两套行政诉讼机制：两班研究人员和审判法官。即在行政诉讼法中分别建立一般诉讼机制和婚姻诉讼机制两套体制和两班人马。更为重要的，即使有两套行政诉讼机制，也不能完全解决婚姻效力问题，如事实婚姻与登记婚姻重叠、离婚后再婚等，在行政诉讼中仍然无法得到解决。与此同时，由于在民事诉讼中也存在家事诉讼程序、家事审判机构和家事法官，婚姻效力行政诉讼不仅导致其内部出现两套机制和两班人马的现象，也会导致与民事诉讼中的家事诉讼程序、机构、人员重叠。这种机制不仅立法和司法成本高，而且会造成适用法律不统一等多种弊端。从婚姻效力案件的基本性质以及家事案件的特点看，应当走集中化、专业化的道路，将婚姻效力案件统一纳入民事家事诉讼程序体制内解决，才是正确的选择。

（三）在机构设置方面，建立真正意义上的家事法庭，加强家事法官专业化建设

笔者是一位从业十多年的家事法官，个人对家事案件审判的感悟是："三年入门，五年出师，八年而不惑，十年方可得心应手，但不可言无案而不通。"因而，家事案件需要专业化。目前婚姻家庭合议庭多数流于形式，人员不固定，难以保证家事法官真正实现专业化。要大力推广江苏徐州贾汪区等法院的做法，建立真正意义的家事法庭，即有法定编制的家事审判庭，有固定的家事审判法官。

---

① 王礼仁：《反婚姻诉讼分裂法》，北京大学法律信息网 http：//article.chinalawinfo.com/Article_ Detail.asp？ArticleID＝79336&Type＝mod，2014 年 5 月 20 日访问。

（四）在司法运作层面，要停止适用不合理规定，大胆适用先进科学的诉讼手段

1. 对于婚姻效力行政诉讼、代理无行为能力人离婚必须变更监护关系等不合法、不合理、阻碍或加重当事人诉讼负担的规定，在正式废止前，在司法实践中应当停止执行

同时，要正确理解和适用现行法律，凡是有解释空间，不违反现行法律基本精神，符合法理，有利于保护当事人行使诉讼权利的，都应当做出积极选择或理解。比如法律并没有规定无效婚姻不能再审，不能简单地认为离婚案件不能再审，无效婚姻也不能再审。对符合再审条件的无效婚姻案件，应当依法再审。① 至于"被离婚"案件，也应当有条件准许再审。因为它与《民事诉讼法》规定的离婚案件不得再审的立法含义并非一回事。《民事诉讼法》规定的离婚案件不得再审，主要是指通过合法程序依法判决或调解的离婚案件，并不能包括"被离婚"这种虚假诉讼、严重违反程序的案件。而且诸如冒名顶替等诉讼离婚案件，再审也是纠正错误的唯一正确途径，有些法院采取收回调解书或裁判文书的做法显然不合法。至于父亲死亡的亲子认定之诉的被告如何确定，可以直接借鉴台湾地区的立法，将其继承人作为诉讼被告。

2. 对于婚姻效力纠纷，应当理直气壮地纳入民事程序解决

这并不存在法律障碍。第一，行政诉讼法受案范围没有登记婚姻效力案件。相反，根据《婚姻登记条例》精神，登记婚姻效力纠纷应当通过民事程序处理。应该说，《婚姻登记条例》比我们的民事立法理念先进。对此，笔者在纪念《婚姻登记条例》颁布十周年的文章中，给予了高度评价，② 值得民事立法学习和借鉴。第二，目前立法上规定由行政机关处理的登记婚姻效力纠纷，只有《婚姻法》第11条"胁迫结婚"一种，而该条同

---

① 王礼仁、皮妍蓉：《婚姻无效判决再审合理性探析》，《人民法院报》2013年1月23日，第7版。
② 王礼仁：《纪念〈婚姻登记条例〉废除婚姻登记机关撤销婚姻登记十周年》，北京大学法律信息网 http://article.chinalawinfo.com/ArticleHtml/Article_79224.shtml，2014年5月20日访问。

时规定法院也有管辖权。因而，在操作层面废除"双轨制"，由法院统一管辖，没有法律障碍。第三，真正有障碍的是《婚姻法解释（三）》第1条第2款。对此，有两种解决办法。一是一直废止或停止执行。由最高法院直接发文或由最高法院法官在最高法院机关报刊发表文章说明即可；二是对《婚姻法解释（三）》第1条第2款的含义重新进行学理解释，将婚姻效力纠纷界定在民事案件范围。因为从《婚姻法解释（三）》第1条第2款的文字表述看，还有解释空间。第2款的原文是："当事人以结婚登记程序存在瑕疵为由提起民事诉讼，主张撤销结婚登记的，告知其可以依法申请行政复议或者提起行政诉讼。"

从上述解释的用语看，只有"主张撤销结婚登记的"才告知其申请行政复议或者提起行政诉讼。因为"主张撤销结婚登记"，这本身就是一个行政诉讼的性质，当然不能通过民事诉讼解决。这实际上预留了巨大空间，即当事人不是"主张撤销结婚登记的"，而是主张确认婚姻成立或不成立（或存在与不存在）者，自然不在民事诉讼拒绝或禁止之列。比如，一对夫妻因婚姻登记程序瑕疵发生争执，一方认为双方的婚姻关系成立，一方认为双方的婚姻关系不成立，当事人根据《婚姻法》第8条及其相关规定，通过民事诉讼请求法院确认其婚姻成立或不成立。对此，法院能够驳回当事人起诉吗？当然不能。因为驳回起诉没有任何法律根据。第一，当事人争执的法律关系是婚姻关系，属于民事法律关系。第二，当事人诉讼主张的实体法是婚姻法第8条及其相关规定，有法可依。而且婚姻法属于民事法律范畴。第三，确认之诉是民事诉讼法的基本诉种之一。无效婚姻也是通过民事诉讼确认的，亲子诉讼不也是通过民事诉讼确认的，而且除司法解释外，现有实体法和程序法均没有关于亲子诉讼的规定。仅凭上述三条，法院就无法驳回当事人起诉，否则就是违法。因而，在废止该条规定前，完全可以通过学理或法理解释重新释义，将婚姻效力纠纷纳入民事诉讼轨道。

实际上，法官自己也完全可以根据这种法理解释，将婚姻效力纠纷纳入民事诉讼范围解决。对于当事人在民事诉讼中"主张撤销结婚登记"的，还可以通过释明，要求当事人变更诉讼请求，直接在民事诉讼中解决。

同时，对于当事人直接通过行政程序，请求撤销婚姻登记行为或确认其无效的，也不宜作为行政案件处理，应当通过释明，告知当事人通过民事程序解决。因为这种诉讼的实质是对婚姻关系的否定，所审查的对象实质上是婚姻关系。而且婚姻登记行为能否撤销或确认无效，也要由民事婚姻效力来决定，其判断标准还是民事婚姻效力标准。这样的案件本质属于民事案件，应当走民事诉讼程序解决。其理由详见笔者文章①中的"婚姻登记行政诉讼与民事诉讼的界限"。

3. 积极推行和大胆适用婚姻成立与不成立之诉，尤其是要大力推行离婚之诉与婚姻无效之诉、婚姻不成立之诉的合并审理

一是关于"确认婚姻成立与不成立之诉"的应用问题。婚姻诉讼一般包括：婚姻无效之诉，撤销婚姻之诉，确认婚姻成立与不成立之诉（或存在与不存在之诉）、离婚之诉（包括解除婚姻关系引起的附随之诉）、离婚无效之诉等。"确认婚姻成立与不成立之诉"，就是请求确认婚姻成立或不成立（或者存在与不存在）之诉。婚姻登记程序违法引起的纠纷主要涉及的是婚姻成立与不成立问题。因而，婚姻登记中的大量纠纷，都涉及婚姻成立与不成立问题。我们必须善于运用"确认婚姻成立与不成立之诉"，才能有效解决不同性质的婚姻案件。

婚姻不成立与无效的区别标准，比较复杂，在笔者的专著中有研究。② 国内其他学者研究不多，这个问题还需要深入研究。但根据我国的立法现状，可以先采用一个简单的划分标准，即法定无效婚姻之外的不合法婚姻形态，需要否定其婚姻效力的，都可以适用"确认婚姻不成立之诉"解决。

二是关于婚姻案件诉讼合并问题的应用问题。婚姻案件往往涉及诸种诉讼合并问题，必须善于运用诉讼合并解决婚姻案件。婚姻案件合并审理具有必要性与可能性。（1）婚姻案件诸种诉讼的客观存在需要合并审理（这种现象多）；（2）合并审理可以提高审判效力，节约司法成本，避免矛

---

① 王礼仁：《反婚姻诉讼分裂法——废除婚姻效力纠纷行政复议和行政诉讼致全国人大建议书》，北京大学法律信息网 http://article.chinalawinfo.com/Article_Detail.asp?ArticleID=79336&Type=mod。

② 王礼仁：《婚姻诉讼前沿理论与审判实务》（第13章"婚姻成立与不成立认定"），人民法院出版社，2009。

盾判决；(3) 合并审理具有法律或法理基础，具有可能性（民事诉讼所有合并审理的法律或法理均适用于婚姻合并）；(4) 婚姻案件合并审理比其他案件审理要求更严，即强制合并，限制别诉。

这里主要介绍三种合并诉讼的运用和处理。

第一，要善于适用先位声明与备位声明，或并列选择声明处理婚姻案件。

【典型案例1】

1989年5月，19岁的李女士用其姐姐的身份证与吴某登记结婚，2009年10月23日李女士向珠海市金湾区人民法院提出离婚诉讼。因结婚证登记的信息与李女士身份信息不符，2009年12月16日区法院民事裁定认为：李女士违反了结婚的登记程序，不符合起诉条件，驳回李女士的起诉。李女士不服裁定，2010年1月14日向中级法院提起上诉。市中级法院终审裁定：驳回上诉，维持原裁定。[①]

【典型案例2】

安徽宁国市刘某与胡某确立恋爱关系后，因不足法定婚龄，刘某用其二哥的小名"刘小根"的姓名及出生日期与胡某于1989年1月1日领取了结婚证。2011年8月，刘某使用自己的真实姓名提起离婚诉讼。宁国市法院承办法官核实身份发现后，2011年9月26日，根据《婚姻法解释（三）》第1条要求当事人通过行政复议或者行政诉讼解决而结案。[②]

上述两个案件都应当在民事程序中解决。通过行政诉讼有三大障碍或缺陷：(1) 超过起诉期限；(2) 行政诉讼违法受理撤销婚姻则可能同时否认事实婚姻；(3) 行政诉讼不撤销登记婚姻，当事人还要回到民事程序打离婚官司，或者撤销登记婚姻也要回到民事程序确认事实婚姻效力，并处理子女或财产附随问题。这无疑增加诉累，浪费资源。而在民事程序中，可以合并集中审理，其具体诉讼方法或技巧是，将先位声明与备位声明合并提起。先位声明：确认登记婚姻成立有效，并判决离婚；备位声明：确

[①] 参见《20年前用假身份结婚现想离婚一二审败诉 金湾一妇女违反结婚登记程序处境尴尬》，http：//www.zh5156.com/article/article_2699.html，2014年5月20日访问。

[②] 宁国市政府信息化中心网 http：//www.ningguo.gov.cn/xxgk/xilan.jsp? article_id=40633，2014年5月20日访问。

认事实婚姻成立有效,并判决离婚。

上述两个案件的李女士和刘某,都可以将确认登记婚姻效力与离婚作为先位声明,即请求确认登记婚姻成立有效,判决离婚并处子女或财产附随问题;将确认事实婚姻成立有效与离婚作为备位声明,在登记婚姻效力被否定后,请求确认事实婚姻成立有效,判决离婚并处理子女或财产附随问题。这样,可以将登记婚姻与事实婚姻效力确认、离婚及其附随子女财产诉讼集中一次解决,"一网打尽",高效快捷,节省资源。

第二,要善于适用本诉与反诉合并审理婚姻案件。

司法实践对于离婚与婚姻效力诉讼不善于合并审理,往往另案诉讼。如张某(女)起诉离婚,并提供婚姻登记相关证据。陈某(男)当庭陈述双方于1996年认识并同居后,虽然先后生育两个儿子,但从未与张某办理任何结婚登记手续。而且由于与张某感情不和,于2001年与张某分居至今。于是陈某另行提出行政诉讼,请求确认婚姻登记机关对陈某与张某的婚姻登记无效。

上述案件,陈某实际上可以在民事诉讼中提出反诉婚姻不成立。法院也应当通过释明要求当事人以反诉形式提出。这样则可将原告离婚本诉与被告婚姻不成立反诉合并审理,一次解决。

第三,要善于适用变更、追加诉讼请求审理婚姻案件。

【典型案例】某男与某女,同为天津市 A 区居民,二人于2000年举行结婚典礼,开始共同生活。2009年10月,男方向 A 区人民法院提起民事诉讼,称自己从未办理过结婚登记,要求分割同居期间的共同财产及解决子女抚养问题,庭审中女方提供了该市 B 区民政局2001年颁发的 B 民婚管字第×号结婚证。经 A 区法院调查,B 区无二人结婚登记档案,且该年度×号结婚证系他人婚姻登记档案。该结婚证系双方未婚先孕,为逃避计划生育处罚,由女方于2001年托关系由 B 区民政局办出。2010年3月,男方遂以 B 区民政局为被告,以自己未到 B 区民政局办理过结婚登记、双方均不属 B 区居民,颁发结婚证程序违法为由向 B 区人民法院提起行政诉讼,要求撤销该结婚证。B 区人民法院受理此案后,发现该结婚证加盖有 B 区人民政府婚姻登记专用章,认定为该结婚证系 B 区人民政府颁发,遂告知原告应变更被告,原告即向法院申请将被告变更为了 B 区人民政府。B 区人民法院公开审理了此案,庭审中查明,原告于 2001 年为子女办理出生登记和 2008 年购房办理贷款时均使用过该结婚证。2010 年 4 月,B 区人民法院以超过法定起诉期限为由,裁定驳回了原告的起诉。①

上述案件,男方打了一圈行政官司,最后被驳回起诉,婚姻有效与无效并没有解决,行政诉讼是一场"空转"。这种诉讼不仅导致婚姻效力诉讼丧失救济途径,而且也浪费司法资源,增加诉讼成本。

实际上,男方在民事诉讼中变更、追加诉讼请求,很简单就能解决问题。即男方向 A 区人民法院提起民事诉讼称从未办理过结婚登记,要求分割同居期间的共同财产及解决子女抚养问题。审理中女方提供了 B 区民政局颁发的结婚证。经 A 区法院调查,B 区民政局颁发的结婚证不合法。这时男方就应当追加请求确认双方婚姻不成立或不存在。在民事诉讼中直接处理,没有必要另行打行政官司。在当事人缺乏诉讼知识时,法院则应当通过释明,要求当事人变更或追加诉讼请求,在民事程序中一并解决。

此外,如何审理虚假身份"查无此人"或下落不明的婚姻案件,笔者有专门论述。②安徽枞阳县法院在民事诉讼中也成功地审理了这类案件,③可以参考。这里不再赘述。

在民事诉讼中,不论是实体违法,还是程序违法,都可以得到解决,我们要善于应用。

参考文献

[1] 杨大文:《亲属法》(第四版),法律出版社,2004。
[2] 夏吟兰、蒋月、薛宁兰:《21 世纪婚姻家庭新规制》,中国检察出版社,2001。
[3] 夏吟兰、何俊萍:《婚姻家庭与继承法教程》,中国政法大学出版社,2007。
[4] 曹诗权、孟令志、麻昌华:《婚姻家庭与继承学》,北京大学出版社,2006。

---

① 《由一起请求撤销结婚登记行政诉讼案件引发的几点思考》,http://www.9ask.cn/blog/user/meloay/archives/2012/323961.htmly?,2014 年 5 月 20 日访问。
② 王礼仁:《"婚姻登记瑕疵"中的婚姻成立与不成立》,《人民司法》2011 年第 11 期。
③ 《安庆一夫妻造假结婚后导致离婚难》,安庆网 http://www.anhui.cc/news/20110509/41854.shtml,2014 年 5 月 20 日访问。

［5］马忆南：《婚姻家庭与继承法学》，北京大学出版社，2007。

［6］王礼仁：《婚姻诉讼前沿理论与审判实务》，人民法院出版社，2009。

［7］王礼仁：《反婚姻诉讼分裂法》，北京大学法律信息网 http：//article.chinalawinfo.com/Article_Detail.asp？ArticleID＝79336&Type＝mod，2014年5月20日访问。

［8］蒋月：《家事审判制：家事诉讼程序与家事法庭》，《甘肃政法学院学报》2008年第1期。

家事诉讼程序中的职权探知主义[*]

卓冬青[**]

【内容摘要】 家事诉讼是关于人的身份能力和身份关系的诉讼,构建独立的家事诉讼程序是客观的需要。我国现行《民事诉讼法》没有设立家事诉讼的专门程序,但近年来我国各地法院对家事案件的审判工作不断改革探索。其中,既有对家事审判方式的改革,也有对家事审判程序的探讨。在家事审判程序中适用职权探知主义是必要的。职权探知主义在构建家事审判程序中可表现为法院调查取证权的明确、举证责任分配、法官的自由裁量权的适度加大、法院可酌情考虑当事人没有提出的事实和对当事人处分权的限制。

【关 键 词】 家事诉讼　　职权探知主义　　婚姻家庭审判

在民事诉讼中,以离婚为主的婚姻家庭事件占民事案件较大比例。以广东为例,2007~2010年,全省法院系统受理的婚姻家庭纠纷(不含继承纠纷)一审案件分别为41264件、43358件、47765件、50915件,均占广

---

[*] 本文是2012年度广东省妇女儿童研究立项课题"家事审判程序实证研究"的研究成果。
[**] 卓冬青,中山大学法学院副教授。

东省受理的民事案件总量的 10% 以上。① 婚姻家庭事件的多寡及其复杂程度直接影响家事事件的数量及其复杂程度。家事事件的复杂性和多发性,给法院处理家事事件带来了巨大的挑战。我国没有系统独立的家事诉讼特别程序,实践中,法院处理此类案件,只能适用普通诉讼的程序,再针对具体案件进行特殊处理。但这种"特殊处理"是如何进行的呢?

近年来,随着审判方式改革的不断深入,庭审功能得到了全面加强。但是,由于经济发展的不平衡,当事人的素质参差不齐,特别是广大妇女由于受传统的社会分工影响,文化层次、法律意识相对较低,在诉讼活动中很难有效维护自身合法权益。这种情况在家事诉讼中更为明显,因为在家事诉讼中诉讼主体性别特点是,女方通常为一方当事人。妇女在民事诉讼中合法权益难以得到有效保护主要表现在以下几点。(1) 女方当事人的举证能力较差,她们可能不懂得"谁主张,谁举证"的法律要求,或者是不懂得如何有效地提供证据,影响了证据的证明力,结果影响其合法权益的实现。(2) 女方当事人举证困难。比如,女方对夫妻共同财产的情况并不完全掌握,离婚时无证可举;家庭暴力发生场所的封闭性和受伤部位的隐蔽性,受害妇女可能因缺乏伤情凭证和相关的证人而举证困难。(3) 女方当事人的质证、诉辩能力较差,在诉讼中不知如何反驳对方,有理但表达不清。而她们多数人因经济条件所限又无力委托律师代理诉讼。这样,在对方当事人质证、诉辩能力相对较强的情况下,往往发生双方当事人的法律地位形式上平等而事实上不平等的现象。(4) 证人出庭作证难,致使一部分女当事人的合法权益因缺乏证据或证据不足而得不到有力的保护。(5) 法院机械强调当事人举证,忽略了法院依职权调查取证,致使有的女当事人的合法权益因客观方面的原因无法收集和提供证据而未得到保护。

围绕目前我国家事审判工作中出现的问题,实务部门和专家学者共同研究,提出许多解决的对策,也对构建我国独立的、专门的家事诉讼程序有了一定的共识。其中家事诉讼程序中的职权探知主义不仅符合家事诉讼的特殊要求,而且对在我国现阶段保护家事诉讼女当事人的合法权益有积

---

① 广东省高级人民法院一庭课题组:《广东高院关于家事审判合议庭试点工作的调研报告》,《人民法院报》,2011 年 6 月 16 日。

极的意义。本文仅就此做一些探讨。

一 家事诉讼在我国的立法实践及司法实践

(一) 家事诉讼与家事事件

家事诉讼是民事诉讼中的一种,是关于人的身份能力和身份关系的诉讼。[①] 家事诉讼适用的对象是家事事件,其中既有家事诉讼事件,也有家事非讼事件。从各国的民事诉讼法立法来看,关于家事诉讼的案件类型不尽相同,大致包括婚姻案件、亲子案件、扶养案件、监护案件、继承与遗嘱案件、宣告死亡案件、确认当事人无行为能力、确认当事人限制行为能力案件等关于家庭成员的身份能力和身份关系的民事案件。

家事事件相对于一般民商事事件而言,有其自身的独特性。(1) 家事事件的人身属性。家事事件与一般的财产事件相比,具有明显的人身属性,通常涉及人的身份权利和身份关系,即使事件涉及财产的内容,这些财产的内容也是附属于人身关系的。如夫妻的财产关系是基于夫妻人身关系的发生而发生,随着夫妻人身关系的终止而终止。(2) 家事事件的公益性。家事事件是民事事件,属于私益诉讼,当事人就家事事件提起诉讼,具有私益目的。但家事事件的裁判结果不仅影响诉讼当事人的个人权益,更关系到社会秩序与国家公共利益。因为家事事件涉及的身份关系多建立在婚姻和血缘的基础之上,婚姻家庭的稳定是社会秩序安定的基础,婚姻家庭是一国社会秩序的重要组成部分,如果婚姻家庭事实关系可以随意变更,则社会秩序极易发生混乱,严重的还会引起更大的社会动荡。早在1888年,美国最高法院就指出了婚姻契约与其他契约不同:"其他契约在当事人意思表示一致时可以变更,甚至完全撤销,而婚姻契约则不可以……因为婚姻契约是家庭的基础,社会的基础,其存废与社会利益休戚相关,社会不可

[①] 有的国家和地区称此类诉讼为人事诉讼,如日本、德国和我国的台湾地区。但在我国,"人事"一词在行政制度中已有了特定的理解:通常理解为关于工作人员的录用、培养、调配、奖惩等工作,如人事科、人事材料、人事安排等。为了避免概念的混淆,笔者将此类诉讼称为家事诉讼。

能坐视不管，否则何来文明？何来进步？"① 同时，在婚姻家庭事件中有的还会涉及未成年人、老年人和妇女的权益保护问题，这些也属于社会利益和弱者权益保护的范畴，必须由国家以特殊方式加以保护。因此，婚姻家事纠纷不仅涉及个人利益，而且与国家社会的利益息息相关，这就是婚姻家庭的社会公益性所在。（3）家事事件的私隐性。家事事件在很多情况下会涉及感情、亲情、伦理道德等方面的问题。这些多属于当事人的私生活及感情上很隐密的事情，因此决定了该类事件具有私隐性。同时，现代法治社会中，隐私权已被诸多国家确认为宪法保障的基本权利。因此，基于对人格尊严的维护及保护隐私权的需要，家事事件的审理一般设有专门的法庭来审理，并采用特别针对家事事件的隐私性而设计的程序进行审理。

民事诉讼程序的设置应与案件类型相适应，对于不同的案件应适用不同的程序。鉴于家事事件不仅具有不同于普通诉讼案件的特点，它也不同于普通的非讼案件。家事诉讼既可能是利益冲突与非利益冲突交错，也可能是公益和私益的重叠，与普通诉讼相比，它更青睐采用非讼方式处理，但与典型的非讼案件相比，它更为复杂，在一定情形下，需要适用诉讼程序处理。家事诉讼中，诉讼法理和非讼法理常常呈交错适用的态势。因此，构建不同于普通诉讼程序，也不同于非讼程序的独立的家事诉讼程序是客观的需要。

国外许多国家单独规定了不同于普通诉讼程序的家事诉讼程序。如日本专门制定了《家事审判法》，德国等国家和地区则是在《民事诉讼法》中对家事案件程序做了专章规定。

（二）我国家事诉讼的立法现状

新中国成立以来，我国于1982年和1991年分别颁布的《中华人民共和国民事诉讼法（试行）》及《民事诉讼法》都没有对家事诉讼程序做出专门的规定。即使是在2007年和2012年两次对现行《民事诉讼法》进行修改，也都只是一些局部修改，没有设立家事诉讼的专门程序。有关家事诉讼程序的规定主要散见于《民事诉讼法》《婚姻法》《收养法》及相应司法解释等各个规范性法律文件或同一法律文件的不同章节中。如根据我国《民事

---

① 夏吟兰：《美国现代婚姻家庭制度》，中国政法大学出版社，1999，第17页。

诉讼法》第62条规定，离婚案件的当事人除不能表达意志外一般必须到庭参加诉讼。第124条第7款规定："判决不准离婚和调解和好的离婚案件，判决、调解维持收养关系的案件，没有新情况、新理由，原告在六个月内又起诉的，不予受理。"第134条第2款规定，离婚案件当事人申请不公开审理的，可以不公开审理。《婚姻法》第34条规定："女方在怀孕期间、分娩后一年内或中止妊娠后六个月内，男方不得提出离婚。女方提出离婚的，或人民法院认为确有必要受理男方离婚请求的，不在此限。"第32条第2款规定："人民法院审理离婚案件应当进行调解，如感情确已破裂，调解无效的，应准予离婚。"最高人民法院关于《民事诉讼证据的若干规定》的第8条规定了诉讼中的自认不适用于身份关系的案件。《最高人民法院关于适用〈中华人民共和国婚姻法〉若干问题的解释（二）》第2条规定："人民法院受理申请宣告婚姻无效案件后，经审查确属无效婚姻的，应当依法作出宣告婚姻无效的判决。原告申请撤诉的，不予准许。"等等。

虽然家事诉讼的特殊性从这些法律和有关司法解释均有所体现，一定程度解决了家事纠纷救济有法可依的问题。但零散的规定不仅使当事人难以找到完备的规范，而且造成了一般规定与特别规定在适用上的混乱。如《最高人民法院关于适用〈中华人民共和国婚姻法〉若干问题的解释（一）》第9条第1款规定："人民法院审理宣告婚姻无效案件，对婚姻效力的审理不适用调解，应当依法作出判决；有关婚姻效力的判决一经作出，即发生法律效力。"该规定中的"人民法院审理宣告婚姻无效案件"，到底适用的是什么民事诉讼程序？是通常的民事诉讼普通程序、简易程序，还是特别程序？如果是前者，现行《民事诉讼法》规定的不是一审终审的程序，无法适用；而如果是后者，现行《民事诉讼法》又没有针对婚姻无效案件的特别程序规定，无法可依。

（三）我国家事诉讼的司法实践

近年来，我国各地法院不断积极探索民事司法改革。据笔者在广东的调查和在网络进行的检索，这些民事司法改革其中包括了对婚姻家庭纠纷解决方式、方法的探索和改革。主要表现为以下几点。

1. 成立家事审判合议庭

2010年3月23日，广东省高级人民法院宣布广东省家事审判合议庭试点工作正式启动。第一批是在7个法院（中山中院，广州市黄埔区法院，珠海市香洲区法院，中山市第一、第二法院，佛山市顺德区法院，东莞市第二法院）试点组建家事审判合议庭，在此基础上扩大试点范围，截至2012年2月底，全省已有15家试点法院设立家事审判合议庭，集中审理因婚姻关系、亲子关系引发的人身权纠纷，以及与该类人身权纠纷相关联的财产权纠纷。家事合议庭将由熟悉婚姻家庭案件和审判经验丰富的法官组成，配备至少一名女法官，必要时邀请妇联干部、心理专家担任人民陪审员。家事合议庭可以委托妇联组织进行调解，调解成功的由法院予以司法确认。广东省法院专门制定了《家事审判合议庭操作指引》《人身安全保护裁定适用指引》等规范性文件，各试点法院制定了《家事审判工作流程》《人身安全保护裁定实施细则》《家事纠纷诉讼指引》等工作规范，明确家事审判合议庭的工作职责、立案范围、审理流程，也突破了现行法律关于举证责任的一般规定，加大了家事审判合议庭法院调查取证的力度，为试点工作取得良好成效奠定了基础。

2. 成立婚姻家庭案件合议庭

较多法院的家事审判试点工作是成立婚姻家庭案件合议庭。1997年，湖北省襄阳市在全市法院系统就逐步开始设立婚姻家庭合议庭，专门从事婚姻家庭案件的审理工作，走专业化审判之路。1997年5月，襄阳市中院率先成立了婚姻家庭案件合议庭，专门从事婚姻家庭类案件的审理工作。1999年，各基层法院也相继设立婚姻家庭合议庭。在力量配备上，坚持以女性为主，注意选拔那些综合素质高、业务能力强、审判经验丰富、事业心强、善于做调解工作，具有较强社会责任感的中年女法官组成合议庭。发挥女法官温柔、细腻、工作有耐心、以情感人、以理服人的优势，尽量多做调解工作，最大限度地实现办案的法律效果和社会效果的最佳统一，维护妇女儿童的合法权益。① 2012年10月26日上海市青浦区人民法院成立婚姻家庭合议庭。婚姻家庭合议庭设在青浦区法院诉调对接中心，配备一名审判员，一名责任心强、善于调处家庭纠纷的女人民陪审员以及一名青

---

① 《襄阳市法院系统着力打造婚姻家庭案件合议庭切实维护妇女儿童的合法权益》，湖北妇女网2011年7月20日，http://www.hbwomen.org.cn/2011-07/20/cms996578article.shtml，2012年9月17日访问。

浦区妇联人民调解委员会成员,共三人组成,专职审理涉及家庭暴力、离婚、赡养、追索抚养(育)费及其他涉及妇女权益的婚姻家庭类案件。①

3. 设立家事审判庭

2012年5月2日,江苏省徐州市贾汪区法院家事审判庭正式挂牌成立。这是获得正式编制的家事审判庭。在2011年3月,徐州市贾汪区法院就试点设立家事审判合议庭,专业审理涉婚姻家庭类案件。家事合议庭由2名法官、2名专业从事心理学研究的人民陪审员组成,另外还特聘1名从事妇女儿童维权工作的区妇联副主席担任特邀调解员。家事合议庭坚持调解优先原则、不公开审理原则、维护家庭成员关系改善与和好原则、倾斜保护弱势家庭成员利益原则。在审判庭的场景布置上,该庭突出了浓厚的家庭的温馨和谐气氛,采取"圆桌式"布置。经过一年试点,徐州市贾汪区法院家事审判庭正式获得该区机构编制委员会的批准成立。②

4. 成立维护妇女儿童权益合议庭

2002年,浙江省平阳县人民法院建立了维护妇女儿童权益合议庭。该合议庭成员由审判业务强、作风正、热心维护妇女儿童合法权益工作的法官担任,并聘任具有一定法律知识、长期从事妇女儿童维权工作的妇联干部担任特邀陪审员。该合议庭主要审理涉及妇女儿童合法权益的婚姻、抚养、赡养、扶养、继承、侵权纠纷等案件,对确有经济困难或其他特殊情况的妇女儿童诉讼当事人给予法律援助。同时,及时总结审判工作,反馈维护妇女儿童权益工作中的重点、热点和难点问题,积极开展法制教育和对妇女的"四自"教育,依法保障妇女儿童的合法权益。③

各地法院的试点,进一步证明了以婚姻家庭案件为主体的家事事件的审判具有非常明显的特殊性,这些将为中国家事诉讼程序的系统化立法带来实践基础。同时,各地法院的家事审判试点,大多引入性别视角,在解

---

① 《青浦区婚姻家庭合议庭揭牌成立》,上海女性网 http://shwomen.eastday.com/renda/08women/nxzx/fldt/u1a1800753.html,2012年11月28日访问。

② 《全国首个在编家事审判庭成立"清官难断家务事"将改善》,法制网2012年5月8日http://www.legaldaily.com.cn/locality/content/2012-05/08/content_3556202.htm?node=34638,2012年9月11日访问。

③ 《平阳建立维护妇女儿童权益合议庭》,中国法院网 http://www.chinacourt.org/article/detail/2002/09/id/13832.shtml,2012年9月11日访问。

决婚姻家庭纠纷的同时,加强对妇女儿童权益的保护。但是,目前各地法院家事诉讼的试点,主要表现在采取特别的机构、特别的人员集中审理婚姻家庭等家事案件,而所适用的程序主要还是现行民事诉讼法规定的通常程序,也就是普通程序或简易程序。用这种适用于一般财产案件的程序审理具有人身属性及伦理性的家事案件,使得试点工作的积极意义无法全面展示,试点工作难以深入开展。

二 家事诉讼对职权探知的需求

民事诉讼在于解决当事人间私法上权利义务的纠纷和权益争议,辩论主义是民事诉讼的核心,其包含三层意义:一是当事人未主张的事实,法院不得作为裁判的基础;二是当事人没有争议的事实法院必须据此予以认定;三是法院原则上只能就当事人提出的证据进行审理。由此可见,法院裁判所依据的证据的收集、提出是当事人的责任和权能。从事实审理的目的来看,辩论主义意味着受诉法院仅以当事人所提出的事实和证据为基础做出裁判,并不必然追求确定客观的真实。但是,由于家事事件虽是为了解决当事人之间私法上的纠纷,但其确定的对象是自然人的身份关系,涉及家庭和谐、国家利益和公序良俗,尤其需要确定身份关系的真实性,法院有义务对家事事件的真相进行探求,故应在家事审判程序中采取职权探知主义。

职权探知主义,是指法院判决所依据的诉讼材料由法院依职权调查收集,而不受当事人提供的诉讼材料的限制。广义上的职权探知主义包括职权调查主义,狭义的职权探知主义仅指法院做出判决在事实和证据上不受当事人主张约束的一种制度和原则。[①] 这时处分权主义、辩论主义被不同程度地限制。依职权探知主义,法官可以依职权调查收集证据,可以依职权做出中止诉讼的裁定,可以在当事人请求的范围之外考虑当事人所未提出的事实;对于当事人的认诺、自认、放弃,法官不能无条件接受,而要根

---

① 郭美松:《论人事诉讼中辩论主义与职权探知主义的协同模式》,《甘肃政法学院学报》2010年第5期,第102页。

据客观事实，依法做出裁判。

在家事诉讼中采用职权探知主义，是符合家事诉讼的特殊要求的。

（一）职权探知主义是实现家事诉讼程序正义的要求

普通民事诉讼对案件事实的认定，是在当事人的对抗中进行的。而这种对抗模式是以双方当事人在竞争力与资源掌握程度基本相等为前提，以当事人自我负责为中心展开。而家事纠纷当事人之间的实际地位往往极不平等，夫妻之间、亲子之间很多时候很难进行平等的对抗和辩论。所以，适用通常诉讼程序解决家事事件，表面上的程序正义，有可能会带来实质上的不平等结果。这样的程序正义并非真正的正义。为了使家事诉讼程序能满足家事事件的特性，许多国家的家事事件处理都非常注重个案的正义。家事事件多涉及感情、亲情等因素，彼此间的冲突多不如一般民事诉讼那么激烈，矛盾也没有一般财产案件那么单纯。所以家事审判程序的设计并不只是追求过去事实的孰对孰非，既不宜简单地用契约关系及其调整方式来解决，也不能简单地以冰冷的、权威性的裁判来进行处理，而必须把促成当事人之间消除对立、恢复感情、实现和解、维系家庭的正常状态作为纠纷解决的根本目标和价值取向。职权探知主义的适用，赋予法院一定的职权，在个案中依职权平衡双方的势力，适时适度分配举证责任，可以主动启动调解程序等，有助于实现个案中的程序正义和维护家庭稳定的价值要求。

（二）职权探知主义是保护公共利益的要求

公共利益是自由社会的共同福利，绝不可定义为所要达到的已知的特定结果的总和，而只能定义为一种抽象的秩序。[1] 正如马克思所说："只有维护公共秩序、公共安全、公共利益，才能有自己的利益。"[2] 从社会意义来看，由于家事事件多与人的身份相联系，家事诉讼是当事人之间身份关系上的纠纷，关乎家庭的稳定。而家庭是社会的细胞，是社会的一个缩影，

---

[1] 〔英〕哈耶克：《经济、科学与政治——哈耶克思想精粹》，江苏人民出版社，2000，第393页。
[2] 《马克思恩格斯全集》（第二卷），人民出版社，1972，第609页。

只有每个小家庭的和谐、稳定,才能带来整个国家、社会的和谐、稳定。因此,家事不再只是私事,也是关乎社会公共利益的"公事"。所以,当婚姻家庭发生纠纷时,应及时有效地解决,以维护社会秩序的安稳。家事诉讼程序的设立就是为了通过对家庭纷争的解决来达到维护社会公共利益的目的,以维护社会的安定有序。

从个案上看,家事事件中的身份关系,不仅涉及当事人之私益,很多情况下还涉及第三人利益,甚至社会公共利益。如离婚案件中的夫妻债务,不仅涉及夫妻双方权利义务,还会涉及第三人的债权;抚养案件中,往往涉及妇女、老人、儿童等弱势群体的利益,特殊群体利益涉及公共利益的实现。家事事件的这种公益性不容私人任意处分或变更。家事事件的公益性特点,决定了法院在解决纠纷时,除了维护当事人的利益外,还充分考虑第三人及社会公共利益,必须以特殊的形式对弱势群体给予保护。家事诉讼中职权干预便是其中的体现。社会公益的保护,就是通过家事审判妥善解决当事人之间的纷争,维持家庭和谐及社会秩序来实现的。

(三) 职权探知主义是实现实体真实的需要

随着社会和法律的发展,程序正义的观念已经广泛渗透到民事诉讼的各种程序中,为人们所普遍接受。实体真实的价值观逐渐成为一种尽可能遵行的理念。在制度设计上,适用普通程序审理的案件,是通过当事人举证、辩论等方式证明其主张的真实性,法律对于这种"真实性"的把握更多会通过程序的规范来保障。虽然实质正义是司法的最高理想,但由于各种主客观上的原因没有办法轻易达到,比如受当事人举证、诉讼效率等条件的限制,诉讼结果已很难或不能达到实体真实。因此只要程序是公正的,由公正的程序产生的结果就被视为是公正的。

尽管如此,各个国家和地区的家事诉讼立法仍明确地将实体真实设定为家事诉讼程序追求的价值目标,即诉讼结果要尽可能达到实体真实。家事诉讼的这种价值取向,是由家事诉讼案件的公益性所决定的。一方面,家事事件的审判结果涉及当事人的身份变化,特别在一些确认之诉中,判决一旦生效,就不会因再审事由被撤销(如离婚判决一经生效不得申请再审),当事人的身份关系将发生彻底的改变,因此对待家事案件应该慎之又慎，尽可能发现其客观真实。另一方面，家事诉讼是以身份关系上的争讼作为调整对象的，身份关系纠纷的解决不但涉及当事人自身的利益，更涉及当事人以外的人，甚至影响社会秩序与国家公共利益。如果家事诉讼所认定的案件事实出现差错，其负面影响要比普通民事诉讼大得多，不仅会导致公民的身份关系混乱，损害案外人的合法权益，更有可能危害社会的稳定秩序。因此，要对家事诉讼案件进行妥善的处理，尽可能地发现案件的客观真实。基于这一认识，家事诉讼案件要求发现的实体真实程度远远高于普通民事案件。为此，就需要发挥法官的职权探明事实的真相。

三 职权探知主义在构建我国家事诉讼程序中的具体适用

如前所述，我国目前没有单独的家事诉讼程序立法，有关家事诉讼程序的规定只是散见于民事诉讼法及相关的司法解释中。所以，职权探知主义也就没有在系统的具体的程序规则中体现出来。在构建我国家事审判程序时，对职权探知主义的适用应从以下几方面加以明确和完善。

第一，家事诉讼中法院依职权调查取证制度应予明确。

在家事诉讼中，由于当事人身份上的特殊性，通常都会遇到举证的困难。在婚姻家庭关系中，亲属之间的信任不同于朋友之间的信任，这种信任多源于伦理关系而建立，也正是基于这种信任，亲属间在平时一般不会收集和保留不利于对方的证据。因为没有人结婚是为了离婚，没有人天生愿意将自己的儿女告上法庭，没有哪个亲属之间是为了最后的决裂才沾亲带故，直到发生纠纷逼不得已走上法庭才发现缺乏证据。更不要说在婚姻家庭纠纷中通常存在弱势的一方，如缺乏社会资源的女方、尚未成年的子女等，他们收集证据的能力不强，也导致无法提出证据。比如夫妻一方已经向法院提起离婚诉讼请求，但对另一方名下的财产却无从知晓，当事人不仅情感上受伤，而且还面临财产上的损失。如果在家事案件中，法官能够主动介入，利用公权力依职权进行调查取证，不仅能够弥补当事人举证能力不足的缺陷，还能够减少很多不必要的争议，保证案件处理的效率和质量。

法院可以依职权调查收集证据，我国现行法律和司法解释实际已有相关的规定。《最高人民法院关于民事诉讼证据的若干规定》（以下简称《民事诉讼法证据规定》）第 15 条规定涉及"可能有损国家利益、社会公共利益或者他人合法权益的事实"人民法院认为审理案件需要的可依职权调查取证；① 第 17 条规定了人民法院依当事人及其诉讼代理人的申请调查收集证据所需符合的条件。② 这些实际上是规定了人民法院依职权调查收集证据的范围。但家事诉讼是否包括在其中并没有直接明确规定。法院在审理家事案件过程中应在哪些方面调查取证，在哪些方面可以有不同于一般民事案件由当事人提供证据的规则，成为困扰着家事审判的一大问题。目前由于我国没有专门的家事诉讼程序，法院审理家事案件还是适用普通程序，加上法律规定的模糊，在司法实务中，家事案件法官一般不主动调查取证。有时当事人申请了法院调查取证，法官也不见得按申请来办，而是机械遵循一般民事纠纷举证原则，怠于主动进行调查。即使涉及双方感情、过错等重要事实，法院往往也不会去主动调查与核实，而是简单地以当事人提供的证据不足以证明所主张的事实进而不加以认定。

因此，在构建我国的家事诉讼程序时，适用职权探知主义原则，对法院调查取证的要求要加强，不仅要明确范围，还要放宽条件。（1）在家事诉讼中涉及认定身份关系的重要事实、涉及可能违反法律禁止性规定的事实，应属于"人民法院认为审理案件需要的证据"。（2）在家事诉讼中，当事人申请人民法院调查取证的，只要当事人提供了必要的证据线索，并能说明不能获得证据的客观理由，人民法院就应该调查收集证据。

第二，在家事诉讼中的举证责任分配中引入法官的自由裁量权。

根据我国《民事诉讼法》和《民事诉讼证据规定》第 2 条的规定，主张家庭暴力事实的当事人要为该事实的存在负举证责任。但在举证不能的

---

① 《最高人民法院关于民事诉讼证据的若干规定》第 15 条："《民事诉讼法》第六十四条规定的'人民法院认为审理案件需要的证据'，是指以下情形：（一）涉及可能有损国家利益、社会公共利益或者他人合法权益的事实；（二）涉及依职权追加当事人、中止诉讼、终结诉讼、回避等与实体争议无关的程序事项。"

② 《最高人民法院关于民事诉讼证据的若干规定》第 17 条："符合下列条件之一的，当事人及其诉讼代理人可以申请人民法院调查收集证据：（一）申请调查收集的证据属于国家有关部门保存并须人民法院依职权调取的档案材料；（二）涉及国家秘密、商业秘密、个人隐私的材料；（三）当事人及其诉讼代理人确因客观原因不能自行收集的其他材料。"

情况下，其要承担不利的后果。然而家事事件中的当事人身份、地位、经济情况、教育程度、生活情形等并不是完全一样，处于弱势的一方，如家庭暴力的受害人、未成年人、年长者、女方等，通常处于举证不能的状态。在这种情况下，严格适用举证责任的一般规则，只能是导致实质上的不公平、不公正。因此，我们除了要加大法院调查取证的职责外，还要从诉讼公平、公正的视角对举证责任的分配规则再做特别规定。

那么如何即能减轻家事事件处于弱势一方的举证困难，又可以让法院查明事实，除了上文建议的法院依职权调查取证以外，笔者以为还可以利用《民事诉讼证据规定》第7条的规定："在法律没有具体规定，依本规定及其他司法解释无法确定举证责任承担时，人民法院可以根据公平原则和诚实信用原则，综合当事人举证能力等因素确定举证责任的承担。"这一规定一般称为特殊的举证责任分配规则。在家事诉讼程序立法中特别规定，要求法官在审理涉及家事案件的时，应运用法律所赋予的自由裁量权，在个案中根据公平原则和诚实信用原则，综合当事人举证能力等因素，适时地将本应由受害人负举证责任的某一法律要件事实转由另一方负举证责任，以减轻家事事件处于弱势一方的举证困难。如未成年人主张父母没有尽抚养义务的事实、家庭暴力受害方主张的加害行为与受害事实之间的因果关系的事实等，如果个案当事人有举证困难的客观情况，这些本应由当事人提出证据证明的事实，可以由法官基于法律的规定，将证明责任分配给另一方，由他（们）证明这（些）事实的不存在。

第三，在家事诉讼程序中，法院可酌情考虑当事人未提出的事实。

对于当事人双方未提出的事项，法院是否考虑并依职权调查收集证据加予认定，是职权探知主义和辩论主义的区别之一。我国现行《民事诉讼法》未做规定。但《最高人民法院关于适用〈中华人民共和国婚姻法〉若干问题的解释（二）》第3条中关于人民法院审理离婚案件时对婚姻是否有效的审查的规定，笔者以为这是在家事诉讼程序中，法院对当事人双方未提出的事实给予考虑并判定的立法体现。[①] 但类似规定太少了，尤其缺乏在

[①] 《最高人民法院关于适用〈中华人民共和国婚姻法〉若干问题的解释（二）》第3条："人民法院受理离婚案件后，经审查确属无效婚姻的，应当将婚姻无效的情形告知当事人，并依法做出宣告婚姻无效的判决。"

《民事诉讼法》中做明确规定。基于对当事人合法权益和社会公序良俗的维护，在构建家事诉讼程序中应明确规定：在家事诉讼中，涉及当事人身份关系的，法院可以酌情考虑双方未提出的事实。除了现行法律的一些具体规定外，还可以做其他一些具体列举，如在审理离婚案件中，法官获知一方当事人有重婚的事实或线索时，尽管当事人没有提出，法官应当考虑和查清这一事实，并依法做出裁判。德国和日本的家事诉讼程序中都明确规定，法院可以在当事人请求的范围之外考虑当事人所未提出的事实。

当然，法院依职权予以斟酌的事实属于待证事实，应当对当事人进行询问。所谓"询问"是指要求当事人就该事实进行陈述，只要给予了当事人陈述的机会便可以了。但是，如果忽略或怠慢了这一程序，就会导致程序上的偏差，即偏离了程序正当法理的要求。

第四，家事诉讼中对当事人的处分权进行限制。

"处分权是当事人尤其是原告所专有的权能，当事人能通过这些对自己权利的处分行为来规定程序的进行，法院原则上必须受这些行为的约束。"① 依民事诉讼的处分原则，当事人在诉讼中有权处分自己的程序权利和实体权利。普通程序中的自认制度和认诺制度就是典型。"自认是指在民事诉讼中，一方当事人对对方提供的不利于自己的案件事实予以明确肯定的陈述行为。"② 自认不仅直接拘束当事人，而且间接拘束法院。法院应当以双方一致认定的事实作为裁判的基础，而不得做出与之相反的事实认定。认诺是指民事诉讼中的"被告方承认原告方提出的诉讼请求部分或全部为完全正当的诉讼上的一种承诺"。③ 诉讼上的认诺不仅对认诺者自身产生直接的拘束力，同时也拘束法院。一旦被告在诉讼中做出认诺，法院则必须依此做出判决，并成为认诺者败诉的依据。

由于家事事件的公益性及人身性，许多国家的家事诉讼程序都限制当事人自认及认诺及不争执的效力。普通诉讼程序关于自认、认诺效力的规定都不适用于家事诉讼程序，在家事诉讼中法院不受当事人在诉讼中对事实的自认及对诉讼请求认诺的拘束。如原告起诉宣告婚姻无效，被告同意

---

① 〔日〕谷口安平：《程序的正义与诉讼》，中国政法大学出版社，1995，第97页。
② 陈爱武：《自认权初探》，《河北法学》2002第1期，第96页。
③ 赵秀举：《民事诉讼中的自认和承诺》，《河北法学》1999年第6期，第86页。

（即认诺）原告的诉讼请求，在此情况下，法院不能据此宣告婚姻无效，而应根据案件的客观事实并依职权调查收集有关证据，做出是否宣告婚姻无效的判决。

我国现行民事诉讼制度虽然没有自认和认诺的详细规定，但对它们的效力还是承认的。《民事诉讼证据规定》第 8 条第 1 款规定："诉讼过程中，一方当事人对另一方当事人陈述的案件事实明确表示承认的，另一方当事人无须举证。但涉及身份关系的案件除外。"第 74 条规定："诉讼过程中，当事人在起诉状、答辩状、陈述及其委托代理人的代理词中承认的对己方不利的事实和认可的证据，人民法院应当予以确认，但当事人反悔并有相反证据足以推翻的除外。"这两条实际上是关于自认效力的规定，在我国普通诉讼程序中，自认具有拘束当事人和拘束法院的效力，但在关于身份的诉讼中有例外，也就表明在我国自认规则是不适用于家事诉讼的。根据我国现行《民事诉讼法》第 51 条规定，"被告可以承认或反驳诉讼请求"。承认诉讼请求，实际上就是对诉讼请求的认诺。根据这一规定，认诺可以作为普通诉讼的判决基础。但此效力在家事诉讼中是否有限制，没有规定。笔者认为家事诉讼中对当事人的认诺也要做出限制。家事事件的性质决定了当事人不得自主处分身份关系的存否，被告即便对原告的请求进行认诺，法院也不能受此拘束，必须努力发现案件真实，以此来判断原告的请求可否予以支持。

以上建议，只是构建家事诉讼程序中的某一部分，并不是一个完善的家事诉讼程序。但即使如此，对目前家事诉讼中女方当事人在程序上的保护已经有了很大的改善，对减轻她们举证上的困难，免于承担证明责任等有很大的帮助。笔者以为在我国现行民事诉讼制度下，构建一种职权探知主义的家事诉讼程式，不失为一种明智的抉择。

关于夫妻财产状况调查及对司法解释的反思
——以福建 L 市为视角

胡宝珍 黄怡霏[*]

【内容摘要】笔者以福建省某山区市中级人民法院 2010 年~2012 年二审审结的 121 件案件的调查数据为切入点,通过调查数据分析,反观司法实务对离婚夫妻财产的认定与分割,反思司法解释关于夫妻共同财产的规定存在的不合理之处,并提出相应的建议,以期对夫妻共同财产的规定更趋合理。

【关 键 词】夫妻财产状况　调查　反思

夫妻共同财产的认定与分割关系到离婚当事人的切身利益,是离婚夫妻争议的焦点问题,也是《婚姻法》重点规制的内容。笔者共调取了该市中级人民法院 2010 年~2012 年三年期间审结的 121 件二审离婚案件(更多的离婚案件在一审以当事人没有上诉或者以调解方式结案)。从笔者调查的提起诉讼的原告的情况分析,女性作为原告起诉离婚的比例较大,共有 72 件,占 59.5%;而男性作为原告的仅有 49 件,占 40.5%。

数据表明,被调查案件中与夫妻财产有关联的案件有 85 件,占 70.2%,

---

[*] 胡宝珍,女,福建警察学院法律系主任,教授,研究方向为民商法;黄怡霏,女,福州大学 2011 级法律硕士研究生。

与夫妻财产无关的 36 件，占 29.8%。可见，夫妻财产争议是离婚诉讼中当事人关注的焦点问题。与夫妻财产有关的离婚案件中，在适用夫妻财产制时，仅有 1 件案件中当事人适用约定财产制，占 1.2%，其他 84 件均适用法定婚后所得共同制，占 98.8%。由此可推断，我国夫妻普遍采用婚后所得共同制作为夫妻的法定财产制。

一　法院对夫妻共同财产的认定情况

本次调查中，该中院对夫妻共同财产进行认定的案件有 64 件。其中，认定生产、经营收益的有 5 件，占 7.8%；认定工资、奖金的 3 件，占 4.7%；认定住房公积金的 4 件，占 6.3%；认定养老保险金的 2 件，占 3.1%；认定共同生产、生活用品的 48 件，占 75%，这些共同生产、生活用品包括家具、摩托车、小车、农用碾米机、美容设备、生产魔芋工具等；此外，认定为"其他应当视为夫妻共同财产"的有 12 件，占 18.8%，包括夫妻共同购买但登记在一方名下的房产、农村土地承包经营权等。（见图 1）

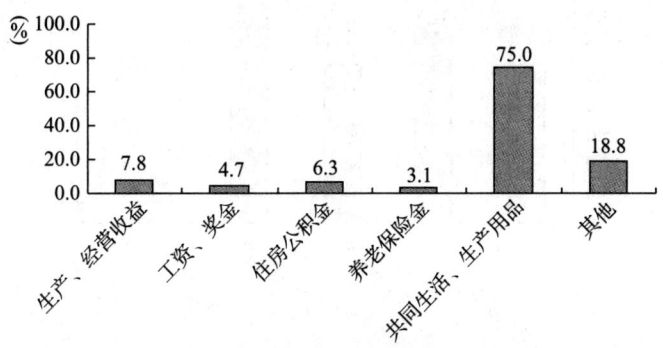

图 1　法院对夫妻共同财产的认定情况

注：因案件审理中法院认定为夫妻共同财产的类型不止一项，此数据类别中多有重叠，百分制总和大于 100%。

数据显示，当事人在诉讼中提出财产为个人所有的案件有 32 件，法院认定的只有 19 件，其中认定一方婚前财产的有 6 件，认定婚前男方购买的赠与女方首饰的有 4 件，认定女方娘家的陪嫁品的 1 件，认定个人专用生活用品的 3 件，认定一方婚前财产和婚后收益的 5 件以及认定为其他的 4 件。

从法院对夫妻共同所有及个人所有财产的认定看，夫妻财产类型呈现多元化趋势。法院对"其他共同财产"及"其他个人财产"的认定多达16件，占法院对财产认定案件的20%。

二　法院对夫妻共同财产的分割情况

调查的案件中共有55件涉及夫妻共同财产的分割。根据夫妻协议及五大分割原则处理共同财产，① 笔者对该55件案件进行分类，结果显示，夫妻协议处理共同财产的案件有15件，占27.3%。依照顾子女和保护女方权益原则判决的案件有18件，占32.7%。适用有利于生产生活原则判决的有15件，占27.3%。对夫妻财产采取均等分割的案件有23件，占41.8%。适用无过错原则判决的仅有2件，占3.6%，笔者在本次调查中了解到女方提出男方实施家庭暴力或婚外情的案件有18件，但大都被法官以无证据证明为由驳回。这一原则在适用中，法官首先要认定夫或妻一方具有过错，由于取证难度大，因此实践中鲜见适用此原则。适用其他原则的也仅有2件，占3.6%。（见图2）

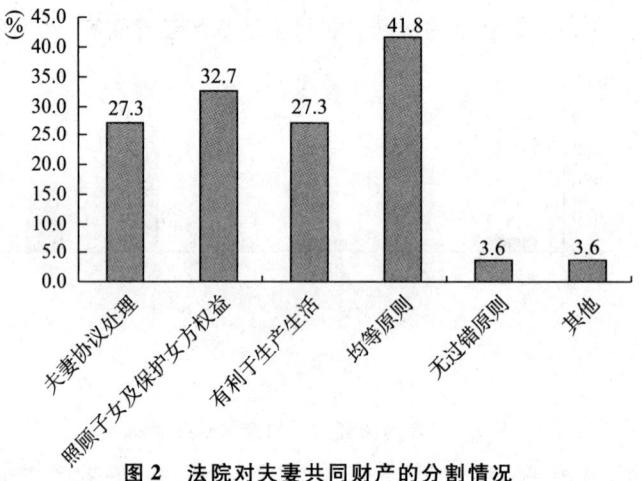

图2　法院对夫妻共同财产的分割情况

笔者在本次调研中着重调查了离婚夫妻房产分割的情况，数据表明，在55件分割财产案中有45件对房产分割有争议。其中调解6件，判决39件，

---

① 根据我国《婚姻法》及最高人民法院1993年制定的《关于审理离婚案件处理财产分割问题的若干具体意见》的规定可知，我国夫妻共同财产分割的原则包括：照顾子女和女方权益原则，照顾无过错方原则，有利生产、方便生活原则，男女平等及不损害国家、集体和他们利益原则，均等分割原则。

可见，与一般财产分割不同，房产分割案件中调解所起的作用并不大，当事人无法就财产问题达成一致，而寄希望法院能够公平合理地判决房产的归属。

在39件判决案例中，房产为夫妻双方按揭购买的有20件，占51.3%，夫妻接受父母遗赠或赠与的有5件，占12.8%，本次调查中的5件案件均由父母全额出资购房。以其他方式购房的有14件，占35.9%。

从具体的判决结果上看，法院实际判决房产所有权的有17件，占43.6%，可见，确定夫妻房产所有权的归属是房产分割的主要结果，其中13件案件判决房产归一方所有（男方所有9件，女方所有4件），剩余4件因涉及两套及以上房产而判归双方各自所有。由此可推断，在房屋所有权的分割上，女方仍然弱于男方，这是因为我们长期以来习惯于"从夫居"，离婚分割时法院考虑到房子实际是由夫家提供等因素而将所有权判予男方。

判决当事人居住使用房屋的12件，占30.8%，其中判决当事人双方共同使用房屋的有9件，判决一方居住使用的3件。

法官判决因房产涉及其他事项而不予处理的10件，占25.6%，笔者本次调查着重考察了不予处理的房产案件，结果发现由于争议案件多发生在农村，因宅基地、土地承包权流转等涉及其他法律规定，加之农村房产一般没有办理产权证，况且有些房产是祖上流传下来或与他人合建，致使产权状况比较复杂，而法院一旦遇上没有产权证的房产分割案件时，多判决另案处理。（见图3）

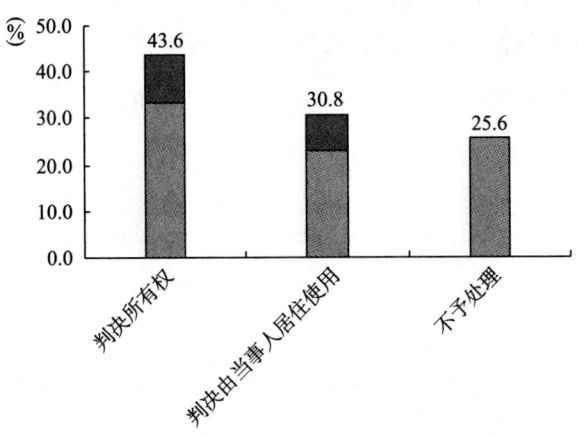

图3 离婚夫妻房产分割情况

注：在判决所有权一栏中，黑色部分代表判决双方各自所有，灰色部分代表判决一方所有；在判决由当事人居住使用一栏，黑色部分代表判决一方居住使用，灰色部分代表判决双方共同居住使用。

三 对夫妻共同财产认定与分割的反思与建议

通过调研,笔者认为《婚姻法解释(三)》关于夫妻婚前财产婚后收益的规定并不合理;"无过错原则"在实务中适用极为有限;法院对无产权房的分割,加剧离婚当事人的矛盾;法院告知另行起诉及不予处理的案件,造成司法资源浪费。

(一)关于个人财产婚后所得孳息

笔者本次收集到5件有关夫妻个人财产婚后所得收益的归属案,其中有一件婚后孳息争议案的处理值得反思。

刘某(男)与李某(女)于2003年登记结婚,婚前刘某继承了其父亲留给他的一栋三层结构房屋,婚后刘某将该三层房屋中的第三层卖出,得到的卖房款在银行办了定存,共有2万元利息;而后刘某又将该房屋的第一层租给他人当仓库,几年来共收到3万元租金。此期间刘某外出打工,李某在家务农及带小孩,出租房屋事宜一直由李某打点。2011年李某提出离婚诉讼,要求确认李某对房屋、2万元利息及3万元租金一半的财产权利。法院最终判决认定诉求标的属于刘某个人财产,不予分割,鉴于李某对家庭贡献大,由男方给予1万元补偿。

1. 个人财产婚后所得孳息的国内外立法规定

各国关于个人财产婚后所得孳息的规定并不相同,体现了不同的文化背景和立法理念。

(1)国外相关立法

国外关于夫妻个人财产婚后所得孳息的归属规定,归纳起来有三大类。一是将该孳息视为共同财产,如意大利民法明确将已经分离、尚未消费的个人财产孳息视为夫妻共同财产;① 瑞士民法认为自有财产的收益是夫妻共同财产,但可根据约定改变;② 西班牙法律也规定婚姻期间个人财产的增值

---

① 《意大利民法典》第117条。
② 白俊玲:《法定夫妻财产制中个人财产研究》,法律硕士论文,复旦大学,2008,第32页。

收益归属婚姻合伙。① 二是将孳息视为个人财产，如美国《加利福尼亚州民法典》规定，个人财产的孳息仍属于个人所有，婚姻合伙人不能向个人财产所得的收益主张权利。三是将孳息部分认定为共同财产，部分认定为个人财产，如法国民法对孳息采取区别对待，将天然孳息视为夫妻共同财产，法定孳息则为个人财产。②

（2）国内相关立法

我国现行《婚姻法》中没有关于个人财产婚后所得孳息的规定，这在一定程度上放任了孳息的归属，当事人对孳息的争议越来越多。《物权法》第116条规定："天然孳息，由所有权人取得；既有所有权人又有用益物权人的，由用益物权人取得。当事人另有约定的，按照约定。法定孳息，当事人有约定的，按照约定取得；没有约定或者约定不明确的，按照交易习惯取得。"说明对法定孳息，并非一概归原所有人。但其"没有约定或者约定不明确的，按照交易习惯取得"在婚姻家庭领域如何认定确实是一个模糊的问题，按照世界通行的"夫妻运气共有"的原则，以及我国家庭生活中夫妻被视为一个整体的实际状态，是否可以将其确定为"交易习惯"，从而使该孳息归属于夫妻共有？《婚姻法解释（二）》第11条规定，一方以个人财产投资取得的收益为共同财产。该解释没有排除具有一定投资性质的法定孳息或自然孳息为"投资收益"。《婚姻法解释（三）》第5条规定，夫妻一方个人财产在婚后产生的收益，除孳息和自然增值外，应认定为夫妻共同财产。由此可知，孳息属于个人财产。

2. 国内外立法比较及对我国规定的评析

从其他各国的立法可知，各国虽对孳息的规定不一，但基本上不是绝对严格地限制为个人财产或共同财产，美国法规则虽然将个人财产婚后孳息视为个人财产，但在具体操作中，将部分财产增值计入共同财产范围（如美国实行"帕蕾拉原则"③ 分配增值财产，该原则将合理的增值分配给

---

① 胡苷用：《婚姻合伙视野下的夫妻共同财产制度研究》，法律出版社，2010，第121页。
② 《法国民法典》第1401条。
③ 该原则是在1909年加利福尼亚州的帕蕾拉案中形成的，适用时给个人财产一方完全独立的回报，即合理的财产增值属于个人财产，但是如果有任何超出合理范围的增值，则属于共同财产，其中该合理范围的界定法官通常会限定回报率，一般以7%的年利率作为回报。

个人，但是超过的增值则属于婚姻合伙）。这种将个人财产婚后所得孳息部分认定为个人财产，部分认定为共同财产的做法，既考虑到当事人一方的个人财产权利，又认可夫妻之间的贡献，重视婚姻共同体的维系已成为当今夫妻财产立法的趋势。①

《婚姻法解释（三）》将个人财产婚后所得孳息统一规定为个人财产的做法首先与《物权法》规定并不吻合。其次在夫妻财产认定中不应当使原本以"协力"为基础的婚姻关系更加功利化。此外，将孳息划分为个人财产忽视了非财产所有人一方对获取孳息所付出的劳动、时间、精力，违背了以"协力"为基础的夫妻共有财产制的初衷，不利于家庭的稳定。就如该案中，李某为房屋出租劳心劳力，并且其一直在家中劳作，可以说她与孩子的生活费用大部分是依靠这些租金的收入，但一纸离婚判决把她原本苦心经营的成果与生活依赖完全剥夺，只给她 1 万元经济补偿。

3. 完善建议

笔者认为《婚姻法解释（三）》并没有完全遵守《物权法》的规定，超越财产基本法的做法本身就让人诟病，生硬将个人财产婚后所生孳息认定为个人财产，超越其立法权限，越俎代庖。

婚姻应当是夫妻协力构建的结果，任何一方在婚姻期间获取的财产与另一方协力贡献密不可分，就如前述案件中女方在家任劳任怨、哺育子女、照顾家庭、打理家财，男方才得以在外地安心打工，因此夫妻个人财产孳息的分割归于一方的规定削弱了婚姻共同体存在的基础，也淡薄了婚姻家庭生活的理念；此外，夫妻一方对孳息的依赖程度决定了孳息归属对其生活的影响程度，前案中女方几乎完全依靠孳息生存，离婚后又没有其他谋生手段，如果孳息无法分割，女方获得的财产很少，很难说她的生活不会贫困化。

笔者基于体现婚姻共同协力及维护弱者利益的立场，主张在分割财产时对孳息加以区分，这个区分的临界点在于是否体现夫妻协力以及各方对该孳息的依赖程度，即天然孳息的获取需要夫妻劳作，能够体现夫妻"协力"关系，应当属于夫妻共同财产；法定孳息中存款利息等无须付出人力

---

① 许莉：《夫妻个人财产婚后所生孳息之归属》，《法学》2012 年第 12 期，第 14 页。

的视为个人财产,而租金的取得需要对其管理、修缮等,也体现了夫妻的共同贡献,因此应当视为共同财产;同时若夫妻其中一方是完全依赖于该孳息而生存的,应当将之视为夫妻共同财产,分割时可判给该方多些财产。

(二) 关于无产权房

此次调查的85件与财产分割有关的案件中有45件涉及房屋权属争议,占52.9%。从笔者本次调查中,夫妻按揭购房及无产权房的归属问题引起的纠纷最多,案情也最复杂。

1. 无产权房的认定与处理

由于笔者调查对象多在农村,法律意识薄弱,多数农村家庭所建房屋都没有办理产权证。这在一定程度上加剧了法院在分割房产时的困难,也妨碍了其自身财产权利的实现。笔者调查共统计到17件无产权房纠纷案,其中调解解决的2件,不予处理、要求当事人确权后另行主张的6件,判决由双方共同居住、使用的6件,判决由一方居住使用、支付另一方使用费的2件,以及从有利于今后生产、生活出发将房屋判给一方并由该方支付折价款的1件。

根据《婚姻法解释(二)》第21条规定,人民法院不宜判决未取得权属证书又协商不成房屋的所有权,应根据实际情况判决由当事人使用。前述案件中法院在判决书中阐释原因时通常将该条作为依据,同时考虑双方住房情况。但在几例案件中上诉人均认为该项判决形同虚设,当事人原本做夫妻时都无法在一个屋檐下共处,更何况离婚后两个人变成了前妻与前夫,即便不是仇人,也形同陌路,况且因为"闹离婚"使得双方及其家庭正处于"怨气冲天"无处发泄的阶段,怎么能够继续生活在一个屋檐下?更有甚者在法院判决后把家里的门锁换掉以防止对方回来居住,又或者是将垃圾倒得满屋都是,借以赶跑对方。法院的判决使当事人落得如此田地,甚至剑拔弩张,大打出手,这并非法律最终想达到的结果。

此外,本次调查中有几件案件中夫妻拥有两套或以上的房屋,但法院严格依照《婚姻法解释(二)》的规定不予分割,只是给双方居住权,使之还存在千丝万缕的联系,着实不利于夫妻离婚后各自生活的恢复。基于此,《婚姻法解释(二)》第21条对于"未取得产权证房"的处理方式未必真正考虑了当事人的真实需要，且该条将无产权房争议留待以后另行提起诉讼，既增加了双方当事人的负担，也不符合实际情况，同时造成司法资源的浪费，弊大于利。

2. 关于无产权房的处理建议

笔者以为，为了节约诉讼成本和司法资源，在离婚诉讼中应当对未取得产权房一并判决。第一，法院应当充分尊重当事人的意愿，若当事人之间已约定或协商好该房的归属，法院可以就该约定或协商对房屋归属直接做出判决；若无约定或协商不成且当事人只有一套房屋，无其他住所的，可以采取支付租金的方式保障无房者的生活。笔者调查的2件相关案件，其中有1件为法院判决房产给一方居住使用，并且根据当地市场行情该居住方每月支付600元的使用费以供另一方外出租房，该款支付至讼争房产完全取得所有权后，双方对诉讼房产协商一致或有争议另行向人民法院提起诉讼法院判决生效时止。① 笔者认为，这种判决可以很好地解决只有一套无产权房时当事人的居住问题，既不让反目成仇的两个人共居一室，又对没有取得房屋居住权一方的经济损失给予一些弥补。

当然，因《物权法》登记生效的法律效力，法官对前项无产权房归属判决时应当明确责令获得居住权一方在达到办理产权证条件前，不得擅自出售房屋，以保护对方和第三人的利益。

四 对"不予处理"结案的思考及建议

近年来，由于离婚案件猛增，为了提高司法效率，加速离婚案件审理的进程，《最高人民法院关于适用〈中华人民共和国民事诉讼法〉若干问题的意见》第209条中规定，在离婚案件财产分割时，如涉及判决中未作处理的夫妻共同财产，应告知当事人另行起诉；同时最高人民法院《关于人民法院审理离婚案件处理财产分割问题的若干具体意见》（以下简称《意见》）第20条规定，离婚时夫妻共同财产未从家庭财产中析出，一方要求析产的，可先就离婚和已查清的财产问题进行处理，对一时确实难以查清

---

① 该内容引用福建省L市中级人民法院2010年岩民终字第579号判决书。

的财产分割问题可告知当事人另案处理。据此确立了夫妻财产争议与离婚问题分开审理的原则,实践中大量涌现裁判离婚案件时分离出财产争议部分而告知当事人另行起诉的情形。这种将财产争议与离婚案件分开审理的方式有着司法解释的支持,能方便、快捷地处理案件,既缩短了案件的审理时间,又能提升办案的质量。但实际上这种拆分做法没有真正考虑到当事人的实际需求,也造成司法资源的浪费。

1. 对不予处理结案的思考

笔者在调查中专注了解法院不予处理、留待当事人另行起诉的案件,共收集到15件相关案件,占总案件的12.4%,其中因当事人一方未到庭使得财产变得不确定而不予处理的2件,财产纷争中因涉及案外人利益而由当事人案后确定财产份额另行起诉的11件,因工程款尚未实际结算而无法分割留待另案处理的1件,双方对婚前婚后财产数量与价值无法确定而无法判决的1件,当事人在婚姻存续期间设立的个人独资企业无法认定另案处理的1件。

笔者调查的当事人大多处于山区城镇、农村,并没有大额财产争议,并且财产之间的关系也比较明确,如在6件有关房产纷争的案件中,房产的价值并不大,并且纷争原因均为该房产是遗赠或与父母、兄弟合建,当事人一方不到庭的案件中财产标的也不大,至于个人独资企业的认定法院也不难调查,而法院在裁判时仍"坚持"适用《意见》的规定将该类案件拆分审理,实质上对经济实力不雄厚的离婚夫妻而言并不妥当。一方面,在当事人尚未解除已经死亡的婚姻前,一些农村女性的生活已经举步维艰,面对离婚她们真正需要的只是分割夫妻共同的财产以保障其基本生活,但拆分审理却使之维权无望;另一方面,拆分审理使一案变数案,当事人在离婚诉讼结束后专门就夫妻财产争议再提起新的诉讼,所需投入的时间、精力和经济成本必将大大增加。[①] 经济状况不好的夫妻面对高额的诉讼费望而却步或是认为多一事不如少一事的不在少数,可以说拆分审理更加剧了离婚夫妻的生活贫困化。法官之所以乐于将案件拆分处理,不能排除案件

[①] 蒋月:《夫妻财产争议与离婚案件拆分审理探析》,《华东政法大学学报》2007年第6期,第55页。

办理数量年终考核的需要和避重就轻、推卸责任的嫌疑。

2. 对不予处理结案的建议

离婚夫妻在离婚诉讼时都希望能早日解除已经死亡的婚姻,将自身从痛苦中解脱出来,其中除了身份关系的解除,更重要的是财产上的各自独立。综合调查案例分析,笔者认为法律对于离婚案件与财产争议的拆分审理应当设定明确的界限,以防止法院为了一味提高审判效率而忽略了对当事人权益的保护。

这个明确的界限应当为,案件涉及金额特别巨大、财产类型特别复杂时,才可拆分审理。就笔者调查的案件而言,对于家庭合建房产中个人财产份额可以按份共有予以确认,法院可以允许当事人提出涉产人员为证人,证明家庭共有财产的份额,从而做出分割判决;至于是否为个人独资企业,法院可以责令当事人举证,在当事人不能举证的情况下自行调查即可得知,又何必要"另案"再浪费一次诉讼资源。对于不到庭的当事人,可以视之对自身权利的放弃,其中一份二审判决书即对该不到庭案缺席审判,按照一方当事人提出的财产清单进行认定与分割;对于财产尚未实际结清的,则可以按预期可得金额分割。

总之,笔者认为在经济落后的山区,不能严格适用司法解释中对较疑难案件拆分审理的规定,应当视当地经济情况、案件标的的复杂程度和当事人的实际需要而选择不同的审理方式。

参考文献

一、著作类

[1] 夏吟兰主编《家事法研究》,社会科学文献出版社,2011。
[2] 胡苷用:《婚姻合伙视野下的夫妻共同财产制度研究》,法律出版社,2010。
[3] 最高人民法院中国应用法学研究所编《案例解读婚姻法司法解释(三)》,人民法院出版社,2011。
[4] 北京律师协会编《婚姻家庭与法律疑难问题与典型案例》,北京大学出版社,2012。
[5] 陈群峰:《离婚利益协调机制研究——财产、子女及其他》,人民法院出版社,2008。

［6］杨立新、秦秀敏：《中华人民共和国婚姻法释义与适用》，吉林人民出版社，2001。

［7］王洪：《婚姻家庭法》，法律出版社，2003。

［8］龙翼飞、夏吟兰主编《和谐社会中婚姻家庭关系的法律重构——纪念〈婚姻法〉修订五周年》，中国政法大学出版社，2007。

［9］夏吟兰：《离婚自由与限制论》，中国政法大学出版社，2007。

［10］蒋月：《夫妻的权利与义务》，法律出版社，2001。

［11］巫昌祯：《婚姻与继承法学》，中国政法大学出版社，2012。

［12］余延满：《亲属法原论》，法律出版社，2007。

［13］薛宁兰、金玉珍：《亲属与继承法》，社会科学文献出版社，2009。

［14］范李瑛：《夫妻关系的立法与现实问题研究》，科学出版社，2011。

二、论文类

［1］许莉：《夫妻个人财产婚后所生孳息之归属》，《法学》2012年第12期。

［2］薛宁兰、邵阳：《中国夫妻财产制的社会性别分析——以离婚夫妻财产分割为侧重》，《妇女研究论丛》2006年第77期。

［3］夏吟兰：《在国际人权视野下审视中国离婚财产分割方法》，《环球法律评论》2005年第1期。

［4］蒋月：《夫妻财产争议与离婚案件拆分审判探析》，《华东政法大学学报》2007年第6期。

［5］陈苇、石婷：《中国法学会婚姻家庭法学研究会2011年年会综述》，《西南政法大学学报》2012年第1期。

［6］马宁：《婚姻财产制度框架下房屋所有权问题初探》，《商业时代》2011年第22期。

［7］黄甜：《对司法解释（三）夫妻财产认定的理解》，《法制与经济》2012年第7期。

［8］李明舜：《如何使夫妻财产制更加科学》，《中国妇女报》2001年3月4日。

［9］何俊萍：《论公平原则在我国离婚财产分割中的适用》，《法商研究》2005年第1期。

［10］杨立新：《最高人民法院关于适用〈婚姻法〉若干问题解释（三）解读》，《东南学术》2012年第1期。

［11］韩永安、王奎：《从婚姻法解释（三）也谈夫妻财产制度》，《法治论坛》2011年第26期。

对于完善夫妻共同债务案件裁判规则的思考

——以《婚姻法》第41条和《婚姻法解释二》第24条为分析对象

陈泳滨[*]

【内容摘要】 夫妻共同债务案件的裁判规则由现行的婚姻法和司法解释中的相关规定共同组成。《婚姻法》第41条关注夫妻共同债务的本质属性,确立了因夫妻共同生活所负债务,应当由夫妻双方共同偿还的原则,《婚姻法解释二》第24条则关注司法实务的标准化裁判,首先,将婚姻关系存续期间作为夫妻共同债务认定的时间分界线,在婚姻关系存续期间发生的债务推定为夫妻共同债务;其次,通过进一步审查是否存在除外情形来对夫妻共同债务案件进行裁判。对婚姻法确立的原则通过具体的规则予以明确,是法官在个案裁判中期待的结果,但简单的规则解读在实现法律原则本身彰显的正义价值面前却陷入两难的困境。笔者在研读大量的民间借贷案例过程中,发现相同或相似的案例即便在相同的裁判规则下仍然会得出截然不同的结论,那么标准化裁判的唯一性不免受到质疑。基于此,为适应夫妻共同债务案件裁判的

---

[*] 陈泳滨,男,(1986~),温岭市人民法院大溪人民法庭副庭长、审判员,法学硕士。

需求，有效平衡债权人和夫妻双方的合法权益，笔者拟以个案裁判差异为切入点，考察现有裁判规则的正当性，立足现实存在的问题，分析案件裁判结果差异的各种原因，以期提出解决之道。

【关　键　词】　夫妻共同债务　　　立法缺陷　　　制度完善　　　举证责任

一　问题的提出——个案裁判折射法院事实认定之难

夫妻共同债务案件如何裁判是家事审判和商事审判领域共同的难题。在司法实践中，相同或相似的此类案件在不同法官的裁判文书中却常常出现截然不同的裁判结果，是什么原因导致此类案件的裁判过程分歧如此巨大，裁判结果如此迥异？夫妻共同债务案件的裁判规则由现行的婚姻法和司法解释的相关规定共同组成。① 笔者发现依据现有的裁判规则其裁判路径并非是唯一的，而在不同的裁判逻辑下，其结果自然会有所差异。② 下面选取一则非常典型的夫妻共同债务案件予以阐述。

（一）案情简介

2006 年 6 月，陈×娟通过其堂兄叶×兴联系出借给刘×清两笔借款。刘×清于 6 月 19 日出具借条一份，载明：今向陈×娟借款人民币 40 万元，于 2006 年 7 月 18 日归还，担保人季×麟；于 6 月 29 日又出具借条一份，载明：今借到陈×娟人民币 40 万元，于 2006 年 7 月 10 日归还。刘×清与金×芳原系夫妻关系，两人在婚姻关系存续期间未曾经商，金×芳在社区上班，刘×清无业且平时好赌。2007 年 1 月 11 日，金×芳、刘×清离婚，《离婚协议书》第 3 条载明：婚前刘×清的债务 19 万元，已归还 9 万元，尚欠金×芳胞姐金惠× 10 万元，建造房屋的债务 21 万元均已清偿，并无其他

---

① 姜大伟：《我国夫妻共同债务认定规则的反思与重构》，《西南政法大学学报》2013 年第 4 期，第 31 页。
② 本文的思考来源于笔者在与同事合作编写的《民间借贷纠纷案件裁判文书精选》，笔者在编写夫妻债务篇时，通过研读浙江省近五年来各级法院关于夫妻债务的民间借贷案件，发现在夫妻共同债务的认定上，不同法院、不同法官所遵循的依据各有不同，即使依据相同的规定也不免出现截然不同的结果，针对司法实务中的困惑，拟成文提出一些建议。

债权债务，欠金惠×的债务，金×芳、刘×清各负责归还5万元整。

2007年4月，陈×娟向一审法院起诉，要求刘×清、金×芳归还借款80万元及利息损失。刘×清辩称，两笔借款均是高利向叶×兴所借，并已预扣利息，两次实际收到的借款均为27.6万元，因叶×兴要求才填写陈×娟为出借人，金额为40万元，而借款主要用于偿还赌债。金×芳辩称，其与刘×清原为夫妻，从2004年始，刘×清好赌恶劳，致使夫妻感情产生裂痕，2006年1月开始分居，2007年1月协议离婚。夫妻关系存续期间，双方都未经商，金×芳在社区上班，刘×清以赌为业，其所借款项并未用于家庭经商。鉴于金×芳与陈×娟并不相识，不可能向其借款，陈×娟也从未向金×芳催讨过借款。从借款时间及承诺的还款时间看，两份借条存在严重瑕疵，2006年6月19日的40万元借款，定于2006年7月18日归还。在刘×清分文未还的情况下，陈×娟又出借给刘×清40万元，不符合生活常理。根据金×芳与刘×清的离婚协议，金×芳与刘×清的共同债务仅为10万元，金×芳有充分理由相信讼争借款系陈×娟与刘×清恶意串通。即使本案借款真实存在，因借款发生在双方分居期间，该借款应为刘×清个人债务，与金×芳无关，要求驳回陈×娟的诉讼请求。

（二）这则案例在不同法官的裁判逻辑下呈现了不同的裁判结果

裁判路径一：适用《婚姻法解释二》第24条的夫妻债务推定规则。夫妻债务推定规则来源于《婚姻法解释二》第24条，该条规定："债权人就婚姻关系存续期间夫妻一方以个人名义所负债务主张权利的，应当按夫妻共同债务处理。但夫妻一方能够证明债权人与债务人明确约定为个人债务，或者能够证明属于婚姻法第十九条第三款规定情形的除外。"该条规定的关键点在于婚姻关系存续期间是债务属性的重要标志，婚姻关系存续期间发生的债务，债权人以夫妻共同债务为由主张权利的，推定为夫妻共同债务。虽然作了但书处理，但实践中要求非举债方去证明存在《婚姻法解释二》第24条规定的除外情形极为困难，而推定的方式由于操作简便被一线法官大量适用。在本案中，一审法院正是依据了《婚姻法解释二》第24条，以非举债方不能举证证明本案存在除外情形，判决讼争债务为夫妻共同债务。

裁判路径二：适用《婚姻法》第41条的夫妻债务目的、用途规则。夫妻债务的本质在于借款用于夫妻共同生活。在实践中可以从两个方面去把握，首先在主观上需要夫妻有共同举债的合意，在本案中，刘×清无业，陈×娟系由担保人季×麟介绍而认识刘×清，两次借款的金额较大，间隔时间不到10天，陈×娟对刘×清夫妻是否有共同举债的合意应尽必要的注意义务，在无法证明刘×清夫妻存在举债合意的情况下，直接推定该债务为夫妻共同债务显属不当。其次，从客观上需要把握夫妻双方是否分享了债的利益。在本案中，刘×清有赌博的不良嗜好，在短时间内大量举债，借款也未用于夫妻共同生活，举债方刘×清的配偶金×芳没有分享债的利益，因此，金×芳不应承担共同还款的责任。这也是二审法院做出的裁判结果，而再审法院对二审法院的裁判过程进行了更为详实的分析，最终维持了二审法院的裁判结果。

二　对于裁判依据的追问——对现有裁判规则的正当性考察

《婚姻法》第41条的规定和《婚姻法解释二》第24条的规定是否存在冲突的地方？同时适用这两条规定是否必然导致裁判出现不同的结果？《婚姻法解释二》第24条本身又是否正当、合理？

（一）从裁判规则的演变来看

1950年《婚姻法》第24条确立的法律原则在2001年《婚姻法》（修正案）第41条中得以保留，即离婚时，原为夫妻共同生活所负的债务，应当共同偿还。① 往前追溯，早在1993年11月3日，最高人民法院出台的《关于人民法院审理离婚案件处理财产分割问题的若干具体意见》中第17条就明确规定："夫妻为共同生活或为履行抚养、赡养义务等所负债务，应认定为夫妻共同债务，离婚时应当以夫妻共同财产清偿。下列财产不能认定为夫妻共同债务，应由一方以个人财产清偿：（1）夫妻双方约定由个人负担的债务，但以逃避债务为目的的除外。（2）一方未经对方同意，擅自资助与其没有抚养义务的亲朋所负的债务。（3）一方未经对方同意，独立

---

① 夏吟兰：《我国夫妻债务推定规则之检讨》，《西南政法大学学报》2011年第1期，第30页。

筹资从事经营活动,其收入确未用于共同生活所负的债务。(4)其他应由个人承担的债务。"向后延伸,2003年12月4日,最高人民法院出台了《婚姻法解释二》,其中第24条规定:"债权人就婚姻关系存续期间夫妻一方以个人名义所负债务主张权利的,应当按夫妻共同债务处理。但夫妻一方能够证明债权人与债务人明确约定为个人债务,或者能够证明属于婚姻法第十九条第三款规定情形的除外。"在司法实践中,最大的争议莫过于《婚姻法解释二》第24条是否合理解释了《婚姻法》第41条确立的法律原则。

(二) 从裁判规则的具体内容来看

《婚姻法》第41条确立的原则和《婚姻法解释二》第24条确立的推定规则是夫妻共同债务案件裁判的主要依据。《婚姻法》第41条就夫妻共同债务的性质做了明确的内涵界定,即"因夫妻共同生活所负债务"。但抽象的原则必须通过具体规则的解释才能运用自如,《婚姻法解释二》第24条确立的单一标准显然无法对其进行合理解释,换句话说,将婚姻关系存续期间发生的债务推定为夫妻共同债务与夫妻共同债务的本质属性并不必然相符。第24条的出台有着特定的客观环境,为了有效保护债权人的合法权益,在规则上做出妥协有一定的必要性和合理性,但司法解释的功能定位决定了司法解释的规定必须在避免对立法权僭越的范畴内,在过度保护债权人权益的同时,是否有必要停下脚步关注下举债方配偶的合法权益是否受到了不合理的侵犯。或者,从裁判技巧的角度进行合理配置,这两条规定在本质上亦可进行融合,至少简单地运用任一条文都难以应对纷繁复杂的客观事实,而这恰恰也是一审法院裁判失当的主要原因。①

(三) 从司法裁判的实际需求来看

《婚姻法解释二》第24条确立的夫妻债务推定规则契合一线法官的裁判需求,在裁判方法上简便易行,在夫妻债务事实认定真伪不明的情况下进行推定符合司法效率的原则,但对司法效率的过度关注忽略了对公平、

---

① 李红玲:《论夫妻单方举债的定性规则》,《政治与法律》2010年第2期,第119页。

公正价值的关注，这不得不值得我们思考。众所周知，法律事实与客观事实在一定程度上难以完全融合，当客观事实在审理过程中出现真伪不明时，运用合理的法律规则提炼出法律事实是非常必要的，但技术性规则的过度使用让部分法官直接跳过查明事实的难点，一旦出现事实难以查明的情况，不是要求各方通过积极举证来查明案件事实，而是径行运用裁判规则直接做出推定，从法官的司法需求来看，简便的推定规则显然比力求寻找案件真相的积极裁判规则来得更加方便。

三 对于现状的反思——当前夫妻共同债务案件裁判规则存在的问题

（一）夫妻共同债务制度确立的原则过于抽象，法官的司法裁判遭遇两难境地

因夫妻共同生活所负债务由夫妻双方共同偿还，非因夫妻共同生活所负债务为夫妻个人债务，这一原则无论从立法理念还是法律逻辑上都无可非议。清晰地界定债务属性既有效地保护了非举债方的合法权益，也是法正义价值在婚姻家庭领域的重要体现。但这一看似无懈可击的原则，让法官在个案裁判过程中陷入两难境遇，讼争债务是否用于夫妻共同生活，债权人一方自然主张其为共同债务，要求夫妻双方共同偿还，而非举债方往往抗辩讼争债务系举债方个人债务，其既不知情，也未分享任何利益。《婚姻法》虽然确立了夫妻共同债务认定的基本原则，但具体的裁判规则却停留在《关于人民法院审理离婚案件处理财产分割问题的若干具体意见》中，而之后出台的《婚姻法解释二》，其中第24条的规定让法官在裁判相同或相似案件时，仍然面临两难的境遇。

（二）婚姻法解释的规定明确了夫妻共同债务的处理规则，却忽略了夫妻共同债务的本质属性

《婚姻法解释二》第24条是对婚姻法确立的原则在规则层面的一次技术性解释，其提出的以婚姻关系存续期间为分界点的裁判方法在实务层面

简便易行。① 但这种裁判方法的选择是否延续了夫妻共同债务的本质属性，无论在理论界还是实务界都是存在分歧的。在实践中，法官在原则和规则之间往往容易做出妥协，规则在操作上非常便捷，也不容易出错，而对原则做出深层次的把握却显得非常困难，从现有的司法案例来看，《婚姻法解释二》出台以后，在夫妻关系存续期间产生的以一方名义的对外债务被认定为夫妻共同债务的情形更加常见，而这种简便单一的裁判方式无形中忽略了夫妻共同债务的本质属性。

（三）《婚姻法解释二》确立了夫妻债务推定规则，但推定规则的除外情形限缩不当

《婚姻法解释二》第 24 条在技术层面确立了事实认定过程中较为便捷的分界点，查明夫妻关系存续期间非常容易实现，也正因为推定规则本身与婚姻法确立的原则之间存在差别，《婚姻法解释二》通过但书的形式做了合理的修正，即夫妻共同债务推定规则存在两种除外情形，一种是债权人和债务人明确约定为个人债务的。除非债权人和债务人在借款凭据上明确记载，一般情形下，债权人是不会放弃要求举债方配偶也偿还债务的，当然，如果双方确有证据证明讼争债务已明确约定为个人债务的，在实务中自然没有争议。第二种是债权人明知夫妻之间实行约定财产制，一方对外举债由其个人财产清偿。但在债权人提起诉讼时，往往是举债方怠于履行其还款义务，债权人是否明知夫妻之间存在约定财产制，需要举债方或举债方配偶进行举证，这显然非常困难。除此之外，是否还存在其他情形对夫妻债务推定规则进行修正，至少在实务裁判中非常少见。暂且不论但书的规定是否合理，《婚姻法解释二》在罗列除外情形时，至少忽略了一条现行有效的规定，即《关于人民法院审理离婚案件处理财产分割问题的若干具体意见》中第 17 条规定的"未经举债方配偶事前同意并且没有用于夫妻共同生活"这样一种夫妻个人债务的情形。

---

① 陈川：《夫妻共同债务在审判实践中应如何认定》，《法律适用》2012 年第 9 期，第 115 页。

（四）夫妻债务推定规则与《婚姻法》确立的原则本末倒置，司法实务赋予推定规则过高的效力

夫妻债务推定规则属于强制性转移客观证明责任的推论，而这一推定的效果是，一旦该推定成立生效，推定不利的一方当事人将承担推定事实不存在的证明责任。在法官的裁判逻辑中，何为本、何为末，在司法功利主义的引导下出现了本末倒置的现象，一种观点认为，债务是否属于夫妻共同债务，婚姻法的司法解释已经明确了具体的适用规则，凡是发生在夫妻关系存续期间的债务都先推定为夫妻共同债务，存在除外情形的，再予以修正，至于是否满足《婚姻法》确立的夫妻债务目的论，由于其抽象的原则没有与之匹配的规则，在司法裁判过程中往往被忽略。另一种观点认为，司法解释的裁判逻辑应立足于法律规定，债务属性如何应首先审查该债务是否系夫妻合意举债或是否用于夫妻共同生活，只有在债务事实真伪不明的情况下，才能启用推定规则。但第一种观点在司法实践中大行其道，其在司法效率的指引下被赋予了过高的效力，而忽略了夫妻债务的本质属性。

四 对于原因的分析——夫妻共同债务案件裁判结果出现差异的因素分析

（一）立法没有对夫妻共同债务制度给予规范的定位

夫妻债务关系是夫妻财产关系中不可或缺的重要组成部分，夫妻财产制度中既包括积极意义上的财产即财产权利，也包括消极意义上的财产即夫妻债务。① 可以说，我国的夫妻财产制度中相应的财产制种类较少而且结构不完整，存在明显的立法漏洞，相对积极意义上的财产而言，消极意义上的财产即夫妻债务规定更为简单，仅在《婚姻法》第19条第3款和第41条中做了原则性的规定，这种宽泛的立法理念夹杂着轻视夫妻共同债务的

---

① 陈苇：《完善我国夫妻财产制的立法构想》，《中国法学》2000年第1期，第86页。

传统伦理观念,导致立法层面对如何界定和甄别夫妻共同债务缺乏一定的操作性和完整性。① 随着夫妻双方参与各种社会经济活动越来越频繁,单方举债的问题在双方离婚时逐渐显露出来,而债务如何认定更是其中的难点问题。有些国家比如德国、瑞士、法国等在立法上都对夫妻财产制度做出一般性的规定,比如在《瑞士民法典》的第五章和第六章中,就明确了夫妻财产关系的一般性规定,如夫妻法定财产制、约定财产制及其适用效力、夫妻对家庭费用的分担、夫妻一方对家庭所做特殊贡献的经济补偿、对夫妻一方债权人的保护、夫妻财产制的告知义务等,用以指导司法实践对夫妻财产和夫妻债务的处理。② 而纵观我国的《婚姻法》规定,对于夫妻共同债务的规定在规范层面是完全缺失的。

(二) 司法解释的具体裁判规则与法律规定存在误区和偏差

《婚姻法》第 41 条将共同债务的属性限定在"为夫妻共同生活所负"的范围内,而司法解释则是以时间为分界线。那么,这两者是否在阐述同一个概念,抑或在夫妻关系存续期间的债务是否均归结于因夫妻共同生活所负呢?日常的法律逻辑显然无法得出这样的结论,可见,司法解释具体解释法律原则时,并没有将夫妻共同债务的本质属性以规则的形式予以明确,简单地以时间为分界线去甄别夫妻债务,从司法裁判的结果来看,司法解释的具体裁判规则与法律规定之间是存在一定偏差的,而这种偏差容易导致法官在裁判案件时陷入两难境遇,在规则的取舍之间,具体法律规则对司法实务者而言是优于抽象的法律原则的,这种偏差也导致了司法实践适用条文上的片面化和对原有婚姻法原则的不当突破。③

(三) 夫妻共同债务推定规则在司法裁判中运用失当

法官首先应当清楚认识因夫妻共同生活所负债务的本质属性,从债务

---

① 张驰:《我国夫妻共同债务的界定与清偿论》,《政治与法律》2012 年第 6 期,第 82 页。
② 参见《法国民法典》,罗结珍译,中国法制出版社,1999,第 214、215、220-1、1387 条;《德国民法典》,郑冲、贾红梅译,法律出版社,1995,第 1360~1363 条第 1 款;《瑞士民法典》(1987 年英文版)第 163~166、168~170、173、174、177、178、181、193、195 条。
③ 王跃龙:《无偿保证所生之债务不应认定为夫妻共同债务》,《法学》2008 年第 10 期,第 125 页。

的目的和用途着手分析总结认定债务是否属于夫妻共同债务。夫妻债务推定规则是作为夫妻共同债务的必要补充，该规则是在债务是否因夫妻共同生活所负难以查明时，通过举证责任的分配确定举债方配偶是否应承担共同偿还责任。但在司法实践中，裁判规则运用的先后顺序没有受到应有的重视，在本案中，首先，一审法官并没有从债务的目的和用途上着手分析债务的性质，而是直接运用了夫妻共同债务推定规则进行裁判，上诉后，二审法院撤销了一审判决，再审法院维持了二审判决，虽然是同一笔债务，但裁判规则适用的顺序却导致了截然不同的结果，而无论是二审还是再审，法官都将案件审理的焦点放在了债务的目的和用途上。其次，如果缺乏操作性规则，从债务目的和用途的角度去查明债务属性显得非常主观，也缺乏理性判断的支持，因此，为查明案件事实，法官应当引导双方当事人积极举证，力求查明债务是否属于共同债务，仅以具体裁判规则不明径行适用夫妻债务推定规则的做法是不可取的。

五 突破的再突破——完善夫妻共同债务案件裁判规则的若干建议

不可否认，夫妻共同债务推定规则在打击夫妻恶意串通逃避债务、保障债权人合法权益和维护市场交易安全方面具有积极的意义，但从多年司法实践来看，我们更应正视因此规则大行其道后引发的另外一种现象，即离婚时，夫妻一方与债权人恶意串通，通过虚构债务的方式，达到侵犯举债方配偶合法权益的目的。[①] 过度保障债权人的权益而忽视举债方配偶权益的保护，当债权人的利益得到满足的同时，举债方配偶也许正在遭遇不公正的对待。这同样不利于正义的实现，也不利于夫妻利益平衡乃至社会的稳定。司法解释用规则的方式正名，对现有法律规定的过度突破，实到了做出合理解释乃至再突破的境地。笔者拟在此对现有规则如何实现良性突破提出以下几点建议。

---

① 林晓燕：《婚姻关系存续期间夫妻一方以个人名义所负债务的性质》，《人民司法》2006年第9期，第28页。

（一）通过制度构建进行外向型突破

1. 建立日常家事代理权制度

夫妻债务共同承担的法理基础来源于家事代理制度。该制度立足于夫妻双方因日常家事与第三人发生交易往来时，一方所为的法律行为视为夫妻双方共同的意思表示，行为人的配偶共同负担。① 为合理保护第三人的合法权益和交易安全，很多国家在立法上明确规定了日常家事代理权制度，并对范围、责任的承担做出具体规定。在本案中，法官在保护债权人权益还是保护非举债方的权益问题上陷入了裁判的困境，在无法明确何时才能做出推定时容易顾此失彼，将夫妻债务共同承担的范围限定在怎样的范围内，正是日常家事代理权制度首先应当关注的地方，而这一制度的缺失或让债权人无法举证证明该债务是否用于夫妻共同生活，也让推定制度的全面介入侵害非举债方的合法权益。制度本身并无优劣之分，合理设置并分摊风险才能良性运行，在夫妻债务认定的问题上，以是否属于日常家事代理范围为分界线，对在日常家事代理范围内的做出推定，将举证责任转移给夫妻双方，对于超越日常家事代理范围的做出另一种推定，将举证责任转移给债权人。②

2. 建立大额举债夫妻共同签字制度

日常家事代理权制度关注家事代理范围内的对外事务，当对外事务超越日常家事代理范围时，建立大额举债夫妻共同签字制度显得同样重要。③ 所谓超越日常家事代理范围，其本质就是夫妻一方的大额举债。夫妻债务推定规则将第三人是否明知夫妻之间存在财产约定的举证责任分配给了夫妻一方，但在实务中予以证明几乎无法实现。大额举债夫妻共同签字制度正是为填补日常家事代理权制度范围之外的空白，其立足于在夫妻一方以个人名义对外大额举债时，需经夫妻双方事先协商一致或夫妻双方共同签

---

① 周姝：《论夫妻共同债务确认制度的完善》，《法治研究》2009 年第 9 期，第 94 页。
② 刘雁兵：《关于确认夫妻共同债务的审判思考》，《法律适用》2006 年第 5 期，第 58 页。
③ 梁经顺、李俊：《论夫妻共同债务的确认及其风险防范》，《西南政法大学学报》2011 年第 5 期，第 109 页。

字确认，方可视为夫妻双方具有共同举债的意思表示。① 这一制度的建立，也对债权人做出了必要的指引，在夫妻一方大额举债的情形下，债权人倘若希望夫妻双方共同偿还借款的，也应要求举债一方及其配偶在借款凭据上签字确认。至于大额的标准如何确定，可以在个案中结合借款人家庭的具体生活水平、日常家庭支出等情形，由法官依法做出裁判。

（二）通过规则解释进行内生型突破

1. 增加除外情形

首先，将《婚姻法解释二》第24条确立的夫妻债务推定规则在适用顺位上做出必要的约束，这一条文应在《婚姻法》第41条的限制下予以适用。其次，正视《婚姻法解释二》第24条中除外情形不足的现象，在对现有的两种除外情形予以保留的前提下，将《关于人民法院审理离婚案件处理财产分割问题的若干具体意见》第17条中规定的除外情形予以梳理，纳入新的司法解释中，② 比如，倘若夫妻之间没有共同举债的合意，所借款项也没有用于夫妻共同生活的，应作为夫妻债务共同承担的除外情形予以考虑。另外，以下三种情形也应纳入除外情形以一并考虑：（1）当夫妻一方与债权人存在恶意串通、伪造债务的极大可能，法官在审理过程中能形成内心确信的；（2）虽然不存在第一种情形，但判决由夫妻双方共同偿还债务将严重违背公序良俗等民法基本原则，并且债权人存在重大过错或者债权人是基于对举债方的信赖而非因为举债方有了配偶而出借款项的；（3）债权人明知夫妻双方分居、并未共同生活而出借款项的。

2. 明确举证责任分配

证明责任的分配是指按照一定的标准，将事实真伪不明的风险在双方当事人之间进行分配，使原告、被告各自负担一些事实真伪不明的风险。③ 举证责任分配方法一般采用法律要件分类说，即凡主张法律关系存在的当事人，就该法律关系发生所需具备的要件事实负担证明责任；主张法律关

---

① 许东劲：《夫妻共同债务如何认定》，《法治论坛》2013年第4期，第287页。
② 吴晓芳：《〈婚姻法〉司法解释（三）适用中的疑难问题探析》，《法律适用》2014年第1期，第75页。
③ 徐伟：《民事诉讼法》，中国政法大学出版社，2008，第116页。

系变更或消灭的当事人，就法律关系变更或消灭所需具备的要件负担证明责任。① 当夫妻一方以个人名义对外举债时，对债务性质产生分歧的，应当如何分配举证责任，笔者拟提出若干建议。

（1）债权人主张债务系夫妻共同债务的，举债方可能存在两种抗辩，一种是认可该债务为夫妻共同债务，另一种是抗辩该债务为夫妻个人债务。② 当举债方认可该债务为夫妻共同债务而非举债方不予认可时，举债方应首先举证证明债务是否属于日常家事代理范围，如果证明债务属于日常家事代理范围的举证充分，则债权人就有理由相信该债务系夫妻共同举证，而支持债权人的诉讼请求。如果债务不属于日常家事代理范围的，举债方就需证明债务系夫妻合意举债或款项用于夫妻共同生活，当举债方举证不充分而非举债方举证充分时，举证责任转移给债权人，债权人如果能够证明款项系夫妻合意举债或用于夫妻共同生活，则支持债权人的诉讼请求，如果不能，债权人将承担不利的法律后果。当举债方抗辩该债务为夫妻个人债务时，举债方应首先举证证明夫妻无合意举债的意思表示或所借款项并未用于夫妻共同生活，如果举债方举证充分，则认定为个人债务，如果举债方举证不充分，则债权人和非举债方需进一步举证，如果非举债方能够证明债务超越日常家事代理范围的，则举证责任转移给债权人，债权人应举证证明该债务系夫妻合意举债或所借款项用于夫妻共同生活，举证不能的，承担不利后果。

（2）债权人仅仅起诉举债方的，一般存在两种情形，一种是债权人主张该债务系夫妻个人债务，另一种是债权人以合同相对性原则起诉举债方，但认为该债务系夫妻共同债务。当债权人主张该债务系夫妻个人债务并仅仅起诉举债方时，举债方予以认可的，自无争议，举债方要求追加非举债方为共同被告的，应当由举债方举证证明所借款项系夫妻合意举债或用于夫妻共同生活。当债权人是以合同相对性原则起诉举债方，举债方以债务属于夫妻共同债务为由要求追加非举债方为共同被告的，应由举债方举证证明所借款项系夫妻合意举债或用于夫妻共同生活，如果举债方举证不充

---

① 董少谋：《民事诉讼法》，中国政法大学出版社，2007，第291页。
② 余秋萍：《甄别夫妻婚姻存续期间债务性质的新途径》，《人民司法》2012年第11期，第45页。

分,而债权人也认为所借款项属于夫妻共同债务的,也负有举证责任。

六 结语

《婚姻法》迄今为止尚未建立起完整的夫妻债务制度,虽然《婚姻法》和司法解释对夫妻债务如何承担做了一定程度的构建和完善,但在平衡债权人和举债方配偶利益的问题上仍然不免顾此失彼。在撰写此文的过程中,笔者深觉自己是站在巨人的肩膀上,也深知此文虽未能超越前辈同人之见解,但仍希望以笔者之拙见对夫妻债务裁判规则进行必要的梳理,引发更多前辈同人在立法和司法领域对夫妻债务制度进行更多的关注,以期实现夫妻共同债务案件裁判的有序统一。①

---

① 程新文、吴晓芳:《当前婚姻家庭案件中的若干新情况新问题》,《法律适用》2007年第8期,第56页。

夫妻共同债务的认定
（以举证责任分配为视角）
——陈某娟诉金某芳、刘某清民间借贷纠纷案

林　晨　陈泳滨[*]

问题提示：对婚姻关系存续期间夫妻一方以个人名义对外借款的债务性质有争议的，当事人之间的举证责任应该如何分配？

【裁判要点】

对于民间借贷纠纷中夫妻共同债务的认定，举证责任如何分配直接关系夫妻债务性质的认定。实践中不能简单地把举证责任一概分配给某一当事人，而应根据具体案件的实际情况，合理分配当事人之间的举证责任。本案借款数额已明显超出日常生活所需，亦无证据认定借款用于共同经营的事实，出借人应负有其已尽善意且无过失地相信将借款用于夫妻共同生活所需的举证责任，出借人举证不能的，借款不能认定为夫妻共同债务。

---

[*] 林晨，男，浙江温岭人，浙江省温岭市人大常委会法工委副主任，法学硕士，主要研究方向为民商法；陈泳滨，男，浙江温岭人，浙江省温岭市人民法院大溪法庭副庭长，审判员，法学硕士，主要研究方向为民商法。

【案情简介】

2006年6月间,陈某娟通过其堂兄叶某兴联系出借给刘某清两笔借款。刘某清于6月19日出具借条一份,载明:今向陈某娟借款人民币40万元,于2006年7月18日归还,担保人季某麟;于6月29日又出具借条一份,载明:今借到陈某娟人民币40万元,于2006年7月10日归还。

刘某清与金某芳原系夫妻关系,两人在婚姻关系存续期间未曾经商,金某芳在义乌市南苑社区上班,刘某清无业,平时好赌。2007年1月11日,金某芳、刘某清离婚,《离婚协议书》第3条载明:婚前刘某清的债务19万元,已归还9万元,尚欠金某芳胞姐金惠某10万元,建造房屋的债务21万元均已清偿,并无其他债权债务,欠金惠某的债务,金某芳、刘某清各负责归还5万元整。

2007年4月,陈某娟向一审法院起诉,要求刘某清、金某芳归还借款80万元及利息损失。刘某清辩称,两笔借款均是高利向叶某兴借的,并已预先扣息,两次实际收到的借款均为27.6万元,是因叶某兴要求借条上写出借人为陈某娟,金额写为40万元,借款主要用于偿还赌债。金某芳辩称,其与刘某清原为夫妻,从2004年始,刘某清不务正业,好赌恶劳,致使夫妻感情产生裂痕,2006年1月开始分居,2007年1月协议离婚。夫妻关系存续期间,双方都未经商,刘某清一直以赌为业,金某芳从2003年7月始在义乌市南苑社区主管妇联和计生工作,刘某清所借款项并非用于家庭经商。金某芳不认识陈某娟,不可能向陈某娟借款,更未承诺归还陈某娟款项,陈某娟也从未向金某芳催讨借款。从借款时间及承诺的还款时间看,两份借条的书写存在严重瑕疵,2006年6月19日的40万元借款,定于2006年7月18日归还。在刘某清分文未还的情况下,陈某娟又借款40万元给刘某清,不符合民间借贷的常理。根据金某芳与刘某清的离婚协议,金某芳与刘某清的共同债务仅为10万元,金某芳有充分理由相信本案借款系陈某娟与刘某清恶意串通形成,损害金某芳的合法权益。假设本案借款存在,也因借款发生在金某芳与刘某清分居期间,该借款也为刘某清个人债务,与金某芳无关。请求驳回陈某娟的诉讼请求。

【审理结果】

一审法院认为,刘某清虽抗辩两笔借款实际只有55.2万元,但没有证据否定自己亲手所立的借条，故应认定本案两笔借款合计为 80 万元，借款利息可从借款逾期之日起按银行同期同类贷款利率计付至实际履行之日止。借款为夫妻婚姻关系存续期间一方所负债务原则上应认定为夫妻共同债务，除非另一方能提供足够证据证明该债务系对方的个人债务，本案中金某芳所举证据不足以证明上述借款 80 万元系刘某清的个人债务。因此，本案借款应由金某芳、刘某清承担共同偿还责任。

二审法院认为，关于借款的实际数额问题。借款时金某芳并未在场，刘某清未对借款额提起上诉，故借款数额应认定为 80 万元，金某芳提出债务为 55.2 万元的依据不足。关于借款是否系夫妻共同债务的问题。根据已查明的事实，金某芳与刘某清在夫妻关系存续期间并无共同经商，金某芳在当地社区上班，刘某清无业。而涉案借款分两次形成，即 2006 年 6 月 19 日和 2006 年 6 月 29 日，出借的款项数额巨大，两次借款间隔时间亦短（间隔时间仅 10 天），该两笔借款用于日常生活有违生活常理。陈某娟系由担保人季某麟介绍而认识刘某清，对借款是否系刘某清夫妻共同意思表示或是刘某清用于个人消费应负有合理的注意义务，完全可以要求刘某清夫妻双方做出明确的意思表示或共同实施该行为，而事实上陈某娟对刘某清借款是否确系用于家庭经商资金周转未经审查，更未获得以金某芳作为共同借款人的意思表示，故陈某娟没有理由相信刘某清的个人意思表示即是刘某清与金某芳的共同意思表示，且刘某清有赌博的不良嗜好，其本人也陈述涉案借款系用于归还赌债和个人挥霍，故涉案借款应认定为刘某清的个人债务，而非刘某清与金某芳夫妻共同债务，陈某娟向金某芳主张权利依据不足。金某芳提出涉案债务为刘某清个人债务的上诉理由成立，应予支持。改判由刘某清于判决生效之日起 10 日内支付给陈某娟借款人民币 80 万元以及利息损失；驳回陈某娟对金某芳的诉讼请求。

再审法院认为，本案诉辩双方争议的焦点为 80 万元借款是否真实存在，该款项是否用于经营，本案的债务是否应认定为刘某清、金某芳的共同债务。现评析如下。

（一）关于本案争议的 80 万元借款数额是否真实存在的问题

2006 年 6 月 19 日、6 月 29 日，刘某清向陈某娟出具的借条明确记载借到人民币各40万元，借条上没有写明借款利息。刘某清在本案一审庭审中，虽提出其借款时已扣除了将要发生的利息，并提到其两次收到的借款数额均为27.6万元，但未提供证据。刘某清与陈某娟或叶某兴在借款发生前并不相识，在个体经济相对发达的义乌，发生借款不计利息似乎不符合常理。刘某清、陈某娟在出借款项时先扣除利息的情况可能存在，刘某清的陈述有一定的合理性，但由于再审中陈某娟陈述其两次交给叶某兴的款项为各40万元，叶某兴也作证其交给刘某清的款项均为40万元，且刘某清的陈述也存在疑点，故在没有足够证据予以否定的情况下，本院确认借款数额应按刘某清出具的借条上记载的数额即一、二审的认定予以确认，理由是：（1）刘某清在一、二审中虽表示其收到借款数额均为27.6万元，但刘某清作为一个有完全民事行为能力的自然人，在出具借条时将款项数额写明为40万元，与其主张的实际借款数额相差10万元，有违常理。而借据是证明双方存在借贷合意和借贷关系实际发生的直接证据，具有较强的证明力，除非有确凿的相反证据足以推翻借据所记载的内容，一般不能轻易否定借据的证明力；（2）刘某清的第一张借条出具于2009年6月19日，借款期限明确为1个月，第二张借条出具于2009年6月29日，而借款期限仅为12天，如刘某清陈述的双方商定应先扣除将要发生的利息属实，则刘某清实际收到的款项应不相同，而刘某清主张其实际收到的款项相同，其陈述也存在不真实的情况；（3）季某麟在一审庭审中到庭作证，证明刘某清收到的借款均是40万元。故一、二审法院认定本案的借款额为80万元有相应依据。

（二）关于刘某清所借的款项是否用于经营的问题

刘某清向陈某娟出具的借条中未记载借款的用途，一、二审中，陈某娟的委托代理人陈述刘某清向陈某娟借款时表示所借款项是用于资金周转，刘某清承认所述属实，但实际是用于自己挥霍和归还赌债。金某芳为了证明刘某清的借款为非用于家庭经营，在一审中提交了2007年7月24日义乌市江东街道南苑社区和2007年7月25日义乌市江东街道金村居民委员会分别出具的证明，南苑社区证明金爱芳在2003年7月社区成立后，一直分管社区妇联和计划生育工作，金某芳、刘某清从无经商。金村居委会则证明刘某清的房屋于 2002 年 7 月建成,房屋所有权配属其父刘某山、母王某丽、妻金某芳、子刘某杰共有。二审中,金某芳提供了 2008 年 4 月 27 日义乌市江东街道鸡鸣山居民委员会及王某丽等 16 人分别出具的证明,证明刘某清从结婚以来,一直既不上班,也不做生意,游手好闲,不务正业,还经常和一些人赌博。同时还提供了刘某清在 2006 年 1 月至 2007 年 2 月期间在义乌市开宾馆 40 次,用于赌博的事实。再审中,陈某娟并未提供证据证明刘某清所借款项非用于偿还赌债或个人挥霍的证据,故对该款项已用于经营的事实不予认定。

(三)关于本案债务是否应认定为刘某清、金某芳的共同债务的问题

本案刘某清的借款行为发生在刘某清与金某芳夫妻关系存续期间,对此各方当事人均无异议,但由于刘某清一直沉迷于赌博,刘某清与金某芳在协议离婚前双方已经分居。陈某娟与 2006 年 6 月 19 日和 6 月 29 日在间隔 10 天的时间里,仅通过他人介绍,且与刘某清在不见面、不了解的情况下,将巨额资金分两次出借给刘某清。陈某娟应知悉该巨额资金已超出用于夫妻日常生活的开支,陈某娟没有理由相信刘某清的借款即为刘某清、金某芳的共同意思表示,陈某娟应负有相信其已尽善意且无过失地将刘良清的借款用于夫妻共同生活所需的举证责任,但由于有关社区和相关人员的证明已证明刘某清有赌博嗜好,陈某娟也无证据证明刘某清所借款项系由于夫妻共同生活,故应认定本案债务为刘某清的个人债务。在认定为刘某清的个人债务的情况下,不应适用《最高人民法院关于适用〈中华人民共和国婚姻法〉若干问题的解释(二)》第 24 条的规定。二审判决对此认定正确,陈某娟的再审理由不能成立。

综上,刘某清于 2006 年 6 月 19 日、6 月 29 日向陈某娟出具的借条,当事人意思表示真实,内容合法,依法确认有效。陈某娟向刘某清出借借条所记载的款额后,刘某清未按约归还借款,应承担相应的民事责任。本案借款虽发生于刘某清与金某芳夫妻婚姻关系存续期间,但有证据显示刘某清有不务正业、赌博的不良嗜好,故在陈某娟未举证证明其已尽善意和无过失注意义务,该款项已用于夫妻共同生活的情况下,本案借款应认定为刘某清的个人债务。二审判决认定事实清楚，实体处理正确，依法予以维持。

【案例评析】

古罗马法谚云："举证之所在，败诉之所在。"强调的就是举证责任在纠纷解决中的重要性。在民间借贷纠纷的夫妻共同债务认定中，举证责任同样起着举足轻重的作用，举证责任如何分配，关系到出借人、借款人及其配偶的切身利益，不同的举证责任分配，就会直接导致不同的诉讼结果。

夫妻一方以个人名义对外借款，其债务性质是否能认定为夫妻共同债务主要有两个判断标准，一是夫妻共同债务认定规则，即依借款目的是否为夫妻共同生活所负债务来认定；二是夫妻共同债务推定规则，即依借款时间是否发生在夫妻关系存续期间来推定。在按照借款目的认定夫妻一方对外借款的债务性质时，根据"谁主张、谁举证"的举证基本原则，出借人一般应就借款人夫妻共同借款合意、借款具体用途或者借款利益共享等要件事实择一进行举证，出借人只有举证证明了借款是为夫妻共同生活所负债务，才可以认定为夫妻共同债务，否则就无法依借款目的来认定为夫妻共同债务，实践中对此并无异议。但作为货币给付债务，民间借款的实际目的用途一般除借款人外他人难以控制，故夫妻一方借款的实际用途不易查明，出借人对借款是否为夫妻共同生活所用的举证能力较弱，特别是在借款人否认为夫妻共同债务的情况下，出借人的这种举证责任更是一项几乎不可能完成的任务。如本案中，出借人陈某娟认为借款系用于刘某清家庭经营，若陈某娟能够举证证明该要件事实，则可以直接认定本案借款为夫妻共同债务，但陈某娟并不能提供具体证据予以证明。相反倒是金某芳提供证据证明了借款并非用于家庭经营的高度可能性，故本案无法依陈某娟所述的借款用途来认定夫妻共同债务（具体可参阅再审法院裁判理由的第二部分）。因此在司法实践中，当出借人无法就借款系为夫妻共同生活所举债务充分举证的情况下，出借人几乎都是利用夫妻共同债务的推定规则来主张权利，因为这样可以大大减轻自己的举证责任。

但是，在适用夫妻共同债务推定规则来认定债务性质时，具体应如何把握各方诉讼参与人的举证责任分配，实践中的观点和做法并不一致。一种意见是根据《最高人民法院关于适用〈中华人民共和国婚姻法〉若干问题的解释（二）》（以下简称《婚姻法解释（二）》）第 24 条规定，夫妻关系存续期间夫妻一方以个人名义所举债务应当按照夫妻共同债务来处理，除非存在夫妻一方能够证明债权人与债务人明确约定为个人债务，或者债权人知道或应当知道夫妻实行分别财产制的情形。因此只要借款人配偶不能证明上述两种法定除外情形的，一律认定为夫妻共同债务。另一种意见是夫妻共同债务的推定也应该符合夫妻共同债务的本质，出借人主张为夫妻共同债务的，仍应就借款"用于夫妻共同生活或夫妻有共同举债的合意"进行举证，否则不能认定为夫妻共同债务。

显然，上述两种意见都没有很好地理解夫妻共同债务推定规则的实质。一方面，法律推定是法律明文规定的，根据某一事实的存在而做出的与之相关的另一事实存在（或不存在）的假定，这种推定与证据问题息息相关，它可以免除主张推定事实一方当事人的举证责任，并把证明不存在推定事实的证明责任转移于对方当事人。夫妻共同债务推定规则就是一种典型的法律推定，法律是从保护交易安全、避免出借人就"为夫妻共同生活所举债务"举证产生的困扰而设定的法律推定。① 上述第二种意见无疑违反了设立推定规则的初衷，明显与《婚姻法解释（二）》的规定有冲突。另一方面，推定是依事理之演变推导而出的结果，系为法律上处理事务的便利性而设，也因此，如有不同的主张，可提出反证加以推翻。夫妻共同债务推定规则即属可反驳的推定，在适用该推定规则时，也容许借款人配偶举证推翻，只要借款人配偶能够证明借款不符合夫妻共同债务本质特征的，即可推翻夫妻共同债务的假定。上述第一种意见虽将否定共同债务的举证责任分配给借款人配偶，但将不符合夫妻共同债务本质特征的情形仅仅局限在法条规定的两种除外情形，明显不够周延，容易在实践中导致夫妻一方恶意举债或虚构债务以达到个人不法目的，产生不良的社会效果和法律效果。

---

① 夫妻共同债务推定规则是由司法解释设定的，尽管司法解释不属于严格意义上的法律，但就司法实务而言，一旦有了明确的规定，我们可视为是一种法律意义上的推定。

综上，在夫妻一方以个人名义对外举债时，将举证责任简单地分配给出借人、借款人抑或借款人配偶，对债务性质机械地推定为夫妻共同债务或者个人债务，都会不可避免地伤害到债权人或者夫妻另一方的合法权益，都属于不当适用夫妻共同债务的推定规则。因此，只有在明确夫妻共同债务性质的基础上，正确理解夫妻共同债务推定规则的法理依据，从各方当事人的诉辩主张出发，具体细化举证责任，准确运用证明标准①，合理把握举证责任在当事人之间的分配和转移，才能做到兼顾出借人利益和借款人配偶利益，平衡保护各方利益，最终实现法律的公平正义。下面就以本案为例，以举证责任的"法律要件分配说"为基本规则，兼采"政策、公平、证据距离、盖然性、经验法则"等实质证明责任分配标准，② 在主张夫妻共同债务的出借人和抗辩借款为个人债务的借款人配偶之间，③ 就举证流程、责任分配、举证内容、证明标准等内容分步骤展开讨论。

---

① 高度盖然性作为民事诉讼的证明标准，是一种疑问即告排除，产生近似确然性的可能，然而并非所有的案件都要适用高度盖然性这一统一的标准，具体案件的复杂程度、保护权益的性质、当事人举证的难易程度、法官的素养以及庭审的效果等多种因素往往会影响证明标准的高低，因此高度盖然性在民事诉讼中仅是一般标准，以高度盖然性为参照，还存在证明标准被拔高或降低的例外情形。在夫妻共同债务确认案件中，因婚姻案件的特殊性、当事人的举债困难、待证事实的证明难度等问题，不能机械地一概运用高度盖然性这一证明标准，而应在衡量当事人举证能力的基础上适当地降低证明标准，在当事人穷尽证明手段仍无法举证的情况下，允许当事人采用疏明的证明要求，只要证明的结果达到大致确信的内心状态即可。参见周姝《论夫妻共同债务确认制度的完善》，《法治研究》2009 年第 9 期。

② 有关举证责任分配问题，法律要件分配说和实质证明责任分配标准是占主流地位的两大学说。我国通说采用大陆法系的法律要件分配说，其基本原则是"各当事人应就其有利之规范要件为主张及举证"。但法律要件说的一大缺陷在于过分偏重于法律规定的外在形式，不能完全顾及双方当事人之间的公平正义。实质证明责任分配标准强调的是法官自由裁量权在证明责任分配上所起的决定性作用，法官对自由裁量权的行使应建立在对各方利益的总体衡量之上。该标准认为决定证明责任分配的要素有政策、公平、证据距离、方便、盖然性、经验规则以及请求变更现状的当事人理应承担证明责任等等。具体到我国司法实践，实际上在采用法律要件说为主要分配标准的同时，也部分吸纳了实质证明责任标准。参见晋松《也谈夫妻共同债务的认定——以举证责任分配为视角》，重庆法院网 http：//cqfy.chinacourt.org/article/detail/2007/05/id/622210.shtml，2014 年 4 月 25 日访问。

③ 需要说明的是，在夫妻一方以个人名义对外借款引起的债务性质是否为夫妻共同债务的民间借贷纠纷中，借款人本人可能扮演者两种角色。一种是认可出借人的观点，认为借款为夫妻共同债务，另一种是与其配偶一起抗辩借款为个人债务。因此，借款人会因其立场的不同，分别负担与出借人或者其自己配偶相同或相近的举证责任，本文不再单独做出阐述。

第一步，由出借人承担"借款真实"和"借款发生在借款人夫妻关系存续期间"的证明责任。

夫妻共同债务推定并不意味着免除出借人全部举证责任。作为权利的主张者，出借人首先应举证证明"借款真实"和"借款发生在借款人夫妻关系存续期间"两项基础事实，这是适用夫妻共同债务推定规则的前提条件。本案中，借款人刘某清与金某芳的婚姻关系一直延续至 2007 年 1 月 11 日，而出借人陈某娟与刘某清之间的借贷关系发生在 2006 年 6 月间，故"借款发生在借款人夫妻关系存续期间"的事实各方并无争议。有争议的是借款的具体数额，陈某娟主张的借款数额为两笔共计 80 万元，而刘某清抗辩借款的实际数额为每笔 27.6 万元。虽然刘某清的陈述具有一定的合理性，但由于陈某娟提供了刘某清亲笔书写的借条及经手人、保证人的证人证言等证据，其证据的证明力明显高于借款人的口头抗辩，达到了高度盖然性的证明标准，陈某娟已完成了证明责任，法院据此认定借款 80 万元的事实成立（具体可参阅再审法院裁判理由的第一部分）。

第二步，由借款人配偶承担"借款并非为夫妻共同生活所举债务"的证明责任。

设立法律推定规则直接的法律效果就是对举证责任分配的影响。① 在适用夫妻共同债务推定规则时，当出借人举证证明了"借款真实"和"借款发生在借款人夫妻关系存续期间"两项基础事实后，就可依据夫妻共同债务推定规则推断借款原则上为夫妻共同债务，从而免除了按照举证责任一般的分配原则就"借款为夫妻共同生活所举债务"这一要件事实的举证责任，这样就大大减轻了出借人的举证责任。借款人配偶（包括主张借款为

---

① 法律上的推定对举证责任的影响主要表现在两个方面。（1）减轻了主张推定事实的一方当事人的举证责任。主张推定事实的一方当事人，本来需要对推定事实的存在负举证责任，推定事实证明起来是相当困难，但由于推定的存在，证明的困难大大缓解，主张推定事实存在的当事人只需要证明那些相对来说较为容易证明的基础事实。基础事实一旦得到证明，法院就会依照法律的规定做出存在推定事实的假定。（2）将不存在推定事实的举证责任转移于对方当事人。当推定事实因基础事实的确认而被假定存在后，否认推定事实的一方要推翻该推定事实，就必须对不存在推定事实负举证责任。参见李浩《民事举证责任研究》，中国政法大学出版社，1993，第 190 页。

个人债务的借款人本人）若对推定的债务性质有异议，则需提出"借款并非为夫妻共同生活所举债务"的反证来推翻夫妻共同债务的推定。这种举证责任的安排也符合实质证明责任分配标准的要求。①

那么，借款人配偶应如何举证证明"借款并非为夫妻共同生活所举债务"？借款人配偶仅仅通过口头否认借款没有用于夫妻共同生活或由借款人口头承认借款为个人债务均无法达到证明标准的要求，依照相关的法律规定和法理依据，借款人配偶只有举证证明了存在下列情形之一的，债务才由借款人个人承担民事责任：（1）夫妻对婚姻关系存续期间所得的财产约定归各自所有且出借人知道该约定的；（2）出借人与借款人明确约定为个人债务；（3）借款人与出借人恶意串通，损害另一方利益；（4）出借人知道或者应当知道所借款项并非用于家庭共同生活。② 其中前两种情形与《婚姻法解释（二）》第24条规定的两种除外情形一致，第三种情形属于违反《合同法》第52条的合同无效情形，自然都可以推翻夫妻共同债务的推定，借款人配偶也当然能免于民事责任的承担，只是实践中借款人配偶要完成

---

① 在夫妻共同债务推定规则的适用中，将"不属于夫妻共同债务或属于个人债务"的举证责任分配或转移至借款人配偶，司法解释采用了实质证明责任分配标准，运用证据规则中的推定方法，做出了相对有利于债权人的规定，体现了保护交易安全，促进财产流转的司法政策倾向；就"是否用于夫妻共同生活"事实的证明而言，夫妻二人更有发言权，由其承担证明不属共同债务而系个人债务的举证责任较债权人承担系用于共同生活属共同债务的举证责任相对而言容易，体现对证据距离、方便的考量；而从社会生活的常态和日常经验来看，夫妻双方无特别约定时，除非一方有恶意欺骗或故意隐瞒，其财产收入和债务（包括共同举债和以个人名义举债）一般均应视为共同财产和共同债务的性质，这也是法定财产制的基本要求，法定财产制是对婚姻双方当事人最公平的财产规则，是对多数人意愿的推定，它能够在最大程度上体现公平和正义的要求，也体现了盖然性和经验规则的运用，也是推定方法本身具有的价值功能。因此对上述多种利益和价值的综合权衡，就是一种公平正义的实质体现，而采用证据法上的推定规则，就寻求到一个恰当的平衡点。参见晋松《也谈夫妻共同债务的认定——以举证责任分配为视角》，重庆法院网http：//cqfy.chinacourt.org/article/detail/2007/05/id/622210.shtml，2014年4月25日访问。

② 如《最高人民法院关于审理民间借贷案件适用法律若干问题的规定》（2013年8月征求意见稿）第29条规定："婚姻关系存续期间，夫妻一方以个人名义向他人借款，另一方能够证明存在下列情形之一的，由借款人本人承担民事责任：（一）夫妻对婚姻关系存续期间所得的财产约定归各自所有且贷款人知道该约定的；（二）贷款人与借款人明确约定为个人债务；（三）贷款人知道或者应当知道所借款项并非用于家庭共同生活；（四）借款人与贷款人恶意串通，损害另一方利益。"

这样的举证责任并非易事。① 相比之下，实践中借款人配偶可以更多通过证明第四种情形来免除自己的责任承担。

要证明"出借人知道或者应当知道所借款项并非用于家庭共同生活"，首先应明确"家庭共同生活"的范围。由于夫妻共同债务推定规则的法理基础是夫妻日常家事代理权，因此将"家庭共同生活"理解为"夫妻日常生活所需"，既符合夫妻共同债务推定规则的法理依据，也契合夫妻共同债务的本质特征。换言之，出借人以个人名义所负债务明显超出日常家事代理范围或确不属于夫妻共同债务的，如夫妻一方未经对方同意，独自筹资从事生产或者经营活动所负债务，且收入确未用于共同生活的，或者夫妻一方因个人不合理的开支，如赌博、吸毒、酗酒所负债务等情形，一般按夫妻个人债务处理，借款人配偶对此应负举证责任，证据达到较高程度的盖然性标准即可。② 实务中借款人配偶一般会提供有关夫妻感情状况、家庭经济状况、借款人个人情况以及与出借人的关系等方面的证据来说明借款理由违反了社会生活经验和生活逻辑、借款超出了日常家事代理的范围或借款未用于夫妻共同生活。本案中，金某芳为了证明"陈某娟知道或者应当知道所借款项并非用于家庭共同生活"，提供了相关证据证明：（1）借款人刘某清平常沉迷赌博，不务正业，平常无经营生意；（2）刘某清与金某芳在协议离婚前双方已经分居；（3）出借人陈某娟在间隔10天的时间里，将巨额资金分两次出借给刘某清，应知悉该巨额资金已超出用于夫妻日常

---

① 关于出借人是否知道夫妻间采取约定的分别财产制，由于实践中采取约定分别财产制的夫妻数量很少，又无夫妻财产制公示的规定，即使约定了分别财产制，在不知对方已经举债的情况下，也无从知道借款人是否已告知出借人，出借人坚称不知情的，借款人配偶就面临举证不能的困难。就出借人与借款人明确约定为个人债务的情形而言，在夫妻共同财产制之下，出借人为保障自己债权的实现，一般不会将债务约定为举债一方的个人债务。即使有这样的约定，未参与借款的借款人配偶也无法知晓，故难以举证。而对于借款人与出借人是否存在恶意串通，在出借人和借款人拒不承认的情况下，借款人配偶要举证证明同样非常困难。

② "较高程度的盖然性"指证明已达到了待证事实可能如此的程度，如果法官从证据中获得的心证为待证事实有可能存在，其存在的可能性大于不存在的可能性，该心证就满足了较高程度盖然性的要求。该标准一般适用于举证特别困难的案件。夫妻债务案件由于其特殊性，非举债人要证明债务非夫妻合意或未用于夫妻共同生活相当困难，所以视案情可以适当降低证明标准。非举债方证明债务超过日常家事代理的范围后，提供的"夫妻无合意举债以及债务并非用于夫妻共同生活"证据达到较高程度盖然性标准即可。参见余秋萍、黄勤武《甄别夫妻婚姻存续期间债务性质的新路径》，《人民司法》2012年第11期。

生活的开支;(4)出借人陈某娟与刘某清在不见面、不了解且未核实用途的真实性的情况下,仅通过他人介绍就将80万元出借给刘某清,未尽到应有的注意义务。至此,金某芳履行了"证据提供"与"证据说服"的证明责任,已经证明了借款人刘某清对外的巨额借款并非为夫妻共同生活所举债务,明显不在家事代理权范围内,出借人陈某娟对此应当知道,因此本案的借款应认定为刘某清的个人债务。

第三步,由出借人承担"自己有理由相信借款系借款人夫妻共同意思表示或用于夫妻共同生活"的证明责任。

当出借人配偶能够证明借款人以个人名义的借款明显超出日常家事代理范围或不属于夫妻共同债务的,该借款一般不能构成夫妻共同债务。但应注意,并不能因此将超出日常生活所需的所有以个人名义的借款都认定为借款人的个人债务,如果出借人有理由相信借款系借款人夫妻共同意思表示或用于夫妻共同生活的,即出借人能证明自己为善意且无过失的,则可以适用表见代理的原则处理,在构成表见代理后成立夫妻共同债务之推定,但出借人对此应负举证责任,并且其所提供证据的证明力应该大于出借人配偶提供的证据。

具体来说,婚姻关系存续期间夫妻一方对外借款明显超出日常生活所需的,借款人配偶一般会以"出借人应当知道借款项并非用于家庭共同生活"为由提起抗辩,但出借人仍可以援引表见代理规则要求借款人夫妻共同承担责任,而此时的举证责任则转由出借人承担。证明夫妻之间构成表见代理的要件主要包括两个方面。一是存在夫妻安宁生活的外观表象,说明出借人有理由相信夫妻之间存在日常家事代理权。如果夫妻生活的事实外观不和谐,如出借人明知借款人夫妻处于因感情不和而分居甚至正在离婚诉讼期间,则客观上显然不具有夫妻互为代理的表象。① 二是出借人主观

---

① 学界有观点认为,目前许多国家建立了分居制度,我国婚姻立法也应对分居期间的财产关系和债务处理做出专门规制,明确夫妻分居期间推定实行约定财产制,以体现法律的严谨与公正。即规定在夫妻分居期间推定双方实行约定财产制;夫妻一方以个人名义负债的,应认定为个人债务,但债务确在日常家事代理范围内,以及债权人有理由相信未超出日常家事代理范围的除外。目前由于在我国夫妻分居仍属私人行为,缺乏公信力,故主张免除偿还责任的债务人配偶应证明债权人知道或应该知道夫妻分居的事实。参见唐雨虹《夫妻共同债务推定规则的缺陷及重构》,《行政与法》2008年第7期。

上属于善意且无过失,对此要结合借款过程的各方面因素综合判断出借人对借款目的或用途是否尽到了合理的注意义务。

本案中,出借人陈某娟显然无法证明上述情形,她既不了解借款人刘某清夫妻生活的实际状况,更无法让人信服如此巨额的借款何以如此草率地相信刘某清的一面之词(刘某清承认说过借款用于资金周转),且不论其主观上是否善意,但其主观上的过失却是显而易见的,即没有尽到一个债权人合理的注意义务。因此,出借人陈某娟在本案中无法举证证明刘某清的借款行为符合表见代理的构成要件,其要求适用夫妻共同债务推定规则认定涉案借款为夫妻共同债务的主张不能得到支持(具体可参阅二审法院裁判理由和再审法院裁判理由的第三部分)。需要说明的是,本案一审法院的裁判思路与二审法院和再审法院并无实质区别,也是将借款系借款人个人债务的举证责任分配给借款人配偶,而导致判决结果不同的原因主要是对借款人配偶所出示的证据对于个人债务的证明力的认识不一造成的,是基于对证据的证明标准的不同把握,与举证责任分配无关。

而同样在"楼某恒诉张某益、徐某钧民间借贷纠纷案"中,审理法院在举证责任的分配上就有明显分歧,一审法院在适用夫妻共同债务推定规则时,将主要的举证责任分配给出借人楼某恒,而二审法院则认为借款人配偶应承担举证责任,就直接导致了不同的裁判结果。根据本文所分析的举证责任分配原则,借款人徐某钧在其与张某益夫妻关系存续期间分五次向楼某恒借款13.5万元的事实清楚,依夫妻共同债务推定规则,即可以首先推定徐某钧以个人名义向楼某恒的借款为夫妻共同债务。张某益若要推翻共同债务的推定,则需要举证证明"借款并非为夫妻共同生活所举债务",为此张某益提供证据证明了早在1998年就曾提出与徐某钧离婚,2008年6月6日自愿协议离婚,夫妻两人在经济上互不相干,家庭近年来没有添置大件财产,也没有家庭共同经营的生意等事实,可以证明徐某钧的借款没有用于夫妻共同生活具有了较高的可能性。此时举证责任就转移给楼某恒,其只有证明有理由相信徐某钧的借款为夫妻双方共同的意思表示,才可以要求张某益与徐某钧共同承担清偿责任。根据该案案情,虽然张某益与徐某钧夫妻感情不睦,但有证据表明两人为了儿子营造家的气氛多年来一直同居一室,在外观上给人以夫妻关系良好的表象。楼某恒作为外人对其夫妻的内部情况无从知晓，更无法知道张某益和徐某钧在经济上互不相干。同时涉案的借款数额在当地不算太大，很难分辨徐×钧的借款不是用于日常生活需要事务，再结合全案的其他相关证据，也不存在借款人恶意举债或与出借人串通损害借款人配偶利益的情形。因此出借人楼某恒有理由相信张某益、徐某钧夫妻关系正常，徐某钧的借款是为家庭共同生活所需，即出借人楼某恒在主观上属善意且无过失，涉案借款符合表见代理的构成要件，应该推定为夫妻共同债务。

　　总之，夫妻共同债务推定规则并非无视夫妻共同债务的本质特征，而是在依法定本质难以认定时的一种法律推定。不考虑夫妻举债的合意、借款的用途以及借款利益的分享，只要是夫妻关系存续期间的借款一律认定为夫妻共同债务，是对推定规则的机械理解，过分强调了债权人利益的保护，有违公平原则；而一味地强调夫妻共同债务的性质，回避适用甚至否定夫妻共同债务推定规则，也偏离了司法解释的意旨，有失偏颇。本文试图从结果意义上的举证责任出发，合理安排举证责任的分配，从公正的程序中寻求平衡保护各方当事人利益的实现途径。首先将"借款真实"和"借款发生在借款人夫妻关系存续期间"两项基础事实的证明责任分配给出借人，在出借人证明了基础事实之后即可依推定规则做出夫妻共同债务的推定。然后由抗辩借款不是夫妻共同债务的出借人配偶承担"借款并非为夫妻共同生活所举债务"的证明责任，出借人配偶能够根据全案证据证明借款属于借款人个人债务情形的，由借款人本人承担民事责任；出借人配偶举证不能的，借款依然认定为夫妻共同债务。最后，即使借款并非用于为夫妻共同生活所需存在较高程度的盖然性，出借人若能通过举证证明表见代理构成要件的成立，仍能适用夫妻共同债务的推定；出借人不能证明的，则要承担不利的诉讼后果。因此，司法实践中应从举证责任的角度切入，合理设计出借人和借款人配偶之间的举证责任的分配路径，正确甄别民间借贷纠纷中夫妻债务的性质，为司法实践中正确认定夫妻共同债务提供有益的裁判思路。

《婚姻法》第 40 条的实证研究

梁洁艳[*]

【内容摘要】《婚姻法》第 40 条的实证研究揭示了司法实践中该条适用的数个问题：(1) 补偿对象的性质认定模糊；(2) 第 40 条的适用突破了"夫妻双方书面约定分产制"这一要件的限制；(3) 赔偿金额确定的依据模糊，赔偿金额偏低，赔偿方式为离婚时一次性给付。在实证研究结论的基础上，需对《婚姻法》第 40 条下的请求权的性质、构成要件和法律后果进行阐明和重构：第 40 条为独立请求权基础，其补偿对象为一方在婚姻持续期间付出的家务劳动。我国的法定财产制度未能真正实现对家务劳动的评价，应当取消第 40 条中关于书面约定分别财产制的构成要件，并建立我国法律框架下对家务劳动进行评价的统一制度。

【关 键 词】《婚姻法》第 40 条　实证研究　家务劳动　夫妻财产制度

---

[*] 梁洁艳，女（1990~），北京大学法学院，2013 级硕士研究生，主要从事民商法研究。

一 引言

《婚姻法》第40条规定了婚姻法中的经济补偿制度:"夫妻书面约定婚姻关系存续期间所得的财产归各自所有,一方因抚育子女、照料老人、协助另一方工作等付出较多义务的,离婚时有权向另一方请求补偿,另一方应当予以补偿。"该条以"夫妻双方书面约定婚姻关系存续期间所得财产归各自所有"为构成要件,不适用于采用"婚后所得共同制"这一法定财产制的离婚诉讼。

《婚姻法》颁布后,针对第40条适用范围的反思与批评不绝于耳。夏吟兰教授在《离婚救济制度之实证研究》一文中指出:在离婚案例中夫妻适用分别财产制的比例不到5%的前提下,《婚姻法》第40条下的经济补偿制度的适用率极低。[①] 该调查结果被引入巫昌祯和夏吟兰教授主编的《婚姻法执行状况调查》[②] 一书中,成为其他学者后续讨论之重要论据。[③] 然而,上述实证研究距今已逾10年,此后的论著缺乏新的实证研究数据支持;且该实证研究仅针对第40条的整体适用比例,未对适用该条款的具体法院判决进行研究。

本文拟对近三年适用《婚姻法》第40条的法院判决进行实证研究,揭示司法实践中该条款适用的具体情况。在对案例统计结果分析的基础上,本文对第40条下经济补偿请求权的性质、构成要件以及法律后果进行反思性的阐述,建构现行法对家务劳动价值的评价。

二 实证研究结果

笔者以"第四十条"为关键词、以"婚姻家庭纠纷"为案由在"北大

[①] 夏吟兰:《离婚救济制度之实证研究》,《政法论坛》第21卷第6期。
[②] 参见巫昌祯、夏吟兰主编《婚姻法执行状况调查》,中央文献出版社,2004。
[③] 参见李洪祥《论离婚经济补偿制度的重构》,《当代法学》第19卷第6期;陈苇、于林洋:《论我国离婚经济补偿制度的命运:完善抑或废除》,《法学》2011年第6期;高留志:《家务补偿制度的立法完善》,《河北法学》第22卷第2期等。

法律信息网"与"北大法意"的司法案例数据库中进行检索，共得到判决书 519 篇。经筛选，得到判决日期在 2011 年 1 月 1 日到 2013 年 12 月 12 日之间的确切相关案例判决书 59 篇。这些判决将作为本文分析的基础。下文将从当事人及判决结果、构成要件、经济补偿的性质以及补偿金额及支付方式四个方面展示实证研究结果。

1. 当事人及判决结果

在被测期间提出经济补偿诉讼请求的离婚案件判决书只有 59 篇，而同时期离婚诉讼案例判决书检索可得 122077 篇，所占比例不足 1%。

样本量虽小，但原告诉讼请求获得法院支持的比例却很高。如图 1 所示，原告诉求被支持的判决有 53 件（占 90%）；因原告未能举证"夫妻双方书面约定分产制"而被法院驳回诉讼请求的有 4 件（占 6%）；另外因被告无经济能力支付经济补偿而不支持诉讼请求和原告放弃诉讼请求的案例各 1 件（各占 2%）。

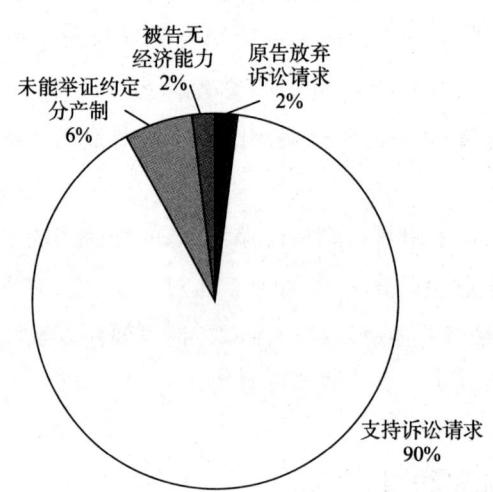

图 1　抽样案例原告经济补偿诉讼请求的处理情况

由上述统计结果可得出结论：经济补偿的诉讼请求被法院支持的概率很高。然而，为何会出现如此高的诉讼请求支持率？统计结果表明高的诉讼请求支持率与法院对《婚姻法》第 40 条构成要件的认定相关。

2. 构成要件

《婚姻法》第 40 条的构成要件有三：（1）夫妻婚姻关系存续期间所得

的财产归各自所有;(2)第一个构成要件由夫妻双方通过书面约定的形式确认;(3)一方因抚育子女、照料老人、协助另一方工作等付出较多义务。

59个样本判决中,全部判决书均将满足要件(3)作为第40条适用的前提,对于要件(1)、(2)是否作为适用的前提,法院判决中的观点各异,具体如图2所示:仅有4件判决书(占6%)将三个要件同时满足作为适用前提,这些判决中原告的诉求均因未满足前两个要件而被驳回。其中27个案例(占46%)中,当事人长期分居,各自财产关系独立,在婚姻关系存续期间无可供分割的共同财产且无共同债务。在这些案例中,法院未拘泥于"夫妻双方书面约定"这一要件,而是在满足要件(1)、(3)的基础上支持了原告的诉求。另有26个判决(占44%)中,法院在案件事实仅仅满足要件(3)的基础上支持了原告的诉求。最后,在一个案例中,案件事实仅满足要件(3),法院类推适用《婚姻法》第40条的规定支持了原告的诉求。

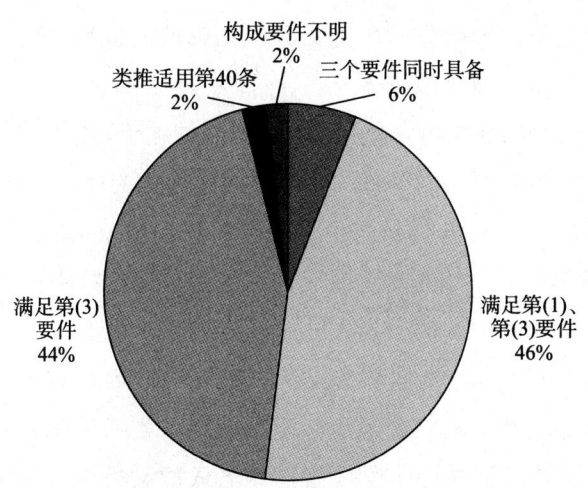

图2 法院判决对三要件的要求情况

综上,若法院严格按三要件来适用《婚姻法》第40条,则全部样本案例中原告的诉求都不能获得支持。而90%的诉讼请求支持率正是法院未严格地根据法条的文意来适用第40条的结果:超过一半的法院判决认为在夫妻双方长期分居、无婚后共同财产时构成了实质性的分别财产制,突破了书面约定的要件;另外将近50%的法院判决未囿于要件(2)、(3),而是基于公平和保护弱者的理念倾斜性地支持了原告的诉求。

法院判决纷纷突破第 40 条的文意限制,对法条进行了目的性扩张解释,除了说明该条的规定不能满足司法实践的需要之外,也说明了法院适用第 40 条时更注重经济补偿制度的立法目的和价值追求,而非法条的文字表述。因此,法院如何认定经济补偿的性质至关重要。

3. 经济补偿的性质

根据《婚姻法》第 40 条的文意,其本质是夫妻一方对另一方因抚育子女、照料老人、协助另一方工作等付出较多义务的补偿。在支持原告诉讼请求的 53 个判决中,50 个判决认可了该条的补偿性质。本文且先分析该部分判决。

就具体的补偿对象而言,各判决的认定各异:37 个判决提及因抚育子女付出较多的义务;6 个判决提及因照顾老人付出的较多义务;2 个判决提及因协助另一方工作付出的较多义务,① 而 14 个判决中概括为因照顾家庭或者操持家务付出较多。无论是抚育子女、照顾老人、协助另一方工作等类型化的描述还是照顾家庭、操持家务等抽象性的概括,似乎都能被囊括到"家务劳动"这一概念的范畴内。

综上,司法实践中第 40 条适用的目的似乎就在于对家务劳动价值进行评价。但实际情况更为复杂,有待对案件事实和法院的判决理由进行详细分析。

如图 3 所示,在 50 个案例当中,只有 4 个案例中的婚姻当事人未分居,而在 92% 的案例中,双方当事人分居甚至长期分居。其中 44% 的当事人分居期间在 5 年以上,64% 的当事人分居期间在 3 年以上,其中不乏分居 20 年的婚姻当事人。大部分的案件事实为:夫妻一方因家庭矛盾或者维持生活长期外出打工,对家庭照顾极少,即便曾寄回生活费也是杯水车薪;而另一方则必须独自承担抚养子女或者照顾老人的义务。上述事实导致两个结果:第一,夫妻双方经济相互独立,离婚时往往没有或者只有很少的婚后共同财产以供分割;第二,经济补偿对象的模糊化。在这些案件中,很难直接认定法院适用第 40 条的目的在于直接承认家务劳动的价值,而是兼有夫妻一方因其未履行抚养子女、扶养配偶或赡养父母的义务而对另一方

---

① 部分判决书可能认定一方兼有因抚养子女、照顾老人或者协助另一方工作付出较多义务的三种情况中的多种,因此此处统计总量大于样本总量。

当事人的补偿性质。亲子关系中的抚养、赡养义务以及婚姻关系中的扶养义务与家务劳动的最重要区别是：扶养义务不仅包含对子女、老人、配偶的日常起居的照顾，精神层面的关心等属于家务劳动范畴的内容，还包括经济上的扶养、赡养和扶养费用的支出，而这一义务的履行是通过从事社会劳动获得相应报酬来实现的。

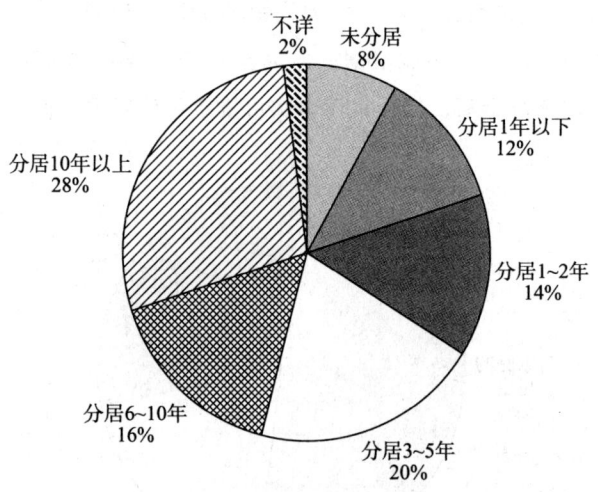

图 3　抽样案例中当事人分居状况

但以上统计结果并不意味着法院适用第 40 条时，强调的补偿对象是一方的经济付出而非家务劳动的付出。"祝某兰诉赵某宝离婚纠纷"一案中，法院在判决书中明确指出："被告独自抚养婚生子，婚生子一直随被告共同生活，被告对婚生子不仅仅是金钱上的付出，更多的是时间、精力的付出。原告不仅未尽妻子的责任，而且未尽母亲的责任。原告有七年之久未尽抚养义务，被告要求原告给予补偿的请求，符合法律规定，本院予以支持。"①在该案判决中，法院显然强调经济补偿的对象主要为一方对家庭所尽义务而非金钱上的付出。则上述判决中，多大比例的判决认定补偿对象是经济上的抚养或赡养义务，多大比例的判决认定补偿对象是狭义上的家务劳动？对这一问题的解答请参考下文对补偿金确定依据统计结果的分析。

---

① 〔2012〕泾民一初字第 00295 号判决书 http：//www. lawyee. net/Case/Case_ Data. asp? ChannelID = 2010102&KeyWord = &RID = 1623470，最后访问日期：2014 年 6 月 23 日。

4. 补偿金额及支付方式

补偿金额的确定依据如图 4 所示：10 个判决（占 20%）根据一方为子女抚养或家庭生活多支付的费用确定，可推定其补偿对象主要是一方替代对方履行抚养、赡养或扶养义务所支出的额外费用。14 个判决（占 28%）未阐明补偿金额的确定依据，但提及"一方较多地照看孩子、协助工作等行为应予以补偿"，故推断补偿对象主要为家务劳动。26 个判决（占 52%）未区分上述两种情况，仅笼统地根据一方为抚养子女或者其他家庭生活事项付出较多义务确定赔偿金额，结合案件事实可推定补偿对象兼而有之。

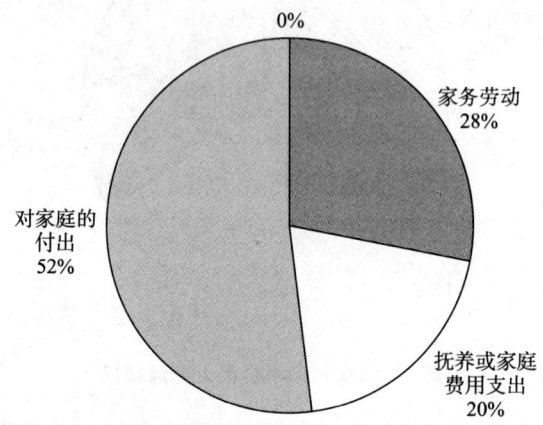

图 4　抽样案例补偿金额的确定依据

补偿金的金额分布情况如表 1 所示：补偿金额 1 万~3 万元的判决所占比例最大，为 47%；34% 的判决中，当事人支付的补偿金小于 1 万元。最高的补偿金也不高于 5 万元。综上，法院支持的经济补偿金额度并不高，这与样本案例中的当事人大部分为农村人口有关，也与补偿金主要采取一次性给付的方式有关。在支持诉讼请求的 53 个判决中，52 个判决采取一次性给付的方式，只有 1 个判决采用了分 4 次支付的方式，支付间隔为半年。

表 1

补偿金额	10000 元以下	10000~30000 元	30000~50000 元	不详
案件数量	18 件	25 件	6 件	4 件
比例	34%	47%	11%	8%

三 《婚姻法》第 40 条的阐明与再建构

综上，实务中《婚姻法》第 40 条的规定的适用有以下几个问题：（1）补偿对象的性质认定模糊；（2）第 40 条的适用突破"夫妻双方书面约定分产制"这一要件的限制；（3）赔偿金额确定的依据模糊，赔偿金额偏低，赔偿方式为离婚时一次性给付。这几个问题是相互关联的，后一个问题的解决依赖于前一个问题的解决。因此，本文先对《婚姻法》第 40 条的性质进行阐明，将上述三个实务中的现象与法条规定、法理相结合，从而一一理清。

1. 请求权的性质

《婚姻法》第 40 条的规定被称为离婚经济补偿制度或家务劳动补偿制度。无论采用何种称谓，须明确第 40 条的规定是一个独立的请求权基础规范。请求权规范基础（Anspruchsnormengrundage），指的是"可供支持一方当事人得向他方当事人有所主张的法律规范"。[1] 拉伦茨根据法条的逻辑结构将法条区分为完全法条和不完全法条。完全法条是指：不联合其他法条，便能发挥规范功能的最简单的法律规定。该种法条是"兼备构成要件与法律效力两个因素，并将该法律效力连接于该构成要件的单一法条"。[2] 独立请求权基础即法律后果为请求权发生的完全法条。《婚姻法》第 40 条的规定正是兼备构成要件和法律效力这两种要素的完全法条，是一个独立的请求权基础。该条规定的经济补偿请求权是一项独立的请求权。该请求权区别于《婚姻法》第 39 条规定的离婚共同财产分割请求权和第 42 条规定的经济帮助请求权。

第 40 条规定了"离婚时一方请求另一方补偿"的请求权，然而补偿的对象是什么呢？称之为"家务劳动补偿"请求权的学者认为这是法律对家务劳动的评价。但统计结果显示只有 28% 的判决明确补偿对象为一方付出的家务劳动；且仅从第 40 条的文意出发，似乎补偿对象既包括家务劳动，

---

[1] 王泽鉴：《民法思维：请求权基础理论体系》，北京大学出版社，2009，第 42 页。
[2] 相关法条理论参见〔德〕卡尔·拉伦茨：《法学方法论》，陈爱娥译，商务印书馆，2003，第 132、138 页。

也包括从抚养、赡养或者扶养义务延伸出来的金钱给付义务。但只要明确当事人之间的法律关系，就会发现这种解释是不妥当的。《婚姻法》第21条明确规定夫妻均对子女负有抚养义务，夫妻对其各自的父母负有赡养义务，该等义务不因婚姻关系的变动而改变。婚姻关系存续期间，如果一方不履行抚养子女或赡养父母的义务，未成年子女有权请求其给付抚养费，而无劳动能力或生活困难的父母有权请求其给付赡养费。夫妻一方承担另一方应付的抚养费或者赡养费，将导致另一方所负债务消灭，构成了《民法通则》第92条下的"不当得利"，支付的一方有权请求另一方返还。由于承担该部分费用的财产往往来自夫妻共同财产，因此很容易被忽视；而在双方长期分居、离婚时无共同财产可供分割时，这部分的费用就会凸显。72%的法院判决支持一方请求补偿上述费用的请求权基础应为《民法通则》第92条或者《婚姻法》第21条，而非《婚姻法》第40条。因此，第40条下的补偿对象应缩限解释为因抚育子女、照料老人、协助另一方工作等付出较多的劳动义务。这种"发生在家庭内部的无报酬的劳动"①，即家务劳动。因此，第40条究其本质是对家务劳动的法律评价。

2. 构成要件

《婚姻法》第40条是独立的请求权基础，则有必要理清该条下请求权的构成要件及法律后果。本文先对其构成要件进行分析。

上文已论及，该请求权的发生包括三个构成要件。要件（1）、（2）在法条中被表述为一个构成要件，"夫妻双方书面约定婚姻关系存续期间所得的财产归各自所有"，目的在于排除法定财产制下该条的适用。原因在于立法者认为婚后所得共同制包含了对家务劳动价值的评价，不能再重复评价。这种立法理念的前提是家务劳动所生价值完全体现为家庭财产的增加：避免家庭财产消极减少，或促进家庭财产积极增加。前者如日本最高裁昭和1949年7月19日之判决所称："将家事劳动委之于他人时，须付相当之对价。故妻自为家事劳动时，可产生财产上之利益。"② 一方从事家务劳动节省了家庭支出，即避免了家庭财产的消极减少。后者是指婚后的财产由双

---

① 甄美荣：《关于家务劳动的经济学研究综述》，《妇女研究丛论》2009年3月第2期。
② 林秀雄：《夫妻财产制之研究》，中国政法大学出版社，2001，第155页。

方协力①取得，一方的家务劳动也可视为协力的方式，与另一方的社会劳动平等地表现为双方对婚后所得的共有关系。在双方约定婚后所得分别所有的情况下，离婚时就不能通过共有财产的分割体现一方从事家务劳动的价值，故而产生第 40 条独立的请求权。

立法者通过两种不同的途径认可家务劳动的价值似乎是妥当的，但实务中却产生了很大问题。上述实证研究表明，90% 的判决书突破了"书面约定分产制"的限制，通过目的扩张解释第 40 条支持了原告的诉求。其根本原因在于家务劳动所生价值完全体现为家庭财产的增加这一前提不能实现。46% 的案例中当事人长期分居，婚姻关系存续期间没有取得可供分割的共同财产；或付出较多的一方难以举证证明另一方的财产状况，导致离婚诉讼中双方没有可供分割的财产。此时，经济补偿请求权的优越性就体现出来了：该请求权不依赖于夫妻共有财产的证成，可直接通过一方个人财产的给付来实现。法官在判决中故意模糊了第 40 条的构成要件，正是通过灵活适用法条的方式追求该条的立法目的——对家务劳动价值的认可，对公平理念的捍卫。统计结果进一步验证了上述论点：23 个被统计判决认定在夫妻采用法定财产制的情况下，仍有必要适用第 40 条以体现家务劳动的价值。

其实，对家务劳动价值的评价，仅从家务劳动所生利益的角度是很难阐明的，而必须从婚姻存续期间夫妻双方的得失这一角度考虑。假设夫妻双方中甲主要从事家务劳动、乙从事社会劳动，甲、乙分别以其家务劳动和社会劳动所得维持家庭的运行。婚姻存续过程中将产生以下几种结果。(1) 甲的个人收入为零，乙的个人收入不断增加。这一变化已通过共有制加以评价，实现了利益平衡。(2) 甲的技能被高度锁定，而乙的技能不断提高。"劳动者锁定"原指社会劳动中雇员为特定一个企业工作若干年后，其技能针对该特定的企业专门化，故而转业的成本很高。② 对专职从事家务劳动的劳动者而言，锁定的强度高于其他任何社会劳动：家务劳动是最具有针对性和专门性的劳动。这一变化将导致甲的职业竞争力大大降低，未

---

① 关于这种"协力"学说，参见有地亨《妇人の地位と现代社会》；深谷松男：《夫妻の财产关系と家事劳动》，载《日本の家族——法学セミナー》。
② 参见亨利·汉斯曼《企业所有权论》，于静译，中国政法大学出版社，2001，第 104 页。

来收入大幅减少；而乙的职业竞争能力提高，潜在收入增加。该财产制提供的救济表现为离婚财产的分割，无法反映上述面向未来的变化。（3）乙占有家庭的主要资源，而甲对家庭资源的占用较少。Blood 和 Wolfe 提出资源议价的经济学理论：虽然丈夫和妻子提供不同资源的相对贡献是平衡的，目的是家庭的利益最佳或家庭产出效率最大化，但这仍会在家庭内产生潜在的控制力和不同的交换价值。① 其结果是主要家庭资源用于一方的发展，使该方获得许多隐性利益，如学位、执业资格证书、职位、人脉等。一方面隐性利益的获得以家庭资源的损耗为代价，另一方面这种利益又不能直接表现为家庭财产的增加，该利益差异很难通过财产制调整。

虽说法院意识到了婚后所得共同制下仍有对家务劳动进行单独评价的必要，但是判决书未能表明法院已明确其背后的法理，但正因为法院判决的灵活性，我们才得以注意这一趋势并寻找其根本原因。

综上，（1）将第40条扩张适用到采用法定财产制的当事人的离婚诉讼中，实务中为法官所接受，不具有司法上的障碍；（2）第40条为独立于财产制的请求权，可直接通过夫妻一方个人财产的支付来实现，扩大该请求权在财产制上的适用范围不具有学理上的障碍；（3）家务劳动的价值不仅等同于家庭财产的增加，对家务劳动的评价也体现对夫妻双方利益的衡量，实现公平的价值追求，具有社会学、自然法意义上的正当性。

因此，《婚姻法》第40条的三个构成要件中，只有要件（3）需保留，要件（1）、（2）应予取消。经济补偿请求权的构成要件为：夫妻一方因承担抚育子女、照料老人、协助另一方工作等家务劳动付出较多义务。

3. 法律后果

第40条规定的法律后果为一方在离婚时可向另一方请求支付特定的补偿款。将提出请求权的时间限制为"离婚时"是为了保持婚姻的稳定性，避免家务劳动被曲解为有对价的市场交换劳动。但为了保护付出较多一方的利益，应有条件地允许在离婚后的一段时期内提出经济补偿请求：参照离婚损害赔偿的规定，以离婚后 2 年内为限。而补偿金额的确定依据与补偿

---

① Blood, Robert O. and Donald M. Wolfe, *Husbands and Wines*: *The Dynamics of Married Living*, (Free Press, 1960).

金的给付方式需加阐明。

判决书中虽未明确赔偿金额的计算方式，但阐明了一些确定赔偿金额的考虑因素：婚姻一方付出较多的劳动义务（未载明劳动如何转为赔偿金额）、接受补偿方的经济情况以及支付补偿金一方的经济情况等。

若将第 40 条扩张适用到各种财产制下的离婚诉讼，则确定赔偿金额时需考虑的因素也会大量增加。上述实证研究表明适当的自由裁量空间有利于法官根据个案情况灵活地适用法律，实现法律的价值追求与良好社会效果的结合。因此，立法无须也无法规定一个确切的标准，但可规定确定赔偿金额的考虑因素。

（1）夫妻一方投入家务劳动的时间、强度等情况；（2）双方采用的财产制以及财产分割情况：共产制本身构成对家务劳动部分经济价值的认可，尤其通过适当的财产分割已部分补偿了投入较多的一方。若双方约定其他的财产制，应予以尊重，如通过确定较高的补偿金额而非确定共同财产分割来对一方进行补偿。（3）离婚时双方的经济情况。法院可借鉴英国判例法所确定的"一切有价值的财产"原则，综合考虑双方的资产性（capital nature）和收益性（revenue-producing）财产状况。[①] 前者如住房、家具等，后者包括能产生未来收入的隐性财产，例如双方的工作和发展机会、执业资格、专业职称、尚未获得利益的知识产权等。同时也应考虑一方家务劳动上的付出与另一方隐性财产的取得在多大程度上有因果关系。（4）可以一方付出的家务劳动本身的经济价值作为辅助的标准：虽然家务劳动的价值不等于同等的劳动在社会交换中的价值，但由于隐性财产具有不确定性，证明隐性财产的取得与一方付出的家务劳动之间的因果关系的难度很大，在难以证明隐性财产的价值或上述因果关系时，法院可根据"向市场购买同样工作量家务劳动所需要的价格、雇佣他人需要花费的成本等方法"[②] 计算最低的补偿金额。（5）双方的婚龄、离婚时双方的年龄等额外的因素。

至于补偿金的支付方式，53 个支持诉讼请求的判决书中，52 个判决采

[①] Daubney v. Daubneya, See S. M. Cretney, *Family Law in the Twentieth Century a History*（Oxford University Press, 2003）; Branda M. Hoggett and David S. Pearl, *The Family, Law and Society——Cases and Materials*（Butterworths, 1987）, p. 198.

[②] 李欣：《论离婚经济补偿制度的完善》，《法学杂志》2011 年第 6 期。

用了一次性给付的方式。法院受到"家务劳动的价值全部体现为家庭财产的增加"立法理念的影响,倾向基于离婚时双方的经济情况来确定赔偿金额和支付方式,而非面向未来的情况做判决。一次性给付有利于原告尽快拿到赔偿金,执行也更为便捷。但由于离婚时当事人的财产通常并不多,赔偿金额普遍偏低——集中在1万~3万元之间。法院采用分期多次给付的方式,才能真正将未来收入能力等隐性财产作为补偿金额确定的考虑因素,以实现对家务劳动价值的完全评价。但这并不意味着法院必须采用分期多次给付的方式,而是要综合考虑案件的各种因素,秉着公平和保护弱者的原则,确定经济补偿的支付方式。

另需说明的是,分期多次给付的方式并不会导致一方形成对另一方的依赖,从而不利于弱势一方及早脱离破裂的婚姻,实现经济独立的情形。经济补偿制度并不等同于英美法条中的离婚后的扶养制度。离婚后扶养制度旨在对离婚这一事实所导致的损失进行赔偿,往往判决一方在一段时期内支付扶养费,直到请求方"在没有遇到极度困难的前提下适应生活的变化,找到调整自己的生活以实现经济独立的方法",① 甚至会判决一方将永久性地支付扶养费。我国的经济补偿制度立法目的在于对家务劳动的价值进行评价,补偿金额根据另一方因此获得的收益来确定,且支付期限也绝不会过长,并不会形成一方依赖另一方的补偿金生活的情况。

四 总结

此前对《婚姻法》第40条的研究多从理论出发,对适用该条的判决进行实证研究并结合理论分析的学术研究极少,本文旨在填补这一空白。本文通过实证研究揭示司法判决中适用第40条的数个问题:(1)补偿对象的性质认定模糊;(2)第40条的适用突破"夫妻双方书面约定分产制"这一要件的限制;(3)赔偿金额确定的依据模糊,赔偿金额偏低,赔偿方式为离婚时一次性给付。

在实证研究结果的基础上,本文对第40条的性质、构成要件以及法律

---

① 张学军:《论离婚后的抚养立法》,法律出版社,2004,第105~108页。

后果进行了反思性的阐明和重构:(1)第 40 条是一个独立的请求权基础规范,该条规定了婚姻当事人一方请求另一方支付经济补偿款的请求权,其补偿对象为一方付出的家务劳动;(2)我国的法定财产制度未能真正实现对家务劳动的评价,应当取消第 40 条中关于书面约定分别财产制的构成要件;(3)第 20 条的法律后果为婚姻一方当事人可以在离婚时或者有条件地在离婚后特定的期间内请求另一方当事人支付一定的经济补偿款项。本文阐明了确定补偿金额时应当考虑的因素以及补偿金给付方式的选择。

参考文献

[1] 夏吟兰:《离婚救济制度之实证研究》,《政法论坛》2003 年第 6 期。
[2] 巫昌祯、夏吟兰主编《婚姻法执行状况调查》,中央文献出版社,2004。
[3] 李洪祥:《论离婚经济补偿制度的重构》,《当代法学》2005 年第 6 期。
[4] 陈苇、于林洋:《论我国离婚经济补偿制度的命运:完善抑或废除》,《法学》2011 年第 6 期。
[5] 高留志:《家务补偿制度的立法完善》,《河北法学》2004 年第 2 期。
[6] 王泽鉴:《民法思维:请求权基础理论体系》,北京大学出版社,2009。
[7] 〔德〕卡尔·拉伦茨:《法学方法论》,陈爱娥译,商务印书馆,2003。
[8] 甄美荣:《关于家务劳动的经济学研究综述》,《妇女研究丛论》2009 年第 2 期。
[9] 林秀雄:《夫妻财产制之研究》,中国政法大学出版社,2001。
[10] 亨利·汉斯曼:《企业所有权论》,于静译,中国政法大学出版社,2001。
[11] Blood, Robert O. and Donald M. Wolfe, *Husbands and Wines: The Dynamics of Married Living* (Free Press, 1960).
[12] S. M. Cretney, *Family Law in the Twentieth Century a History* (Oxford University Press, 2003).
[13] Branda M. Hoggett and David S. Pearl, *the Family, Law and Society——Cases and Materials* (Butterworths, 1987), p. 198.
[14] 李欣:《论离婚经济补偿制度的完善》,《法学杂志》2011 年第 6 期。
[15] 张学军:《论离婚后的抚养立法》,法律出版社,2004。

论家庭暴力防治法中的民事保护令制度

薛宁兰　胥　丽[*]

【内容摘要】民事保护令制度可为家庭暴力受害人提供快捷有效的救济与保护，降低受害人再度遭受暴力的可能性，已经成为许多国家和地区防治家庭暴力的重要工具。在我国现行法律体系中，对家庭暴力的事后救济和惩罚机制较为完善，但缺乏事前和事中救济措施。民事保护令制度恰是法院发布的对受害人进行临时性或终局性人身与财产保护的制度。我国家庭暴力防治法应从实体内容和程序规范两方面确立民事保护令制度，对其适用范围、种类及内容、申请、核发、执行，以及违反民事保护令的法律责任等做出规定，实现以"事先预防为主、事后惩罚为辅"的防治家庭暴力的立法模式。

【关　键　词】家庭暴力防治法　　民事保护令制度　　事前救济机制

---

[*] 薛宁兰（1964~），女，中国社会科学院研究生院教授，现任中国社会科学院法学研究所社会法室主任、研究员，主要从事亲属法和妇女法研究；胥丽（1988~），女，中国社会科学院研究生院法律硕士（法学）专业。

民事保护令制度是 20 世纪 80 年代以来许多国家和地区普遍采用的一项对家庭暴力受害人的特殊救济制度。在家庭暴力防治法中确立这一制度，为保护受害人免遭进一步侵害提供了有效预防手段，也为法院依法干预家庭暴力，保障受害人权利确立了法律依据。民事保护令与传统法律中的赔偿损失、准许离婚、刑事处罚等事后救济手段相比，能够最大限度地发挥法律防治家庭暴力的功能。

一 民事保护令的性质

（一）民事保护令与民事法律责任

民事法律责任是民事主体在民事活动中，因实施民事违法行为，依照民法所承担的对其不利的民事法律后果，或基于法律特别规定而应承担的民事法律责任。我国《民法通则》第 134 条规定了十种承担民事责任的方式。民事责任的承担需要当事人向法院提起民事诉讼，由法院通过审判程序做出裁决。因此，进行民事诉讼是当事人承担民事责任的前提条件。民事责任主要表现为财产责任。

家庭暴力首先是侵权行为，故法院签发保护令是令施暴者承担法律责任的一种形式。然而，它与民事责任的承担有一定区别。受害人处于家庭暴力直接或现实危险之中的，即可申请保护令，不以提起民事诉讼为条件。具体而言，当事人之间已有其他诉讼的，并不影响保护令的申请；申请保护令也不影响当事人提起其他民事诉讼或刑事诉讼。根据家庭暴力行为发生的紧急程度不同，法院依据申请核发紧急保护令和暂时保护令可以不经过审判程序；保护令的审理期限短于一般民事案件；当事人有受家庭暴力急迫危险的，检察院、公安机关及政府有关部门也可以向法院申请保护令。更为重要的是，民事保护令与民事责任的目的有所不同。民事保护令的首要目标是保护受害人，而非惩罚加害人，因此，学理上多将之界定为对受害人的救济措施。

（二）民事保护令与民事强制措施

2008 年，最高人民法院应用法学研究所发布《涉及家庭暴力婚姻案件审理指南》（以下简称《指南》）。《指南》首次提出在涉及家庭暴力的婚姻案件审理过程中，可采取"人身安全保护措施"对受害人进行保护。普遍认为，这是我国在民事司法领域（主要是离婚案件中）尝试运用民事保护令。①

依据《指南》第26条，法院审理婚姻案件时对施暴人发出的禁令是一种民事强制措施。而按照现行《民事诉讼法》第109～113条，拘传、罚款、训诫、拘留是针对诉讼参与人（包括原告、被告等）和其他有妨碍民事诉讼行为所采取的强制措施，其目的在于保证诉讼程序正常进行。《指南》以现行民事诉讼法为依据，将人身安全保护措施归类为民事强制措施，难免扩大了它的功能，即除保护受害人外，还是"为了诉讼程序的顺利进行"。再者，《指南》将人身安全保护措施归为民事强制措施，使得申请人提出申请不具有独立性，必须依附于离婚诉讼，这必然将许多家庭暴力受害人排除在申请民事司法救济的行列之外。因此，不能将《指南》中的"人身安全保护措施"等同于"民事保护令"。它是我国《家庭暴力防治法》出台之前，为试点法院发出人身安全保护裁定找到现行法依据的应急举措。

在国际反家庭暴力法律制度中，民事保护令是法院发布的强制性命令。对受害人来说，它是一种临时性救济措施，目的在于增强受害人的安全感，加强受害人的自主性，并为其提供及时有效的司法救助。关于临时性救济措施，我国现行《民事诉讼法》只规定了财产保全和先予执行两种。民事保护令虽与之同属临时救济措施，申请的程序也具有一定的相似性，但我国现有法律中的临时性救济措施只适用于财产性争议案件，并不能解决人身安全保护的临时性或终局性救济问题。所以，《指南》将人身安全保护措施归为妨碍民事诉讼的强制措施，很难与国际通行的民事保护令画上等号。除此之外，我国《民事诉讼法》中的民事强制措施和临时救济措施是依附

---

① 2008年8月6日，江苏省无锡市崇安区人民法院根据《指南》发出我国第一份人身安全保护裁定——"禁止被申请人许某殴打、威胁妻子陈某，该裁定的有效期为3个月"。转引自徐伟：《反家暴中国发出首个人身安全保护裁定》，《政府法制·半月刊》2008年第19期。该份裁定首次在民事诉讼中将人身安全司法保护的触角延伸至婚姻案件开庭审理前，使我国司法对家庭暴力的事后惩罚变为对被害人的事前保护，折射出我国反家庭暴力理念的重大转变。据统计，到2011年，全国试点法院共签发逾百份人身安全保护裁定。

于民事诉讼主程序的,而保护令的程序并不依赖于已经开始的民事诉讼,也不依赖于其他任何法律程序,它独立存在并独立发挥着保护受害人的特殊功能。

综上比较,可将民事保护令界定为:为制止家庭暴力行为,保护受害人人身安全,法院依据申请而做出禁止家庭暴力加害人在一定时期内实施一定行为,或者要求其给付金钱、物或完成一定行为的命令或判决。① 民事保护令制度是独立的解救受害人于暴力危难之中的、非诉的临时性救济措施。其目的只限于及时制止暴力,确保受害人安全。保护令的签发,既是对施暴者采取的强制性限制措施,又是对受害人采取的强制性保护措施,具有人身保护的性质。②

二 确立民事保护令制度的法理基础

(一) 立法理念:实现"有权利即有救济"

罗马法有一条亘古不变的法言:"有权利即有救济。"这一理念表明,权利不仅需要立法宣告,更需要有一套完善的救济机制。

家庭暴力侵害了家庭成员及其他具有亲密关系者的基本人权,如人格尊严权、健康权、生命权、免遭暴力权等。对于前三项权利,我国《宪法》《民法通则》《未成年人保护法》《妇女权益保障法》等法律已有明确列举和保护,但免遭暴力权尚未在我国法律中明示。在国际人权法中,免遭暴力权也是一项基本人权。《家庭暴力防治法》是一部人权保障法,它不仅宣示上述基本人权的不可侵犯性,更是在预防和救助措施的设立和制度构建中,昭示了对家庭成员及其他具有亲密关系者基本人权的可救济性。

在防治家庭暴力方面,我国现行法律救济措施尚不完善,具有明显的事后性和间接性的特点。没有救济就没有权利。《家庭暴力防治法》有助于民事保护令制度的构建,可最大程度地为受害人提供及时有效的法律救济,

---

① 参见肖建国《民事保护令在中国的实践》,载林建军主编《反对针对妇女歧视与暴力的跨学科研究》,中国社会科学出版社,2010,第150页。
② 参见郭爱妹《中国家庭暴力》,中国工人出版社,2000,第169页。

从而实现"有权利即有救济"的立法理念。

(二) 制度因素：弥补现有法律救济措施之不足

防治家庭暴力是一项复杂的社会系统工程，涉及社会干预、司法干预、行政干预等诸多方面。我国现行法律在抑制家庭暴力方面的不足主要表现在以下几个方面。①

1. 宣示条款过多，配套措施不足

我国现行《婚姻法》和《妇女权益保障法》都有"禁止家庭暴力"的规定，但缺乏相应的实体性和程序性制度将之落到实处；对于受害人的救助措施也仅限于一般性宣示，没有进一步明确对受害人提供的救助措施。

2. 对人身关系、家事纠纷的程序性规定不足

我国《民事诉讼法》未明确区分财产关系诉讼与人身关系诉讼在原则、制度和程序上的差异，实践中往往简单地将财产关系诉讼的程序原则和规则套用于人身关系诉讼，尤其是身份关系诉讼中。现有法律规定的临时性救济方式的适用范围也极为有限，难以一体适用于家庭暴力案件中，无法解决受害人遇到的紧急情况。

3. 事前和事中的程序性救济不足

根据现行法律，面对家庭暴力，受害人只有选择离婚、维持婚姻、继续忍受或"以暴制暴"。可见，现有法律对正在实施或持续发生的家庭暴力行为欠缺及时有效的事先预防措施，使得受害人救助无门，法院无所适从。

鉴于民事保护令制度已成为当今世界大多数国家和地区保护家庭暴力受害人的通行做法，因此确立保护令制度，不仅能与国际通行的制度一致，填补我国法律空白，也使得法院在家庭暴力的司法干预中为受害人提供有效的救济。法国学者勒内·罗迪埃认为："表面形式不同的法律制度在其内部却蕴藏着一种法律制度的真实的共同体。"② 正是基于这种共同体，使不同国家间的法律移植成为可能。虽然不同国家和地区婚姻家庭法律制度与文化不尽相同，但家庭暴力的表象形式和后果却具有相似性。因此，从法

---

① 参见肖建国《民事保护令制度应写入反家暴法》，《经济参考报》2012 年 5 月 4 日。
② 〔法〕勒内·罗迪埃：《比较法导论》，徐百康译，上海译文出版社，1989，第 55～56 页。

律移植的可行性看，我国引入民事保护令制度有其制度构建的价值和现实意义。

（三）法律渊源：引入民事保护令制度有一定的法制基础

虽然，民事保护令制度对我国来说是一项崭新的制度，但它也不是完全的"舶来品"。保护令的精神已经通过制度的形式在我国民事立法中有所体现，例如，我国《民法通则》第 134 条规定的承担民事责任的方式；《民事诉讼法》第 100 条、101 条、106 条规定的财产保全、先予执行、诉前停止侵权行为等临时性救济措施。这些规定表明，在我国引入民事保护令制度具有一定的法制基础。此外，《指南》设专章规定人身安全保护措施（民事保护令的雏形）的内容，它虽不具有法律效力，但在司法实践中已经取得良好效果，为我国《家庭暴力防治法》最终确立这一制度提供了有益的本土实践经验。

三 我国民事保护令制度的构建

基于民事保护令制度的优越性和我国对家庭暴力受害人的法律救济现状，借鉴其他国家和地区立法成功经验，以下将从实体规范和程序规范两方面，设计和构建我国的民事保护令制度。

（一）民事保护令的实体内容

1. 民事保护令的适用范围

《指南》对于人身安全保护措施的适用范围的规定过于狭窄。一方面，人身安全保护措施只是保护家庭暴力受害人及特定亲属的人身安全；另一方面，该项措施只在法院审理离婚案件时才适用。可见，只有夫妻之间提出离婚诉讼并涉及身体暴力时才适用人身安全保护措施，而对于性暴力、精神暴力，以及曾经有过配偶关系者、同居者或者有其他血缘关系人之间的家庭暴力并未纳入《指南》的保护范围。这无疑限制了民事保护令的适用范围，难以充分发挥其作用。

比较而言，目前许多国家和地区的立法注重当事人共同生活的表象，而不在乎他们之间是否存在亲属关系。从我国实际情况出发，笔者认为，我国民事保护令的保护范围应当包括家庭成员、曾有过配偶关系、同居关系者之间发生的身体暴力、精神暴力和性暴力案件。这样就扩大了民事保护令的适用范围，能够满足防止各类家庭暴力事件发生的需要。

2. 民事保护令的种类

世界范围内，关于民事保护令的立法例有两种：一是将民事保护令分为紧急保护令和保护令两种；另一种是将民事保护令分为紧急保护令、暂时保护令和通常保护令三种。中国法学会反家庭暴力网络起草的《家庭暴力防治法（专家建议稿）》（以下简称"专家建议稿"）将保护令分为通常保护令和临时保护令。① 笔者建议，根据我国家庭暴力案件的特点和具体国情，宜在家暴法中将民事保护令分为紧急保护令、暂时保护令和通常保护令三种，从而全面救济和保护受害人。

3. 民事保护令的内容

民事保护令的内容，即法院可依法核发的保护令内容。它关系着家庭暴力受害人可期待获得的救助与保护，也关系对加害人人权的保护，是民事保护令制度的核心。通常，法律根据家庭暴力行为发生的紧急程度不同，设置不同形式的民事保护令。这里谨以我国台湾地区"家庭暴力防治法"为例，展开民事保护令的内容。

紧急保护令是"在通常保护令申请前或在法院审理终结前，家庭暴力受害人有受家庭暴力即时危险，检察官、警察机关或直辖市、县（市）主管机关以言词、传真或其他科技设备传送的方式申请的保护令"。② 其内容主要包括：禁止令（命令禁止施暴以及禁止接触）、禁止处分令（禁止对受害人居住的房屋及其他不动产、价值较大的夫妻共同财产进行处分）。它以保护受害人人身安全为主，因情况较为紧急，所以核发条件较为简单且对证据要求较低。因此，其内容只限于紧急性的安全问题，并不涉及子女的监护。

暂时保护令是法院为保护受害人，在通常保护令申请前或在法院审理

---

① 参见夏吟兰主编、林建军副主编《家庭暴力防治法制度性建构研究》，中国社会科学出版社，2011，第18页。

② 参见我国台湾地区"家庭暴力防治法实施细则"第4条第3项。

终结前，依据申请核发的命令。① 除紧急保护令内容外，其内容还包括：迁出令（命令相对人迁出住居所）、远离令（命令加害人远离被害人住居所或工作场所）、决定令（确定动产暂时占有权、子女暂时监护权、探望权），以及其他必要的命令。暂时保护令能使受害人在"第一时间"暂时远离暴力，从而获得相对的人身安全和正常的生活条件。

通常保护令是指法院依据受害人的书面申请，通知相对人，无论相对人是否到庭，经过审理程序并于审理终结后核发的命令。它对家庭暴力受害人的救济最为充分。除紧急保护令和暂时保护令的内容外，其内容还包括：给付令（如命令给付租金、抚养费等）、支付律师费令、防治令（命令加害人完成处遇计划②）等。

可见，上述三种民事保护令涵盖的内容是不同的。目前，大陆地区《指南》试点法院发出的人身安全保护裁定，多为禁止被申请人为一定行为的保护令。对于受害人及其特定家庭成员的救助措施，如金钱给付、未成年子女监护权限制等，《指南》尚未涉及。

（二）民事保护令制度的程序规范

从家庭暴力案件特点出发，依据民事诉讼法原理，以下将从民事保护令的申请、核发、执行，以及违反民事保护令的法律责任四个方面，设计和构建我国民事保护令制度的程序规范。

1. 民事保护令的申请

首先，民事保护令的申请人。为充分保护家庭暴力受害人的利益和安全，大多数国家突破受害人本人申请的限制，将申请人范围扩大至邻居、近亲属、检察官和警察等。家暴网络"专家建议稿"根据与受害人接触、知情的自然人和其他组织的具体情况，将申请人界定为两类：一是"可以申请"的人，规定"家庭暴力受害人以及其他与受害人接触、知情的自然人、法人或其他组织经受害人同意，可申请保护令"；二是"应当申请"的

---

① 参见我国台湾地区"家庭暴力防治法"第16条第2项。
② 加害人处遇计划是台湾地区"家庭暴力防治法"针对家庭暴力行为的反复性及加害人对暴力行为缺乏自控的特性而设计的。它主要是针对加害人实施的认知教育辅导、心理辅导、精神治疗、戒瘾治疗或其他辅导、治疗。

人,规定"知情的公安机关、人民检察院或反家暴委员会应当向法院申请保护令"。① 笔者认为,我国民事保护令的申请人应当是多元的。第一,在通常情形下,民事保护令的申请人应当是家庭暴力的受害人。如果本人能够申请而不申请的,其近亲属或相关组织不得代为申请;如果本人因客观原因自行申请困难的,其知情的近亲属或相关组织经受害人同意,可以代为申请;如果本人行为能力欠缺,可由其法定代理人或近亲属代为申请。第二,在特殊场合下,如家庭暴力受害人有受家庭暴力之急迫危险时,检察院、公安机关及政府有关主管部门(如民政部门)可以向法院申请保护令。总之,民事保护令的申请应以家庭暴力的受害人为主。

其次,民事保护令的申请方式。保护令的申请方式直接关系签发保护令的门槛高低。域外立法例表明,一些国家明确规定为书面要式,如日本;一些国家则规定采取口头形式,如南非;也有一些立法例对不同类型的保护令规定不同的申请形式:通常保护令原则上为书面要式,但对于紧急和暂时保护令允许采取口头形式,如我国台湾地区。从我国目前情况来看,我国家庭暴力受害人多出生于农村,受教育程度较低,② 如果规定必须采取书面形式,可能会让许多受害人望而却步,并且,现行《民事诉讼法》对于原告起诉的形式也没有将口头起诉排除在外。因此,保护令应以书面申请为主,申请人书面申请有困难的,可以口头申请,由人民法院指定专门人员填写申请书,并由申请人以签名、盖章或捺手印等方式确认。同时,还可规定特殊的申请方式,即当家庭暴力受害人处于家庭暴力急迫危险时,公安机关、检察院或政府有关部门,可以采取电话、电信、传真、数据电文或其他方式向人民法院申请紧急保护令。总之,民事保护令的申请方式应尽量简洁,以便受害人能够获得及时有效的保护。

再次,民事保护令申请提出的时间。关于申请提出的时间,《指南》只针对法院在审理涉及家庭暴力的婚姻案件时采取人身安全保护措施的情形。由于它将人身安全保护措施归类为民事强制措施,受害人提出申请的时间必然受到限定,并依附于离婚诉讼,缺乏独立性。从国外规定看,保护令

---

① 夏吟兰主编,林建军副主编《家庭暴力防治法制度性建构研究》,中国社会科学出版社,2011,第166页。
② 中国法学会反对家庭暴力网络:《受暴妇女需求调查报告2009》,第9~10页。

程序属于独立的法律程序，不以提起包括离婚诉讼在内的任何民事诉讼为条件。因此，设计和构建我国民事保护令制度时赋予保护令独立的地位是非常必要的。在具体规定中，应取消对申请时间的限制：当事人一方可单独提出保护令申请，不以提起其他诉讼为前提。

2. 民事保护令的核发

首先，保护令案件的管辖。民事保护令案件管辖法院的确定，要符合民事诉讼法理论和实践强调的"两便原则"，即便于当事人申请，便于人民法院办案。从性质上看，家庭暴力是一种侵权行为，故根据我国《民事诉讼法》关于侵权纠纷管辖法院的规定（第28条），并从保护受害人的角度出发，民事保护令的申请，由受害人住所地或暂时居住地、加害人住所地或家庭暴力行为发生地的人民法院管辖。实务中，申请人可能同时或者先后选择了两个或两个以上的有管辖权的法院提出保护令申请。对此，依我国《民事诉讼法》管辖权冲突解决的原则，即《民事诉讼法》第35条："原告向两个以上有管辖权的人民法院起诉的，由最先立案的人民法院管辖。"故在几个法院都有管辖权的情况下，为防止出现争相管辖或管辖推诿的情形，由最先受理①的法院管辖。

其次，保护令申请核发的证据要求。我国民事诉讼案件奉行"谁主张、谁举证"的一般原则，由于家庭暴力案件的特殊性，暴力行为发生于家庭内部，具有隐蔽性，从而导致证据收集困难。因此，要求受害人负担民事诉讼法中的证明责任，会加剧其不利的处境，同时也不符合国家预防家庭暴力的目的。保护令的证据要求应考虑如下几个方面。（1）证据的可采性。公安机关的报警、接警和出警记录、询问笔录，以及保存的调解书、保证书、物证，医疗机构的病历、鉴定等应当作为保护令的证据；知情的公民、法人和其他组织出具的证明材料可以作为保护令的证据；此外，关于未成年子女提供的涉及家庭暴力的与其年龄、智力及精神状况相当的证言，可以作为法院核发保护令的证据。（2）品格证据的可采性。能证明施暴人曾经实施家庭暴力或具有暴力倾向的，可以作为家庭暴力案件核发保护令的

---

① 所谓"最先受理"，是指最先收到申请书，即由最先收到申请书的法院审查申请，签发保护令。

证据。(3) 充分考虑家庭暴力案件特点,确立合理相信和优势证据原则,以降低受害人的证明义务,同时合理分配举证责任以减轻受害人负担。

再次,法院的审理期限。民事保护令的审理期限越短,对被害人的保护就越及时,故保护令的审理期限应低于一般案件的审理期限,并应根据家庭暴力危险程度和保护令种类不同,将审理期限分为不同等级。具体如下:法院收到通常保护令的申请后,经审查,应5日内裁定是否受理。法院决定受理通常保护令申请后,应当在15日内核发;法院受理暂时保护令申请的,应当立即进行审理,并在48小时内核发;情况紧急的,应在24小时内核发紧急保护令。法院不得以当事人之间存在其他案件的审查或待决事项为由,延缓核发保护令。

最后,民事保护令的效力期间。从域外立法例看,对通常保护令的有效期多数规定有固定期限。我国《指南》第29条将长期保护令的有效期规定为"三至六个月"。实践中,6个月以内的长期保护令,未必能够满足保护受害人的要求,故通常保护令的有效期间以1年为宜,并自核发之日起生效。紧急和暂时保护令往往应对的是更为紧急的家庭暴力情形,在生效的始期上应比通常保护令更早,可规定:暂时保护令和紧急保护令自核发之时起生效,于申请人撤回申请、法院审理终结核发通常保护令或驳回通常保护令申请时失效。

3. 民事保护令的执行

如前所述,民事保护令的内容,有禁止施暴人为一定行为,还有要求施暴人为一定行为的;有涉及人身的(如对未成年子女监护权行使限制),还有涉及财产的(如金钱给付、禁止处分财产)等。这意味着不同内容的保护令的执行机关与执行方式有所不同。对此,应当结合我国实际,针对保护令的不同内容,由法院和公安机关分别行使对保护令的执行权。

禁止加害人为一定行为的禁止命令,法院核发保护令后,由公安机关依职权主动向加害人宣示该禁止事项并监督其遵守,同时,也可由施暴者居住的居(村)委会协助;迁出令、远离令则由公安机关依法执行;当家庭暴力受害人有生命、身体或自由遭受急迫危险的可能的,公安机关应当立即救助;处理金钱给付保护令的执行,可以作为民事执行依据,由受害人依据民事诉讼法向核发保护令的基层人民法院申请执行,由人民法院按照《民事诉讼法》有关执行的规定强制执行,并免征执行费,人民法院认为有必要时,可以请求公安机关协助。需注意,法院不得依职权主动执行保护令,须由申请人提出申请,方可予以强制执行;关于暂时限制行使监护权、探视权的保护令,由发出保护令的人民法院申请强制执行,并由国家机关相关部门如民政部门、居(村)委会、妇女组织等协助执行;关于禁止处分不动产之保护令法院核发保护令时,依职权执行;关于加害人完成处遇计划的保护令,由国家有关部门负责执行,并向发出保护令的法院负有报告义务。① 此外,我国《家庭暴力防治法》应对公安机关如何执行保护令、警力配备及相关配套措施等问题做出明确规定。

4. 违反民事保护令的法律责任

依域外立法,保护令由法官按照保护令的特别程序核发,被申请人违反保护令的将承担不同责任。其中,反家暴立法将违反保护令行为确定为犯罪,以达到促进保护令执行的目的。家暴网络"专家建议稿"也确立了违反保护令的强制措施,即"家庭暴力施暴人违反保护令的,人民法院可根据民事诉讼法的规定,对施暴人按情节轻重予以罚款、拘留",② 同时,它还规定了违反保护令的民事、刑事和诉讼责任。为了保障民事保护令的实施效果,我国在构建民事保护令制度时可以规定违反保护令行为构成违反保护令罪,依法追究加害人的刑事责任。当然,构成此罪需要被害人自诉,但在自诉过程中,可实行举证责任倒置,③ 由此使诉讼当事人合理分担诉讼成本,实现真正的司法公正。

四 结语

防治家庭暴力是一项复杂的社会干预工程。法律在对家庭暴力的社会干预上,发挥着不可替代的功效。在现有法律体系下,单凭传统的民事救

---

① 参见巫颖《我国民事保护令制度之探讨与建议——兼论违反民事保护令罪之研究》,台湾博硕论文网。
② 参见夏吟兰主编、林建军副主编《家庭暴力防治法制度性建构研究》,中国社会科学出版社,2011,第22页。
③ 参见莫良丰《民事保护令——家庭暴力受害人的事前法律救济》,硕士学位论文,湘潭大学,2008,第37页。

济措施或刑事制裁措施,难以为受害人提供及时有效的法律救助。寄希望于通过现行法的修改,确立综合性、系统性防治家庭暴力法律体系的设想是不现实的。反家庭暴力的国际经验也表明,制定反对家庭暴力专门法,对于保护受害人权利,实现家庭和睦安宁,促进社会和谐稳定,都是必要和可行的。

民事保护令制度,是预防和制止家庭暴力的有效司法救济手段。它是结合家庭暴力特点而设计的综合性、系统性的特殊法律制度。它在《家庭暴力防治法》中必不可缺,但又不是万能的。它虽不能根除家庭暴力,但能够为受害人提供最为直接的救助,能够防止暴力升级,增强受害人法制观念和自我保护意识,还会对社会产生正面的引导作用。因此,在我国《家庭暴力防治法》中确立民事保护令制度是必需的。

2014年卷 总第10卷
家事法研究
RESEARCHES ON FAMILY LAW

域 外 专 论

風水之化

古罗马儿童监护制度的当代启示

邓 丽[*]

【内容摘要】 罗马法上的儿童监护制度成熟而完备,其发轫之初即是国家干预家庭事务的表征,其价值本位由监护人权利逐渐向被监护人利益的转移是儿童监护制度内在逻辑的必然要求。在当时的家国体系下,古罗马儿童监护制度偕同其他社会规范共同制约和引导家长权、监护权,对于维护儿童权益起到了不可替代的重要作用。当今时代的儿童监护制度,大体承袭了罗马儿童监护制度的框架,但是由于家庭结构和社会背景的巨大变迁,儿童监护制度早已超越原有的制度功能,成为父母子女关系的重要法律表征,通过社会干预体系确保儿童监护制度的良好运作和有效实施,将使儿童监护制度焕发出新的生机。

【关 键 词】 罗马法　儿童监护　儿童最大利益　社会干预

　　罗马法素以完备精深而著名,儿童监护制度只是其中很小的部分,但也足可看出保护儿童权益之精细。作为奠基性的法律源头,罗马法对儿童监护方面的基本问题、核心价值、制度走向等都有深刻的思考和反映,我们从中既可证实儿童监护制度内在的社会干预属性,又可捕捉儿童监护制

---

[*] 邓丽,法学博士,中国社会科学院法学研究所助理研究员。

度价值理念的蜕变迹象。转换到更为广阔的社会视野，特定社会条件下儿童监护制度的实施效果就会较为清晰地展现出来。通过回顾和考察罗马儿童监护制度，我们对当今时代儿童监护制度面临的挑战和发展动态将会有更富前瞻性的宏观把握和更有针对性的制度支持。

一　古罗马儿童监护制度述略

《民法大全》中讲道："监护是指由市民法赋予的、对那些因年龄原因不能自我保护的自由人给予保护的一种权利。"[①]"被监护人是指因父亲死亡或脱离父权而中止了处于父权状态下的未成年人。"[②] 在罗马，一般来说，男未满14周岁，女未满12周岁，如果其家长死亡，家长丧失自由权、市民权或家长权，或其被家长解放，或者出生后即无家长的非婚生子女等，由于他们年幼无能，均应为其设置监护人。

1. 监护的类型

在罗马法上，监护一度与继承保持着密切的联系，因为罗马的继承最初只不过是为家庭的最高支配权指定一位接班人，其结果就是：后来被称为监护人的人在最初时期曾是受命统治罗马家庭的新首领，这种类型的监护被称为法定监护。后来法律承认家长有以遗嘱为未成年的继承人指定监护人之权，这就是遗嘱监护。无法定监护人和遗嘱监护人，或原监护人不尽其职，而由长官选任监护人的，称为官选监护。另外，因解放他人的家属[③]等而获得的监护权，为信托监护。

几经演变之后，法定监护与遗嘱监护、官选监护被后世民法继承下来，

---

① 《民法大全》，D. 26，1，1pr，参见〔意〕桑德罗·斯奇巴尼选编《婚姻·家庭和遗产继承》（罗马法民法大全翻译系列），费安玲译，中国政法大学出版社，2001，第151页。
② 《民法大全》，D. 50，16，239pr，参见〔意〕桑德罗·斯奇巴尼选编《婚姻·家庭和遗产继承》（罗马法民法大全翻译系列），费安玲译，中国政法大学出版社，2001，第151页。
③ 古罗马社会中，要解放家属，须由家长将此人"卖"与他人，《十二表法》和大法官们规定，家长三次出卖其子或一次出卖其女或孙的，该子女等即脱离家长权而获得解放。罗马法学家将这一过程称为"解放信托"，如果在最后一次买卖过程中，买受人不将该家属解放而仍将其出卖给丧失了家长权的原家长，使之取得对该家属的买主权（在此权力之下，原家属在法律上享有的权利范围稍大一些），则法学家将这一回合的买卖称为"买回信托"。参见周枏：《罗马法原论》上册，商务印书馆，1994，第153页。

而信托监护随着古罗马信托解放制度的废除渐渐式微。《十二铜表法》确立了遗嘱监护优于法定监护的原则,现代民法对这一原则也继承了下来。

2. 哪些人可担任监护人

罗马法规定了监护人的资格限制。作为原则,外国人和妇女不能做监护人。但罗马很早就对与之同盟的拉丁人予以优待,他们可以被指定为监护人,但优尼亚拉丁人除外。帝政以后,子女丧父者,其母或祖母如经皇帝特许,也可以担任其子女或孙子女的监护人。帝政后期,受东罗马风俗的影响,妇女的监护权遂由法律明文规定。公元390年,瓦伦体尼亚努斯二世和特奥多西乌斯一世两帝首先规定,寡妇年满25岁,在子女无遗嘱监护人或法定监护人时,经宣誓不再结婚即可担任其子女的监护人。如事后违誓改嫁,则被监护人对其继父的财产有法定抵押权。奴隶没有人格,也不能做监护人,如果某人需要自己的奴隶做子女的监护人时,必须在遗嘱上写明解放该奴隶。

罗马共和国末叶以后,立法更强调监护制度的目的是保护被监护人的利益,故要求监护人有行为能力,凡没有管理财产的能力或其行为可能不利于管理受监护人财产的人,都次第失去了担任监护人的资格。被禁止做监护人的包括:精神病患者;哑巴或聋子;未成年人;经被监护人的父母明示不得为其子女的监护人的;与被监护人有利害冲突的;显然与被监护人或其父有怨仇的;犹太人不得为基督徒的监护人;行贿谋为监护人的;教士和士兵;等等。

由于罗马的法学家认为,家父对情况最了解,知道谁担任未成年人的监护人最符合子女的利益,因此对家父所立遗嘱中指定的监护人不做更多限制。到了帝政以后,甚至允许无家长权的生母或生父对非婚生子女指定监护人或家父未按法定方式指定监护人的,可经长官批准而生效。此项批准,有的须进行调查,如生母或遗赠人指定的监护人以及未依法指定的监护人等;有的不经调查即直接批准,如父亲或祖父对被解放的子孙所指定的监护人等。这种监护人虽经长官批准,但仍不失为遗嘱监护人,其顺序在法定监护人之前。

法定监护人是宗亲属。宗亲是通过男性即通过父亲而相联系的,例如同父兄弟,兄弟的儿子或其儿子之子;又如叔伯,叔伯的儿子或其儿子之子。通过女性而相联系的不是宗亲,而仅仅是自然关系上的血亲。法定监护人由宗亲中亲等最近的人承担,如果有同亲等的几个继承人,那么他们可以共同行使监护的职权。但无继承权的血亲,即使是父和兄等也不得为监护人。后来优帝一世以第18号新敕正式规定继承以血亲和感情为基础,于是血亲始代替宗亲而为法定监护人。

古代罗马,如果未成年人的自权人①无法定监护人和遗嘱监护人时,他们即不在监护之下。此种情况并不多见,国家也认为监护是家族私事,不加过问。但后来监护的作用由维护家族利益向维护被监护人利益转变,成为社会公务,于是在没有法定监护人和遗嘱监护人时,国家就为其指定监护人。罗马城里有监护大法官专司此职,外省则由总督指定监护人。官选监护人的设置,须由利害关系人申请和推荐候选人。利害关系人包括未成年人本人,其亲属甚至朋友。有些利害关系人负有申请的义务,如未成年人的生母。长官对利害关系人推荐的候选人有取舍之权,如认为不当,可谕令推荐他人,在外省也可委托地方官推荐。官选监护人一般为一人,但如被监护人的财产较多或分散在外省的,则可根据需要增加人数。

3. 监护人的权利与义务

遗嘱监护人和法定监护人的职务在早期一直都是一种权利,因而不是义务性的,而是志愿的。但是,随着罗马社会连续的立法活动,未成年人的监护彻底失去了权利的特征,而变成了一种纯粹的保护制度,成为一种义务性职责,不得随意"弃权"。所谓官选监护,从一开始就是义务性的职务。

法学家这样描述监护人的职责:"管理未适婚人的财产并在适法行为中以自己的参与使未适婚人意思完整有效的义务。"这里的"未适婚人"就相当于我们现在所说的"未成年人"。因此,在罗马社会,未成年人监护人的两项职责就是:(1)经管被监护人的事务;(2)准可被监护人的行为。

事务管理是指监护人代被监护人为法律行为而无须被监护人参加,所有管理行为都是以监护人的名义进行。由监护人为所有人、债权人或债务人,一切都和被监护人不直接发生关系,监护结束后,监护人再将有关资

---

① 罗马法根据人们在家庭中的地位不同,把人分为自权人和他权人。他权人是指处在其他市民的权利支配之下的市民,这种权利在罗马法中被分为家长权、夫权和买主权三种。与他权人相反,不受家长权、夫权和买主权支配的人,就叫自权人。此点亦见周枏:《罗马法原论》上册,商务印书馆,1994,第107~108页。

产负债转让给被监护人。这样不仅很麻烦，而且使监护人和被监护人相互承担对方破产的风险。到3世纪时，法学家承认，在被监护人满适婚年龄时（男14周岁，女12周岁），监护人以善意和合法手续代为的所有法律行为，即对被监护人直接生效。

给予监护人的许可是指监护人在被监护人为法律行为时，以一定方式补充其行为能力的不足。给予这种许可需被监护人满7周岁，在被监护人为法律行为时监护人以与其相同的形式表示同意，且不得附加条件和期限。被监护人的法律行为经监护人给予许可后，对被监护人直接发生效力。

监护人的职责仅限于以上两个方面，至于被监护人的身体、教育、抚养等，则由家长用遗嘱或由长官选定其生母或其他的亲友负责照管，其费用由监护人在被监护人的财产中开支。

4. 对监护人的制约

监护人在开始管理被监护人的财产前，应编造被监护人的财产目录，宣布被监护人的债权债务，作为监护终了时办理移交的根据；如果监护人怠于编造，则日后财产内容发生疑问时，被监护人得以宣誓确定之。监护人对被监护人的债权未预先声明的，即丧失追偿之权，债务在监护存续期间清偿的，原则上应视为无效。

监护人在管理被监护人的事务时，必须尽到善良家长的注意义务，如果因为监护人的过失或疏漏使被监护人遭受损失，监护人应负损害赔偿责任。监护人在管理被监护人的财产期间，不得以被监护人的财产作为赠与，亦不得任意解放奴隶，更不得准许奴隶在解放时带走其特有产。法律行为虽非绝对无偿性质，但其有等于赠与行为之可能的，如撤回诉讼与和解等，若损害被监护人的利益，都是不允许的。违反上述规定而为之赠与，对被监护人不生效力，被监护人于达适婚年龄后得起诉追回原物。如监护人为与被监护人有利害关系的行为，监护人本人不得独立为之，须有其他监护人参加或设临时保佐人①辅助之。

---

① 罗马法上的保佐"是多种制度的复合体，这些制度均以经管归某一被剥夺了自管权的主体所拥有的财产或者只是帮他经管财产为共同特点"。他们之间的区别被简要地概括为"监护针对的是人，保佐针对的是物"，但法律的演进逐渐使监护和保佐相似并混同。参见〔意〕彼德罗·彭梵得《罗马法教科书》，黄风译，中国政法大学出版社，1992，第170页。

此外，还有三种诉讼形式可用来保护被监护人的利益：《十大执政官法典》中规定了"控告嫌疑监护人之诉"和"侵吞财产之诉"，罗马共和国末期，又出现了最广泛的"监护之诉"。第一种本是针对遗嘱监护人在管理中发生了贪污或欺诈时提起，第二种本是针对法定监护人实施的、不能被视为盗窃的盗用行为而实行的罚金诉讼，后来这两种诉讼都可以针对一切监护人提出。"监护之诉"则针对监护人在履行监护职责中的疏忽和过失提起，也可以扩张到不负有管理职责的监护人身上，而且还可以此形式办理监护终了时的移交事务。

从克劳迪时代起，为了避免监护人浪费或毁坏被监护人的财产，大法官会责令监护人提供财产担保。但对于遗嘱指定的监护人，不强制其提供担保，因为这种监护人业已经过遗嘱人本人认为是正直和勤勉的。经调查后被指定的监护人也免于提供担保。

二　古罗马儿童监护制度的启示

1. 儿童监护制度是国家干预家事的表征

在古罗马，"最好的政治单位，是按男性排列的家庭"。① 无数的家庭由其各自的家长进行统辖。《民法大全》的界定是："或出于权利，或出于天生，屈从于一个人的权力之下的一大批人，人们称之为 familia（拉丁文，指家庭）。"② 家父独享法律主体资格，在家中行使指挥权，对家庭成员有完全的控制和管领权，甚至生杀予夺之专权。在当时的历史环境下，为了减少抚养负担，或者为了保证长子的继承权等，家父都可能拒绝孩子的出生或者决定扼杀刚刚开始的生命。孩子出生时，如果家父不履行某些仪式——通常是将男孩从地上举起以表达他对男孩的占有将其纳入他的权利保护之下（在拉丁文中，"举起孩子"的说法"tollere liberos"也有"获得父亲强大权利"的意思），或者发出给女孩"吃东西"（拉丁文为"ali iubere"）的

---

① 〔法〕安德烈·比尔基埃等主编《家庭史》第一卷上册，生活·读书·新知三联书店，1998，第343页。
② 《民法大全》，50，16，195，2，转引自〔法〕安德烈·比尔基埃等主编《家庭史》第一卷上册，生活·读书·新知三联书店，1998，第288页。

动作吩咐让她活下去——孩子就要成为被遗弃的人，也可能被某些需要有个养子或奴隶的人抱走，抚养成人。而且，法律还允许卖婴行为。

在这种社会结构中，国家不问家事是主流，而监护制度恰恰是从国家和社会层面对家庭成员法律关系进行干预和安排的一种例外，这昭示着监护制度在发轫之初即是国家干预家事的表征。古罗马儿童监护制度逐步丰富充实的过程同时也是国家逐渐深度干预家庭事务的过程，在这个过程中，家父的专断权利不可避免地被削弱、被限制。最早的时候，罗马法上的监护制度与继承制度紧密相连，家父死后由家庭的新首领继承其权利，包括对家子的监护权，也就是说，家父资格与监护人资格同一——是为法定监护。法律对遗嘱监护的肯认，使得家父权与监护权得以分离。而在无法定监护人和遗嘱监护人或者原监护人不尽职的情形下适用官选监护制度，更加鲜明地体现出国家在监护事务上的主动性。官选监护制度的确立，既体现出对监护事务的认识从家族私事转变到社会公务，也体现出监护制度功能从维护家族利益转变到维护被监护人利益。

2. 儿童监护理念逐步由监护人权利本位转向被监护人利益本位

儿童监护制度的核心是为缺乏意思能力和行为能力的未成年人设定监护人，从其制度宗旨来说，维护被监护人利益当是不容置疑的。但这一制度如果将重点放在确立监护人上，甚或基于多种因素的影响着力对监护主体资格大加限制，就很容易陷入监护人权利本位的思维。因为众多的限制性条件使得监护权成为有限的、专属的、绝难受到挑战和质疑的资源，这种情形下监护权就会具有更多的权利乃至权力的特征。

罗马法对于儿童监护人的资格限制主要出于两个方面的考量：一是身份，二是能力。从身份来说，比亲属关系更重要的是主体资格。所以外国人和妇女不能担任监护人是早期罗马法的基本原则，到帝政后期妇女始得享有特定情形下的监护权或者指定监护权。奴隶也不能担任监护人，除非事先获得解放成为自由民。但是随着主体资格的逐步放开，在大体符合社会风俗的情形下，罗马法越来越注重从监护能力方面来选任监护人，行为能力不足或其意愿、利益立场、宗教背景等不利于维护被监护人财产和利益的，均会被禁止担任监护人。

对监护权进行监督和制约是维护被监护人利益的重要举措。编制被监护人财产目录,以善良家长的注意义务管理被监护人的事务,避免因过失或疏漏损害被监护人的利益,这些要求都会促使监护人在履行职责时尽可能地谨慎从事。同时,罗马法上还存在一些特别的诉讼形式,可用来追究监护人的失职或侵权责任。如此,监护的主体、义务与责任在法律上均得以明确,形成完整的规范体系,确保被监护人能够享有监护的利益而免于受到监护特权的损害。

3. 儿童监护制度偕同其他社会调节机制共同构成儿童权益维护体系

罗马法上的儿童监护制度具有法律制度所特有的严谨和繁杂,但在儿童现实社会生活中,它或许只是一道保护性的屏障。一般而言,监护人的职责主要表现为经管被监护人的财产性事务,以及给予被监护人许可以补足其法律行为的效力,而真正契入儿童成长过程中的,则是日常的身体照料、生活抚养、教育看护等。负责这些事务的主体往往另有其人,或是母亲或是其他的亲友。如果我们把生活照护的责任界定为亲权("parental responsibility",有时会强调性地译为"父母责任"),显而易见,在当时的家族结构下,监护权与亲权是分离的。

所以,要真正考察儿童监护制度的实施效应,还必须结合当时的家庭生活模式及社会制度环境等。在古罗马时期,维护儿童权益遇到的最大挑战恰恰来自监护权所附随的家长权,尤其是专横独断的家长权。不过绝妙的平衡在于,虽然家父拥有弃婴或卖婴的绝对权利,但实际上难得出现这样的情形,原因首先在于,古罗马人希望有孩子尤其希望是男孩,以便继承和延续家族世系及其宗教仪式和财产,其次也是因为家父享有的绝对权利实际上是受制约的,开始是受到氏族的限制,以后又受到法律的限制。

古罗马的氏族称为"gens",它代表可以根据父系血统追溯到一个共同祖先的家庭组成群体。氏族承担很多责任,例如,为年幼儿童、精神病患者及挥霍无度者提供监护人;接管没有任何继承人的已亡氏族成员的财产;主持某些宗教仪式;经管一块共同的墓地;甚至可能通过一些对其成员具有约束力的决定。正由于氏族有这样的责任和权力,它对家父的所作所为是有一定影响力的。比如说风俗禁忌家父对家子进行任意的、残酷的处罚。当家父要对某个孩子施以严厉的处罚时,他必须召集亲族共同商议,亲族的反应会对家父产生影响力。

从国家这方面来说，一是确立了家长权剥夺制度：帝政以后，[①] 如果家长迫使女儿为娼，或是迫使儿子与猛兽格斗等，都要剥夺其家长权，而且，基督教在罗马盛行后，凡家长抛弃婴儿的，即丧失对婴儿的家长权。二是智慧的罗马法学家通过各种论说使独裁专断的家父权合于基本的伦理道德。虽然父亲仍然有权决定他的孩子是否能够被他的家庭所接受，但如果涉及养活义务，"法官不宣布'他是儿子'，而是'他应该被养活'"。[②] 法学家写道："他们的父亲在他们未成年时解除监护的，或者那些以这种方式或那种方式立在自己的权益之下的，父亲应不应该养活他们呢？我认为应该。虽然他们不再是受监护的子女，但是父母应该养活他们，而且作为对等，他们以后也应该养活父母。"[③]

总的来说，氏族凭借着威望、法学家倚重于智慧将家父权限于基本的伦理之中，监护制度正是在这种社会氛围和制度框架下发挥其应有的功能，并完成了从监护人权利本位到被监护人利益本位的嬗变。

三 当代儿童监护制度的特点与走向

从思想脉络上来说，古罗马的法定监护、遗嘱监护以及官选监护制度都已被后世民法所继承，但在家庭结构和社会形态发生巨变的背景下，当今时代的儿童监护制度已与往昔大不相同。在身份等级化的古罗马，儿童监护制度在本质上仍体现为家长对家子、监护人对被监护人人身与财产的控制与支配。而现代民法基于权利能力人人平等的设定，肯认被监护人具有与监护人完全对等的主体地位，最大程度地消除了制度性的依附，由此以被监护人利益为本位构建和发展儿童监护制度的理念得以深化，并逐步

[①] 罗马的政治制度，可分为王政、共和国与帝政三个时期。王政时期，罗马只有"王"，相当于部落的首领；共和国时期，则由军伍大会选举的两个执政官平等地执政；公元前27年，奥克塔维乌斯（Gaius Octavius，公元前63年~公元14年，又译作屋大维）取得政权后，开始了帝政时期。参见周枏《罗马法原论》上册，商务印书馆，1994，第20页。

[②] 《民法大全》，25，3，5，9，转引自〔法〕安德烈·比尔基埃等主编《家庭史》第一卷上册，生活·读书·新知三联书店，1998，第293页。

[③] 《民法大全》，D.25，3，5，1，转引自〔法〕安德烈·比尔基埃等主编《家庭史》第一卷上册，生活·读书·新知三联书店，1998，第294页。

肯认和贯彻人权框架下的儿童最大利益原则。

另外,现代生产模式带来家庭结构的变化,小型的核心家庭成为主要的家庭范式。在这种情形下,监护权与亲权的主体发生重叠,亲权的丰富内涵开始倾注到监护权中,而且这部分内容的法律意义也越来越彰显,儿童监护制度面临在多重维度的父母子女关系中重新定位的问题。当监护权内容扩张,成为父母子女关系的主要法律表征时,儿童监护制度运作良好且富有成效是实现规范父母子女关系、维护儿童权益法律目标的重要保障。要确保儿童监护制度发挥实效,势必要克服社会生活层面的种种现实障碍,反映在制度层面便是通过社会干预措施建立儿童监护制度的支持体系。这正是当前儿童监护制度的生机所在。

1. 当代儿童监护制度以儿童最大利益原则为指导

现代人权理念完全肯认,就主体地位而言,儿童是独立的人、是完整的人。但从现实来讲,儿童又是典型的依赖性群体,儿童身心发育欠成熟的状态使得其权益尤其是生存权较之成人面临更多的危机和风险。正是为了实现儿童作为独立主体、完整主体所享有的权益,我们有义务向儿童提供其成长所需要的一切资源和必要的倾斜保护。

儿童最大利益原则是在人权框架下形成的基本共识,也是指导儿童保护工作的中心理念和评判标准。"儿童最大利益"(The Child's Best Interests)或称"儿童最佳利益",最早出现于1959年《儿童权利宣言》,此后被吸收为1989年《儿童权利公约》的四项核心原则之一,成为维护18周岁以下儿童和青少年利益的重要理念,其核心要求是:"关于儿童的一切行动,不论是由公私社会福利机构、法院、行政当局或立法机构执行,均应以儿童的最大利益为一种首要考虑。"①

儿童最大利益原则可用于检审和矫正当前实施的各项涉及儿童的制度及举措。儿童最大利益的判断,以儿童合理意愿的表达与实现为首要考量,也需要综合考虑客观物质条件、基本教育规律以及社会文化风俗等多方因素,但基本的出发点必须是儿童利益。以监护制度来说,监护人的设定与选定,监护权的分配与行使,监护人与被监护人利益冲突的解决等都应以

---

① See "Convention on the Rights of the Child", Part I, Article 3.

儿童最大利益为着眼点。恰恰在这一点上，可以明显观察到，我国儿童监护制度注重多方因素的考量和综合，对儿童利益立场的首要地位强调不够，极易造成在博弈、协调的过程中成年人的意愿和利益于无形中占据优势地位，取代或者掩盖了孩子的最大利益。

2. 当代儿童监护制度是父母子女关系的主要法律表征

近代以降，工业化带来生产方式的巨大变化，也带来生产关系和生活关系的改变。在新的生产方式下，亲族之间的联系变得松散，由此以亲族为主体的制度渐渐失去了其赖以存在的社会条件，亲族对家庭生活的制约变得没有必要和没有力度，渐渐消隐。同样是因为工业化的推进，家庭的生产性职能减少，教育职能转移给社会，于是家长所拥有的权威也慢慢衰落，繁复的家庭结构无论在经济上还是在情感上都越来越难以维持，以血缘关系连接的家族逐渐分解成众多独立的核心家庭。核心家庭由父亲、母亲和孩子构成，父母既是照料儿童生活的主体，也是在法律上对儿童行为负责的主体，由此监护主体与亲权主体重叠，或者说是监护权与亲权的趋同，这使得监护权的内容大大扩张。

以监护权的内容来说，古罗马时期监护人主要承担管理儿童财产事务和补足儿童行为能力的职责，当今时代监护人的职责通常用"养育""保护"等语词来表述，这种概括性的提法以及相关的规定几乎将监护人职责扩及儿童的所有事务，当然涉及儿童的各项事务又必须以实现儿童最大利益为目标。《儿童权利公约》第18条第1款可资佐证，该条款规定："父母或视具体情况而定的法定监护人对儿童的养育和发展负有首要责任。儿童的最大利益将是他们总要关心的事。"我国《民法通则》第18条第1款规定："监护人应当履行监护职责，保护被监护人的人身、财产及其他合法权益，除为被监护人的利益外，不得处理被监护人的财产。"这总体上是一个偏重于传统监护责任的规定，但它明确规定监护人所"保护"的对象涵盖"被监护人的人身、财产及其他合法权益"，这个范围是非常广泛的。如果我们将保护被监护人合法权益理解为监护人为被监护人对外关系负责，那么这还不是监护职责的全部。我国《婚姻法》第23条规定："父母有保护和教育未成年子女的权利和义务。在未成年子女对国家、集体或他人造成损害时，父母有承担民事责任的义务。"整部《婚姻法》没有使用儿童监护的概念，而是用"家庭关系"（第三章标题）、"父母子女间的关系"（第36条用语）等概念。从表述来看，前引第23条是最接近儿童监护制度的条款。与《民法通则》的规定比照来看，父母作为监护人的职责不仅是保护未成年人，还包括教育未成年人，也就是说，不仅为儿童对外关系负责，也对儿童自身的成长负责。如此内外兼顾的职责，既是监护人对被监护人所承担的，又是父母对子女所承担的，可见儿童监护权足可作为父母子女关系的主要法律表征。

要求父母对儿童全面负责既是政治经济的考量，也是人伦道义的诉求。从人类婚姻家庭形态的演进来看，早期自然选择规律起支配作用，后期则是传承私有财产的需要在发挥作用，但其核心都是指向后代，即人类意图生育和保有天资优异且血统纯正的后代。因此，家庭的基本职能便是育养后代，这可说是政治经济的考量。同时，父母是幼年子女最信赖、最依赖的主体，父母对幼年子女的养育和爱护是本能也是天职，是子女长大成人最坚实、最可靠的保障，在父母子女间建立最密切的关系是人伦道义的诉求。正因如此，父母也应当是最有意愿、最有能力防范各种与儿童有关的意外、侵权以及犯罪的主体。为了以最低成本和最有效路径减少儿童权益受损事件，必须确立儿童独立的法律地位和法律权益，并明确规定父母的注意义务和法定职责，以此明示：父母对于子女的义务乃是其对另一独立主体所负担的、以国家强制力为保障的义务。一旦发生儿童受害事件，即令父母同为伤悲，亦不能规避其所应当承担的法律责任。与之相应的是，我们应努力构建一个家庭宜居社会，将家庭发展理念真正纳入社会发展规划，让为人父母者乐于并且能够做适格优秀的家长。

3. 当代儿童监护制度的实施需要社会保障制度和社会干预体系的支持

在古罗马时期，虽然儿童监护制度鲜明地体现出国家对家庭事务的干预，但在当时的家长制和家国理念下，这种干预必然是被动的、有限的。甚至在此后漫长的历史发展中，公法、私法的传统划分也使得儿童监护制度长久地局限于民法或婚姻家庭法领域。但是随着社会自治理念的觉醒和社会法的兴起，儿童监护制度逐渐超越家庭视野进入公共视野，越来越多的社会保障资源和社会干预措施被用来支持和配合儿童监护制度的实施，而且它们在推进儿童福利、实现儿童最大利益方面的确成效卓著。

社会保障制度、社会福利制度的背后实际上是社会一体化的理念，是对社会成员不抛弃、不放弃的信念。《儿童权利公约》对国家责任有大量的阐释和要求，比如第3条第2款规定："缔约国承担确保儿童享有其幸福所必需的保护和照料，考虑到其父母、法定监护人或任何对其负有法律责任的个人的权利和义务，并为此采取一切适当的立法和行政措施。"

正是在这种理念下，儿童因获取资源能力不足而受到特别的关注，社会干预和社会救助的范围也越来越宽广：激励父母善尽职责，通过现金补贴和福利补助鼓励父母花费更多的时间亲自照料幼儿；明确亲权禁区，禁止对孩子施以暴力，禁止以任何方式将孩子置于可能危及其身心健康的情形下，必要时剥夺父母的监护权而代之以社会监护；扩大责任主体，设立儿童福利机构、家庭教育机构为有需要的儿童及其家庭提供必要的帮助和辅导，赋权公共治安机构乃至公众以广泛的监督权和报告权，等等。

以儿童监护制度中核心的抚养问题为例，很多国家都在经济和政策层面提供了较大力度的支持，积极运用公权力调整和规范相关事宜，从社会保障和社会干预的角度促进儿童监护制度的实施。如英国于1989年发布《儿童法案》，将有关儿童权益的私法规范和公法规范有效地融合，确认儿童最佳利益原则，强调父母及政府对儿童的责任，规定有关儿童事务的管理机构和司法指令。此后，1991年和1995年的《儿童抚养法》、1998年《人权法》、1999年《儿童保护法》[①]都对儿童权益及儿童抚养问题表现出持续的关注和保护。美国于1975年通过《社会保障法》第20条修正案，将各州强制执行子女抚养费成效与联邦福利计划的资助挂钩，大大推动了该项工作的进展。[②] 1992年联邦又推出《子女抚养救济法》，将故意不抚养他州居住的子女的行为认定为联邦犯罪。1994年颁布《对子女扶养费支付令充分信任与尊重法》，推动各州在执行子女扶养费方面的合作与联动。1996年出台《个人责任与工作机会协调法》简化亲子关系确认办法，要求各州建立收取子女扶养费的自动程序，要求雇主登记所有新员工的身份，创设全美新雇佣员工登记簿，以避免父母通过迁徙逃避抚养子女的责任。

---

① 这里新出现的法律文件英文名称分别为：1991年和1995年的《儿童抚养法》（Child Support Act）和1999年《儿童保护法》（Protection of Children Act 1999）。

② 薛在兴：《美国儿童福利政策的最新变革与评价》，《中国青年研究》2009年第2期。

1998 年出台《赖账父母处罚法》①加强惩罚力度。②

中国社会在儿童监护制度及儿童权益保护工作中面临转型期的特殊问题：从农村流向城市的人口大规模迁徙产生了大量的留守儿童、流动儿童和流浪儿童，他们的父母往往忙于生计无暇他顾，公共机构囿于数量和种类而没有足够的监督或者救助能力，由此导致这些群体的权益往往被忽视或者被侵犯；物质财富的快速增长使得贫富分化越来越明显，加之社会分配制度、司法公正制度、廉政建设制度等仍存在不尽如人意的方面，导致部分群体的财富意识和权力观念被扭曲，浸淫于其中的未成年人不能得到全面的教育和引导，从而在享乐主义、颓废思想中走上歧途。所以，近年来我国正在大力推动家庭发展政策的认同度和家庭教育立法工作，旨在通过加强公共政策对家庭经济的保障和救助，提高和改善儿童的生活条件和教育资源，通过加强公共部门对家庭教育的指导、帮助和督促来补救和应对经济迁徙对儿童监护造成的不利影响。

在儿童监护制度的完善以及儿童权益保护制度的借鉴方面，我们还有很多工作要做。但我们更加应当铭记的是，儿童最大利益的实现水准和实现程度实际上取决于整个社会治理的进展和成就。儿童的最大利益，永远存在于幸福的家庭和有责任感的社会之中。

---

① 这里涉及的法律文件英文名称分别为：1992 年《子女抚养救济法》(*Child Support Recovery Act*)、1994 年《对子女扶养费支付令充分信任与尊重法》(*Full Faith and Credit for Child Support Orders Act*)、1996 年《个人责任与工作机会协调法》(*Personal Responsibility and Work Opportunity Reconciliation Act*)、1998 年《赖账父母处罚法》(*Deadbeat Parents Punishment Act*)。

② Harry D. Krause、David D. Meyer：《美国家庭法精要》（第五版），陈苇等译，中国政法大学出版社，2010，第 125～129 页。

过去和现在
——英国家庭法的轨迹及走向

〔英〕约翰·伊克拉 著 石 雷 译*

【内容摘要】 众所周知,20世纪最后25年,西方国家的家庭法发生了巨大变化。现有研究对这些变化大多只停留在一般性阐述的层面,比如更加符合个人的需求。为了获得一个更生动的家庭法变革图景,笔者比较了1959~1960年英格兰和威尔士的官方法律汇编中收录的所有家事案件和2011年的相同数量的家事案件。二者在案件的主体事项以及法院处理家庭问题的方式上都存在显著不同。考察这些不同,可以帮助我们认识英格兰和威尔士家庭法未来发展的方向。

【关 键 词】 家庭法 过错 个人权利 实证研究 法律变革

回顾刚刚过去的历史,常常能帮助我们理解当代制度的性质,看清制度未来的发展方向。这对英国家庭法而言,一点儿也不假。2006年,笔者曾说:"整体上讲,20世纪60年代的家庭法更接近于19世纪90年代的家

---

* 约翰·伊克拉(John Eekelaar),男,英国国家学术院院士,牛津大学彭布鲁克学院荣誉研究员,牛津家庭法律政策研究中心合作主任;石雷,男,西南政法大学民商法学院讲师,民商法学(婚姻法)博士,牛津大学访问学者。

庭法，与20世纪90年代的家庭法相差甚远。"① 学者们多次阐述了20世纪最后25年，西方国家家庭生活以及家庭法变革的性质，② 并分析了这场变革的原因，包括人类寿命的延长、避孕措施的普及、女性经济地位的提高、生育年龄的推迟以及民众对婚姻制度的怀疑不断加剧。

这些原因都很重要。至于它们如何影响家庭法实践，学者们常常以一种概括的方式阐述：比如，离婚人群不断增长，子女是否是婚生子女的重要性不断弱化。但这种方式无法展现这场变革开始前，家庭法案件的原貌。为了比较过去和现在家庭法的区别，笔者首先研究了1959~1960年，遗嘱、离婚和海事法庭（Probate，Divorce and Admiralty Division）③ 收入《家庭法汇编》（*Family Law Reports*）的所有案件，共有23件。随后，笔者调查了2011年《家庭法汇编》收录的头23件判例。④ 这些案件的差异之大让人惊叹。比起一般阐述而言，也许这更能充分地展现我们现在所处的世界是多么的不同。

首先，在法院受理的案件数量上，二者差别迥异。2011年收入《家庭法汇编》的判例总共168件，而1959~1960年总共只有23件。官方的统计数据也证明，法官处理的家事案件出现了大幅增长。1959年，上级法院⑤总

---

① John Eekelaar, *Family Law and Personal Life* (2006, 2007) 22.
② 最早的深度研究，参见 Mary Ann Glendon, *The Transformation of Family Law* (University of Chicago Press, 1989). See also the various contributions to Sanford N. Katz, John Eekelaar and Mavis Maclean (eds) *Cross Currents*: *Family Law and Policy in the US and England* (Oxford University Press, 2000); John Eekelaar, *Family Law and Personal Life* (Oxford University Press, 2006), pp. 22 – 31; Andrew J. Cherlin, *The Marriage-go-round*: *The State of Marriage and the Family in America Today* (Vintage Books, 2010).
③ 遗嘱、离婚和海事法庭是高等法院（High Court）的一个分庭，现在已改为家事分庭（Family Division）。高等法院是审理涉及重大价值的重要案件的一审法院，同时也是所有下级法院、裁判所的复审法院——译者注
④ 尽管笔者分析了1959年到1960年收录汇编的所有案件，但由于时间和精力等限制，笔者不可能分析2011年《家庭法汇编》收录的所有案件，所以，笔者只在2011年的《家庭法汇编》中选择了与1959~1960年收录的同样数量的案件。即便是这23件案件，也足以显示当下的这些案件所处的社会背景与早前的案件完全不同。
⑤ 这里指处理离婚及相关问题的法院，不包括治安法院。但是在当时那个时代，已婚配偶的许多经济纠纷事项是由治安法院处理的。如果双方当事人后来离婚（事实常常也是如此），治安法院做出的法令依然有效。

共受理 26561 件"婚姻诉讼"。① 考虑到治安法院②受理的"离婚扶养费诉讼",实际上法院受理的婚姻诉讼是其 2 倍。③ 所以,总共大概有 5 万件。2010 年,离婚诉讼总共有 133500 件,离婚扶养案件 82300 件。除此之外,公法上④处理的儿童案件有 24250 件。⑤ 虽然这些都只是概数,但我们可以从中了解变化的幅度之大。

不过,我们关注的重点是这些诉讼的内容。

一 1959~1960 年收入汇编的判例

1959~1960 年的案件可分为四类,分别是法律技术问题、关于过错的判例、亲密关系调查以及其他案件。有些案件可以归入多个类别。

1. 法律技术问题

可以说,上级法院审理的大多数法律判决都涉及法律技术问题。所以,1959~1960 年审理的 23 个案件中有 12 件(占到近一半)都属于这种类型。头一个奥-玛哈利案(O'Mahoney)⑥涉及的是执行问题:丈夫根据现行扶养令所做的支付,是否可以抵销诉讼期间欠付的早先扶养令所要求的扶养费?但是,之后的案件却揭示出,案件中造成困扰的法律技术问题常常与案件中的争议问题毫无关系。在梅素尔(Mesure)⑦案中,丈夫起诉离婚,理由是妻子有精神疾病。其妻在精神病院治疗了 3 年,随后转到另一医院治疗肺结核,11 周后,回到原来这所精神病院。在丈夫提起离婚诉讼前,她从转院回来后,在这所精神病院又待了 4 年。在这起诉讼中,丈夫败诉。原

---

① Civil Judicial Statistics 1959, Cmnd 1126, p. 3.
② 治安法院属于基层法院,所有的刑事诉讼都在这里审理,大概 95% 的案件也在这里结案,只有少数重大案件会送到王座法院(Crowns Courts)审理。治安法院也审理一些民事案件,即家事诉讼案件。英格兰和威尔士地区有超过 360 个治安法院——译者注
③ 1968 年有 28000 件。John Eekelaar, *Family Law and Social Policy* (Weidenfeld & Nicolson, 1978), p. 199.
④ 英格兰家庭法主要包括离婚、收养、监护、儿童诱拐、父母责任等几部分。其中有公法上的内容,也有私法上的内容——译者注
⑤ *Judicial Statistics 2010*, p. 44~47.
⑥ [1959] 1.
⑦ [1960] 184.

因是其妻并不符合法律规定的离婚法定理由,即因为精神问题"接受持续照顾和治疗的",须满 5 年。立法上对于中断治疗,规定最长不能超过 4 周,不是 11 周。所以,他必须再等 1 年,尽管现在离妻子最初入院治疗精神病的时间已达 7 年。

在布莱克尔(Blacker)① 案中,双方都想离婚,且分居已逾 3 年。这是以遗弃为理由的离婚的必要条件。但在双方的离婚起诉书中,并不是以遗弃为由提出离婚(也许是因为他们很难证明遗弃的故意),双方却以虐待为由请求离婚。但是法院并未准予他们离婚,也许是因为他们无法按照法律的要求证明他们起诉的虐待行为严重损害了身体"健康"。法院同意双方修改他们的离婚起诉书,改用以遗弃为由请求离婚。但是,这也失败了。因为法律规定,必须在呈交离婚起诉书前,遗弃已满 3 年,而非在修改离婚起诉书前。② 显而易见,解决办法是双方各自以遗弃为由重新提出离婚起诉书,但这一点直到案件走到上诉法院,才得以解决。

这些案件中,法律的规定过于僵化,似乎对当事人故意刁难,阻挠当事人找到解决问题的合理办法。其结果也可能让他们暴露于危险中。在那个年代,法院没有保护一方配偶不受对方骚扰的救济途径,不论这种骚扰多么让人苦不堪言,除非配偶已在法院启动诉讼程序。③ 结婚 3 年内,没有法院的许可,都不能起诉离婚。④ 在温斯通(Winstone)⑤ 案中,一位妻子在结婚 3 年内请求法院许可其提出离婚起诉书。随后,程序中止,等待丈夫答辩。与此同时,她向法院申请法令,防止丈夫骚扰她。法院驳回了她的这一请求,理由是做出这一法令的前提是当事人必须提出离婚起诉书,而非在此之前的、请求法院许可提出离婚起诉书的申请。所以,这位妻子不得不等待其丈夫答辩,等待法院批准她提出离婚起诉书的申请(假设法院会同意),然后她才能得到法院保护。

另一个值得关注之处在于审理这些案件所花费的时间和精力。比如,

---

① [1960] 146.
② 着重号为作者所加。
③ 这是因为,法院认为他们有权保护诉讼当事人不受其他诉讼当事人的不当胁迫。
④ 这一限制条件现在仍然存在,不过时间缩短为 1 年。这是英国法的一个特殊之处。
⑤ [1960] 28.

梅素尔案的审理花了整整两天。在格兰杰（Grainger）① 案中，双方当事人离婚，然后再婚。法院曾做出一个同意令，"将子女的抚养权交由父母双方共同承担"。随后，妻子再次离开。后来，双方都主张对该子女的单独抚养权。此案萨克斯（Sachs）法官审理了两天，上诉法院又审理了两天，在女王代诉人（Queen's Proctor）② 的参与下，上诉法院判决，法院无权做出最初的共同监护令，或者说，即使其有权做出共同监护令，也不应在本案中做出。这让双方当事人都非常失望。这类非常耗时的诉讼，我们还可以在收录汇编的案例中找到。

2. 关于过错的判例

过去的离婚法建立在过错基础上。因此，那个时代的案件自然也会反映过错问题，这不足为奇。笔者调查的23件案件中有7件均涉及过错。案件中的法律技术问题也很明显。比如，在费舍尔（Fisher）③ 案中，法官相信妻子的陈述是事实，但认为这些情况尚未达到虐待的严重程度，故不能判决离婚。由于妻子的起诉失败了，丈夫明显也想要离婚，所以他以妻子的遗弃为由再次提出离婚。妻子答辩称，丈夫的行为可以视为"推定遗弃"，也即丈夫的行为足以让其有理由离开她的丈夫。法院需要判断的是，妻子是否可以依据前一个（败诉的）以虐待为由的离婚案的同一事实提出其主张。法院最终判决她有权这么做。④ 但在郝尔（Hull）⑤ 案中，丈夫主张子女的抚养权。法院判决，丈夫不能主张其妻遗弃了自己，因为妻子早前以丈夫的遗弃为由申请离婚，并胜诉。但是，法院却允许丈夫主张妻子通奸。在这类案件中，法院扮演的角色好像一场拳击和摔跤比赛的裁判员，力图保证双方遵守比赛规则，而这完全是人为设定的，双方当事人都不想这样。

---

① [1960] 99.
② 女王或国王代诉人是一位政府官员，其可以在一些疑难案件中帮助法院。如果夫妻双方违反有关婚姻过错的严格规定时，比如，如果双方"合谋"，女王代诉人就可以阻止法院做出离婚判决。现在的家事案件中，这一制度已经废止。
③ [1960] 36.
④ 汇编中的案例记载没有说明最终的结果。但很可能同一事实虽然不足以证明存在虐待而判决离婚，但却足以证明"推定遗弃"判决离婚。
⑤ [1960] 118.

3. 亲密关系调查

早期的家事案件的另一特点就是法律对双方性行为这类亲密关系的调查。虽然这类案件也常涉及法律技术问题，而且也往往是基于一方过错做出的判决。在摩根（Morgan）① 案中，一位72岁的男性以"陪伴"为由娶了一位59岁的女性。婚礼第二天，妻子就离他而去。丈夫不想再等3年时间，以"遗弃"为由提出离婚。于是，他以未圆房为由提出婚姻无效之诉，希望可以尽快摆脱这段婚姻。② 他提交的证据包括医生出具的性无能的证明，所以他不能圆房。法官虽然感觉有些遗憾，因为没有其他"医学检查人员"提供证据支持，但即便如此，法官仍"带着几分犹豫"，准备认可丈夫性无能的事实。但是，经过两天的辩论，在女王代诉人的参与下，根据1727年的教会法规定，法官判定丈夫败诉，因为"考虑到两人达成的陪伴协议，丈夫以性无能为由要求认定婚姻无效，有违司法公正和公共政策"。丈夫摆脱这段婚姻的另一个途径，即妻子"故意拒绝圆房"，在"其律师意识到他提出了性无能主张的那一刻"起，也向他关上了门。法律似乎剥夺了自找麻烦的丈夫找到快速解决办法的合理期待。

在怀特（Wright）③ 案中，丈夫被认定为有虐待妻子的行为。丈夫明知"妻子神经过敏④且贫血"，还用"不必要的暴行"对待他们的子女，他肯定知道这会对妻子的健康造成伤害。有意思的是，上诉法院审理了3天才得出这一结论。在现代人眼中，同样让人惊奇的是，法院在判决书中指出，如果丈夫对儿童实施了"强暴猥亵罪"，那么法院将更快得出这一结论。这不是因为该行为的恶劣性质，而是因为该行为对婚姻关系也有影响。

其他情形中也可能出现亲密关系问题。在利利（Lilley）⑤ 案中，双方当事人性关系不和谐。妻子在一段时间内对"婚内性行为"有"无法抗拒的厌恶"。丈夫最终出走，妻子也因为丈夫的遗弃从治安法官那里得到了扶

---

① [1959] 92.
② 只有双方当事人完成了完整的性行为，圆房后，婚姻才算完成。Baxter v Baxter [1948] AC 274。
③ [1960] 85.
④ "神经过敏的妻子"这样的描述在当时十分普遍。
⑤ [1960] 158.

养令。随后丈夫想要回家，但是妻子却不同意。所以治安法官撤销了扶养令。妻子向上诉庭①上诉，败诉。随后她又向上诉法院②上诉。上诉法院判决，丈夫对妻子的扶养责任因妻子的遗弃而终止。上诉法院之所以认定妻子有遗弃行为，是因为，尽管"如果双方恢复同居，妻子存在受伤害的危险，但是一个理性的、仅是有些神经过敏③的妻子"无法"在法律上"证明她有充分理由再也不让她的丈夫返家。这一案件审理了整整 7 天。

在血液检验和 DNA 检验技术手段尚未被运用前，父子关系的认定须通过存在亲密性行为得以证明，比如在弗朗西斯（Francis）④案中，争议的焦点在于，妻子怀孕时，有婚外性行为。之后，她仍和丈夫继续保持"性关系"，但使用了"避孕套"。法院判定，这不足以推翻婚生子女的推定。

4. 其他案件

还有 4 件其他类型的案件。第一件涉及诉讼费。第二件涉及管辖权。⑤该案中，尽管妻子住在纽约，而且纽约的法院也认可墨西哥的离婚，但妻子在墨西哥的离婚不被英国法院认可。因为，根据户籍统一性原理，在法律上她的住所在英格兰，也即她丈夫生活的地方。英格兰不认可墨西哥的离婚。这又是由于适用法律规则（现在已经废止）产生的一个让人沮丧的、毫无意义的结果。该规则规定妻子的住所与其丈夫的视为一致，即使她生活在另一个国家。第三件涉及抚养令中抚养费的数额。第四件涉及财产问题（在涉及双方子女的财产协议中，前妻是否有资格担任双方子女的受托人）。因为当时，法院无权做出法令，让丈夫在离婚时让渡自己的部分财产给其配偶（尽管法院可以变更"财产处分协议"）。所以也就不奇怪，为什么没有处理离婚后财产分割的案件了。也没有案件涉及我们现在认为的"公法上的"问题。

---

① 上诉庭不是一个单独的法庭或法院分支机构，只是高等法院内由 2~3 名法官开庭审理上诉案件或某些司法审查的案件——译者注
② 上诉法院是英国司法体系中除英国最高法院外第二级的法院，其刑庭审理来自王座法院的上诉案件，其民庭审理来自郡法院和高等法院的上诉案件——译者注
③ 见前页注④。
④ [1960] 17.
⑤ Mountbatten [1959] 43.

二 2011年收入汇编的部分判例

在研读完1959~1960年的案件后，再看2011的案例，我们就像来到了另一个世界。仅在涉外案件的数量上，差异就十分明显。1/3的案件（8件）都属涉外案件，而早前的案例中只有1件（*Mountbatten*）。① 除此之外，2011年的案件中有3件涉及欧洲人权法院的判决，一件是欧洲联盟法院审理的涉及爱尔兰的判决。另一个显著的区别是公法案件的数量。早前没有公法案件。而现在有7件（接近1/3），其中包括了涉及英国边境管理局的法院管辖权的复杂问题，② 以及关于《伦敦地区照护程序行为规范指南》的解释。③

像早前的案例一样，2011年的这些案例也涉及一些法律技术问题。一些涉及国际文件的适用，比如有些案件须适用《欧洲联盟关于欧洲联盟内有关家事案件判决的认可与执行规则》（《布鲁塞尔规则（二）》）（B v B④；M v V⑤）。还有一些案件则涉及英国国内规则的适用：比如根据1991年《儿童抚养法》法院发出儿童抚养费的法令的权力（CF v KM⑥）；鉴于双方恢复同居2个月，儿童抚养费评估报告是否依然有效（SL v Child Maintenance Enforcement Commission⑦）；2004年《性别认可法》实施前，变性人所做的变性手术是否影响其养老金权益（Timbrell v Secretary for Work and Pensions⑧）；为确立管辖权，周日送达文件的效力（W v W⑨）。在上述最后一个案件中，法官采用了一种全新的方式解释有关不允许周日送达文件的

---

① 如果我们把税收问题也算上的，那就有2例。该案中，一对南非夫妇在南非发家致富，案件有关扶养费支付问题。*Schlesinger*［1960］191.
② ［2011］1 FLR 305.
③ ［2011］1 FLR 201. 照护程序指在某些案件中，如儿童存在被伤害的危险，则相关部门会向法院起诉请求法院介入——译者注
④ ［2011］1 FLR 54.
⑤ ［2011］1 FLR 109.
⑥ ［2011］1 FLR 208.
⑦ ［2011］1 FLR 322.
⑧ ［2011］1 FLR 332.
⑨ ［2011］1 FLR 373.

规定，他说："在我看来，这是……对陈旧、不合理且毫无意义的法律规则无意犯下的一个微不足道且完全无害的错误。对此，英格兰法院可以，也应该忽视。"① 还有3个案件涉及在离婚附带救济诉讼中如何处理富有的一方当事人资产的问题。②

尽管新近的案件也存在法律技术问题，但这些案件却与早前的案件"感觉"完全不同。法律程序不再是解决个人问题的阻碍。恰恰相反，法律程序是帮助困境中的人们找到解决办法的一种方式。2011年的头一个案件，法院判决法官有权向地方机构做出法令，为涉及一起儿童诱拐案件的家庭提供住宿（re A③）。在另外一起案件中，地方权力机构获准撤回照护权诉讼，因为当事人一方的医疗证据有变（WSCC v M, F and others④）；在一起涉及儿童保护的案件中，法官认为，有关儿童保护及收养的法律被视为是"一个整体"，因此允许被收养人在收养前，在美国度过法律规定的两个半月的试收养期，也即在被收养人和与他有亲戚关系的收养人未来共同生活的地方（ECC v SM⑤）；另有一起案件，由于收养人担心，如果法官判决要求他们每年为儿童的生父母提供一张该儿童的照片，这会破坏收养家庭的稳定，所以上诉法院将这一要求改为，生父母只能在当地权力机构的办公室看被收养人的照片，一年一次（Oxfordshire CC v X, Y and J⑥）。最典型的案件是，丈夫及婆家试图将妻子留在巴基斯坦，不让她到英国和子女团聚。法官在审理时，行使其固有管辖权，向英国边境管理局施压，要求他们允许该母亲重返英国与其子女团聚（Re S⑦）。附录上记载，英国边界管理局对此做出了回应，母亲回到了英国，并得到了该子女的临时照护权。

即使在以下这一案件中，上诉法院认为在这个激烈对峙的离婚案中，法官判决丈夫拥有子女的照护权，而不做出"居住"或"交往"令，这是法律上的错误。但上诉法院也承认，这是为了尽量减小双方冲突，一审法

---

① [2011] 1 FLR 373, at p. 382.
② FZ v SZ [2011] 1 FLR 64; *Gourisaria* [2011] 1 FLR 262; C v C [2011] 1 FLR 434.
③ [2011] 1 FLR 1.
④ [2011] 1 FLR 188.
⑤ [2011] 1 FLR 234.
⑥ [2011] 1 FLR 272.
⑦ [2011] 1 FLR 305.

官做出的变通结果。虽然这个错误让此案有理由得以重审,但该法院仍强烈建议双方通过其他方式达成协议(Re S①)。

与此相关的是对个人权利的极大尊重。这可以在欧洲人权法院的判决中找到证明。该法院在一起案件中解释了《欧洲人权公约》第8条(尊重个人享有私人及家庭生活的权利)和《海牙儿童诱拐公约》的关系(Neulinger and Shuruk v Switzerland②)。在另一起案件中,该法院判定克罗地亚违反了《欧洲人权公约》第8条的规定,未能执行法院判决,为遭受丈夫家庭暴力的妻子提供保护(A v Croatia③)。在第三起案件中,该法院判定英国在评估儿童抚养时,没有平等对待同性同居和异性同居的人,这是一种歧视(JM v UK④)。其他情况下也有这种歧视。比如,在变性人做完变性手术后,政府不认可其以新的性别参与养老金计划,这被认为是违反了欧洲联盟的《平等待遇指令》(Timbrell v Secretary of State for Work and Pension⑤)。

法院也努力保障个人权利不受政府机构的侵犯。在 A 诉多赛特警察局局长(Chief Constable of Dorset Police)⑥ 案中,警察依职权拦下一儿童进行检查,因为依职权如果他们有合理理由相信儿童可能遭受重大伤害,他们有权将儿童送至合适的居住地生活。法官对这种情形下,警察的职责进行了司法审查。在另一起案件中,地方机构依据父母的精神状况档案而非他们行为的直接证据,向法院申请照护令,上诉法院支持了一审法官的判决,驳回了他们的申请,同时批评一审法官对于有些话反应过于迟钝(re D⑦)。

有关过错的判决在新近的案件中几乎完全消失。或者,如果有的话,至少可以说,这些案件不是评判当事人的行为是否符合有关亲密关系的传统观念,而是关注一些更具实体性的事项。在个别案件中,这些事项十分显著。在上述 Re S 案中,丈夫及其家人意图让妻子留在巴基斯坦,把子女

---

① [2011] 1 FLR 183.
② [2011] 1 FLR122.
③ [2011] 1 FLR 407.
④ [2011] 1 FLR 491.
⑤ [2011] 1 FLR 332.
⑥ [2011] 1 FLR 11.
⑦ [2011] 1 FLR 446

从她身边抢走,法官认为这一行为"乖张、无情、自私且残酷"。在另一起案件中,对于富裕的一方配偶想要逃避法院的离婚附带救济管辖时,法官对此也提出了批评(FZ v SZ①)。因此,现代法院关注的另外一点是,在一些对个人非常重要的事项中保护个人的权利。

三 讨论

如果我们要总结的话,早前法律似乎像是某种封闭的系统,主要关注自身体系的逻辑性,其次才关注法律适用对象的生活。当然,现代法律也关注法律体系的运作,有时我们仍会认为这种运作阻碍了寻找解决纠纷的快捷方式。这一点在涉外案件中特别明显,因为涉外案件需要国与国之间的合作。但是同样的问题也可能在国内出现,比如当法院和其他机构(诸如:英国儿童抚养服务署)的管辖权发生矛盾需要厘清时。而且类似问题早前也曾出现过。但是我们可以说,早前的法律建基于一个拟制的世界,一个人们按照法律设定的纯洁的道德或行为模式生活或法律希望他们如此生活的世界。实际上,法律在努力维护,甚至创造一种社会规则,对于符合社会规则的予以肯定,而违反社会规则的则要受到处罚。换句话说,法律优先维护事实上的或拟制的社会规则,其次才是保护个人福祉。

但是,当人们的生活不符合这些社会模式,法律也无对应的规则时,这可能导致一种特别残酷的结果。比如,1973年,一位离异的母亲和其新任丈夫向法院申请收养她自己的子女,但上诉法院驳回了其请求,因为法院认为这会割裂该儿童与其生父,也即她前夫的关系。② 这看似合理。但是如果母亲没有嫁给儿童的生父,结果就会完全不同。比如1969年的一起案件。尽管该案中父亲证明自己是一个"尽职"的父亲,但法官认为他与自己子女的感情是对"个人幸福"的追求,③ 因此,上诉法院同意了其母亲和母亲之配偶提出的收养该子女的申请,以便让该子女能够"尽快成为社会

---

① [2011] 1 FLR 64.
② Re D [1973] 3 All ER 1001.
③ Re E (P) [1969] 1 All E. R. 323.

中受人尊敬的一员"。这并非孤案。① 如果案件中父亲对子女没有抚养意图，或者他们在某些方面存在不足，那么这种结果尚可理解。但事实并非如此。父亲维系自己和婚生子女的联系被视为是履行他的"义务"，而想要与非婚生子女保持联系的未婚父亲就是自私、寻欢的人；如果某子女的母亲与父亲结了婚，那么法官就认为该子女有合法权利与其父亲所在的家庭保持联系；如果父亲没有娶母亲，父亲就是"惹事的"。"合法性"和"受人尊敬"被视为比子女的真实身份更重要。也许，下面这一案例最为典型。② 该案中，妻子两次抛下丈夫，现在和另一个男人同居。法院却不同意丈夫的离婚申请，理由是妻子抛下他后，他和 3 位女士发生了关系，却不告诉这 3 位女士，他已婚。丈夫现在想娶第三位女士，这位女士在知道他的情况后，"比以前"更想嫁给他。但是威尔麦尔（Willmer）上诉法院法官说："丈夫声称，自从他遇到 K 小姐，他就改掉了以前的滥交行为，并且一直对 K 小姐非常忠实。即便如此，我们很难想象一个比这更见不得人、更应接受法院制裁的案件。"

这样，双方都不能提出离婚申请。

现在的法律之所以更贴近社会现实，原因之一在于社会统计数据和实证数据的使用。1956 年结婚离婚皇家委员会没有使用这些数据，这成了 1956 年奥托·坎－佛雷德（Otto Kahn-Freund）的经典批评的靶子，③ 以及 1957 年 O. R. 麦格雷戈（O. R. McGregor）的深刻分析④得以产生的原因。麦格雷戈是一位社会学家。在那个年代，这个学科颇被人怀疑。1970 年，另一位社会学家科林·吉普森（Colin Gibson）和一位律师路易斯·布鲁姆－库珀（Louis Blom-Cooper）加入了他的队伍，完成了也许算得上第一部有关英格兰治安法院家庭法的实施情况的社会法学研究。⑤ 自那以后，社会

---

① 20 世纪 60 年代以来的其他例子可以参见 John Eekelaar, "Adoption: Unconscious Discrimination" (1974), *Modern Law Review*, 37: 335. 对于过去的离婚法带来的浩劫，详见 J. M. Eekelaar "Crisis in Divorce Law: England and France" (1966), *Int. & Comp. Law Qu.* 15: 875.
② Williams v Williams [1966] 2 All ER 614.
③ O. Kahn-Freund, "Divorce Law Reform" (1956), *Modern Law Review*, 19: 573.
④ O. R. McGregor, *Divorce in England: A Centenary Study* (Heinemann, 1957).
⑤ O. R. McGregor, L. Blom-Cooper and C. Gibson, *Separated Spouses* (Duckworth, 1970).

科学和实证研究为揭示法律和人们生活的关系做出了巨大贡献。①

现在的法律更贴近社会现实的另一个相关因素是人权思想。这一思想来源于几个方面,产生了许多重要结果。对福利机构失望情绪的蔓延以及《欧洲保障人权和基本自由公约》的影响不断深化,给公法上的家庭法带来了深远影响。变化肇始于 20 世纪 80 年代。从那时起,法院开始对公权力机构的批准父母探望由公权力抚养的子女的职权进行司法审查。② 到 20 世纪 90 年代中期,欧洲人权法院宣布各成员国不但有义务保护儿童,③ 同时也应采取与风险相当的保护措施,④ 而且各成员国应在保护儿童的同时,追求一种可以帮助家庭再次团聚的政策。⑤ 法院也做好了准备,确保这些案件中适用的程序公平公正,给予父母参与的机会。⑥ 法院在审理这些案件做出判决时,他们会反复明确提及《欧洲人权公约》中包含的原则及相应的权利。尽管这可能导致公法案件的法律程序延长,但可以肯定的是,这么做更多的是基于保护个人权利的考虑,而非为解决早前法律中那些深奥的技术问题所导致的时间和金钱的耗费。

四 未来之路

总之,家庭法正远离过去那个旨在维护实际的或拟制的社会规则或习惯的法律,走向一个旨在增进个人福祉的法律。约翰·杜瓦(John Dewar)把这看作是"家庭法的正常无序状态"的结果。⑦ 尽管这一结果使得家庭法很可能不是那么清晰。家庭法也像其他领域的法一样,冲突仍然存在。但从整体而言,现在的家庭法更注重人们生活中的实际问题,同时为这些问题提供了某种解决机制。对基层家事法院的观察进一步证实了这一观点,

---

① 尽管直到 1990 年,我们仍需对此进行解释和辩护。参见,John Eekelaar and Mavis Maclean,"Divorce Law and Empirical Studies: A Reply",106,*Law Quarterly Review*,1990:621.
② H and O v UK Series A, No 120 (23 October 1986).
③ Z v United Kingdom [2001] 2 FLR 612.
④ Kutzner v Germany (2002) 35 EHRR 30.
⑤ R v Finland [2006] 2 FCR 264.
⑥ W v UK (1988) 10 EHRR 29.
⑦ John Dewar, "The Normal Chaos of Family Law", *Modern Law Review*, 61 1989:467.

即法院的主要作用是用法律的基本原则为现实生活中的难题找到解决办法。① 当然，家庭法肯定也有不足和争论。其中一个不足就是在处理涉及未婚或同居关系分手后产生的问题时，法律干预的力度不够。其原因可以追溯到过去法律的态度。这些人没有结婚（或者缔结民事伴侣关系），因此不符合法律已经建构的传统规则。所以，当这些人遇到麻烦时，法律不能像他们按照传统方式行为时那样，帮助他们解决问题。法律委员会已经就此提出了解决方案，② 但是相关部门的改革意愿似乎并不强。有人认为，确立法院对这类案件的管辖权相当于把婚姻强加于那些不想结婚的人身上。这种观点是没有说服力的。法院仅仅是获得一种更有效的权力来实现正义的结果。还有一些新问题，即如何适应一个家庭中实际存在的三个父母③。我们也许尚不能回答这所有问题，但至少这些问题得到了公开的讨论，并且法律也必将对这些问题做出调整。

但是，家庭法未来的结局可能会不尽如人意。现实生活中，家庭问题的流动性及复杂性意味着我们不可能总能找到一种简单有序的解决办法。也许，我们需要时间，朝着一种最满意（有时或者是"最不糟糕"）的结果努力。有时可能根本就没有解决办法。这就导致政府对家庭法的法律程序，尤其是家庭法公法案件的法律程序失去耐心，尤其是因为这些案件涉及庞大费用问题。但为法律程序提速的想法，很可能会重新释放出社会现实与法律程序的紧张关系。④ 同样，对家庭法私法案件中法律援助费用的担心，导致政府决定不再为私法上的家事案件的当事人提供法律援助。这也给需

---

① 参见 John Eekelaar and Mavis Maclean, *Family Justice: the Work of Family Judges in Uncertain Times* (Hart Publishing, 2013).

② Law Commission, *Cohabitation: The Financial Consequences of Relationship Breakdown* (TSO, 2007).

③ 在英国法上，三个父母的出现有几种情况：一是存在继父母子女关系时，子女与原生父母仍保持某种关系；二是在代孕关系中（英格兰法律不认可有商业利益的代孕，但是如果是姐姐帮助妹妹代孕，则是允许的），子女的父母就可能包括父亲、孕育的母亲和提供卵子的母亲；三是在同性结合关系中，如两位女同性伴侣，找人提供精子怀孕生子，同性伴侣和提供精子的人都是该子女的父母等——译者注

④ 参见 John Eekelaar, "Care Proceedings after the Children Act 1989: Does Fairness Matter?", *Modern Law Review*, 2013 (forthcoming).

要自行解决问题的人增加了压力。① 最明显的莫过于自 20 世纪 70 年代早期开始推广的调解。在这个程序中，双方当事人"有权"达成"自己"的解决方案。最近的例证则是，政府鼓励（如果这就是政府的目标的话）双方当事人适用婚前协议，这也是根据具体个案，为解决婚姻关系中可能出现的问题提供一个量身定做的解决方案的方式之一。②

没有专业律师的帮助，个人如何解决这些纠纷？我们可以从 2011 年《家事司法评论最终报告》中找到一些启示。

> 4.11 我们建议，分居的夫妇应参加信息中心，充分了解相关信息以及未来如何获得相应的支持。整个过程应始终强调父母责任的分担。信息中心应指导父母将子女的需要放在首位，并应向父母强调，只要父母子女关系是安全的，子女与双方继续维护原有的父母子女关系对子女最为有利；支持父母独立解决问题；指导他们在法庭外找到适当的社会支持系统帮助他们解决纠纷；帮助他们理解一旦需要提起离婚起诉书，他们要做什么，可以期待什么。
>
> 4.12 父母责任分担既是原则事项又是实践事项。如果双方的安排无法实行，那么也就无法分担父母责任。我们建议，鼓励父母达成一个养育协议（第 4.49～4.54 段）。信息中心将为他们提供一个养育协议的模板。
>
> ……
>
> 4.77 网上信息中心应在分居或离婚前以一种简单便捷的方式提供支持和建议，给遇到问题的人提供充分信息，帮助人们在此基础上做出决定，以最佳方式解决问题。尤其是，网站上应就以下问题做出明确指导：父母对子女的责任、子女与双方父母维持父母子女关系的重要性、他们可获得的后续帮助、选择纠纷解决方式的建议，包括法院判决。法律帮助热线的工作人员应经过培训，能够识别因保护儿童或

---

① 参见 John Eekelaar, "Not of the Highest Importance: Family Justice under Threat", *Journal of Social Welfare and Family Law*, 2011, 33: 311～317。
② Radmacher v Granatino [2010] UKSC 42; Law Commission, *Marital Property Agreements*, Consultation Paper No. 198（2011）.

防止家庭暴力,是否需要介入某一案件。

4.170 对于金钱或财产有争议的配偶也应使用信息中心,进行是否适合进行调解的评估。①

政府接受了这些建议,并评价说:"随着网上信息中心……的建立,让人们认识、使用这一工具,并据此了解他们可以做何种选择,这是十分重要的。"② 但是,政府的期望是,当事人利用这些工具来完善自己的解决方案。开发这一资源的劳动和养老金部,在谈到儿童抚养费问题时,他们指出,我们认为,家庭应有自主权决定什么样的安排是最合适的。我们的工作理念是政府应建立机制鼓励并支持父母:……在继续介入儿童生活,支付儿童抚养费方面,履行他们做父母的责任,尽可能就这些问题做出有利于子女的以家庭为基础的协议,而非依靠政府介入并以父母的名义去执行这些协议(着重号为原文所加)。③

可以想象,未来在私法上的家庭法领域,这一政策将得以全面推广。但是,让当事人自行商议解决,即使是鼓励他们继续和子女保持父母子女关系,这也像是把他们丢弃在丛林法则中——适用弱肉强食的规则。他们可以获得相关信息,可以得到自助组织的支持。这就够了吗?

当然不是。这些措施也许能够改变一些现状。但要真正改变,我们就需要修订法律。比如,关于子女问题,应告知双方当事人:法律规定,他们应心无旁骛地关注子女利益,和帮助子女成长的人士交流(如其他家庭成员、老师、如果必要的话,包括儿童教育专家),最为重要的是和子女交流。可以提供一些指导,告诉当事人,原则上,"法律"所认为的最优结果是什么。关于经济和财产问题,可以(像加拿大那样)制定一些基本原则,反映律师在与当事人协商时的通常做法,并将这些基本原则推荐给当事人。这些都是建立在对基本原则做了明确规定的基础上。也许还要补充一个实

---

① *Family Justice Review*, *Final Report* (London, Ministry of Justice, 2011).
② Ministry of Justice and Department for Education, *The Government Response to the Family Justice Review: A System with Children and Families at its Heart*. Cm 8273 (2012).
③ Department for Work and Pensions, *Strengthening Families, Promoting Parental Responsibility: The Future of Child Maintenance* Cm. 7990 (2011) Executive Summary, para 4.

施细则，指导他们在具体案件中如何适用。所以，我们需要进一步掌握这些原则和实施细则的运作以及互动关系。

现在判断这种"指导型"自助模式能获得多大成功，还为时尚早。第三方的帮助很可能还是必需的。考虑到法律和人们现实生活的这种更加紧密的关系，这种帮助更像是"人际关系管理"而非告知当事人法律规定好的一个明确结果。实际上，这正是家事律师以及法院所做的。律师、调解员、社工肯定都有各自明确的职责范围。就律师而言，其工作主要是围绕现有的法律框架，并在权威机构以及存在强制进入法律程序潜在可能的背景下展开。而对家庭而言，这些工作人员都与一件事有关，即家庭互动良好（或运转不良）的家庭关系中的个人应该怎么办。所以，他们之间的区别并不十分明显。这一点也同样适用于法官。所有这些角色间的互动对于实现家庭正义一直都至关重要。也许这就是打开家庭法未来之门的钥匙。

图书在版编目(CIP)数据

家事法研究.2014年卷/夏吟兰,龙翼飞主编.—北京:社会科学文献出版社,2014.10
 ISBN 978-7-5097-6484-8

Ⅰ.①家… Ⅱ.①夏…②龙… Ⅲ.①婚姻法-研究-世界-丛刊②家庭-法律关系-研究-世界-丛刊 Ⅳ.①D913.904-55

中国版本图书馆CIP数据核字(2014)第216923号

家事法研究 2014年卷(总第10卷)

主　　编 /	夏吟兰　龙翼飞
执行主编 /	曹诗权
出 版 人 /	谢寿光
项目统筹 /	刘骁军　芮素平
责任编辑 /	蒋北娟　关晶焱
出　　版 /	社会科学文献出版社·社会政法分社(010)59367156 地址:北京市北三环中路甲29号院华龙大厦　邮编:100029 网址:www.ssap.com.cn
发　　行 /	市场营销中心(010)59367081　59367090 读者服务中心(010)59367028
印　　装 /	三河市尚艺印装有限公司
规　　格 /	开　本:787mm×1092mm　1/16 印　张:23　字　数:359千字
版　　次 /	2014年10月第1版　2014年10月第1次印刷
书　　号 /	ISBN 978-7-5097-6484-8
定　　价 /	78.00元

本书如有破损、缺页、装订错误,请与本社读者服务中心联系更换

版权所有 翻印必究